ULLA FRÖHLING

VATER UNSER IN DER HÖLLE

ULLA FRÖHLING

VATER UNSER IN DER HÖLLE

Inzest und Missbrauch eines jungen Mädchens in den Abgründen einer satanistischen Sekte

mvg verlag

Bibliografische Information der Deutschen Nationalbibliothek
Die Deutsche Nationalbibliothek verzeichnet diese Publikation in der Deutschen Nationalbibliografie. Detaillierte bibliografische Daten sind im Internet über https://dnb.de abrufbar.

Für Fragen und Anregungen
info@m-vg.de
www.vaterunserinderhölle.de
www.ourfatherinhell.com
Facebook: TheRealUllaFröhling
www.renate-rennebach-stiftung.de

10. Auflage 2026

Türkenstraße 89
80799 München
Tel.: 089 651285-0

Das Werk erschien erstmals 1996 bei der Kallmeyerschen Verlagsbuchhandlung.

Umschlaggestaltung: Melanie Melzer
Umschlagabbildung: iStockphoto: links oben, Hintergrund rechts unten. Amulett: Gerald Hänel
Satz: Daniel Förster, Belgern
Druck: ScandBook, Litauen
Printed in the EU

ISBN978-3-86882-546-6

INHALT

Wir widmen dieses Buch all den Kindern,
die nicht überlebt haben.

Vorworte

Konspiratives Schweigen

Luise Reddemann, 2015

In den sechs Jahren nach Erscheinen der Neuauflage des Buches von Ulla Fröhling sind viele Dinge ans Licht der Öffentlichkeit gekommen, die zumindest indirekt bestätigen, was in ihrem Buch »Vater unser in der Hölle« beschrieben wird: Dass kleine und größere Kinder aufs grausamste sexuell ausgebeutet und misshandelt werden in einem Ausmaß, das sich die meisten nicht vorstellen wollen und vielleicht auch nicht können.

Die Frage, die mir wichtig erscheint, ist: Warum wird immer wieder zur Tagesordnung übergegangen? Warum wird nicht genauer hingeschaut, warum wird so wenig für die Opfer getan? Fast möchte ich von »konspirativem Schweigen« sprechen, so als wollten sehr viele, dass die Verbrechen verschwiegen werden, kaum, dass sie bekannt geworden sind.

Durch einige Fälle, die in jüngster Zeit bekannt geworden sind, kann man ahnen, dass hochrangige Persönlichkeiten des öffentlichen Lebens in Dinge verstrickt sind, die in Ulla Fröhlings Buch beschrieben sind. Auch Fachleute wollen nicht immer genau hinsehen.

In all diesen Kontexten scheint es mir vor allem um einen Mangel an Mitgefühl mit den geschundenen Opfern zu gehen. Eine ungute Mischung aus »blaming the victim«, Sadismus, Heldenmythos und Feigheit scheint hier immer wieder zu verhindern, dass den Opfern Gerechtigkeit und angemessene Behandlung und Unterstützung zugebilligt wird, während die Täter ungeschoren davonkommen. Nicht zuletzt geht es auch um die Scheu, sich menschliche Abgründe bewusst zu machen, weil das schmerzt. Wir wollen uns nicht damit beschäftigen, was Menschen Menschen anzutun in der Lage sind, weil uns das auffordert, in die eigenen seelischen Abgründe zu blicken. Also lieber wegschauen, bagatellisieren, verleugnen, verdrehen.

Umso wichtiger erscheint es mir, dass Ulla Fröhling den Mut aufbringt, ihr Buch erneut herauszubringen und aufzufordern: Schaut hin, und tut jede und jeder so viel, wie sie oder er kann, damit das aufhört.

Ich bin Ulla Fröhling dankbar, dass sie »Angela Lenz« Gehör verschafft und uns auffordert, uns gegen Gewalt und sexuelle Ausbeutung zu engagieren und, vielleicht noch wichtiger, alles zu tun, dass Kinder in einer für sie förderlichen, liebevollen Umgebung aufwachsen können. Mit dem, was bisher auf dem Gebiet der Durchsetzung von Kinderrechten erreicht ist, dürfen wir uns nicht zufrieden geben.

Traurig stimmt auch, was die Therapeutin andeutet und woraus professionelle Lehren zu ziehen sind: Es geht darum, im Interesse der PatientInnen selbstfürsorglich mit sich umzugehen. Heute wird von Selbstmitgefühl gesprochen, ein Begriff, den es bis vor Kurzem noch nicht gab. Es ist schwer, so viel Leidvolles zu teilen. Seit den Anfängen der Behandlung von »Angela Lenz« hat sich das Wissen durchgesetzt, dass TherapeutInnen von schwer traumatisierten Menschen vielfältige Unterstützung benötigen, die heute auch mehr verfügbar ist als in den 90er Jahren. Insbesondere die Fachgesellschaften sind hier zu nennen. Unterstützung durch andere Menschen, vor allem das kollegiale Umfeld, ist gefragt. TherapeutInnen, die den Mut haben, sich solchen Extrembelastungen zu stellen, brauchen Solidarität genauso wie ihre PatientInnen.

Prof. Dr. Luise Reddemann
Psychotherapeutin und Professorin für Psychotraumatologie und medizinische Psychologie an der Universität Klagenfurt

Es geht um organisierte Kriminalität

Renate Rennebach, 2008

Als ich dieses Buch das erste Mal las, war ich erschüttert, dass es solche Grausamkeiten gibt. Ich wollte mehr wissen und lernte Menschen kennen, die sich mit ritueller Gewalt beschäftigen: Therapeuten, Sozialarbeiter, Opfer.

Und ich lernte Ulla Fröhling kennen. Durch sie erfuhr ich, dass es Menschen gibt, die Kinder foltern, missbrauchen und brutal vermarkten. Menschen, die Macht, Geld und Einfluss haben. Menschen, die nach außen die braven Bürger spielen und im Geheimen ihr schreckliches Handwerk tun. Sie sind gut vernetzt. Mir wurde klar, dass es sich um organisierte Kriminalität handelt.

Wer aber hilft den Opfern?

Wir alle hören viel von Kinderpornographie im Internet, aber nur selten fragt jemand nach den kleinen, unfreiwilligen Hauptdarstellern dieser widerlichen Filme.

Ulla Fröhling hat zu dem Thema umfassend recherchiert, und vor allem hat sie intensiv mit der im Buch beschriebenen jungen Frau gesprochen, über viele Jahre hin. Sie hat eine Geschichte erfahren, die für Leser, die noch nie gehört haben, dass es rituelle Gewalt gibt, ungeheuerlich klingt, aber leider sehr wahr ist.

Ihr gilt mein großer Dank.

Dieses Buch kann helfen, aufmerksamer zu sein, wenn ein Kind häufig verletzt ist, wenn das Kind verstört wirkt, sich Erziehern gegenüber verschlossen zeigt.

Ich freue mich, dass »Vater unser in der Hölle« wieder verfügbar ist und nun als aktualisiertes Taschenbuch auch einer größeren Leserschaft zugänglich gemacht werden kann.

Renate Rennebach, MdB 1990-2002
Stellvertretende Vorsitzende der Enquete-Kommission des Bundestages »Sog. Sekten und Psychogruppen« 1996–1998,
Vorsitzende der Renate Rennebach-Stiftung für Opfer ritueller Gewalt

Einleitung

Für den Triumph des Bösen reicht es,
wenn die Guten nichts tun.[1]

Dieses ist die Geschichte einer Frau: Angela Lenz.

Angela Lenz ist eine Multiple Persönlichkeit. Multiple Persönlichkeitsstörung[2] kann man als Selbsterhaltungssystem der Seele betrachten. Eine posttraumatische Stressreaktion, ausgelöst durch extreme Gewalt in früher Kindheit, Gewalt, die lang anhaltend ist, ausweglos und unerträglich. Folter.

Und es ist die exemplarische Geschichte vieler Menschen.

Denn Angela Lenz ist nicht die Einzige, die Inzest, Zwangsprostitution und Rituale einer satanistischen Sekte in Deutschland durchlebte. Alles, was Angela erzählt, wird durch Aussagen weiterer Opfer bestätigt. Ihre Berichte klingen ungeheuerlich, und man möchte ihnen nicht glauben.

Warum habe ich ihr geglaubt?

Angela Lenz wirkt weder versponnen noch verwirrt. Eher kühl, klar. Wenn sie sich an etwas nicht erinnerte, sagte sie es, und Irrtümer korrigierte sie. Die Widersprüchlichkeit ihrer Persönlichkeiten, deren unterschiedliche Gefühle und Ansichten ließ sie mich sehen.

Sektenberater, Kripobeamte und Mediziner bestätigten die Recherchen. Deutsche, niederländische, belgische, amerikanische, kanadische, englische, französische, spanische, dänische, norwegische, türkische, israelische, japanische und australische Fachleute, mit denen ich sprach und korrespondierte, beschreiben vergleichbare Ereignisse und Phänomene in ihren Ländern. Viele von ihnen blicken zurück auf mehr als 30 Jahre therapeutischer Arbeit mit Folteropfern wie Angela Lenz.

Aus Zeugnissen, Briefwechseln, Fotoalben, amtlichen Dokumenten, ärztlichen Berichten, Röntgenaufnahmen, Zeitungsartikeln und Zeugenaussagen habe ich versucht, ein Bild zu schaffen, das den wahren Ereignissen so nahe wie möglich kommt.

In Teilen ist Angelas Familiengeschichte nicht mehr rekonstruierbar. Der Vater ist tot. Über die Ursachen seiner pädosexuellen Entwicklung gibt es einige Anhaltspunkte, Weiteres aber kann man heute nur mutmaßen. Familiengeschichtlich bekannt sind die Gewalttätigkeit und Promiskuität des Großvaters wie auch das ausgeprägt pietistische Klima, in dem seine Familie seit Generationen lebte. Auch Angelas Vater war also in einer Familie aufgewachsen, die öffentliches und privates Leben extrem spaltete. Früh schon tauchte in der Familiengeschichte etwas auf, was damals als Schizophrenie diagnostiziert wurde.

Die Familie steht unter dem besonderen Schutz des Staates. Doch unter wessen Schutz stehen die Kinder in körperlich und seelisch misshandelnden, sexuell missbrauchenden oder vernachlässigenden Familien? Hinter verschlossenen Wohnungstüren wird die meiste Gewalt ausgeübt. Weltweit.

Inzest ist eine tiefe seelische Verletzung und eine frühe Prägung, die vielen Kindern die Entwicklung zu Autonomie und einem Gefühl für klare Grenzen verwehrt. Der Stress, unter dem kleine Kinder in Angst ständig stehen, beeinflusst die Vernetzungen der Nervenbahnen im Gehirn und die Biochemie ihres Körpers: Bei Gefahr produziert jeder von uns automatisch große Mengen eines »Hormoncocktails«, der uns zu Kampf oder Flucht befähigen und dann wieder beruhigen soll. Kehrt die Gefahr immer wieder, unberechenbar und unausweichlich, dann produziert der Körper seine eigene Drogenabhängigkeit. Ist der Täter auch der Beschützer – also der Vater –, so erlebt das Kind eine massive Konditionierung. Es wird ein anderes Kind, als es hätte werden können.

Welch ein bitterer Start ins Leben.

Inzest ist die Vorschule der Prostitution, sagt Francisco Orengo. Zuhälter wissen das, betont der spanische Psychiater, der in seiner Klinik vielen Frauen beim Ausstieg aus der Prostitution geholfen hat. Zuhälter, so Orengo, erkennen diese früh verletzten Frauen.[3] Es sei ein Wissen, das vom Vater an den Sohn weitergegeben werde. Und eine Falle, der nur wenige entkommen.

Wie hat es Angela Lenz geschafft?

Ich habe ihren Lebensweg rekonstruiert, mir die Orte angesehen, an die sie sich erinnert. Die stille, feine Villenstraße ihrer Kindheit. Den privaten Kindergarten. Ich bin den Pfad hinter den Häusern hinabgestiegen und in den Wald gegangen, in dem Angela gequält wurde. Ich habe der Predigt eines der Täter gelauscht. Zu Beginn meiner Recherche war er noch im Amt.

Warum war er noch im Amt?

Angela hat ihn nicht angezeigt. Sie hat niemanden angezeigt.

Das ist der Deal mit den Tätern.

Wir kennen ihre Namen, wissen, wo sie leben. Immer wenn »Onkel Paul« wieder in ein anderes Bundesland umzieht, registriere ich es, denn er lässt seine Telefonnummer stets ordentlich eintragen. Von seinem letzten Wohnhaus aus konnte er den Blick über ein ehemaliges KZ schweifen lassen.

Angela hat die Namen der Täter, die Tatorte, alle Umstände ihrer Taten aufgeschrieben und hinterlegt. Nicht nur bei ihrer Anwältin. An vielen Orten. An Stellen, die das Material auch an Angela selbst nicht wieder herausgeben. Die es aber im Fall ihres Todes an die Staatsanwaltschaft weiterleiten. Auch wenn einem Familienmitglied, der Therapeutin, der Autorin oder Mitarbeitern an diesem Buch etwas zustößt. Auch wenn es wie ein »ganz normaler« Verkehrsunfall aussieht.

Das ist der Deal mit den Tätern.

Etwas, das sogar die Polizei akzeptiert.

Lange waren die Täter den Ermittlungsbehörden in technischer Hinsicht weit überlegen. Fotos sadistischer Sexszenen mit Fünf-, Drei-, Einjährigen, sogar mit Säuglingen werden über Hochgeschwindigkeitsleitungen der Daten-Highways in alle Welt verschickt, aber es dauerte mehr als ein Jahrzehnt, bevor Sonderkommissionen der Polizei mit entsprechender Hard- und Software ausgestattet wurden, um sie abfangen zu können. In den vergangenen zehn Jahren nahm die kriminelle Entwicklung noch mehr Fahrt auf. Zu Beginn der Recherchen an diesem Buch ahnten nur wenige, was heute polizeilich ermittelte Realität sein würde: Kindesmissbrauch im »Second Life«, einer virtuellen Welt im Internet[4]; Folter von Säuglingen und Kleinkindern online vor Webcams[5]; Morde mit deutlichen satanistischen Hinweisen in mehreren europäischen Ländern[6]: Vertuschungsversuche bei Aufdeckungen mafiöser Netzwerke von Politik, Wirtschaft und organisierter Kriminalität, bei denen häufig – wie 2007 in Sachsen – Kindesmissbrauch und Kinderbordelle erwähnt werden.[7] Eine brisante Mischung. Als Angela diese dunkle Welt vor Jahrzehnten kennenlernte, glaubte niemand ihren Hinweisen. Das Tabu war intakt, die Täter sicher.

Heute beginnt das Tabu zu bröckeln. Manche Journalisten lassen sich nicht beirren. Manche Ärzte ebenfalls nicht: »Damals hielt man uns, die wir unseren Patientinnen glaubten, für verrückt«, sagt Prof. Dr. Luise Reddemann. »Heute hat sich all das Schreckliche, das Sie in Ihrem Buch beschrieben haben, leider voll bestätigt.«[8] Das medizinische und therapeutische Wissen wird größer.[9] Die Hirnforschung kann den *Switch*, den Wechsel von einer Persönlichkeit zur anderen, im Magnetresonanztomographen nachweisen. Und es gibt drei Untersuchungen zu ritueller Gewalt in Deutschland sowie eine Internetstudie mit Ergebnissen aus allen Kontinenten. Es mag sein, dass einige Erinnerungsbruchstücke von Angela Lenz auf Suggestion der Täter zurückgehen. Andere mögen Bilder für erlebte Qualen sein oder Deckerinnerungen, vielleicht um sich vor dem Wissen um das volle Ausmaß der väterlichen Taten zu schützen. Ich bin jedoch auch nach 20 Jahren noch überzeugt, dass Angela Lenz extreme Gewalt, sadistische Folter und rituellen Missbrauch erlebt hat.

Um eine Identifikation von Angela, ihrer jetzigen und ihrer Herkunftsfamilie zu verhindern, wurden Namen, Daten, Orte, Berufe von Opfern und Tätern geändert. Dasselbe gilt für Hobbys und Sportarten. Auch die Namen der Therapeutinnen »Nina Temberg« und »Elisabeth Gebhard« sind Pseudonyme.

Die Namen und Zitate der erwähnten Wissenschaftler, Psychiater, Therapeuten (Prof. Dr. Onno van der Hart, Dipl.-Psych. Michaela Huber, Dipl.-Päd. Anne Jürgens, Dr. Richard Kluft, Dr. Catherine Fine, Dr. Arne Hofmann, Monika Veith, Thorsten Becker, Francisco Orengo und andere) sind authentisch. Interviews mit ihnen fanden statt.

Erinnerte Traumata, sogenannte Flashbacks, von Multiplen Persönlichkeiten haben oft eine zeitlose Qualität. Ein Gefühl wie ohne Zeit und Raum. Wer von einer traumatischen Erinnerung überfallen wird, weiß oft nicht, dass das Erlebnis vorbei ist. Wie eine Welle schlägt die schreckliche Erinnerung über dem Menschen zusammen. Sie oder er muss erst wieder auf den Boden der Tatsachen zurückgeholt werden. Das ist ganz wörtlich gemeint: »Schau, hier ist der Fußboden, du stehst ganz fest darauf, du bist in Sicherheit, es ist vorbei.« Aber auch im übertragenen Sinne: Diese Menschen erleiden oft den Verlust von zeitlicher Orientierung. Genau das wollen die Täter: Wer weder Ort noch Zeit des Verbrechens nennen kann, kann auch niemanden anzeigen.

Deshalb ist jedem Kapitel, das ein erinnertes Trauma erzählt, eine kurze Liste mit historischen Ereignissen vorangestellt, um das Trauma zu orten und in der Zeit festzumachen: Das ist passiert, als man »Sugar Baby Love« im Radio hörte, Helmut Kohl Kanzler wurde und Charles Manson wegen Ritualmordes ins Zuchthaus kam.

Einige Episoden sind den Erzählungen anderer Überlebender entnommen. Die Lebensläufe von Menschen, die in destruktiven Kulten aufgewachsen sind, haben eine vorgegebene Struktur. Dazu gehört das Weitergeben der Gewalt an die eigenen Kinder. Das kann bis zur Tötung gehen.

Wenigstens dies blieb ihr erspart.

Es war nicht sie.

Aber sie erlebte es mit.

Dieses Buch zu schreiben bedeutete, sich dem Unerträglichen anzunähern. So dicht, dass es spürbar wurde. Das Unerträgliche, das Angela geschehen war: Opfer sein. Das war schwer genug. Das Zweite war noch schwerer: Täter sein. Denn Angela war beides.

Gewalt ist wie eine Spirale, die sich immer weiter dreht. Ich habe versucht, eine Sprache zu finden, die das erneute Weitergeben von Gewalt vermeidet, dennoch musste ausgesprochen werden, was geschehen ist.

Denn es geschah wirklich. Und geschieht immer noch.

Manche Strategien, mit denen Kinderpornoringe und destruktive Kulte die Therapien von Aussteigern unterwandern, sind so ungeheuerlich, dass ich es zuerst nicht glauben wollte. Daher wurden derartige Psychotricks erst in das Buch aufgenommen, wenn sie mindestens drei Therapeuten unabhängig voneinander schilderten. Das gilt zum Beispiel für den perfiden Einsatz von Bild- und Tonaufnahmen der Therapeutin, um Abneigung oder Angst zu erzeugen.

Die Zeichnungen von Angela Lenz zeigen zwei Welten: eine helle, heitere, bunte und eine düstere, schwarz-braune, bedrohliche, voll

Grausamkeit und Gewalt. Voll erlebter Gewalt. Einige Persönlichkeiten in Angela wollen Rache. Die meisten aber wollen nur, »dass die helle Welt endlich sieht, dass es die andere, die dunkle Welt wirklich gibt«.

Es gibt sie wirklich, hier bei uns, ganz in der Nähe. Nicht nur im belgischen Sars-la-Buissière, wo Marc Dutroux folterte und tötete. Oder in den Wäldern bei Mailand, wo die Heavy Metal Band »Beasts of Satan« in satanistischen Ritualen mordete. Oder im französischen Angier, wo 45 Kinder zwischen sechs Monaten und zwölf Jahren von 66 Erwachsenen – darunter ihre eigenen Eltern – vergewaltigt und zur Prostitution verkauft wurden. Oder in London, wo 2001 nach Angaben von Scotland Yard 300 farbige Jungen zwischen vier und sieben Jahren verschwanden. Oder in Portugal, wo über 600 Fälle von sexueller Gewalt gegen Kinder in der staatlichen Heimkette Casa Pia aufgedeckt wurden. Oder in Spanien, wo die Polizei im Juli 2007 bei der »Operation Bestrafung« 66 Verdächtige verhaftete und 50 Millionen (!) Bilder mit Kinderfolterbildern beschlagnahmte. Sondern auch hier bei uns.

Ob es gelingt, Licht in das Dunkel dieser geheimen Welt zu bringen?

Ulla Fröhling

KAPITEL 1

STIMMEN

Stefanie

»Ich weiß nicht, dass ich nichts weiß.«

Die fremde Wohnung

Es ist alles in Ordnung.

Sie war nur einen Augenblick eingeschlafen. Kein Grund zur Panik. Ruhig bleiben. Das war das Wichtigste. Nicht die Nerven verlieren. Irgendwann würde sie schon herausfinden, wo sie ist. In wessen Wohnung.

Das fand sie meistens heraus. War sehr geschickt darin. Nichts anmerken lassen, zuhören, genau beobachten. Und ruhig bleiben.

Manches allerdings fand sie nie heraus: Wie sie an die fremden Orte gekommen war. Was vorher geschehen war. Aber danach fragte sie sich schon längst nicht mehr. Sie hakte die Vergangenheit ab, sammelte ein paar lose Fäden auf und machte weiter.

Diesmal lag sie auf einer Couch. Einer fremden Couch. Rauer Stoff, Leinen vielleicht, braun mit grauen Streifen. Ein paar Kissen. Nicht ihr Geschmack. Ein Aquarium, ein Bücherregal. Vier Fenster, alle zu. Nur eine Tür, auch die geschlossen.

Keinen Fehler machen.

Sie blieb reglos liegen und lauschte. Stille hinter der Tür. Offenbar war sie allein. Gut. Das ließ ihr Zeit, sich umzuschauen, sich vertraut zu machen. Nach Erinnerungen suchen, einen Halt finden. Manchmal, das kannte sie schon, wurde sie ohnmächtig und wachte an einem anderen Ort wieder auf. Zu Hause, wenn sie Glück hatte. Irgendwo auf der Straße, nachts, ohne Hausschlüssel, wenn sie Pech hatte. Auf alle Fälle war es besser erst einmal allein zu sein. Dann musste man nichts erklären, nicht lügen.

Sie streckte die Beine aus. Vorsichtig. Bewegte die Arme, die Finger. Nein, keine Schmerzen. Gut.

Sie schaute auf ihre Armbanduhr. Aber das war überhaupt nicht ihre; diese Uhr hatte sie noch nie gesehen, eigentlich war das gar keine richtige Uhr, es gab kein Zifferblatt, keine Zeiger, sondern nur eine Reihe Zahlen: 15:35:23 stand da, die letzten Zahlen veränderten sich ständig. Sie hatte so eine neumodische Uhr vor Kurzem in einem Schaufenster betrachtet, und am Arm eines Geschäftsfreundes von ihrem Vater war auch mal eine gewesen. Aber sie selbst besaß so etwas nicht. Außerdem wäre ihr Bruder der Erste, der solch ein Geschenk bekäme. Und nicht sie.

Auch dies hakte sie ab, wie die meisten Überraschungen in ihrem Leben.

Weitermachen.

Sie setzte sich auf. Legte ihre Hand auf den Tisch und trommelte mit den Fingerspitzen auf das Holz. Ein niedriger, schwerer Couchtisch, darauf ein Aschenbecher mit einer halbgerauchten, glimmenden Zigarette.

... glimmenden Zigarette!

Ihr wurde heiß vor Panik: Jemand hatte hier vor kurzem geraucht. Es war doch noch einer in der Wohnung!

Leise stand sie auf, strich sich die kurzen Haare aus dem Gesicht, ging zur Tür und drückte langsam die Klinke herunter. Hinter der Tür ein langer Flur, schmal und dunkel. Sie tastete nach dem Lichtschalter. Nein, besser kein Licht. Im Halbdunkel sah sie sechs Türen, zwei standen offen. Gegenüber vermutlich die Wohnungstür, der Schlüssel steckte im Schloss. Sie rannte los, drehte den Schlüssel herum, drückte die Klinke herunter. Die Tür blieb verschlossen. Raus! Ich will raus hier! Sie rüttelte an der Klinke, riss an ihr, warf sich gegen den Holzrahmen, schlug mit den Fäusten gegen die Milchglasscheiben, mit dem Kopf.

»Zweimal aufschließen«, sagte eine Stimme. Sie fuhr herum, aber da war niemand. Als sie wieder nach dem Schlüssel griff, zitterte ihre Hand so sehr, dass er ihr aus dem Schloss rutschte und das Schlüsselbund auf den Holzboden knallte.

Es klang wie ein Schuss.

Sie hatte das Gefühl, innerlich wegzusacken.

Jetzt ganz ruhig bleiben.

Sie ließ sich langsam mit dem Rücken an der Wand herunter, griff nach dem Schlüssel und schob sich wieder hoch. Aber welcher Schlüssel war es? Sie betrachtete alle. *»Der«,* sagte eine Stimme, und sie hätte das Bund beinahe wieder fallen gelassen. Sie schaute sich nicht um, stieß den Schlüssel ins Schloss, drehte ihn zweimal herum, die Tür öffnete sich, und sie raste das Treppenhaus hinunter, drei, vier Stufen überspringend. Bitte, bitte, keine verschlossene Haustür!

Sie stand auf der Straße und schaute sich um. Hier war sie noch nie gewesen. Kopfsteinpflaster, und ein Trecker tuckerte vorbei. In der Ferne eine Weide, ein paar Kühe. Es roch feucht, nach Regen und Stall. Ein Dorf war das, und sie kam aus der Großstadt. Also war sie weit weg von zu Hause. Sie ging den Weg entlang, fand ein Straßenschild, aber den Namen kannte sie nicht.

Große alte Ahornbäume überschatteten den Fußweg mit dichtem Laub. Einige hatten ihre Früchte schon abgeworfen, der Weg war voll kleiner Ahorn-Flügel. Sie nahm einen davon auf und setzte ihn sich auf die Nase. Wieso tragen die Ahornbäume jetzt schon Früchte? Das war ungewöhnlich, das wusste sie genau.

Und alle Bäume voller Blätter. Gestern waren sie noch kahl gewesen. Ziemlich warm für März war es außerdem. Gestern hatte ein kalter Wind geweht. War sie etwa im Süden? Gestern schien zwar die Sonne, aber es war so kühl, dass ihre Mutter anordnete, sie müsse einen Wintermantel tragen. Sie hatte gehorcht. Das war klüger so, das wusste sie genau. Wenn sie gehorchte, hatte sie bessere Chancen, nicht schon wieder einige Stunden zu verlieren. So viel hatte sie inzwischen herausgekriegt.

Sie schaute an sich herunter und erschrak. Zerfetzte Jeans, wenn ihre Mutter das merkte! Lauter Einschnitte, wie mit Absicht. Man konnte die Haut darunter sehen. Wessen Jeans waren das überhaupt? Ihre mit Sicherheit nicht. Sie griff in die Hosentaschen, fand aber nichts. Auch die Schuhe gehörten ihr nicht. Merkwürdige bunte Turnschuhe, ein Name stand darauf, Reebok, ihrer war das nicht.

Einfach weitergehen.

Ein Auto hupte, jemand, den sie nicht kannte, winkte und fuhr vorüber. Wieso hat der gehupt?, fragte sie sich. Aber nur einen Moment.

Autokennzeichen, dachte sie dann, daran erkennt man, wo man ist. Sie lief zu drei parkenden Wagen. FL, Flensburg. Das war im Norden, jedenfalls nicht in der Umgebung von Köln. Wie war sie hierhergekommen? Nein, nicht die falschen Fragen stellen. Wie kam sie wieder nach Hause? Das war die richtige Frage.

Weiter vorn eilte ihr auf ihrer Straßenseite ein Mann entgegen: groß, hager, sehr schnelle Schritte. Er trug einen Hut, so dass sie sein Gesicht nicht erkennen konnte.

Angst.

Sie drehte sich um und rannte zurück zu dem Haus, aus dem sie gekommen war. Die Haustür stand immer noch offen, sie lief hinein und zog sie hinter sich zu. Hatte er sie gesehen? Sich gemerkt, wohin sie rannte? Wenn er nun kam?

Wovor hatte sie eigentlich Angst? Sie wusste keine Antwort. Kannte sie den Mann? Nein. Oder doch? Bestimmt nicht. Warum war sie dann weggerannt? Sie wusste es nicht. Und warum wieder hierher? Wohin denn sonst?

Sie musste wieder in die fremde Wohnung, um einen Faden zu finden. Irgendwo musste sie ja anfangen. So machte sie es immer. Und wenn sie draußen auch Angst hatte, konnte sie genauso gut drinnen bleiben. Langsam stieg sie die Treppe wieder hoch. Die Wohnungstür war noch angelehnt. Sie klingelte. Zweimal. Niemand kam. Neben der Klingel stand ein Name: »Lenz«. Sie kannte keinen, der so hieß. »Hallo«, rief sie laut und klingelte noch einmal.

Nichts.

Sie betrat die Wohnung, ließ die Tür jedoch offen und schob die Fußmatte halb darunter, damit sie nicht zufiel. Im Flur war eine Garderobe mit dem lebensgroßen Foto einer Frau. Entfernt sah sie ihr ähnlich, hatte aber lange Haare und war viel älter. Eine Tante, von der sie nichts wusste? Waren sie vielleicht in diese Wohnung gefahren, um hier zu übernachten? Gestern, nach der Beerdigung? Vielleicht waren ihre Mutter und ihr Bruder nur für kurze Zeit fortgegangen, und gleich kämen sie wieder. Genau, so musste es sein: Gleich stehen sie vor der Tür, und alles klärt sich auf.

Aber wieso kam ihr dann überhaupt nichts bekannt vor? Sie musste sich doch umgeschaut haben, bevor sie einschlief. Ihr Mantel musste an der Garderobe hängen, Kleidung, Sachen, vielleicht ein Koffer von ihrer Mutter, ihrem Bruder mussten hier irgendwo sein.

Egal.

Nicht darüber nachdenken.

Langsam öffnete sie alle Türen der Wohnung. Viel Spielzeug und Kinderkleidung, hier gab es also auch Kinder. Zwei Zimmer schienen einem großen und einem kleinen Kind zu gehören, wildes Durcheinander in beiden. Das sollte ihre Mutter mal sehen.

In einer Ecke bewegte sich etwas. Ein Hund! Sie rannte zur Tür, wollte wieder flüchten. Im Treppenhaus wurde ihr bewusst, dass der Hund sehr ruhig war. Er hatte nur kurz hochgeschaut, als sie das Zimmer betrat, geschnauft und die Schnauze wieder auf die Pfoten gelegt.

Zaghaft ging sie zurück, spähte um die Ecke und begegnete seinem Blick. Es war ein junger Boxer, er wedelte mit seinem kurzen Schwanz, stand auf, gähnte, reckte sich und kam auf sie zu. Sie hielt ihm die Hand hin, und er leckte daran. Toller Wachhund, dachte sie, kennt mich nicht und schließt gleich Freundschaft.

Als sie sich überzeugt hatte, dass außer dem Hund und ihr niemand in der Wohnung war, verschloss sie die Wohnungstür und richtete sich ein. Öffnete Schränke, zog Schubladen auf, nahm Bücher in die Hand.

Es war, als versuchte sie, Pflöcke einzuschlagen in die Wirklichkeit. Aber die Wirklichkeit sackte weg wie Treibsand.

Nichts trug.

Im Schlafzimmer fand sie einen Umschlag mit Fotos, Familienaufnahmen. Eine Frau mit langen blonden Haaren – war es die vom Poster im Flur? Drei Kinder, eines davon eigentlich zu alt, um ein Kind der Frau zu sein. Hinter ihnen ein älterer Mann, die Ärmel hochgekrempelt. Zupackend, beschützend sah er aus. Alle vollkommen fremd. Die Panik kam wieder.

»Papi«, dachte sie, »hilf mir doch.« Er hatte ihr immer geholfen. Gegen die Mutter, den Bruder. Sie hatte ihn so lieb gehabt. Gestern war er beerdigt worden. Das war das Ende ihrer wunderbaren Kindheit. Jetzt musste sie allein mit der Mutter und dem Bruder zurechtkommen. War einer Frau ausgeliefert, die sie schikanierte, und einem Bruder, der sich immer mit der Mutter verbündete. Ihr Vater hatte sie im Stich gelassen, und sie war doch gerade erst dreizehn.

Er war tot. Jetzt sah sie wieder den Sarg vor sich und das Grab, in das sie gestern geschaut hatte, spürte Einsamkeit, Angst, Verzweiflung. Sie stand in der fremden Wohnung, und die Tränen liefen ihr über das Gesicht. Eine Hand drückte ihr die Kehle zu. Sie ließ sich auf das Bett fallen und weinte ihre Trauer in die fremden Kissen. Denn nun war niemand mehr da, der sagte, reiß dich zusammen. Wie gestern, am Grab. Da hatte sie nicht weinen dürfen.

Gestern: Unter der Erde

Schwarze, nasse Erde poltert auf den polierten Eichensarg. Das Geräusch dröhnt in ihrem Kopf nach. Es ist, als würde man ihr die Erde auf den Kopf werfen. »Jetzt bin ich dran«, denkt sie. Nun soll sie ihre rosa Babyröschen hinterherwerfen. *»Ich kann nicht. Will weg.«* Sie schaut in die kahlen Äste der Bäume und versucht, sich fortzudenken.

Fort von der Mutter, deren vorgetragenen Kummer sie nicht glaubt, weil sie es besser weiß. Mutter, wie sie neben ihr steht, gramgebeugt und damenhaft zugleich. Wie sie weint, weil sich das eben so gehört bei der Beerdigung des eigenen Mannes. Mutter, die immer alles gerade so tut, wie es sich gehört. Draußen, wo man sie sehen kann.

Fort von dem Bruder, der neben ihr steht und Leid heuchelt, aber froh ist über den Tod des Vaters. Nun ist er das Oberhaupt der Familie, jetzt muss man ihm gehorchen.

Fort von dem Pastor, wie er dort steht in seiner schwarzen Kutte und über das junge Leben redet, das von uns genommen wird – 45 Jahre ist der Papi nur geworden – und über Gottes Ratschluss, dass der manchmal unbegreiflich ist, dass wir ihn aber annehmen müssen. Salbungsvolles Zeug, denkt sie, der hat ja keine Ahnung.

Nun zitiert er noch aus der Bibel: »In der Welt habt ihr Angst; aber seid getrost, ich habe die Welt überwunden.« Das kann man wohl sagen, denkt sie, und jetzt liegt Papi da unten, hat mich im Stich gelassen. Und ich bin doch erst dreizehn. Er ist weg, weg in seinem Sarg, Deckel zu, er ist ganz sicher, niemand kann ihm etwas tun. Und wieder versucht sie sich fortzudenken von ihrer Angst.

Wie gelähmt hatte sie zugesehen, als der Vater in das dunkle Loch hinuntergelassen wurde, aus dem es feucht und erdig riecht. »Er ist da gar nicht drin«, hatte sie gedacht, »deshalb haben sie mich auch nicht in den Sarg gucken lassen. Er ist gar nicht tot. Es ist nur eine Strafe. *Vielleicht hat er etwas verraten.* Nachher holen sie ihn wieder raus und lachen und tun, als wäre nichts gewesen. Gleich steht er neben mir, nimmt mich in den Arm, ich habe keine Angst mehr, und alles wird gut.«

Aber nichts wird gut, sie wirft ihre Blumen, und ihre Angst nimmt zu. Dann stehen sie in einer Reihe, die Familie, während die Männer an ihnen vorbeigehen, ihnen die Hände schütteln oder sie auch umarmen. Etwa 200 sind es, eine lange dunkle Kette, die an ihnen vorüberzieht. Viele von denen kennt sie von Besuchen, Feiern oder von Urlaubsfotos aus Dutzenden von Alben, die ihre Mutter mit penibler Sorgfalt angelegt hat – an die Urlaube selbst kann sie sich kaum erinnern. Und sie kennt sie von Geburtstagen, besonders von ihrem eigenen. Es war immer etwas Besonderes, wenn sie kamen, ihr Vater freute sich, und ihre Mutter machte Schnittchen.

Das Merkwürdige war nur, dass sie sich nie erinnern konnte, was die Männer ihr zum Geburtstag schenkten. Wie oft hatte sie sich darüber den Kopf zermartert. Und die Spiele, die sie spielten. Sie hatte sie immer vergessen. Aber sie waren bestimmt sehr schön gewesen, denn der Papi war guter Laune und sagte stets, was für ein toller Geburtstag das doch wieder gewesen sei. Und der sagte immer die Wahrheit.

Natürlich ist es ihre Schuld, dass sie sich nicht erinnern kann. Irgendetwas stimmt nicht mit ihr. Das hatte sie schon oft bemerkt. Und ihre Mutter sagt das ja auch. Vielleicht hat sie ja recht. Etwas fehlt. Sie macht etwas falsch. Wahrscheinlich muss sie sich einfach noch mehr zusammennehmen. Noch mehr anstrengen. Noch mehr aufpassen.

Aber immerhin weiß sie ganz genau, dass einige der Männer, die hier am Grab ihres Vaters stehen, mit ihr Geburtstag gefeiert haben. Früher. Als sie klein war. In den letzten Jahren dann nicht mehr.

Oder doch?

Wie war ihr letzter Geburtstag eigentlich gewesen? Unwichtig, beschließt sie, denn es fällt ihr nicht ein.

Aber an ihren sechsten Geburtstag kann sie sich noch genau erinnern. Warum, weiß sie nicht. Es musste etwas Besonderes geschehen sein. Vielleicht war ihr damals zum ersten Mal aufgegangen, dass sie sich nie merken konnte, was man ihr zum Geburtstag schenkte. Wenn sie das bloß rauskriegen könnte, hatte sie gedacht. Was das war, was ihr die Männer immer zum Geburtstag schenkten. Denn es musste etwas richtig Tolles sein. Jedenfalls behaupteten die Männer das.

Damals, am sechsten Geburtstag, hatte sie sich vorgenommen ganz genau aufzupassen.

Vorgestern: Fabelhafte Geburtstagsfeste

»Ich hab dir wieder was Wunderhübsches mitgebracht, mein Engelchen«, sagt der große Mann in dem kratzigen Mantel, als er sich zu ihr herunterbeugt, sie mit einer Hand hochhebt und auf der anderen reiten lässt. »Hoppe, hoppe, Reiter, wenn sie fällt, dann schreit sie«, singt er dabei.

Sie bekommt gerade noch mit, wie ihre Mutter sich den Persianer überzieht, vor dem Spiegel lächelnd die frische Dauerwelle zurechtzupft, etwas Parfum aus dem funkelnden Flakon hinter beide Ohren tupft, »schönen Abend, noch« sagt und die Haustür hinter sich zuzieht.

Dann ist die Mutter verschwunden und dieser Geburtstag auch schon wieder vorüber, und sie erfährt nicht, was die Männer ihr diesmal Tolles mitgebracht haben.

So ist es immer.

Dabei hatte der Tag so schön angefangen. Papi hatte sich freigenommen, um den sechsten Geburtstag mit ihr zu feiern. Er hatte ihr ein Märchenbuch geschenkt und ein Schottenkleid mit einem ganz weiten kurzen Röckchen. Das musste sie gleich anprobieren und sich auf dem Tisch vor ihm drehen.

»Mein Engelchen«, sagte er, und da ärgerte sich die Mutter. Dann haben sie die Mutter noch mehr geärgert. Das ist immer das Tollste.

Vor der Mutter hat sie viel Angst, die schlägt sofort zu, wenn ihr irgendetwas nicht passt. Manchmal haut sie auch ganz ohne Grund. Dann muss man schnell sein und ausweichen. Das hat sie inzwischen gelernt. Denn die Mutter schlägt immer nur einmal. Wenn man flink ist und geschickt ausweicht, hat man Glück gehabt. Und Pech zugleich, denn dann vergeht die Zeit meist wieder so schrecklich sprunghaft, plötzlich ist es Abend, ohne dass man es gemerkt hat.

Aber wenn Papi dabei ist, traut sich die Mutter meist gar nicht erst. Der hat keine Angst vor ihr. Der macht sich sogar über sie lustig. Bei der Mutter muss immer alles perfekt sein. Das gehört sich so in einer Bankdirektorsfamilie, sagt sie. Das ist schließlich etwas Besonderes, und da muss man sich auch standesgemäß benehmen. Messer und Gabel müssen rechts und links vom Teller liegen und zwar so, dass die Enden der Griffe exakt mit der Tischkante abschließen, wenn man genau senkrecht von oben daraufschaut. Am besten hält man das große, lange, biegsame Lineal gegen den Tisch und schiebt Messer und Gabel so lange zurecht, bis sie richtig liegen. Weder dürfen sie über die Tischkante hinausragen, noch darf man ein Stückchen vom weißen Tischtuch sehen. Oder es setzt was.

Aber eben nur einmal.

Die Löffel müssen oben vor den Tellern liegen, die Griffe nach rechts. Der Abstand zwischen Teller und Löffel muss genauso groß sein wie der vom Teller zur Gabel und zum Messer. Da kann man kein Lineal zu Hilfe nehmen, sondern muss schätzen. Meistens verschätzt man sich. Das erfährt man dann schon. Eier darf man auf keinen Fall, niemals, unter keinen Umständen, mit dem Messer öffnen, sondern muss sie vorsichtig mit dem Eierlöffel aufklopfen.

Heute ist nicht nur Geburtstag, sondern auch Karfreitag. Das ist besonders schön, hat die Mutter gesagt. Warum, hat sie aber nicht gesagt. Und der Papi war heute Morgen schon richtig fröhlich, er griff sich das Ei und haute ihm mit dem Messer den Kopf ab. Dabei tröpfelte Eigelb auf das Tischtuch. Das war klasse! Die Mutter tobte natürlich, schimpfte und nörgelte schließlich so lange an ihm herum, bis seine gute Laune verschwand, seine schwarzen Brauen sich zusammenzogen und sein hageres Gesicht dunkel wurde. Als sie ihn so weit hatte, schmiss er seine Serviette auf den Tisch, so dass ein Zipfel davon in das Milchkännchen fiel, und sagte: »Komm, Angela, Angelina, mein Engelchen, wir gehen.«

Und seine Tochter lachte aufgeregt, griff nach seiner Hand und freute sich, dass sie ihren wundervollen Papi jetzt ganz für sich allein haben konnte. Denn wenn er Angelina zu ihr sagte, wollte er immer mit ihr allein sein. Das war schön, denn er war der beste Vater der Welt.

Und sie haben bestimmt etwas Großartiges gemacht. Leider weiß sie nicht mehr, was es gewesen ist. Aber das macht nichts, denn jetzt sind sie ja wieder zu Hause, und gleich sollen ihre Geburtstagsgäste kommen. Da wird es Geschenke und spannende Spiele geben. Hoffentlich kann sie sich diesmal merken, was für Spiele das sind. Die Mutter hat in der Küche schon die Schnittchen fertiggemacht, Wein und Bier kalt gestellt, und jetzt schlägt sie im Wohnzimmer die Sofakissen zurecht.

»Komm, Engelchen«, sagt der Papi, »wir naschen.« Gemeinsam schleichen sie in die Küche, schließen leise die Tür hinter sich, stibitzen die Deckel von den mit Fleischsalat gefüllten Tomaten und zupfen Käse vom Käseigel. Als sie sich beide gerade eine dicke Spargelstange in den Mund stopfen, die mit Mayonnaise bestrichen und in gekochten Schinken gewickelt ist, reißt die Mutter die Küchentür auf, haut ihrer Tochter eine runter – so schnell, dass diese nicht mehr ausweichen kann – und keift auf den Papi ein. Ein Waschlappen sei er, ein weichlicher Schlappschwanz, ein jämmerlicher Versager, ein pubertärer Nichtsnutz. Ein schwaches Weib. Und noch mehr. Aber das stimmt natürlich alles überhaupt nicht, denn in Wirklichkeit ist er der beste Papi der Welt.

Aber da stehen auf einmal ihre Geburtstagsgäste im Flur. Woher sind die nur so plötzlich gekommen? Es hat doch gar nicht geklingelt.

Und die Mutter kommt aus dem Bad – dabei war sie doch eben noch in der Küche – und als sie aus dem Bad kommt, sind Lippenstift, Rouge, Wimperntusche und vor allem ihre Stimme wieder wie neu. Liebenswürdig empfängt sie die Geschäftsfreunde ihres Mannes, nimmt ihnen die Mäntel ab, erkundigt sich nach ihrem Befinden, plaudert ein wenig, zeigt ihnen die Schnittchen, holt das Silbertablett, auf dem ein feines besticktes Deckchen liegt, stellt vier gefüllte Sherrygläser aus Bleikristall darauf und bietet sie mit freundlichem Lächeln ihren Gästen an.

Dann wählt sie noch eine Schallplatte aus, legt sie auf den Plattenteller und reguliert die Lautstärke, bis Paul Kuhn nicht zu laut, aber auch nicht zu leise, eben gerade richtig, mit seiner weichen Stimme singt: »Jeden Tag, da lieb ich dich ein kleines bisschen mehr.«

Schließlich verabschiedet sie sich mit Wärme und Herzlichkeit. Alle sind beeindruckt von ihrer Mutter, sie sei eine echte Dame, eine vollendete Gastgeberin, sagen alle.

Das sagen sie immer.

Als sie schon im Flur steht, klingelt es noch einmal, Mutter öffnet die Tür, und der große Mann mit dem rauen Mantel tritt ein, beugt sich über Mutters Hand zu einem Handkuss, ohne die Hand mit dem Mund zu berühren.

»Ach, mein Engelchen«, ruft er, als er wieder hochkommt, über die Schulter der Mutter, die ein wenig, kaum merklich, zusammenzuckt, denn er hat das Geburtstagskind entdeckt, das schüchtern hinter der Küchentür hervorschaut, mit einem Auge nur. Verlegen und etwas ängstlich.

Aber das ist wohl in Ordnung. Wenn man so viele erwachsene Gäste zum Geburtstag hat, wie sie immer, da kann man schon ein bisschen verlegen sein. Im Kindergarten hat sie gehört, dass das bei einigen anderen Kindern anders ist, die bekommen Kinderbesuch. Aber sie ist eben etwas ganz Besonderes, und ihre Familie ist eine bessere Familie als die anderen, die sich mit Kinderbesuch begnügen müssen.

»Komm doch mal her«, ruft der Mann, und seine Stimme ist laut. »Ich hab dir wieder was Wunderhübsches mitgebracht, mein Engelchen.«

Dann beugt er sich zu ihr herunter, hebt sie mit einer Hand hoch und lässt sie auf den gespreizten Fingern der anderen Hand reiten. »Hoppe, hoppe, Reiter, wenn sie fällt, dann schreit sie«, singt er dazu mit lauter Stimme.

Die anderen Männer lachen, und die Tür fällt hinter ihrer Mutter ins Schloss.

Alles ist sehr lustig.

Wenn sie bloß noch rauskriegen könnte, was die Männer ihr immer zum Geburtstag schenken.

Gestern: Begraben und vergessen

Und hier stehen sie wieder vor ihr. Am Grab. Auch Nachbarn sind heute da, angereist aus der Stadt, in der sie mit ihren Eltern und dem Bruder gelebt hat. Sie sieht Geschäftsfreunde ihres Vaters, Kollegen, Manager, Bankmenschen, Ärzte, Firmenbesitzer aus anderen Städten. Viele sind per Flugzeug gekommen, einer sogar mit dem Privatflieger, andere im Auto. So viele Daimler auf einem Platz hat sie noch nie gesehen. Auch ein Richter ist hier, Anwälte, ein Pastor, ein Politiker sogar, Landtagsabgeordneter heißt das, hat ihre Mutter ihr mehrfach erklärt.

Und sie hat gemerkt, dass die Mutter sich schämt, weil ihre Familie nicht so fein ist. Lauter solche Leute sind gekommen. Geachtet, angesehen. Wie ihr Vater. Sie stehen da in ihren schweren dunklen Mänteln, schweigend.

Erst trösten sie ihre weinende Mutter, dann kommen sie auch zu ihr, einer nach dem anderen. Der Erste, ein Bankdirektor, der heute Morgen extra aus Berlin nach München geflogen ist, streichelt ihr liebevoll über den Kopf, glättet sorgfältig ihre kurzen Haare, beugt sich zu ihr herunter, nimmt sie so fest in den Arm, dass sein schwerer Mantel sie am Hals kratzt, und sagt: »Wenn du redest, bist du tot.«

Er flüstert nicht. Warum auch? Jeder hier kann hören, was er sagt.

Sie spürt ein Vibrieren in ihrem Körper, etwas kommt von weit hinten auf sie zu. Sie schaut fort von dem Mann, in die Bäume, auf die ordentliche Reihe kleiner Häuser in der Ferne. Wie adrette Schachteln stehen sie dort, schmiegen sich aneinander. Das Vibrieren kommt näher. Sie versucht sich abzulenken, versucht den Wind in den Bäumen wahrzunehmen – durch das Rauschen in ihren Ohren hindurch. Hart zieht sie ein Taschentuch zwischen Daumen und Zeigefinger hindurch, um den Saum an den Fingerspitzen zu spüren. Doch das Vibrieren wird stärker. Sie blickt an den Männern vorbei in das Grab ihres Vaters und wünscht sich, dass sie bei ihm ist. Sie möchte fliehen, aber sie kann keinen Fuß bewegen. Sie ist so schwach, dass sie meint, jeden Augenblick ohnmächtig zu werden. Vielleicht fällt sie dann ins Grab zu ihrem Vater. Das wäre schön.

Die machen mir doch keine Angst! Das sollen die bloß nicht denken. Dass die mir Angst machen! Geht mir doch am Arsch vorbei. Ich bin stark, viel stärker als die anderen, ich bin ein Junge, bin mutig und kein Feigling.

Sie fühlt das Rauschen in den Ohren anschwellen, pochende Kopfschmerzen, ein Nebel zieht vor ihre Augen und verschwindet wieder.

Sie ist fast gelähmt vor Angst. Das Zittern breitet sich in ihr aus. Da kommt schon wieder einer auf sie zu. Er greift nach ihrer Hand.

Der soll ruhig sagen, was er will. Interessiert mich nicht die Bohne. So geht das doch schon seit Tagen. Das härtet ab.

Und mit dem Mann kommt mehr Angst. Aber wovor hat sie nur Angst? Er hat ihr doch nichts getan. Starr blickt sie in das Grab. Kommt es nicht auf sie zu? Dies alles ist gar nicht wahr. Sie träumt bestimmt nur. Einen ihrer vielen schrecklichen Träume. Niemand träumt so grausam wie sie. Auch das hat sie inzwischen herausgefunden. Unauffällig. Mit vielen vorsichtigen Fragen. Immer mal bei jemand anderem aus ihrer Klasse. Mit langen Pausen dazwischen. Was für schöne einfache Träume die anderen haben. Von Sachen, die sie sich wünschen oder vom Urlaub, vom Fliegen, manchmal von einer Klassenarbeit, die danebengeht. Niemand sonst träumt von Folter und Qual und Schreien und Blut.

Nur sie.

Schon wieder steht einer vor ihr und sieht sie an.

Tagelang geht das so. Gleich als die anderen vom Training kamen und uns gesagt wurde, dass der Papi tot ist, ging das los. Wir dürfen nie was Schlechtes über den Papi reden, hat die Mutter gesagt. Nicht zu mir, zu Tamara hat sie das gesagt. Aber die ist gleich gegangen, weil sie den Papi so lieb hatte. Ich auch, aber ich hab die Mutter nicht lieb, die ist mir egal, und was die zu meckern hat, ist mir auch egal. Dann stand Stefanie da und wollte weinen, aber das durfte sie nicht, und der Bruder sagte, dass er mich umbringen würde, wenn ich Probleme mache. Dann kamen ein paar Onkels und Tanten, um die blöde Kuh von Mutter zu trösten, und sagten, es sei kein Problem, mich so umzulegen, dass es nach Selbstmord aussieht und dass keiner was dagegen hätte, auch die Mutter nicht. Ich soll nur immer schön tun, was sie sagen. Die können mir doch den Arsch lecken. Mir machen die keine Angst, die Idioten, ist mir doch egal, was die sagen.

Ich sag jedem ins Gesicht, was ich von ihm denke, auch der blöden Lehrerin, die uns verraten hat, weshalb Kathy und Senta halbtot geprügelt wurden und tagelang im Schrank sitzen mussten.

»Angela!«, zischt die Mutter und packt sie am Arm. Was ist denn passiert? Alle schauen sie an. Ihren anderen Arm hält der Pastor. Wie kommt der hierher? Eben stand er doch noch am Grab. Auch vor ihm hat sie Angst. Warum nur? Sie kennt ihn seit vielen Jahren. Bald wird er sie konfirmieren, aber immer, wenn sie an seinem Haus vorbeigeht, ist da eine Furcht. Wovor nur?

Dass er mich reinholt.

Aber sie war doch noch nie in seinem Haus. Was soll denn da schon sein?

»Angela!« Alle sehen sie an. Was hat sie getan? Ich hab doch nichts getan, denkt sie. Aber so etwas sagt sie schon lange nicht mehr. Denn dann wird alles immer nur schlimmer. »Auch noch lügen«, schimpfen sie dann, »das muss noch strenger bestraft werden.« Sie muss aufpassen, sich zusammennehmen. Noch mehr zusammennehmen. Tun, was die anderen erwarten. Was erwarten sie? Jetzt erst sieht sie den Mann, der vor ihr steht. Wie lange steht der schon da? Seine Hand ist ausgestreckt. Auf sie zu. Sie soll ihm die Hand geben. Sie gibt ihm die Hand. Er zieht sie zu sich heran und nimmt sie in den Arm. Hält sie. Dann lockert er den Griff, behält aber ihre Hand in seiner. Er blickt ihr in die Augen und sagt: »Mach das noch einmal, und du bist tot.«

Da sehnt sie sich wieder nach ihrem Vater. Will bei ihm sein. Will neben ihm im Sarg liegen. Will, dass er sie festhält und vor der Welt beschützt. Denn er ist der Einzige, der das kann. Der Einzige, der immer gut zu ihr war. Sie schaut in das Grab und sieht, wie es größer wird. Tiefer. Es kommt auf sie zu. »Wenn Papi wirklich da unten ist«, denkt sie, »will ich bei ihm sein.« Es ist eine Sehnsucht, die sich anfühlt wie ein Sog. Sie stellt sich vor, jetzt einfach neben ihm zu liegen, ganz nah, ganz sicher.

Und so geschieht es.

Heute: Die fremde Frau

Sie öffnete die Augen. Ihre Lider fühlten sich dick an. Dick und heiß. Vom Weinen. Sie schaute sich um. Immer noch war sie in der fremden Wohnung. Lag auf dem Bett. Sie sah zum Fenster. Draußen war es dunkel. War es Abend?

Jeden Moment konnte die Mutter zurückkommen. Auf keinen Fall durfte die sie so sehen. Sie musste ruhig werden. Sich zusammennehmen. Den Überblick gewinnen. Die Kontrolle. Sie hörte auf zu weinen. Richtete sich auf und schüttelte das Kopfkissen zurecht. Drehte es um, damit die Tränenspuren nicht zu sehen waren. Ein Taschentuch. Hier musste sich doch irgendwo ein Taschentuch finden lassen.

Sie war jetzt ziemlich sicher, dass sie bei der Beerdigung das Bewusstsein verloren hatte. Natürlich, sie war wieder mal zusammengeklappt. War ja auch ganz verständlich. Aber so verheult durfte sie trotzdem nicht aussehen, wenn die Mutter zurückkehrte. Mit der Frau musste sie jetzt auskommen.

Sie öffnete den Kleiderschrank und fand ein Männertaschentuch. Ging ins Bad, um sich das Gesicht zu waschen. Ließ das Wasser laufen, bis es ganz kalt war. Hielt die Handgelenke darunter, bis sie fror. Beugte sich hinab und ließ den Strahl über das Gesicht laufen. Lange. Richtete sich auf und erstarrte vor dem Spiegel: Da war eine Frau im Spiegel.

Aber das war nicht sie. Das war eine erwachsene Frau. Die war alt. Viel älter als sie. Mindestens dreißig oder vierzig Jahre war die alt. Lange Haare hatte sie und sah genauso aus wie die auf dem Bild im Flur.

Sie rannte zurück auf den Flur zum Poster. Aber das war gar kein Poster, das war auch ein Spiegel, das war dieselbe Frau wie im Bad. Langhaarig. Das war nicht sie. Sie hatte kurze Haare. Sie starrte in den Spiegel. Das Bild flackerte, einen Moment sah sie wieder sich selbst, jung, kurzhaarig. Sie griff sich in die Haare. Die Frau im Spiegel machte dasselbe. Beide hatten sie lange Haare. Die Frau im Spiegel trug dieselben zerschnittenen Jeans, sie machte genau dieselben Bewegungen, und dann öffnete sie den Mund.

»Nein«, sagte sie, »das ist nicht wahr.«

Sie wusste, dass sie manchmal für ein paar Stunden ohnmächtig wurde und dass es hinterher oft Schwierigkeiten gab, aber das waren ein paar Stunden oder ein Tag, höchstens mal drei. Oder auch vier. Fünf. Dies hier konnte nicht sein.

Sie lief durch die Wohnung und fand eine Zeitung. »Donnerstag, 9. September 1993« stand da. Auf jedem Blatt. In der Küche hing ein Kalender mit demselben Datum. Dabei war es doch 1975. Der 12. März 1975. Am 11. März war der Papi beerdigt worden. Gestern. Merkwürdige Leute mussten das sein, die hier wohnten. Aber darüber wollte sie nicht nachdenken. Das war unwichtig. Wichtig war: Wie kam sie aus diesem Alptraum heraus? Und aus diesem alten Körper? Wie kam sie wieder in ihre eigene Welt zurück?

Zu Hause anrufen, dachte sie plötzlich und begann, ein Telefon zu suchen. Es stand im Wohnzimmer und sah ganz anders aus als alle Telefone, die sie kannte. Dieses hatte keine Wählscheibe. Zuerst wusste sie nicht, was sie machen sollte, dann drückte sie schließlich auf die Tasten und wählte die Nummer ihrer Mutter. Eine Männerstimme meldete sich. Eine unbekannte Stimme. Sie erschrak und legte auf. Was bedeutete das? Dann fiel es ihr ein: Sie war ja in einer ganz anderen Stadt. Sie hatte die Vorwahl vergessen. Sie wählte erneut. Diesmal meldete sich eine fremde Frau. Wieder wollte sie auflegen, nahm sich dann aber zusammen, fragte: »Könnte ich bitte Frau Bahr sprechen?«

Und hörte, was sie befürchtet hatte: Keine Frau Bahr. Unbekannt. Nie gehört. Stimmt denn die Adresse? Ja, sagte die Stimme auf der anderen Seite. Außerdem wohne man hier schon seit ein paar Jahren.

Wo sind denn dann wir?, fragte sie sich. Sie, die Mutter, der Bruder? So was gibt es nicht. Das passiert im Märchen, nicht im wirklichen Leben. Bei den Heinzelmännchen. Ein Handwerker war das in Köln, der sich mit den Heinzelmännchen eingelassen hatte. Und Dornröschen. Die man gestochen hatte. Aber hier gab es keine Heinzelmännchen, mit denen sie tanzte, während die Jahre vergingen, ohne dass sie es merkte, und schon gar keinen Prinzen, der sie wach küssen könnte. Sie schlief ja noch nicht einmal. Das wäre schön gewesen, aber inzwischen hatte sie sich die Arme schon blau gekniffen und war nicht davon aufgewacht. Offenbar war sie wach. Und offenbar musste sie sich wieder einmal ganz allein zurechtfinden.

Ganz allein.

Ruhig bleiben, dachte sie in ihre Panik hinein. Denn das war das Wichtigste. Wenn sie ruhig blieb, würde alles wieder vorübergehen. So wie immer. Auch wenn etwas weh tat. Oder blutete. Denn auch das ging vorbei.

Über dem Telefon hing ein Zettel an der Wand, den sie jetzt zum ersten Mal sah: »Notfallnummer für alle, die dringend Hilfe brauchen« stand da. Konnte sie dort anrufen? Bei fremden Leuten? Lieber nicht. Oder doch? Aber wenn einer Hilfe brauchte, dann doch sie: eingeschlossen in einen fremden Körper in einer fremden Welt. Etwas ließ sie zögern, aber was hatte sie denn noch zu verlieren? Sie wählte. Eine Stimme meldete sich: »Temberg.« Eine Frauenstimme, freundlich, weich.

»Hallo«, sagte sie zaghaft zu der fremden Stimme, räusperte sich und schwieg. Was sollte sie sagen? Manchmal, das wusste sie schon, kannten Menschen sie, an die sie sich nicht erinnerte. So fragte sie: »Kennen Sie mich?«

Die Frau auf der anderen Seite zögerte, dann erwiderte sie: »Ich glaube ja, aber ich bin nicht ganz sicher.«

Was war das für eine Antwort?

Dann fragte die Frau: »Wer bist du denn?«

»Ich bin Stefanie«, dachte sie, aber sie wusste auch, dass sie sich niemals so nennen durfte. So sagte sie ihren offiziellen Namen: Angela Bahr. Aber die fremde Frau ließ nicht locker. Ob es nicht vielleicht doch noch einen anderen Namen gäbe, wollte sie wissen, einen, den sonst niemand kenne. Einen, den sie nur für sich selbst habe. Sie zögerte, ihr Name war geheim, noch nie hatte sie ihn ausgesprochen. Ein starkes Gefühl warnte sie davor, so als hätte jemand es ihr bei schwerer Strafe verboten. Aber gleichzeitig war da etwas in dieser unbekannten Stimme, dem sie traute. Deshalb verriet sie es ihr schließlich: »Ich heiße Stefanie.«

»Stefanie«, sagte die Stimme, und ihr wurde so wohl, als sie sie hörte, »Stefanie, du brauchst keine Angst zu haben. Sei ganz ruhig, du bist in Sicherheit.«

»In Sicherheit? Aber ich weiß doch überhaupt nicht, wo ich bin. Hier war ich noch nie. Hier ist nur dieser Zettel über dem Telefon, Notrufnummer, deshalb habe ich Sie angerufen. Das ist eine ganz fremde Wohnung. Die gehört irgendwelchen anderen Leuten, die ich noch nie gesehen habe. Ich weiß nicht, wie ich hergekommen bin. Ich kenne die ganze Gegend nicht, das ist ein blödes Dorf hier. Ich wohne in Köln. Ich will nach Hause. Ich will zu meinem Papi. Können Sie mir nicht sagen, wo mein Papi ist?« Sie fing wieder an zu weinen. »Und gleich kommt meine Mutter zurück, dann darf ich nicht weinen.«

»Stefanie, deine Mutter kommt nicht zurück. Du brauchst keine Angst zu haben. Sei ganz ruhig.«

Und irgendwie wurde sie wirklich ruhig bei der Stimme, obwohl sie die Frau überhaupt nicht kannte. Und was die erzählte, war auch eher beunruhigend als beruhigend. Wieso kam ihre Mutter nicht zurück? Und woher konnte diese fremde Frau das wissen?

»Dir geschieht nichts«, fuhr die fort, und Stefanie wollte am liebsten immer nur diese Stimme hören. »Du bist in Sicherheit. Haben dir die anderen das nicht erzählt?«

Das war schon wieder beängstigend: »Welche anderen? Hier sind keine anderen. Ich bin ganz allein in der Wohnung. Hier ist niemand. Nur ein doofer Hund.«

Dann traute sie sich, die gefährliche Frage zu stellen, die sie sonst immer vermied: »Woher kennen Sie mich eigentlich?«

Die Frau machte eine Pause, Stefanie hörte, wie sie Luft holte. Hätte sie das nicht fragen dürfen? Sie spürte eine kleine Unsicherheit in der Stimme der Frau, als die sagte: »Ich kenne dich noch nicht persönlich, Stefanie, aber die anderen haben mir schon sehr viel von dir erzählt. Sie machen eine Therapie bei mir. Ich bin Therapeutin.«

Schon wieder die anderen! Das war jetzt richtig unheimlich, es kannte sie doch keiner. Niemand wusste, dass es Stefanie gab. Niemand durfte es wissen. Sie zögerte, dann wagte sie, nach ihnen zu fragen: »Welche anderen denn bloß?«

»Du wirst sie alle kennenlernen. Sarah und Traute, Martha, Miranda und Magda. Und die anderen. Sie haben dich vermisst. Sie haben sich sehr gewünscht, dass du wiederkommst.«

Das wurde hier immer verrückter. Wie konnte jemand sie vermissen, den sie gar nicht kannte? Die Frau redete wirres Zeug. Sie konnte ihr nicht glauben. Aber sie hatte so eine schöne Stimme, sie sollte weiterreden.

Als ob sie das gehört hätte, fuhr die Frau fort: »Am besten setzt du dich auf einen bequemen Stuhl, Stefanie, und entspannst dich. Du musst ruhig werden.«

Das sagte sie sich ja selbst schon immer. Aber jeden Moment konnten hier fremde Leute reinkommen, und dann musste sie doch wissen, wo sie war. »Hier ist alles so komisch«, fiel ihr wieder ein, »ich versteh das nicht. Zeitungen liegen rum mit dem falschen Datum. Ich hab Sachen an, die ich nicht kenne. Meine sind das bestimmt nicht. Im Spiegel hab ich lange Haare, dabei sind meine Haare doch ganz kurz. Alles ist so unwirklich. Ich hab solche Angst.«

Die Frau machte eine lange Pause. Stefanie wurde schwach vor Panik: »Sind Sie noch da?«

»Ja, Stefanie, und ich lege nicht auf, bevor du beruhigt bist. Kennst du das nicht, dass manchmal Zeit vergeht, ohne dass du es merkst? Diesmal ist eben etwas mehr Zeit vergangen.«

Und ob sie das kannte. Aber bisher hatte sie geglaubt, nur ihr passierte so was. Hin und wieder hatte sie vorsichtig danach gefragt. In ihrer Klasse, bei Freundinnen. Aber die konnten alle wie aus der Pistole geschossen erzählen, was sie gestern Abend gemacht hatten oder am vorigen Wochenende; und ganz genau wussten alle, wo sie in den letzten Ferien gewesen waren. Nur Stefanie hatte keine Ahnung. Aber das durfte niemand wissen. Kannte die fremde Frau das etwa auch?

»Du wirst das alles verstehen, Stefanie. Ich verspreche dir, dass ich dir alles erkläre, wenn wir uns sehen. Aber jetzt musst du dahin zurückgehen, wo du hergekommen bist.«

Was sollte denn das nun wieder? Wo sie hergekommen war? Stefanie war vollkommen verwirrt: »Ich weiß nicht, woher ich gekommen bin. Ich war zuletzt am Grab von meinem Vater. Da soll ich wieder hin?«

Die Frau seufzte ganz leicht. Stefanie erschrak: War das jetzt wieder falsch gewesen?

»Stefanie«, sagte die Stimme im Telefon dann, sanft und ernst, »ich möchte jetzt gern mit Sarah sprechen. Das geht aber nur, wenn du ruhig und entspannt bist.«

»Aber hier ist keine Sarah! Hier ist niemand. Hab ich Ihnen doch gesagt! Nur ich. Ich hab jeden Raum durchsucht.« Sie spürte, wie ihr wieder die Tränen in die Augen stiegen. Was wollte diese Frau?

»Mach einfach mal die Augen zu, und dann stell dir vor, dass du dich umdrehst. Was siehst du dann?«

»Die Wand! Hinter mir ist die Wand.«

»Bitte vertrau mir, Stefanie, ich will dir wirklich helfen. Wenn du die Augen schließt und dir vorstellst, dass du ganz nach innen gehst, an einen sicheren Ort, wo dir nichts passieren kann, dann kannst du dich erst eine Weile ausruhen, und später sprechen wir wieder miteinander. Ist das in Ordnung?«

Sie verstand kein Wort, aber sie wollte der Frau so gern vertrauen. Sie machte einen Versuch und schloss die Augen.

Riss sie aber sofort wieder auf. »Nein! Ich bin doch nicht verrückt. Immer wenn ich die Augen zumache, passiert was. Dann verschwinde ich wieder, und wer weiß, wie viel Zeit vergeht, und dann tauche ich irgendwo auf, bin eine alte Frau und mein Leben ist vorbei.«

»Ich verspreche dir, dass das nicht geschieht, Stefanie. Ich werde dir alles erklären, wenn wir uns sehen. Dann werde ich dich zurückholen, damit wir uns kennenlernen können.«

»Hm.«

»In Ordnung?«

»Wann denn?«

»In vier Tagen.«

»Wann ganz genau?«

»Am nächsten Montag, das ist der 13. September. Genau um zwanzig Minuten nach fünf am Nachmittag.«

»Hm.«

»In Ordnung?«

»Hm.«

»Ja?«

»Ja.«

»Gut, Stefanie«, sagte die Stimme, auf der man sich so wunderbar ausruhen konnte, obwohl sie komisches Zeug redete. »Nun schließe die Augen und geh nach innen. Dann kannst du dir erst mal alles aus der Ferne anschauen. Von einem sicheren Ort aus. Sarah wird dir helfen. Jetzt wirst du ganz ruhig und gehst nach innen. Du drehst dich um, und dann gehst du langsam den Weg zurück, den du gekommen bist. Und meine Stimme begleitet dich dabei.«

Stefanie schloss die Augen. Da war es dunkel, sie sah nichts. Nach innen sollte sie gehen. Nach innen? Wie denn? Was war das für ein sicherer Ort? Wenn es so etwas gab. Der Sarg von Papi war ihr gestern sicher erschienen. Doch jetzt sah sie ja, wohin das geführt hatte. Nichts war sicher. Aber ein bisschen ausruhen konnte sie vielleicht. War anstrengend genug.

Ganz schön, dass es so dunkel war. Und warm. Gemütlich. Aus der Ferne hörte sie die Stimme der Frau. Auch das war angenehm. Schöne Stimme.

»Sarah«, sagte die Stimme, leise, aus der Ferne. »Ich möchte nun gern mit Sarah sprechen. Wenn es möglich ist, dass Sarah kommt, möchte ich gern mit Sarah sprechen.«

Alles blieb still.

Die Frau sprach ruhig weiter, es fühlte sich an, als ob eine leichte, weiche Decke Stefanie einhüllte, warm und sicher. Oder wie Sonnenstrahlen, die die Haut wärmen, wenn man irgendwo auf einer einsamen sicheren Insel sitzt. So wie Stefanie jetzt. Kaum hörte sie noch, was die Frau sagte: »Ich bleibe einfach so lange am Telefon, bis Sarah zu mir kommt. Wenn Sarah da ist, wird sie mit mir sprechen.«

Aber da war keine Sarah.

Da war niemand mehr.

Minutenlang wiederholte die Frau am Telefon ihre Bitte. Gelassen, zuversichtlich und geduldig: »Wo auch immer Sarah jetzt ist, sie wird mich hören und meiner Stimme folgen und zu mir kommen. So lange bleibe ich hier und warte auf sie.«

Nichts.

»Ich spreche einfach so lange weiter, bis Sarah mich hört. Ich weiß, dass Sarah mich hört. Sie wird zu mir kommen und mir antworten.«

Auf einmal hörte Stefanie aus der Ferne eine Stimme, besonnen und gleichmäßig. Gleichmütig. Hörte, wie die beiden Stimmen miteinander sprachen, wie ein Gemurmel, ohne dass sie den Sinn der Worte verstand.

»Oh, hallo Nina, wie nett, dass du uns anrufst«, sagte die neue Stimme.

»Nein, Sarah, ihr habt mich angerufen«, erwiderte die Telefonstimme. »Schau doch mal auf die Uhr.«

»Es ist halb sechs! Uns fehlt Zeit. Nicht schon wieder! Was war denn los?«

»Wie viel Zeit fehlt euch?«

»Gegen vier waren die Kinder noch da. Wolfgang ist früher von der Arbeit gekommen, um mit Christian zum Fußballspiel zu gehen. Kurz vorher hat Wolfgangs Mutter auch Barbara abgeholt, damit wir uns ein bisschen ausruhen können. Zwei Stunden, glaube ich, mindestens zwei Stunden fehlen.«

»Sarah, was war das Letzte, was ihr gemacht habt?«

»Nichts, wir haben nur auf der Couch gesessen. Traute hat geraucht und nachgedacht.«

»Worüber?«

»Hm. Ich glaube, wir haben an Stefanie gedacht. Wie sie uns fehlt. Ihre gute Stimmung und ihr Spaß am Leben. Wir waren so traurig, dass sie damals bei der Beerdigung gestorben ist. Achtzehn Jahre ist das jetzt her.«

»Sarah, Stefanie ist nicht tot. Sie hat mich angerufen.«

Auf beiden Seiten der Leitung war Stille. Es war so still, dass sie nicht einmal ihren Atem hörten.

»Ist das denn möglich?«, fragte Sarah.

»Es scheint so«, erwiderte Nina Temberg, etwas hilflos.

Wieder machten beide eine lange Pause. Dann fragte Sarah: »Wie geht es ihr denn?«

»Sie ist völlig verwirrt. Ich habe lange mit ihr gesprochen, um sie zu beruhigen. Sie hat noch nicht begriffen, dass achtzehn Jahre vergangen sind, seit sie das letzte Mal da war. Sie denkt, die Beerdigung war gestern.«

»Ach du meine Güte.«

»Ja. Aber ich glaube nicht, dass sie irgendetwas angestellt hat. Sie war nur in der Wohnung und hat versucht sich zurechtzufinden.«

»Und nun?«

»Ich habe Stefanie versprochen, dass ich sie wieder zurückhole, wenn ihr das nächste Mal zu mir kommt«, sagte die Frau. Diese Worte konnte Stefanie wieder verstehen, und sie war erleichtert, die Bestätigung zu hören.

Wieder schwiegen die beiden. Nina Temberg holte seufzend Luft.

»Wir hatten ja keine Ahnung«, sagte Sarah. »Wir haben überhaupt nichts davon mitgekriegt. Es ist passiert, ohne dass wir irgendetwas unternehmen konnten. Meinst du, sie ist aufgetaucht, weil wir so stark an sie gedacht haben?«

»Vielleicht. Darum, Sarah, versucht bitte, jetzt nicht so intensiv an sie zu denken, denn es ist wichtig, dass sie erst mal drinnen bleibt. Wir wissen nicht, was sie draußen anstellen würde. Es besteht die Gefahr, dass Stefanie zu ihrer Mutter zurückgeht, wenn sie herausfindet, wo die jetzt lebt. Ich will ihr lieber alles in Ruhe erklären. Falls du aber mit ihr in Kontakt kommst, Sarah, wie könntest du ihr dann helfen?«

»Ich könnte ihr die Wohnung zeigen«, erwiderte Sarah, »und sie vorsichtig auf die Familie vorbereiten.«

»Das ist gut, aber sag ihr, dass es nicht ihr Mann ist, nicht ihr Kind.«

»Natürlich«, erwiderte die Sarah-Stimme, und Stefanie spürte eine Spur Ungeduld darin, als wolle sie andeuten, dass sie schon selbst auf diesen Gedanken gekommen sei.

Nicht ihr Mann?

Natürlich nicht. Stefanie hatte keinen Mann. Sie war erst dreizehn. Sie hatte nicht mal einen Freund.

Während die neue Stimme dies verwirrende Zeug mit einer gleichmäßigen Ruhe aussprach, als seien diese verrückten Geschichten vollkommen normal, bemühte sich Stefanie, die Frau zu entdecken, deren Stimme sie hörte. Doch sie konnte keinen Menschen sehen. Vielleicht lag das aber auch an dem Dunst, der über allem hing.

Allmählich konnte Stefanie dem Gespräch auch nicht mehr folgen; die Stimmen wurden zu einem Gemurmel in weiter Ferne.

Nach einer Weile wurde die Telefonstimme wieder lauter und verabschiedete sich. Stefanie empfand einen eigentümlichen Schmerz, sie nicht mehr zu hören. Wie Heimweh. Als würde sie diese Stimme schon ganz lange kennen.

Dann wurde der Hörer aufgelegt, und das Telefonat war beendet.

Angela betrachtete das Telefon, vor dem sie stand. Hatte es geklingelt? Sie wartete einen Moment. Nein, offenbar nicht, sonst würde es ja noch einmal klingeln. Weshalb stand sie dann hier? Wahrscheinlich hatte sie gerade in die Küche gehen und Abendbrot machen wollen. Und war vor dem Flurspiegel stehen geblieben, um zu überprüfen, ob er geputzt werden musste.

Sie blickte ihr Spiegelbild an, schob sich die Locken aus der Stirn, dachte, zum Friseur könnte ich auch mál wieder gehen, und sah auf ihre Armbanduhr. Es war kurz nach sechs. Wie die Zeit flog! Gleich mussten Wolfgang und Christian nach Hause kommen. Sie hatten sicher einen Bärenhunger von der frischen Luft und vom Fußballspielen.

Sie ging in die Küche, holte Geschirr und Bestecke aus dem Schrank, deckte den Küchentisch. Sie stellte eine große Schale Frikadellen dazu, die sie mittags vorbereitet hatte, aus dem Gemüsefach holte sie Salate, Tomaten, Gurken, Äpfel und Avocados. Schnell und routiniert säuberte sie alles, schnippelte es klein, streute gehackte Nüsse darüber und mischte eine Salatsauce. Zum Schluss schälte sie einige hartgekochte Eier, schnitt sie flink in Scheiben und dekorierte sie um den Salat. Dann noch Servietten auf die Teller, Teewasser aufgesetzt, die Arbeitsflächen saubergewischt. Fertig.

Angela war eine schnelle und gute Hausfrau. Sie achtete auf die Gesundheit ihrer Familie, wenig Fett, frisches Obst, möglichst viele Vitamine. Und hübsch sah das Ganze auch noch aus. Hausarbeit machte ihr zwar keinen besonderen Spaß, aber darum ging es auch nicht. Hausarbeit war ihre Aufgabe, und ihre Aufgabe erfüllte sie eben gut. Solange sie nichts anderes machen durfte als zu Hause sitzen, nichts anderes tun konnte als warten, dass die Familie nach Hause kam, solange konnte sie in diesem Job auch gut sein. Das hatte sie beschlossen.

Fast jeden Sonntag gab es daher selbstgebackenen Kuchen, meist etwas möglichst Kompliziertes, Donauwellen etwa oder Quarkkuchen oder Hefegebäck, am liebsten etwas mit drei verschiedenen Böden, bei dem die Gefahr bestand, dass es zusammenfiel, am Tortenboden klebte oder nicht aufgehen wollte. Aber nicht bei ihr.

Was jetzt?

Der Wohnzimmerteppich musste mal wieder gesaugt werden. Sie holte den Staubsauger aus der Kammer, entrollte das Kabel, das ordentlich auf einem Haken hing, und begann zu saugen. Genauso wichtig wie die Zubereitung der Mahlzeiten war ihr die Ordnung ihres Haushalts. Ihre Ordnungsliebe hatte manchmal etwas fast Zwanghaftes. Besonders in Stresszeiten wirkte ihr energisches Bemühen um saubere Fenster, eine blitzende Spüle, geputzte Schuhe und aufgeräumte Schränke fast manisch. Außerdem belastete es sie sehr.

»Nun lass doch«, sagte ihr Mann oft, »muss doch nicht sein. Warum gerade jetzt?«

Was wusste er denn davon?

Eigentlich war sie mit dem Ergebnis ihrer Bemühungen nie zufrieden. Alles hätte immer noch perfekter sein können. Besonders das Chaos der Kinderzimmer war ihr ein Dorn im Auge. Aber da hielt sie sich raus – so gut sie eben konnte, Erziehung war nicht ihre Aufgabe.

Energisch rückte sie den Teppichfransen zu Leibe. Wie die wieder aussahen, morgens gesaugt, aber jetzt schon wieder kreuz und quer, nie ordentlich, wie es sich gehörte.

Hatte das Telefon geklingelt?

Sie stellte den Staubsauger ab, horchte. Ja. Sie ging auf den Flur, nahm den Hörer ab.

»Ja, bitte?«

»Moira, Moira, du gehörst uns«, sagte eine Männerstimme.

»Ja, bitte?«

»Wer ist da?«, fragte die Männerstimme.

»Hier ist Moira.«

»Moira, pass genau auf: Am Montag, den 13. September, abends direkt nach der Therapie, fährst du zum Hauptbahnhof. Hast du das verstanden?«

»Am Montag, den 13. September, abends direkt nach der Therapie, fahre ich zum Hauptbahnhof.«

»Du bist dafür verantwortlich, dass alles klappt.«

»Ja.«

»Du hältst den Mund.«

»Ich halte den Mund.«

»Du vergisst sofort, dass wir telefoniert haben.«

»Ich vergesse sofort, dass wir telefoniert haben.«

Es knackte im Hörer, dann war die Leitung tot.

Angela horchte in den Hörer hinein. Es hatte geklingelt, aber niemand hatte sich gemeldet. Das passierte heute nun schon zum zweiten Mal. Komisch. Aber vielleicht lag es auch an dem starken Regen während der letzten beiden Tage. Da konnte es leicht falsche Kontakte und Verbindungen geben, hatte Wolfgang ihr mal erklärt.

Sie packte den Staubsauger zusammen und räumte ihn wieder ordentlich in die Kammer zurück.

»Klappt ja immer noch prima mit der Kleinen«, dachte der Mann, steckte den Hörer seines Autotelefons wieder in die Halterung, griff sich ans rechte Ohr und kratzte. Er trug einen Ohrring mit einer goldenen Perle. An Regentagen juckte ihn das Ding immer. Er trug es aus purer Sentimentalität, hatte es sich vor 15 Jahren gekauft, vom allerersten angeschafften Geld seines allerersten Pferdchens.

Für die Kleine, mit der er gerade telefoniert hatte, hatte er zwei Kunden, die lieber was Bürgerliches wollten und keine Lust hatten auf Bordellbetrieb. Praktisch, dass sie sofort spurte, wenn er anrief. Große Kohle war zwar nicht mit ihr zu machen, denn sie stand ihm nicht täglich zur Verfügung, aber dafür tat sie alles, was man wollte. Und weder verlangte noch bekam sie irgendeine Bezahlung.

Ein bisschen komisch fand er die Rahmenbedingungen schon, aber er hatte sich angewöhnt, bei Frauen mit ihrem Hintergrund nicht groß nachzufragen. Er hatte den kurzen Computerausdruck mit den Codesätzen, die er zu ihr sagen musste, überflogen und eingesteckt, als er sie übernahm, damals in Frankfurt. Sie war nicht die Erste, die er zusammen mit einer Gebrauchsanweisung bekommen hatte. Alle funktionierten problemlos. Keinerlei Grund zur Beschwerde.

Seinen Teil des Deals – unauffällige Überwachung, zuverlässige Kontrollen, absolute Verschwiegenheit und regelmäßige Berichterstattung an die Gruppe – hielt er gewissenhaft ein.

Bezahlt hatte er mit zwei neugeborenen Jungen. Kleinen gelben Jungs. Zwei seiner Thai-Mädchen waren damals schwanger angekommen. Ein langjähriger Kunde, der Arzt war, hatte die Entbindung abgewickelt. Kein Grund, die Kinder anzumelden, sie würden sie sowieso nicht behalten können. Lenkte nur von der Arbeit ab. Gut, dass jemand sie ihm abnahm. Über ihren Verbleib dachte er nicht nach. So viel war ihm klar: Je kleiner die Kinder waren, desto mehr konnte die Gruppe, mit der er diese Deals machte, offenbar mit ihnen anfangen.

Waren die Mädchen erst einmal halbwegs erwachsen, gab die Gruppe sie wieder ab. Vielleicht würden die, die er lieferte, eines Tages auch wieder dabei sein, zu ihm zurückkommen sozusagen, ohne dass er für die Erziehung aufkommen müsste. Eigentlich ganz praktisch. Die meisten, die er kriegte, waren gerade sechzehn. Allerdings: Ausländische, gelbe, schwarze oder braune waren nie darunter. Komisch, dabei waren doch die meisten, die er lieferte, farbig.

Na, auch egal.

Demnächst würde er wieder so ein Geschäft abwickeln. Viele von seinen bosnischen Muslim-Frauen waren schwanger ins Land geschleust worden, die Ersten waren demnächst fällig. Gut, dass man wusste, wohin damit.

Außer derartigen Transaktionen und kurzen Kontakten über ständig wechselnde Telefonnummern hatte er mit der Gruppe, von der er die Kleine übernommen hatte, nichts zu tun.

War ihm auch recht so.

Die Sache im Wald damals hatte ihm gereicht.

Er jedenfalls wollte nicht lebendig begraben werden.

Therapie

Nina und Elisabeth

Das Herbstlaub nach diesem trockenen Sommer begann früh von den Bäumen zu fallen. Es raschelte unter den Schuhen der beiden Frauen, die versonnen durch den lichten Wald wanderten. Sonnabend, später Vormittag, die Wege fast leer, eine angenehme Zeit zum Spazierengehen, fand Nina Temberg. Ein bisschen spät zwar für ihren Geschmack, denn Nina war Frühaufsteherin. Aber ihre Kollegin und Freundin Elisabeth Gebhard, die schweigend neben ihr her stapfte, empfand die frühen Stunden das Tages als ein wahres Morgengrauen. Elf Uhr war der Kompromiss, den sie vor längerer Zeit erarbeitet hatten. Einer von vielen Kompromissen, die eine langjährige Freundschaft mit sich bringt.

Ein oder zwei Stunden waren sie jeden zweiten Sonnabend in dieser Einsamkeit unterwegs. Eine Gewohnheit, fast ein Ritual, das jeder von ihnen fehlte, wenn einmal etwas dazwischenkam. Beide arbeiteten in freier Praxis als Psychotherapeutinnen. Die Spaziergänge im Wald waren ein entspannender Ausgleich. Manchmal diskutierten sie die Entwicklungen ihrer Klientinnen. Holten sich eine zweite Meinung über den Therapieverlauf bei einer Kollegin, der sie wirklich vertrauten.

Oft schwiegen sie. Wie heute.

Manchmal pfiff Elisabeth nach ihrer Hündin Charly, die sich im Laub aalte und wie ein Pflug Schneisen durch das Unterholz zog. Das Herbstlaub schien den buntscheckigen Mischling aus dem Tierheim regelrecht high zu machen.

»Bulldogge und Schäferhund«, hatte Elisabeth analysiert, damals vor fünf Jahren, als sie die mächtige Hündin durch das Drahtgitter des Zwingers angeschaut hatten. »Und ein bisschen Pitbull«, hatte Nina ergänzt. Es war ein Risiko gewesen, aber Elisabeth bereute den Entschluss, die Hündin zu sich zu nehmen, niemals. Von Anfang an betrachtete Charly Elisabeth, Nina und deren Familien als ihre eigene Meute, entschlossen, sie zu verteidigen bis zum letzten Zahn – von denen sie allerdings nicht mehr allzu viele besaß.

So wie sie die Hündin ausgesucht hatten, taten Elisabeth und Nina vieles gemeinsam. Sie kannten sich lange und gut. Sie hatten gemeinsam studiert, Ende der siebziger Jahre, zu einer Zeit, als die Frauenbewegung in manchen Instituten, in Teilbereichen von Universitäten und Fachhochschulen tatsächlich Fuß zu fassen schien. Gemeinsam hatten die beiden beschlossen, sich als Psychotherapeutinnen selbstständig zu machen, als feministische Therapeutinnen wohlgemerkt. Als nächster Schritt kam der Entschluss, mit Frauen zu arbeiten, es ergab sich dann irgendwie, dass es meistens schwer traumatisierte Frauen waren, Frauen, die körperliche, sexuelle, seelische Misshandlungen in der Kindheit erlebt hatten, vergewaltigte und psychiatrieerfahrene Frauen. Die Geschichten ihrer Klientinnen hatten die beiden in ihrem Entschluss bestärkt, nicht mit Männern und schon gar nicht mit Tätern zu arbeiten. Darin waren sie sich einig.

Nicht immer waren sie sich einig.

Aber sie waren sich immer wichtig.

»Eine Neue ist aufgetaucht«, sagte Nina aus ihren tiefen Gedanken heraus plötzlich zu Elisabeth, die gerade einen Ast über die Waldwiese schleuderte, um der überaktiven Charly eine Aufgabe zu verschaffen.

»Wie, eine Neue?«

»Ja ... eigentlich nicht neu. Sie war nur 18 Jahre lang weg. 18 Jahre, stell dir das bloß mal vor! Seit der Beerdigung ihres Vaters. Damals ist sie verschwunden. Und vorgestern Nachmittag, nach 18 Jahren, war sie plötzlich wieder da, stand ganz allein in der Wohnung und hatte natürlich keine Ahnung, wo sie ist. Sie ist auf der Straße herumgelaufen, hat die gesamte Wohnung durchsucht, alte Telefonnummern ausprobiert, bis sie schließlich meinen Notfallzettel am Telefon gefunden und mich angerufen hat. Glücklicherweise hatte ich gerade eine Freistunde, so konnte ich zwei Stunden mit ihr und einigen anderen von Frau L. telefonieren, bis sie sich wieder einigermaßen beruhigt hatten. Das war ein Stück Arbeit.«

»Frau L.«, so nannten die beiden Kolleginnen, um auch untereinander das professionelle Schweigegebot zu beachten, Ninas faszinierendste und beunruhigendste Klientin. Angela Lenz. Eine Multiple Persönlichkeit.[10]

Unter dem Druck schwerster Traumata in sehr früher Kindheit war Angelas entstehendes »Ich« aufgesplittert in Dutzende von Persönlichkeitsanteilen. Etwa fünfzig von ihnen hatte Nina Temberg bisher persönlich kennengelernt. Es waren Anteile, die selbstständig handeln, denken, reden konnten. Die mit unterschiedlichen Stimmlagen redeten – mit jeweils eigenen, nicht mit verstellten Stimmen. Die eigene Handschriften, Meinungen, Geschmäcker, Aufgaben, Ziele und Gefühle hatten. Und die – wenn sie überhaupt von der Existenz der anderen wussten – einander nicht besonders gut ausstehen konnten, schon allein deshalb, weil sie sich gegenseitig ständig die Zeit raubten. Die eigene Namen trugen und sich selbst als getrennte, eigenständige Personen – unterschiedlichen Alters – erlebten, auch wenn sie alle denselben Körper bewohnten.

Und die Nina weit über das übliche Therapiemaß an Zeit und Sorge kosteten, häufig der Anlass für verschmorte Abendessen waren, für versäumte Kinobesuche, stundenlang belegte Telefonleitungen und – das bedrückte Elisabeth am meisten – für ein ständig wachsendes Gefühl von tiefer, auswegloser Trauer in Nina. Aber Elisabeth hatte auch Verständnis, sie selbst hatte zwei multiple Patientinnen in Therapie – sie kannte die Faszination und auch die Schwierigkeit, ihnen Grenzen zu setzen.

Nina, das hatte ihre Supervisionsgruppe wiederholt streng und mahnend festgestellt, ließ ihre Klientin über alle Grenzen gehen. Das sei falsch, teilte man ihr mit. Sie müsse ihr Grenzen setzen. Sie müsse ihre Therapiestunden auf fünfzig Minuten begrenzen. Sie müsse Kontakte zur Klientin außerhalb der Therapie ablehnen. Mit ihr essen gehen? Unmöglich! Wie sie es denn mit dem Abstinenzgebot hielte? Und ob sie denn wirklich die vielen langen Briefe der Klientin auch noch lesen wolle? Und wann? Sie dürfe die Klientin nicht ermuntern, sie immer anzurufen, wenn die sich in Not fühlte. Wohin denn das führen solle? Nina fühlte sich gerügt wie ein kleines Mädchen.

Und machte genauso weiter.

Denn auch die Not der Klientin war über das übliche Maß groß.

Die Not war über alle Maßen groß.

Nichts, was Nina bisher in der Wirklichkeit, in der Fachliteratur oder in Romanen begegnet war, kam dem, was ihre Klientin erlebt hatte, auch nur annähernd nahe. Kein Horrorfilm – die Nina immer mied – konnte wiedergeben, durch was Angela Lenz hindurchgegangen war.

Sie hatte das Inferno erlebt.

Etwas, das niemand aushalten konnte.

Angela Lenz hatte es ausgehalten. Sie hatte es ausgehalten, indem sie sich aufspaltete in Dutzende von Einzelpersönlichkeiten. Sie dissoziierte, trennte Sein und Bewusstsein voneinander, Empfindung von Wahrnehmung und Erinnerung. Und auch die Erinnerung selbst hatte sie kaleidoskopartig aufgesplittert in winzige Stückchen, Erlebnisbruchstücke, die im Einzelnen gerade eben noch erträglich waren.

Das Unerträgliche zu dissoziieren und möglichst unerreichbar im Inneren abzulegen, ist eine Fähigkeit, über die die menschliche Psyche verfügt.

Dissoziieren können fast alle Menschen. Allerdings in unterschiedlichem Ausmaß. Dissoziation als Alltagsstrategie des Bewusstseins zum Beispiel im Kino: Links und rechts riecht und raschelt alles nach Popcorn, dennoch versinkt man völlig in der Handlung eines spannenden Films. Oder: Ringsherum dröhnt eine hektische Technoparty, trotzdem konzentriert man sich auf ein interessantes Gespräch.

Dissoziation als Krisenintervention tritt auf, wenn Schwerverletzte nach einem Verkehrsunfall aufstehen und die Unfallstelle sichern. Sie stehen unter Schock und haben die Schmerzen abgespalten – dissoziiert. Später, nach diesem traumatischen Erlebnis, können sich viele überhaupt nicht mehr an die Einzelheiten des Unfalls erinnern.

Die Fähigkeit zu dissoziieren kann sogar das Leben retten, wenn das Erlebte so grauenvoll ist, dass man verrückt werden oder sterben würde, müsste man es bei vollem Bewusstsein ertragen.

Ausführliche Untersuchungen[11] zu Traumatisierungen von Soldaten im Ersten Weltkrieg, im Vietnamkrieg, bei KZ-Opfern, Folteropfern und vergewaltigten Frauen belegen es: Menschen dissoziieren, was sie nicht aushalten können.

Keine von Angela Lenz' Persönlichkeiten hätte die gesamte Gewalt ertragen können, die Menschen ihrem Körper und ihrer Seele angetan hatten. Jede hatte gerade eben so viel mitgemacht, wie sie durchstehen konnte. Dann war sie wieder verschwunden, in irgendeiner geheimen Nische von Angelas Seele. Und eine andere war an ihre Stelle getreten, hatte das nächste Stück Horror mitgemacht und konnte sich auch später nur an ebendiesen Abschnitt der Hölle erinnern. Und so war es immer weitergegangen, Angelas ganze grauenvolle Kindheit und Jugend hindurch.

Wie eine lange traurige, stumme Menschenkette kamen Nina die Persönlichkeiten von Angela manchmal vor. Wesen, die eines nach dem anderen, gebeugt, ergeben und hoffnungslos in das Inferno marschiert waren.

Angela hatte es ausgehalten.

Und Nina Temberg war entschlossen, es ebenfalls auszuhalten. Wenn keiner es aushielt, sie würde es aushalten. Dies war ihre Aufgabe. Dieser Klientin, die eines Tages, vor gut einem Jahr, in ihre Praxis gekommen war, völlig verwirrt nach einem Selbstmordversuch und mit der vagen Erinnerung, dass sie sexuell missbraucht worden war, der würde sie beistehen.

Schon die erste Begegnung hatte darüber entschieden.

Fassungslos hatte Angela Lenz berichtet, wie sie sich selbst plötzlich wiedergefunden hatte, ihren weinenden Sohn im Arm, mitten auf den Bahngleisen stehend und dem Intercity so nah, dass sie ganz deutlich das entsetzte Gesicht des Zugführers sehen konnte. Im buchstäblich letzten Moment hatte jemand sie von den Gleisen heruntergeschubst. Aber als sie sich umsah, sei niemand da gewesen. Auch hätte sie sich nicht daran erinnern können, wie sie eigentlich auf den Bahndamm gekommen sei. Sie hätte überhaupt nicht die Absicht gehabt sich umzubringen. Und ihren kleinen Sohn erst recht nicht. Aber sie gab auch zu, dass sie manchmal Dinge tat, die sie nicht plante und auch nicht wollte. Dass sie trotzdem irgendwie geschahen. Dass es einiges gab, was sie nicht wusste, obwohl sie es eigentlich wissen müsste.

Zum Beispiel fast ihre gesamte Kindheitsgeschichte.

Als dann die ersten Bruchstücke von Gewalt und Misshandlung in Angela Lenz' Erinnerung auftauchten, stand für Nina Temberg fest, dass sie die Geschichte dieser Frau, dieser Kindheit ertragen würde. Eine musste es tun. Und diese eine würde eben sie sein.

Koste es, was es wolle, hatte sie gedacht. Damals, als sie noch nicht ahnte, was die Kosten sein würden.

Ninas Entschluss hatte etwas Dramatisches an sich, und nicht wenige Kolleginnen waren beunruhigt über die Rückhaltlosigkeit, mit der Nina die Klientin annahm. Hatte sie gar keine Zweifel an deren Geschichte? War es nicht alles viel zu dramatisch, was Frau L. erzählte?

Nach und nach erzählte. Konnte man ihr wirklich Glauben schenken? Vielleicht dachte sie sich alles nur aus, um die Aufmerksamkeit ihrer Therapeutin zu fesseln?

Auch Ninas Kollegin Elisabeth Gebhard hatte solche Gedanken gehabt, äußerte sie aber inzwischen nur noch sehr vorsichtig. Nina konnte sehr abweisend werden, wenn Zweifel an dieser Klientin aufkamen. Andere mochten konfabulieren, sich vielleicht sogar Geschichten bewusst ausdenken. Diese Klientin nicht. Da war sie sicher.

Woher nahm sie diese Sicherheit?

»Die Neue heißt Stefanie«, unterbrach Nina das Schweigen, in das beide Frauen versunken waren. »Ich glaube, es ist gut, dass sie wieder da ist. Irgendwo habe ich mal gelesen, dass untergetauchte Persönlichkeiten nicht sterben. Auch wenn sie noch so lange Zeit verschwunden sind. Aber Frau L. war fest überzeugt, dass Stefanie tot ist. Die meisten ihrer Personen waren sehr traurig darüber, haben sich immer nach ihr gesehnt und in den letzten Monaten häufig von ihr erzählt. Sie ist die Einzige, die nur die guten Seiten des Vaters erlebt hat, daher verfügt sie über eine gewisse Stärke. Ich glaube, sie ahnt noch nicht einmal von den Misshandlungen. Sie bringt bestimmt viel positive Energie mit, das wird den anderen guttun. Die sind so schrecklich erschöpft.«

»Und was hast du denn nun mit ihr gemacht?«

»Ich habe sie an einen sicheren Ort im Inneren zurückgehen lassen. Das war ziemlich schwer, denn ich war auch ganz schön verwirrt durch ihr Auftauchen. Außerdem hatte sie keine Ahnung, was ich meinte. Sie weiß überhaupt nichts von den ganzen autosuggestiven Techniken. Auch wenn die anderen Persönlichkeiten schon lange Therapie machen, Stefanie hat keinen Schimmer davon. Erst mal begriff sie nichts, und dann weigerte sie sich lange zurückzugehen. Ich verstehe sie gut, natürlich hat sie schreckliche Angst, dass wieder so viel Zeit vergeht. Ich habe mit ihr verabredet, dass sie so lange dort bleibt, bis ich sie in der nächsten Therapiestunde wieder nach vorne hole.«

»Meinst du, sie hält sich daran?«

»Keine Ahnung. Jedenfalls muss ich sie möglichst bald mit den anderen bekannt machen. Vor allem mit Sarah, der inneren Helferpersönlichkeit, mit ihrer Sarah, der die anderen alle so vertrauen. Die hat den besten Überblick und kann ihr am meisten helfen. Die habe ich auch während des Telefonats noch nach vorne holen können. Das war vielleicht schwer! Richtig wie körperliche Arbeit ...«

Nina war in ihrem Element. Elisabeth beobachtete, wie ihre Freundin wieder in die Situation hineinging. Ob sie eigentlich merkt, wie es *mir* geht?, dachte sie und musste sofort lächeln über diesen Anflug von Eifersucht.

»... Ja, wirklich wie eine große körperliche Anstrengung«, bekräftigte Nina, die das Lächeln durchaus gesehen, aber missverstanden hatte.

»Einen Moment lang dachte ich, jetzt hab ich die eine weggeschickt, und die andere kommt nicht raus. Keine war da. Stell dir das mal vor! Was ist nun, hab ich gedacht, wenn gar keine wiederkommt?«

Sie machte eine Pause.

»Es war wirklich niemand da für einige Minuten«, wiederholte sie leise, fast andächtig.

»Richtig erschöpft war ich«, fügte sie dann munter hinzu.

Auch Elisabeth wusste sehr gut, dass manche ihrer multiplen Patientinnen energetische Staubsauger sein konnten. Aber in anderen Stunden hatte sie auch erlebt, wie sie von ihnen energiemäßig geradezu aufgeladen wurde.

»Die anderen«, setzte Nina fort, »hatten eine totale Amnesie für Stefanies ...«,

»... Wiedereintritt in die Erdatmosphäre«, ergänzte Elisabeth den Satz ihrer Freundin. Sie hatte sich angewöhnt, ihre Sensibilität mit einer Hülle von Ironie und Schnodderigkeit abzupolstern. Und wollte endlich auch mal über etwas anderes sprechen. In Wirklichkeit jedoch war sie genauso fasziniert wie Nina von den komplexen Systemen und inneren Welten ihrer multiplen Patientinnen. Sie hatten ihr ein radikales Umdenken über vieles aufgezwungen, was sie früher für gesichertes medizinisches Wissen gehalten hatte.

Musste man nicht umdenken, wenn man mit eigenen Augen gesehen hatte, was mit ein und demselben Körper passieren konnte bei einem *Switch*, dem Umschalten, wie die Amerikaner den Wechsel von einer Persönlichkeit zur anderen nannten?

Nina und Elisabeth konnten inzwischen eine lange Liste von körperlichen Veränderungen aufzählen, die den Wechsel von einer Persönlichkeit zur anderen begleiten konnten. Da war nicht nur die Mimik, der Muskeltonus, die Art zu lächeln, die Gesten, sie hatten auch unterschiedlichen Körpergeruch bemerkt, zum Beispiel, wenn ein halbstarker Jugendlicher auftauchte. Mehr noch: Wespenstiche verschwanden von einer Sekunde auf die andere, Erdbeerallergien, Heuschnupfen, Erkältungen tauchten genauso schnell auf, wie sie plötzlich nicht mehr vorhanden sein konnten. Brillenstärken wechselten von kurz- bis weitsichtig. Sie hatte gesehen, dass ein und dieselbe Frau, der zweimal an einem Tag Blut abgenommen wurde, ganz unterschiedliche Blutbilder haben konnte – von unterschiedlichem Puls und Blutdruck ganz abgesehen. Lauter Erscheinungen, zu denen Nina Temberg früher gesagt hätte: Das kann nicht sein. Doch inzwischen hatte sie all das selbst beobachtet. Und musste nun ganz neu nachdenken über den Einfluss der Seele auf den Körper.

Nina liebte es neu nachzudenken.

Sie blickte auf. Wo war der Hund?

»Charly!«, rief sie. Der Hund war verschwunden. Sie gingen zurück und sahen, wie Charly geradezu manisch in einem Erdhügel grub. Die Erde flog zwischen ihren Hinterbeinen hervor, ihr Kopf war nicht mehr zu sehen. Sie unterbrach ihre Grabarbeiten nicht einmal, als die Frauen näher kamen. Elisabeth musste sie an die Leine nehmen und gut hundert Meter weitergehen, bevor die Hündin sich beruhigte.

»Was ist denn los, Charly?«, fragte Elisabeth, kehrte dann aber zu ihrem vorherigen Thema zurück: »Eine totale Amnesie, sagst du, hatten die anderen?«

»Ja. Niemand hat irgendetwas mitbekommen von Stefanies Auftauchen, noch nicht einmal Sarah.« Nina war aufgewühlt von dieser perfekten Amnesie ihrer Klientin, die sie per Telefon hatte mitverfolgen können. »Und Sarah hatte doch bisher den vollkommenen Einblick. Die weiß sonst genau, was passiert ist. Bis in die frühe Kindheit zurück. Aber diesmal? Überhaupt nichts mitgekriegt.«

Schweigend gingen sie weiter. Elisabeth löste Charly, die sich wieder beruhigt hatte, von der Leine. Jetzt blieb sie in der Nähe.

»Wenn ich Stefanie mit Sarah bekannt gemacht habe, wird Sarah ihr nach und nach die anderen vorstellen. Das machen die inzwischen oft allein.«

Nina Temberg sprach häufig im Plural von ihrer Klientin. Sie hatte inzwischen so viele unterschiedliche Persönlichkeiten von Angela Lenz kennengelernt, dass es absurd schien, von einer Person zu reden – obwohl Nina natürlich immer bewusst war, dass Angela in Wirklichkeit ein einziger Mensch war.

»Und eines Tages«, verfolgte Nina ihren Therapieplan weiter, »muss sie natürlich auch Traute kennenlernen. Das ist die Person, die da weitergemacht hat, wo Stefanie aufgehört hat. 1975 am Grab des Vaters.«

»Ihre andere Hälfte?« fragte Elisabeth.

»Genau. Stell dir das bloß mal vor: Du triffst eine Frau, die die zweite Hälfte deines Lebens gelebt hat.«

»Tolle Chance«, meinte Elisabeth, »ich glaube, ich würde lieber die mit der ersten Hälfte kennenlernen.«

»Auch wenn du von der ersten Hälfte überhaupt keine Ahnung hast? Stefanie weiß ja nichts davon. Das heißt, sie weiß noch nicht einmal, dass sie nichts weiß. Amnesie der Amnesie. Sie ist fest überzeugt, dass sie einen wunderbaren Vater hatte. Und sie denkt, sie sei ganz allein in ihrem Körper. Ich glaube, sie hat noch nicht wirklich begriffen, wie viele Jahre seit damals vergangen sind, dass sie inzwischen verheiratet ist und Kinder hat. Sie hat nur ein mulmiges Gefühl, sie hat Angst und sehr viel Abwehr.«

Schweigend überquerten sie eine Lichtung.

Charly hob den Kopf: Aus dem gegenüberliegenden Waldstück trat ein Mann und kam direkt auf sie zu. Dann entdeckte er Charly, lächelte sogleich die Frauen an, sagte: »Na, mit dem Hund brauchen Sie aber keine Angst zu haben« und ging weiter.

Wieder einer, der keine Ahnung hat, was er alles über seine Phantasien verrät, dachte Elisabeth und schaute Nina an.

Nina schmunzelte.

»Komm«, sagte sie, »wir sind spät dran. Tado und Richard haben sicher schon eingekauft und schnippeln das Gemüse klein.«

Das war die zweite Hälfte ihrer gemeinsamen Sonnabende: Die Männer von Nina und Elisabeth kochten zusammen ein Menü, und zu viert aßen sie es auf. Manchmal zog sich das über den ganzen Nachmittag und Abend hin.

Nina lächelte die Freundin an.

»Wie gut, dass Angela Lenz verheiratet ist«, dachte sie. Mit einem netten, fürsorglichen, mit einem ganz normalen Mann. Wie gut, dass sie es geschafft hatte, rauszukommen aus diesem ganzen Elend. Was für Probleme es auch immer noch gab, das immerhin hatte sie geschafft. Alles hatte sie hinter sich gelassen. Es bestand keinerlei Kontakt mehr zu ihrer Herkunftsfamilie. Sie war raus aus dieser ganzen Clique von Kinderschändern.

Gott sei Dank.

Denn eines wusste Nina damals genau: Wenn Angela Lenz noch Kontakt gehabt hätte zu diesen Menschen, würde sie nicht mit ihr arbeiten können.

Therapie, während der Missbrauch noch andauerte – unmöglich.

Komplexes System auf fünf Ebenen

Montagnachmittag. Fünf vor fünf. Es klingelte.

Wer würde heute zu ihr kommen?

Es hatte lang und kräftig geklingelt. Also die Jungens. Nina Temberg öffnete die Tür ihrer Praxis, ließ Angela Lenz herein und schaute.

So machten sie es immer.

Sie schauten sich ganz lange an.

Für Angela Lenz war die Sache ziemlich einfach: Sie wusste, dass sie immer Nina Temberg, ihre Therapeutin, vor sich hatte. In welcher Verfassung Nina war, spürte sie sofort, brauchte nicht einmal darüber nachzudenken. Heute war Nina ziemlich gut drauf, gespannt, neugierig, nah, weich, offen, aber, wie ganz oft, mit einem Untergrund von Traurigkeit. Und sie hatte wieder mal zu wenig geschlafen.

Nina hingegen musste immer erst mal schauen, wer da überhaupt vor ihr stand: Kam Angela auf sie zu und umarmte sie, dann war die Sache klar: Die Kindpersönlichkeiten waren draußen, und das warf die beunruhigende Frage auf, wer wohl den Wagen gefahren hatte. Sie wusste, dass viele innere Kinder von Multiplen Persönlichkeiten mit geradezu diebischem Vergnügen Auto fuhren – ein Vergehen, bei dem sie bei keiner Verkehrskontrolle geschnappt werden konnten. Aber natürlich hatte eine Zehnjährige, auch wenn sie im Körper einer Zweiunddreißigjährigen steckte, zwar einen Heidenspaß, aber weder den ausreichenden Überblick noch genügend Verantwortungsgefühl, um ein Auto lenken zu können. Aber so war das eben mit Kindern. Nina Temberg machte einen geistigen Vermerk, das Thema noch einmal ernsthaft mit Angela zu besprechen.

Blieb Angela aber auf Abstand und schüttelte ihr nur kräftig die Hand, so wie diesmal, dann hieß das, die Jungens waren gekommen. Es hatte sich also keine der weiblichen Persönlichkeiten getraut, den Wagen zu fahren. Sie hatten Angst. Immer dann fuhren die Jungens.

Die männlichen Persönlichkeiten hatten Schutzfunktionen, sie waren Aufpasser, Bewacher, und einige von ihnen waren sogar in militärischen Kampftechniken ausgebildet.

Das mit den männlichen Persönlichkeiten in ihren weiblichen Klientinnen war zuerst ein erheblicher Schock gewesen. Für Nina genauso wie für Elisabeth, hatten sie doch beide früher einmal beschlossen, als feministische Therapeutinnen nur mit Frauen zu arbeiten. Aber früher war die Welt noch etwas einfacher gewesen. Außerdem stellte dies längst nicht die einzige Überraschung dar, die ihre multiplen Klientinnen ihnen im Laufe der Jahre bereiteten.

Da die Jungen gekommen waren, ging es recht zügig voran mit dem Aufbau von Matten und Kissen zum Sitzen in Ninas Therapieraum. Als die Polster so lagen, wie alle es gemütlich fanden, tauchte Lena auf und kümmerte sich um die beiden Teddybären, die im Therapieraum saßen.

Die Teddys waren Lenas Aufgabe. Lena war sieben, ein kleines Mädchen mit einer schrecklichen Vergangenheit, die in Nina ihre Ersatzmama gefunden hatte. Angelas Bewegungen wurden kindlich, ihr Atem schneller, ihre Stimme leise und höher, die Muskeln in ihrem Gesicht entspannten sich sichtbar, Falten in den Augenwinkeln verschwanden. Das Haar fiel ihr ins Gesicht, und meistens linste sie unter einer Locke hervor. »Lena ist ein keckes Kind«, hatte Magda einmal in einer Mischung aus Tadel und Anerkennung gesagt. Magda, das war eine der Mitbewohnerinnen von Lena in Angelas Körper. Eine Erwachsene natürlich.

Lena erkundigte sich ausführlich nach dem Befinden der Teddys, die sie nun einige Tage nicht gesehen hatte. Fragte die Teddys, ob sie vielleicht einsam gewesen seien, ob sie sich denn jetzt wohlfühlten und bekam zur Antwort, dass sie in der Zwischenzeit ein wenig Bauchschmerzen gehabt hätten, die nun aber wieder besser seien. Die Therapeutin wurde ernsthaft gemahnt, doch etwas besser auf die Teddys zu achten, weil Lena sich eben auf sie verlassen müsse, wenn sie nicht da sei. Sie seien ihr schließlich anvertraut, und das sei eine große Verantwortung, um seine Kleinen müsse man sich immer kümmern, belehrte sie ihre Therapeutin und formulierte damit gleichzeitig ihre Vorstellung von einer guten Mutter.

Dann wühlte Lena in ihrer Tasche herum und überreichte Nina Temberg einen Brief, den »die Großen« geschrieben hätten. Während die Therapeutin ihn las, kuschelte sich Lena in Ninas Schoß zusammen. Nina kommentierte den Brief, und dann war es Viertel nach fünf.

»So, Lena«, sagte Nina, »und nun möchte ich gerne mit Sarah sprechen.«

Sofort richtete sich Angela auf, strich sich die Haare aus dem Gesicht, setzte sich Nina schräg gegenüber und schaute ihr ernst und ruhig in die Augen. Eine erwachsene Frau.

»Sarah«, sagte Nina Temberg, »du weißt, ich habe Stefanie versprochen, dass ich sie genau um zwanzig Minuten nach fünf hole. Versuch doch bitte, in der Nähe zu bleiben, damit du mitbekommst, was wir besprechen.«

Sarah nickte und senkte den Blick.

Nach anderthalb Jahren Erfahrung als Therapeutin einer multiplen Patientin bewegte sich Nina Temberg in dem Persönlichkeitssystem ihrer Klientin wie in einem vertrauten, aber komplexen U- und S-Bahnnetz auf mindestens fünf Ebenen. Sie wusste, dass sich manche Personen überhaupt nicht direkt erreichen ließen, sondern nur auf Umwegen, man musste mehrmals an Knotenpunkten umsteigen, die Linien wechseln, hin und wieder gab es zwischendurch auch längere Aufenthalte. Manche Stationen konnten nur sehr selten angefahren werden, einige waren sogar total geschlossen – zeitweilig aus dem Verkehr gezogen, im Umbau oder völlig zubetoniert.

Hin und wieder kam es auch vor, dass Stationen in Vergessenheit gerieten und niemand mehr wusste, wo sie denn eigentlich lagen. Manchmal machte sich die kleine Lena dann im Inneren auf die Suche nach den Verlorengegangenen.

Wichtige Bedingung für eine erfolgreiche Therapie war es, alle Persönlichkeiten in Angela Lenz gleichermaßen ernstzunehmen, ihre Erinnerungen und Ansichten mit gleicher Offenheit anzuhören. Es ergab sich, dass sie mit einigen Persönlichkeiten intensiver im Gespräch blieb, dass einige therapiebedürftiger waren als andere.

Der Hauptknotenpunkt aber war eindeutig Sarah, die Netzplantechnikerin des Systems. Viele Personen ließen sich überhaupt nur über Sarah ansprechen. Sie bildete auch eine Schutzmauer und stand zwischen manchen besonders ängstlichen oder gefährdeten Personen und der Welt draußen. So nahm Nina häufig zunächst Kontakt mit Sarah auf, die schon mal etwas über die Befindlichkeit dieser Personen sagen konnte und als Vermittlerin den Zugang erleichterte.

Heute half das überhaupt nicht.

»Stefanie«, sagte Nina, »ich möchte mit Stefanie sprechen.«

Nichts.

»Wo auch immer Stefanie jetzt ist, sie wird mich hören und meiner Stimme folgen und zu mir kommen.«

Stefanie folgte nicht.

Nina sprach einfach weiter.

Es dauerte sehr lange, bis Angela den Kopf hob, um sich schaute, sich schüttelte und begann, mit den Fingern beider Hände unruhig und ziemlich laut auf den Boden zu trommeln.

Etliche von Angelas Persönlichkeiten zeigten ausgeprägte individuelle Eigenschaften und Angewohnheiten, die ihr Erscheinen begleiteten und an denen man sie erkennen konnte, auch wenn die eine oder andere manchmal überhaupt noch nicht verraten wollte, dass sie gerade die Außenkontrolle hatte.

Diese unruhig trommelnden Fingerspitzen waren es, an denen Nina Temberg von nun an erkennen würde, dass Stefanie da war, selbst wenn diese noch kein einziges Wort gesagt hatte.

»Guten Tag, Stefanie«, sagte Nina, »ich bin Nina Temberg, die Therapeutin, mit der du vor vier Tagen telefoniert hast. Es war gut, dass du mich angerufen hast. Ich freue mich, dich kennenzulernen. Du bist hier in meinem Therapieraum. Und es ist jetzt genau zwanzig Minuten nach fünf, so wie wir es miteinander abgemacht hatten. Schau dich bitte ganz in Ruhe um und guck, ob du dich wohlfühlst und ob du auch bequem sitzt. Ich kann dir gerne noch eine Decke holen, falls dir kalt ist, oder etwas zu trinken, wenn du möchtest. Einen Saft vielleicht. Oder möchtest du lieber etwas Kakao?«

Kakao war der richtige Vorschlag.

Während Nina das Getränk zubereitete, schaute Stefanie sich um und überlegte dabei, was sie überhaupt sagen sollte. Sie freute sich, die Frau mit der weichen Stimme zu sehen, und sie hatte so viele Fragen, dass sie anfangs gar nichts sagen konnte. Außerdem war es das erste Mal, dass sie überhaupt das Gefühl hatte, jemanden nach den vielen Rätseln in ihrem Leben fragen zu können. Aber zuerst konnte sie gar nichts sagen. Stumm saß sie da und pustete in ihren Kakao.

Nina spürte genau, wie Stefanie zumute war, und begann: »Ich erzähle dir am besten erst einmal einiges, was du wissen solltest. Du kannst mich immer fragen, wenn du etwas nicht verstehst. Wir haben jetzt das Jahr 1993, den 13. September. Schau, ich zeige dir meinen Kalender. Und hier ist eine Tageszeitung. Du hast mir erzählt, dass deine letzte Erinnerung aus dem Jahr 1975 stammt, von der Beerdigung deines Vaters. Weißt du danach noch irgendetwas?«

Stefanie schüttelte den Kopf.

»War das denn früher schon mal so, dass du Zeit übersprungen hast?«

Stefanie nickte.

»Woran hast du das gemerkt?«

»Manchmal bin ich freundlich auf jemanden zugegangen, um ihn zu begrüßen. Dann war ich plötzlich zu Hause, und es war ein anderer Tag.«

»Auf wen bist du da zugegangen?«

»Irgendein Mann aus unserer Straße oder Freunde und Kollegen von Papa.«

»Was für ein Gefühl hattest du da? Spüre bitte einmal genau nach.«

»Angst. Aber ich wusste nie, warum. Die hatten mir gar nichts getan.«

»Stefanie, haben andere Leute das auch gemerkt, dass du weg warst?«

»Nein, glaub ich nicht, aber sie haben oft gesagt, dass ich lüge. Und vielleicht habe ich ja auch gelogen. Ich musste ganz oft eine Tafel Schokolade zu irgendeinem doofen Mädchen aus der Klasse bringen und mich bei ihr entschuldigen, weil ich die angeblich gehauen hatte. Aber ich hatte die gar nicht gehauen. Und wenn ich gesagt habe, dass ich die nicht gehauen hatte, dann haben meine Eltern geschimpft und gesagt, dass ich schlecht bin, weil ich nicht nur haue, sondern auch noch lüge. Vielleicht habe ich ja gelogen. Ich weiß es aber nicht. Und ich wollte bestimmt niemanden hauen. Und lügen wollte ich auch nicht.«

»Stefanie, ich glaube dir, dass du niemanden gehauen hast. Du hast bestimmt die Wahrheit gesagt. Wahrscheinlich hat jemand anders das Mädchen gehauen.«

»Das dachte ich auch. Aber alle haben immer gesagt, dass ich es war!«

»Aber sie hatten unrecht. Ich glaube, dass jemand anders da war, als du nichts mitgekriegt hast. Jemand, der in der Zeit weitergemacht hat. Du bist nicht die Einzige, die so etwas erlebt, Stefanie. Ich kenne mehrere Frauen und Mädchen, denen Zeit fehlt genauso wie dir und denen man Dinge vorwirft, die sie gar nicht getan haben. Dafür gibt es eine Erklärung. Die Erklärung ist, dass in deinem Körper noch andere Personen leben, die manchmal die Kontrolle übernehmen. So wie du jetzt.«

»So 'n Quatsch«, sagte Stefanie, »kann ich noch einen Kakao haben?«

Diesmal blieb Nina sitzen.

»Später«, sagte sie, »jetzt würde ich dich gerne mit einer von diesen Personen bekannt machen. Ich glaube, du hast ihre Stimme schon gehört. Es ist Sarah.«

Doch so sehr Nina sich auch bemühte, es gelang ihr nicht, Sarah zu rufen, solange Stefanie da war.

»Sie ist ja sehr nett«, dachte Stefanie, »aber ich glaube, sie spinnt.«

Gerade jetzt hätte Nina gern Sarahs Unterstützung gehabt. Aber es klappte nicht.

Sarah könnte man fast Ninas »Co-Therapeutin« nennen: Sie hatte sich in den anderthalb Jahren, seit Angela bei Nina Temberg Therapie machte, ein hervorragendes theoretisches und praktisches Wissen über die Therapie Multipler Persönlichkeiten angeeignet. Zusammen mit ihren erstklassigen Kenntnissen über Angelas Geschichte, die sie als wichtigster innerer Beobachter sowieso hatte, war sie eine unschätzbare Hilfe während der Therapie. In vielen Fällen genügte es, mit Sarah Absprachen zu treffen, und Sarah bearbeitete die Themen zu Hause mit anderen Innenpersonen weiter. Sarah hatte den besten Überblick über das Gesamtsystem, und sie wusste immer, wer gerade in Not war und besondere Aufmerksamkeit brauchte.

Aber heute war einfach nichts zu machen.

So versuchte Nina Temberg, Stefanie langsam zu erklären, dass sie diesen Körper, den sie für ihren eigenen hielt, tatsächlich mit anderen Personen teilte. Sie sagte ihr nicht, mit wie vielen. Das war im Augenblick nicht nur unwichtig, sondern hätte Stefanie nur noch mehr beunruhigt. Wichtig war vor allem, dass Stefanie Vertrauen entwickelte und eine Erklärung für ihre vielen Amnesien bekam.

Doch Stefanie reagierte, wie eine überforderte Dreizehnjährige eben reagiert: trotzig und verstockt. Bockig hockte sie auf ihrem Polster, schaute aus dem Fenster, biss auf ihren Nägeln herum oder klopfte mit den Fingern hektisch auf den Boden.

Immerhin hörte sie zu.

Vorsichtig begann Nina, über Stefanies Kindheit zu sprechen: »Es gibt einen Grund, warum so viele Persönlichkeiten entstehen. So etwas passiert nur, wenn es kleinen Kindern sehr schlecht geht.«

»Da sehen Sie mal, was für ein Unsinn das alles ist, was Sie hier erzählen. Ich hatte nämlich eine tolle Kindheit«, trumpfte Stefanie auf.

»Erzähl doch mal davon. Was war denn das Tolle?«

»Mein Papi! Der war der beste Vater der Welt.«

»Wieso?«

»Er hat immer mit mir gespielt und mir ganz tolle Geschenke gemacht.«

»Was habt ihr denn gespielt?«

»Na, so Spiele halt!« Stefanie war genervt. Was war das für ein blödes Frage-und-Antwort-Spiel hier?

»Und was für Geschenke?«

»Weiß ich doch nicht! Was man so kriegt als Kind. Ich glaube, ich will jetzt lieber nach Hause.«

»Stefanie, die anderen Personen haben mir schon einiges von eurer Kindheit erzählt. Das klang gar nicht so schön.«

»Die lügen! Ich hatte den besten Vater der Welt. Meine Kindheit war absolut glücklich! Ich kenne niemanden, der eine so tolle Kindheit hatte. Super! Na gut, meine Mutter war nicht immer so toll. Aber um die haben wir uns meistens nicht gekümmert, der Papi und ich. Ich war sein Liebling, sein Engelchen. Angelina hat er immer gesagt.«

Sie begann zu weinen. Nina hatte starkes Mitgefühl mit Stefanie. So viel musste sie verkraften. Und so viel mehr würde noch kommen. Erst die verlorenen Jahre. Dann die anderen Personen, mit denen sie sich den Körper teilen musste, den sie für ihren eigenen hielt. Und jetzt wollte sie ihr auch noch ihren Vater kaputtmachen. Das war natürlich ganz unmöglich.

Nina hockte sich neben Stefanie, die den Kopf gesenkt hatte, so dass ihr die Tränen bis zur Nasenspitze liefen und von dort auf ihre Jeans tropften. Nina berührte sie sehr vorsichtig an der Schulter und reichte ihr ein Taschentuch.

»Es ist mir alles zu viel und zu durcheinander«, flüsterte Stefanie, »ich wünsche mir mein altes Leben zurück. So heil und friedlich und schön und liebevoll. Und ich möchte so gern mal wieder Klavier spielen mit meinem Papa.«

Ach, dachte Nina, das ist die Klavierspielerin. Den anderen Persönlichkeiten hatte sie schon mehrmals angeboten, auf ihrem Klavier zu spielen, aber bisher hatten alle abgelehnt und gesagt: »Klavier spielen? Kann ich nicht.«

Mit vielen Einwänden und trotzigem Widerstand musste Nina noch fertig werden, bevor Stefanie bereit war sich zu verabschieden. Mehrfach musste Nina ihr versprechen, sie zur verabredeten Zeit beim nächsten Treffen zu holen. Auf Ninas Bitte, bis dahin nicht nach draußen zu kommen, gab Stefanie nur ausweichende Antworten und guckte aus dem Fenster.

Nina hatte ein sehr unbehagliches Gefühl. Schließlich gelang es ihr aber doch, Stefanie so weit zu beruhigen, dass sie sich in Trance versetzen ließ und verschwand, so dass Nina Temberg wieder mit Sarah sprechen konnte.

Sarah setzte sich aufrecht hin, schob die Haare aus dem Gesicht, putzte sich die Nase und schaute Nina, die sich wieder schräg gegenüber auf ihr Kissen gesetzt hatte, direkt in die Augen. Sarah musste mit den Resten des Körpergefühls fertig werden, das Stefanie hinterlassen hatte. Aber nur kurz, denn Sarah selbst hatte wenig Körpergefühl. Sie empfand keine Schmerzen. Sarah war Beobachterin, Chronistin, sie war verantwortlich für die innere Organisation. Sie konnte Sympathie und Empathie empfinden. Aber keine Bauchschmerzen.

Zu Ninas Verblüffung hatte Sarah überhaupt nichts von dem Gespräch zwischen Nina und Stefanie mitbekommen. Sarah und alle anderen Persönlichkeiten waren völlig amnestisch für Stefanies erste Therapiestunde. Normalerweise wusste Sarah immer, was passierte. Und auch die meisten anderen konnten inzwischen wie durch ein geöffnetes Fenster zuschauen und zuhören. Denn nach über einem Jahr Therapie war Angelas innere Landschaft so organisiert, dass viele Personen ein »Mit-Bewusstsein« von den Gesprächen und Gedanken der anderen hatten. Sie waren »co-conscious«, wie amerikanische Mediziner und Psychotherapeuten den Zustand bezeichnen.

Diesmal waren sie es nicht.

Heute hatte Stefanie alle anderen weggedrückt.

Also musste Nina den Inhalt des Gesprächs noch einmal für Sarah wiederholen.

Sie verabredeten, dass Sarah alles tun würde, um direkte Begegnungen zwischen Stefanie und der Familie zu verhindern. Aber sie konnte versuchen, der Neuen die Wohnung zu zeigen und ihr einiges von der Familie zu erzählen. Bei den anderen Persönlichkeiten funktionierte das hervorragend. Manche empfanden Sarahs Worte wie eine Gedankenübertragung, während andere das Gefühl hatten, es sei ihnen gerade etwas eingefallen. Die meisten aber hörten, wie Sarah direkt mit ihnen sprach. Viele konnten Sarah und auch andere innere Personen optisch wahrnehmen, sie sahen dann nicht den Körper von Angela Lenz, sondern Personen unterschiedlichen Alters und Geschlechts. Sie unterhielten sich miteinander, manchmal zu mehreren, trösteten sich, gaben sich Ratschläge oder spielten miteinander. Hin und wieder fanden ausführliche Diskussionsrunden statt, Konferenzen und auch Streitgespräche. Zank, Drohungen und Quälereien allerdings kamen lange nicht mehr so häufig vor wie früher.

Als es Zeit war, sich zu verabschieden, kam Lena für einen kurzen Moment nach vorn und umarmte ihre Ersatzmama. Die Jungen schüttelten Nina Temberg die Hand, gemeinsam traten alle vor das Haus, schauten sich sorgfältig um, stiegen in den Wagen und fuhren davon.

Nina blickte auf ihre Armbanduhr: wenige Minuten nach sieben. Diesmal hatten sie fast pünktlich Schluss gemacht. Das war ungewöhnlich. Aber sicher ein gutes Zeichen. Sie legte die Termine mit Angela Lenz meist ans Ende eines Tages, um zeitlichen Spielraum zu haben. Denn sie wusste nie präzise, wie viel Aufmerksamkeit die Klientin jeweils benötigte. Manchmal gab es auch Panikattacken, und hin und wieder musste sie innere Kinder aus einem Trauma herausholen. Sie tauchten dann auf mit dem Gefühl, immer noch in der Missbrauchssituation zu stecken. Für sie geschah die Vergangenheit heute. Nina musste diese Flashbacks dann wegwischen wie Spinnweben und ihnen zeigen, dass alles in Ordnung war. Dass die Gefahr wirklich vorüber war. Dass wirklich niemand außer Nina im Raum war.

Und dass auch draußen vor der Tür niemand wartete, um ihnen etwas anzutun.

Angela kam immer pünktlich, aber nur selten war es möglich, sich an das Limit von zwei Stunden zu halten. Vielleicht war sie jetzt allmählich so weit. Nur gut, dass Angela so einen geduldigen Ehemann hatte, dachte Nina. Der saß eben zu Hause, kümmerte sich um die Kinder, wartete ab, dass seine Frau zurückkam. Und dann freute er sich. Seiner Frau tat die Therapie offenbar gut, und davon hatte natürlich auch er Vorteile.

Trotzdem blieb Nina mit einem irritierenden Gefühl im Bauch zurück. Als ob ihr Zwerchfell plötzlich zehn Zentimeter höher saß als sonst. Sie sah dem davonknatternden kleinen Fiat nach und dachte: »Was das wohl noch gibt.«

Parallelwelten

Angela parkte am Hauptbahnhof und wartete. Es war Viertel nach sieben. Es dauerte einige Minuten, dann wurde ihre Tür geöffnet, und der Blonde mit der Perle im Ohr, den sie kannte, schaute herein und fragte: »Wer bist du?«

»Moira.«

»Okay, steig um.«

Sie stieg aus, verschloss ihren Wagen, schaute sich kurz um und ging auf die Beifahrertür seines BMW zu.

»Nach hinten«, sagte der Blonde.

Dort saß schon jemand. Er kam ihr ebenfalls bekannt vor. Sie setzte sich schweigend neben ihn. Gemeinsam fuhren sie aus der Stadt hinaus in das hügelige bewaldete Gebiet im Südwesten.

»Moira, Moira, du gehörst uns«, sagte der andere Mann.

Sie guckte ihn an.

»Was hat es denn heute wieder Nettes gegeben in deiner Therapie?«

»Wir haben eine neue Person. Sie heißt Stefanie.«

»Was hat sie erzählt?«

»Gar nichts, ganz bestimmt. Überhaupt nichts, das müssen Sie uns glauben.«

»Ich muss gar nichts«, sagte der Mann.

»Ja. Aber sie hat wirklich nichts erzählt. Bestimmt. Wir sind doch die Einzigen, die etwas wissen. Und wir sagen nichts. Wir schweigen. Ganz bestimmt. Sie weiß doch überhaupt nichts. Sie glaubt auch gar nichts. Sie hat von nichts eine Ahnung. Sie war 18 Jahre lang nicht da. Sie hat keinen Schimmer, was inzwischen passiert ist.«

»Na fein«, grinste der Mann, »dann ist deine kleine Therapeutin ja wieder ein Weilchen beschäftigt. Kann eurer Neuen viel von der großen bösen Welt und den schlimmen, schlimmen Männern erzählen.«

Sie kamen allmählich in bewaldetes Gebiet.

Es begann zu dämmern.

»Herold«, sagte der Mann auf dem Rücksitz zu Angela.

»Ja!«

»Was habt Ihr der Therapeutin von der Gruppe erzählt?«

»Natürlich nichts.«

»Stimmt das?«

»Die weiß doch noch nicht mal, dass es uns gibt.«

»Sorg dafür, dass das so bleibt.«

»Jawohl.«

»Nächstes Mal gräbt dich keiner mehr aus.«

»Wir schweigen.«

Sie fuhren auf einen Parkplatz. Dort stand schon ein großer dunkler Mercedes. Der Mann mit der Perle parkte etwa fünfzig Meter davon entfernt, stieg aus und ging zu dem anderen Wagen hinüber. Ein älterer Mann im Anzug öffnete die Fahrertür, stieg aus, stellte sich neben seinen Wagen und wartete. Als der Mann mit der Perle vor ihm stand, wechselten sie ein paar Worte, der Ältere reichte dem Blonden einige Scheine, setzte sich auf den Rücksitz und schloss die Tür.

Der Jüngere ging zurück zu seinem Wagen, winkte Angela heraus und sagte: »Na, los.«

Sie stieg aus und ging auf den anderen Wagen zu. Während sie ging, veränderte sich ihre Körperhaltung, ihr Schritt bekam etwas Tänzelndes, ihre Hüften einen Schwung, über den niemand anders aus dem ganzen System verfügte.

Das war Rita. Mit Spaß ging Rita an die Arbeit. Sie war gut, und sie wusste es genau. Rita war das Bilderbuchklischee der guten Hure: sexy, gutmütig und naiv. Rita war sehr naiv.

Das hatte dem Körper schon einige Schläge eingebracht. Zum Beispiel damals, als sie geheiratet hatten. Diesen netten älteren Mann, der von alldem nichts ahnte. Damals war sie zu ihren Zuhältern marschiert und hatte ihnen verkündet, dass sie von nun an leider nicht mehr für sie arbeiten könnten. Sie würden nämlich heiraten und zwar einen sehr netten Mann, und da würde das natürlich nicht mehr gehen.

Das würden sie sicher verstehen.

Als die Männer angefangen hatten, sie zu prügeln, war Rita im Inneren verschwunden. Und Herold war gekommen und hatte die Prügel eingesteckt. Er hatte ihnen sofort versprochen, dass alles genauso weiterlaufen würde wie bisher. Er wusste, dass es keinen Zweck hatte sich zu wehren. Sie würden diese Männer niemals loswerden. Nie im Leben. Das Einzige, was sie schaffen konnten, war, am Leben zu bleiben. Und das auch nur, wenn sie absolut gehorsam waren. Rita tänzelte auf den anderen Wagen zu und verschwand auf dem Rücksitz. Nach einer Viertelstunde erschien ein zweiter Mercedes und parkte ebenfalls in 50 Metern Entfernung von den beiden anderen Wagen.

»Gutes Timing«, sagte der Blonde zu seinem Kumpel auf dem Rücksitz. Dann kassierte er auch den nächsten ab, und Rita wechselte den Wagen. Nach einer knappen Stunde standen sie wieder allein auf dem Parkplatz.

Beide Männer stiegen aus, lehnten sich an die Kotflügel des BMW und beobachteten Rita, wie sie mit schnellen Schritten auf sie zukam. Als sie vor ihnen stand, lächelte sie. Da holte der Dunkelhaarige blitz schnell aus und schlug ihr mit der Faust in den Magen, so dass ihr die Luft wegblieb.

»Damit du nicht vergisst, dass du zu gehorchen hast.«

»Steig ein«, sagte der Blonde, als ihr atemloses Keuchen sich nach einer Weile wieder beruhigt hatte. Sie stieg ein. Zu dritt fuhren sie zum Hauptbahnhof zurück.

»Nächster Termin: übernächster Montag. Nach der Therapie. Sorge dafür, dass die Therapiestunden weiterhin so unregelmäßig aufhören.«

»In Ordnung«, sagte sie.

Dann stieg sie aus, ging zu ihrem Fiat und fuhr nach Hause.

Besorgt horchte Angela auf die rumpelnden, klappernden und scheppernden Geräusche, die ihr Wagen an den verschiedenen Stellen produzierte. Der Fiat war wirklich allmählich ein Wrack. Aber sie hatten nun mal leider kein Geld über. Und solange sie Hausfrau war und nichts dazuverdiente, war einfach kein neues Auto in Sicht.

Schade, aber wahr.

Sie schaute auf die Uhr: schon halb neun. Die Zeit raste. Wieder waren es über drei Stunden Therapie gewesen. Was war denn nur so Wichtiges zu besprechen gewesen heute? Eigentlich doch gar nichts. Oder? Was hatten sie denn überhaupt beredet heute? Eigentlich überhaupt nichts, sie hatten doch nur nett miteinander geplaudert. Es wurde Zeit, dass sie endlich mal wieder richtig arbeiteten in der Therapie. Vorankamen.

Na, egal. Jetzt musste sie sehen, dass sie zügig nach Hause fuhr. Wolfgang wartete. Bestimmt war er wieder vor dem Fernseher eingeschlafen. Kein Wunder – er arbeitete wirklich hart.

Abwehr

Stefanie hielt sich an keine Abmachung. Sie drückte sich an allen anderen vorbei nach draußen. Sie nahm keine von den anderen Innenpersonen wahr und begann von neuem, die Wohnung zu durchwühlen.

Sarah versuchte alles.

Sie sprach Stefanie an. Doch sie merkte, dass diese sie nicht hörte. Aber immerhin folgte sie ihren Hinweisen, auch wenn sie sie für ihre eigenen Ideen hielt. So konnte Sarah sie durch die Wohnung führen. Sie zeigte ihr Fotos, nannte Namen. Stefanie sah alles wie aus großer Distanz, ein wenig nebelig, aber deutlich genug.

Sarah sagte, dass Stefanie sich all diese neuen Dinge erst einmal von innen anschauen solle, in Ruhe alles beobachten, aber nur solange sie wolle. Stefanie beschloss, sich diese neuen Dinge erst einmal anzuschauen, in Ruhe alles zu beobachten, aber nur solange sie wollte. Irgendwann, das sagte sie sich immer wieder, würde ihre Erinnerung schon wieder zu ihr zurückkommen. Wenn sie nur lange genug wartete.

Dann wurde ihr plötzlich bewusst, dass dieses tatsächlich die Wohnung war, in der sie von nun an leben würde. Weil sie dort schon seit sieben Jahren gelebt hatte. Dass irgendwann ein Mann die Wohnung betreten würde, der auch hier wohnte. Der würde ihr sicherlich fremd erscheinen. Aber das sei der Ehemann. Er hieße Wolfgang. Mit Nachnamen Lenz. Er hätte Angela Bahr geheiratet. Daher hieß sie jetzt Angela Lenz. Das bedeutete also, dass es Angela Bahr gar nicht mehr gab. Der Mann, auch das wusste sie plötzlich, würde zwei Kinder bei sich haben. Das seien der Sohn und die Tochter. Der Sohn hieße Christian. Er sei fünf Jahre alt. Die Tochter sei dreieinhalb. Sie hieße Barbara. Sie alle zusammen seien eine Familie.

Das alles wusste sie plötzlich. »Jetzt ist es mir wieder eingefallen«, dachte sie, »mir ganz allein. So ein Quatsch, diese Geschichten von den anderen Personen.« Und dann ging ihr noch ein Satz durch den Kopf: »Aber der Mann hat Angela geheiratet, nicht Stefanie.«

Nicht Stefanie. Natürlich nicht Stefanie. Sie war doch erst 13 Jahre.

Stefanie war verwirrt von ihren eigenen Gedanken. Manchmal hörte sie ihnen auch kaum zu. Sie klammerte sich daran, dass sie die freundliche Frau in drei Tagen wiedersehen würde. Die hatte zwar merkwürdiges Zeug geredet, aber sie war so nett. Wie hieß sie noch?

Temberg.

In den nächsten drei Tagen schwankte Stefanie zwischen Wut und Verzweiflung.

Zwischen der Angst verrückt zu sein und der Vermutung, dass die anderen es waren. Der kleine Junge, der hartnäckig Mama zu ihr sagte und ihr ständig irgendwelche Geschichten aus dem Kindergarten erzählen wollte. Das kleine Mädchen, deren große, ängstliche Augen Stefanie überallhin zu folgen schienen. Und natürlich der Mann, der sie mit Angela anredete und offenbar erwartete, dass sie ihm Mahlzeiten servierte und sich nachts neben ihm ins Bett legte.

Sie schaute sich das immer nur ein paar Minuten lang an, dann war sie wieder weg. Als man mit dem Hund spazieren ging, ging sie mit. Endlich nach draußen. Aber als der Mann ihr den Arm um die Schultern legen wollte, gab sie ihm ein paar auf die Finger. Seinen verblüfften Blick konnte sie gerade noch sehen, dann war es auch schon wieder Abend, und man saß zusammen vor dem Fernseher.

»Er gehört zu mir«, jubelte Marianne Rosenberg in einer Oldie-Sendung kurz auf, bevor der Mann sie mit der Fernbedienung wegzappte.

»Ey, lass doch, die hör' ich gern«, empörte sich Stefanie, »die ist ganz neu.«

»Uralt-Oldie«, brummelte der Mann, schaltete aber zurück. Marianne Rosenberg war wieder da. Doch Stefanie war schon fort.

»Stell das bloß ab!«, sagte Miranda, griff zur Sonnabendzeitung und begann, sie von hinten nach vorne durchzublättern. Besonders intensiv studierte sie den Anzeigenteil. Die Rubrik »Vermischtes« fesselte ihre gesamte Aufmerksamkeit. Merkwürdige Dinge standen dort manchmal.

Suche Personen aus der Elitegruppe,
die besondere Fähigkeiten haben
und treu für uns arbeiten.

Aber es war weder Telefonnummer noch Adresse angegeben. Merkwürdig.

»Was ist denn da so spannend?«, fragte Wolfgang, als er bemerkte, dass seine Frau minutenlang auf dieselbe Stelle der Zeitung starrte.

»Och, nichts«, fuhr sie hoch, knüllte die Zeitung zusammen und warf sie in den Papierkorb, »ich hab nur wieder von einem neuen Auto geträumt.«

Erste Zweifel

Der Brief ohne Absender kam mit der Post.

Nina Temberg war vorsichtig geworden. Sie wusste auch nicht, warum. Zuerst beschaute sie den Umschlag von allen Seiten. Dann öffnete sie ihn. Der Brief war auf einem Computer geschrieben und stammte von Stefanie:

Liebe Frau Temberg.
Ich glaube Ihnen kein Wort. Zur Zeit sitze ich hier zu Hause, und mir fällt immer mehr wieder ein. Sie würden sagen, daß das diese Sarah ist, die mir das alles erzählt. Doch vielleicht stimmt das ja überhaupt nicht. Vielleicht weiß ich doch alles und verdränge es immer wieder nur. Warum zum Beispiel kenne ich mich plötzlich mit dem Computer aus? Irgendetwas in mir hat es mir erklärt. Sicher war es meine eigene Erinnerung. Anders kann das ja gar nicht sein. Und genauso wird es mit den letzten achtzehn Jahren auch sein.

Ich habe gelebt, aber es immer wieder verdrängt. Vielleicht ist es eine seltene Krankheit, und jetzt werde ich langsam gesund. Weil ich mich nach und nach an alles wieder erinnern kann. Sie sagen, daß es eine andere Person war, die für mich gelebt hat. Doch woher wollen Sie das denn wissen? Vielleicht habe ich ganz schlimme Dinge gemacht und mir alle diese Ausreden nur ausgedacht.

Woher wollen Sie wissen, daß es nicht so ist? Ich hab doch immer gelogen. Ich weiß zwar, daß ich mir diese Ausreden nicht bewußt habe einfallen lassen, aber es kann doch sein. Sie sagen, Sie haben schon mit anderen Personen gesprochen und wissen viel von mir. Doch vielleicht war ich das ja alles selber. Daß ich mich nicht daran erinnern kann, ist eben diese seltsame Krankheit. Bitte sagen Sie mir doch endlich die Wahrheit. Was ist das für eine Krankheit?

Und warum behaupten Sie immer, daß diese Träume von mir vielleicht Wahrheit sind? Wie wollen Sie das denn wissen? Sie waren doch gar nicht dabei. Sagen Sie mir doch lieber, warum ich früher immer solche schrecklichen Träume hatte? Und warum träume ich jetzt nicht mehr? Ist das nicht auch ein Zeichen dafür, daß es mir langsam besser geht?

Sie sagen, daß Sie mir helfen wollen. Dann tun Sie es, indem Sie mir die Wahrheit sagen. Vielleicht bin ich ja ein schlechter Mensch, habe ganz schlimme Dinge getan und immer nur gelogen. Doch wenn es so gewesen ist, will ich auch dafür geradestehen. Das habe ich früher schon, und das werde ich heute auch. Ich will mir nicht länger Lügen einfallen lassen, um meinen Kopf aus der Schlinge zu ziehen. Ich will ehrlich werden, egal, was ich getan habe. Egal, welche Folgen es hat. Ich glaube eigentlich, dass man Ihnen vertrauen kann und dass Sie ein ehrlicher Mensch sind. Und deshalb finde ich es wichtig, dass Sie auch zu mir ehrlich sind. Danke.

Stefanie

»Schau an«, dachte Nina und schmunzelte, »sie sagt, sie allein ist Angela Lenz. Andere gibt es nicht. Aber sie hat mit Stefanie unterschrieben.«

Dann fand sie in dem Brief einen zweiten Zettel. Er war von Sarah geschrieben:

Liebe Nina!
Das war vielleicht etwas! Ich hätte es wissen müssen. Sie hat sich schon früher gegen alles gewehrt. Zum Glück waren wir fast die ganze Zeit alleine zu Hause. Sie war fast vier Stunden draußen. Und all mein Reden und Mühen hat nichts geholfen. Du kannst dir vielleicht vorstellen, wie panisch ich wurde. Schließlich konnte ich mir denken, daß eine kleine Katastrophe geschehen könnte, wenn die Familie zurückkommt und Stefanie noch immer draußen ist. Sie hat systematisch die Wohnung durchsucht, um ihre Erinnerung aufzufrischen. Irgendwann habe ich aufgehört, ihr zu helfen.

Sie glaubte ja doch nicht, dass ich mit ihr rede. Sondern sie fühlte sich in ihrer Theorie nur bestätigt. Ich wusste mir nicht mehr zu helfen.

Da fiel mir noch eine Möglichkeit ein: Stefanie reagiert genauso wie Traute. Kein Wunder, Traute ist ja auch ihre Fortsetzung, denn sie hat nach der Beerdigung Stefanies Rolle übernommen. Wenn viele von uns da sind und alle durcheinanderreden, bekommt Traute schlimme Kopfschmerzen, glaubt verrückt zu werden und sehnt sich nach Ruhe. Und Stefanie genauso. Diese Schwäche haben wir dann ausgenutzt. Und zwar habe ich Jimmy, Magda, Miranda, Martha und Chris gerufen. Ich mußte das machen, auch wenn es sich schlimm anhört. Wir haben sie so lange bearbeitet, bis ihre Kraft schwächer wurde und ich sie wieder nach hinten drängen konnte. Es tat mir leid, sie so zu quälen, doch was hätte ich tun sollen?

Jetzt werde ich auf jeden Fall zu verhindern versuchen, daß sie wieder ganz nach draußen kommt. Erst wenn du wieder dabei bist. Es ist einfach zu gefährlich. Ich weiß nicht, wie ich sie von unserer Existenz überzeugen soll. Es war mit Traute ja schon recht schwer, aber ich glaube, mit Stefanie wird es noch schwerer. Kannst du etwas helfen?

Bitte sei nicht böse auf sie. Ich mag sie, und ich kann sie auch verstehen. Sie hat es nicht leicht. Ihre Bockigkeit und ihr Trotz sind doch nur die nackte Panik vor uns. Stell dir mal vor, dir wäre es so ergangen. Es sagt sich so leicht, daß man versuchen würde, sich damit auseinanderzusetzen, doch die Auseinandersetzung mit uns bedeutet auch gleichzeitig die Auseinandersetzung mit ihren Träumen. Es ist leichter zu glauben, das alles nur geträumt zu haben und böse zu sein, anstatt der Wahrheit ins Gesicht zu sehen. Versuche, sie auch lieb zu haben. Ich glaub, sie hat das sehr nötig.

Sarah

Es dauerte fast zwei Monate, bis Stefanie anfing, Sarahs Stimme als andere Stimme in ihrem eigenen Inneren wahrzunehmen. Aber sie fand, dass das die ganze Angelegenheit auch nicht einfacher machte.

Zuerst hatte sie dieser Sarah-Stimme kein einziges Wort geglaubt. Dann war sie immer mal wieder vor den Spiegel getreten und hatte sich angeschaut, was aus ihr geworden war. Schließlich gab es keine Zweifel mehr: Jemand anders hatte ihren Körper geklaut, hatte all die Jahre an ihrer Stelle gelebt, hatte geheiratet und sich eine lustige Zeit gemacht. Als sie das endlich begriffen hatte, begann sie die andere zu hassen. Die, die ihr das Leben gestohlen hatte.

Wenn sie die erwischte.

Nun schwankte sie zwischen Mord- und Selbstmordgedanken.

Sie war 13. Sie hatte Pläne. Vielleicht wollte sie eines Tages studieren. Auf jeden Fall wollte sie eine Ausbildung machen. Eine Ausbildung nach ihrer Wahl. Sie wollte Freunde haben, möglichst viele, wollte ausgehen, tanzen. Discos. Flirten. Sie wollte sich verlieben. Vielleicht sogar einmal heiraten. Ja, wenn sie einen Jungen finden konnte, der so nett war wie ihr Papi, dann wollte sie heiraten. Aber jung musste er sein. Bestimmt nicht so ein alter Knacker wie der, der manchmal neben ihr saß und mit der Fernbedienung rummachte.

Doch das alles konnte sie jetzt vergessen. Andere hatten ihr Leben für sie gelebt. Der Körper war 32 Jahre alt, verheiratet und hatte Kinder zur Welt gebracht. Eines war jetzt sechs Jahre alt, halb so alt wie Stefanie.

Und ihr geliebtes Klavier hatten die auch verkauft.

Aber immerhin, und das war der einzige Trost, immerhin hatte sie zum ersten Mal im Leben einen Menschen, mit dem sie wirklich sprechen konnte, der all ihre Befürchtungen ernst nahm: Nina Temberg.

Doch plötzlich war Nina Temberg fort.

Sie hatte gesagt, sie würde nur verreisen. Aber wahrscheinlich stimmte das überhaupt nicht, dachte Stefanie panisch. Wahrscheinlich hatte sie nur keine Lust mehr, sich mit Stefanie zu beschäftigen und hatte sie einfach im Stich gelassen. So wie es Stefanie immer ging. Ihr ganzes Leben lang.

Wie jedes Mal hatte Nina Temberg ausführlich mit allen Persönlichkeiten von Angela, die sie erreichen konnte, über ihren Urlaub gesprochen. Sie hatte ihnen auf dem Kalender den ersten und den letzten Urlaubstag gezeigt, auf dem Atlas den Ferienort. Sie hatte ihnen gesagt, dass sie sie einmal von dort anrufen würde und ihnen eine Postkarte versprochen. Sie hatte dies mehrfach und auch mit einfachen Worten erzählt, weil sie wusste, wie viele kleine Kinder zuhörten. Und für die war Urlaub immer eine schreckliche, einsame Zeit. Die meisten von ihnen hatten ihre grausamsten Erlebnisse in den Ferien gehabt. Und außerdem fürchteten sie, dass dieser einzige Mensch, dem sie vertrauten und den sie liebten, sie verlassen würde. So wie alle anderen es bisher getan hatten.

Für das Thema Urlaub nahm sich Nina also viel Zeit. Trotzdem gab es immer wieder einige, die bei diesem Wort einfach nicht zuhören konnten.

So wie Stefanie.

Für sie war Nina Temberg ganz plötzlich verschwunden. Stefanie wusste auch nicht, dass schon über ein halbes Jahr vergangen war, seit sie Nina kennengelernt hatte. Und falls sie es wusste, so bedeutete es nichts. Das Verstreichen der Zeit kann nur empfinden, wer es erlebt. Stefanie erlebte es nur, wenn sie »draußen«, wenn sie »da« war. Weil sie lange Zeiten im Inneren verharrte, verharrte sie damals immer noch beim Alter von 13 Jahren. Und Nina war plötzlich weg.

In ihrer Trauer schrieb Stefanie einen Brief an Nina Temberg:

Liebe Frau Temberg,
Ich weiß nicht, ob es stimmt, was Sarah mir sagt. Sind Sie schon aus dem Urlaub zurück? Ich weiß nicht, welcher Tag heute ist, und wie lange es noch dauern wird, bis Sie wieder da sind. Ich habe in der Praxis und zu Hause angerufen. Da war niemand. Sind Sie noch nicht wieder da? Tut mir so leid, aber alles ist so schwer. Wollen Sie vielleicht auch nichts mehr

mit mir zu tun haben? Mögen Sie mich noch? Oder sind Sie gegangen, um Ihre Ruhe vor mir zu haben? Ich könnte es verstehen. Nein, ich könnte es nicht verstehen, aber es wäre etwas, was ich schon immer so erlebt habe. Ich möchte doch nur wissen, warum es immer so ist.

Warum bin ich immer die Böse und Schlechte, der niemand helfen möchte?

Meine Mutter hat mir immer meinen Bruder als Vorbild hingestellt. Dabei war er in der Schule viel schlechter. Er war total unsportlich, und auch im Klavierspiel war ich viel besser. Wenn ich ehrlich bin, muß ich sagen, daß ich auch nicht weiß, warum ich in allen Sachen so gut war. Wenn das mit den Personen alles stimmt, dann waren es die anderen, denn an Wettkämpfe, Klassenarbeiten, Vorspieltermine kann ich mich nicht erinnern. Doch ich habe immer erfahren, daß es toll war.

Aber meine Eltern waren nie zufrieden. Vor den anderen haben sie angegeben, ich sei das supertolle Kind. Doch zu Hause war es immer ganz anders. Sie wollten entweder nichts mit mir zu tun haben, oder sie wurden böse. Oder sie erzählten, daß ich böse Dinge getan hätte. Zu manchen Onkels soll ich nicht so nett gewesen sein, wie sich das für ein kleines Mädchen gehört. Manchmal erzählten sie auch, ich habe versucht wegzulaufen, habe geschrien und um mich geschlagen. Sie sagten, ich wäre eine Lügnerin. Ich habe das alles nie verstanden. Ich weiß nur, daß sie mich gehaßt haben. Dabei hab ich doch immer versucht, alles richtig zu machen. Wenn ich mal eine Freundin hatte oder mit einem anderen Menschen etwas länger redete als fünf Worte, wurden sie wild. Sie verboten mir den Kontakt und hielten mich immer unter Kontrolle. Warum denn nur? Auf den Wettkämpfen habe ich nur mitbekommen, daß alle anderen Mädchen sich unterhielten oder anderes gemeinsam machten. Ich mußte immer neben meinem Vater stehenbleiben, der mich behütete und nur das Beste für mich wollte.

Am schlimmsten war es ja, dass ich immer so viel verletzt und krank war. Darüber waren meine Eltern auch immer böse und gaben mir die

Schuld, wenn ich nicht in die Schule, zum Training oder zum Klavierspielen konnte. Und das war recht oft. Doch ich konnte nichts dafür. Ich wusste auch nicht, warum ich das schon wieder hatte. Damit sie nicht so böse waren, hab ich mir Entschuldigungen ausgedacht und alle Schuld auf mich genommen. Doch das war auch unehrlich.

Manchmal hab ich mich gefragt, ob meine Eltern recht hatten. Vielleicht fügte ich mir die Verletzungen ja alle selber zu. Ich weiß nur bis heute nicht, wie ich immer diese Verletzungen auf meinem Rücken hinbekommen haben soll. Da komm ich doch gar nicht alleine hin. Besonders schlimm war es, wenn ich wieder zum Schwimmen musste. Oft haben andere Menschen mich auf noch nicht ganz verheilte Verletzungen angesprochen. Ich musste mir immer etwas ausdenken. Mal war mir der Topf mit dem kochenden Wasser aus der Hand gefallen, oder ich war die Treppe runtergefallen. Die Verletzungen an meinem Rücken und, na ja, Sie wissen schon, da unten, die hat nie einer gesehen. Ich hab mich immer so umgezogen, daß es keiner sehen konnte.

Ich hab mich immer nach wenigstens einem Menschen gesehnt, der mir mal hilft, der mich lieb hat und bei dem ich nicht immer böse bin. Und nun habe ich Angst. Ich weiß noch nicht alles, was bei Ihnen gewesen ist. War ich vielleicht böse zu Ihnen? Wollen Sie deshalb nichts mehr mit mir zu tun haben? Ich weiß nicht, ob ich mich auf diese Sarah verlassen kann. Woher soll ich denn wissen, dass sie die Wahrheit sagt? Bitte, Frau Temberg, wenn es wirklich so ist, dass Sie nichts mehr mit mir zu tun haben wollen, teilen Sie mir das doch bitte mit. Gehen Sie nicht einfach und lassen Sie mich in dieser Unsicherheit zurück.

Sagen Sie mir, was ich schon wieder falsch gemacht habe. Sie sind der erste Mensch überhaupt, der mich so liebevoll in den Arm genommen hat und bei dem ich keine Angst hatte. Es tut mir wirklich leid, wenn ich Dinge gesagt oder getan habe, die Ihnen weh getan haben.

Bitte glauben Sie mir, ich bekomme davon wirklich nichts mit. Ich spinne nicht. Es ist ehrlich so. Sie sagen doch selber, daß es da noch ganz viele andere Personen gibt. Vielleicht machen die ja solche Dinge, aber ich will das nicht.

Ich hoffe noch immer, daß der Urlaub einfach noch nicht vorüber ist und ich Sie deshalb nicht erreichen kann. Ich habe Sie sehr gerne.

Stefanie

Natürlich war der Urlaub noch nicht zu Ende gewesen. Als Stefanie ihren Brief schrieb, lag Nina auf einer schattigen Terrasse in Pitsidia, im Süden Kretas, trank ein Glas Wein, aß Oliven, hin und wieder ein Stück Weißbrot, schaute auf das ruhige, glatte Meer, das den wolkenlosen Himmel spiegelte, und beobachtete, wie die kleinen Salamander über den Steinboden der Terrasse huschten. Oder sie las. Manchmal legte sie ihrem Mann, der im Liegestuhl neben ihr träumte, leicht die Hand auf den Arm, sie lächelten sich matt und zufrieden an. Manchmal rutschte ihr auch die Brille ganz nach vorn auf die Nasenspitze, der Roman sank auf den Schoß, und sie schlief ein. Dann wieder erwachte sie, atmete tief ein und genoss den Duft aus den Oleanderhecken, die Ruhe, die Entspannung.

Und wäre doch viel lieber zu Hause gewesen.

Denn inzwischen hing sie genauso an Stefanie und den anderen Personen in Angela Lenz, wie diese an ihr. Sie hätte sie niemals im Stich gelassen.

Als Nina aus dem Urlaub zurückkam, ging ein Aufatmen durch das gesamte Persönlichkeitssystem von Angela Lenz. Wie nach jedem Urlaub, wie nach jeder kurzen oder längeren Abwesenheit ihrer Therapeutin. Denn Nina Temberg war der erste Mensch nach 30 Jahren, dem sie ihre wirkliche Geschichte erzählen konnten.

Der Brief zeigte Nina deutlich, dass Stefanies Bild ihrer wunderschönen Kindheit inzwischen die ersten Risse bekommen hatte. Vermutlich war sie nun auch so weit, sich die Geschichten anzuhören, die die anderen Personen berichteten. Sich damit zu beschäftigen, was die anderen in jener Zeit erlebt hatten, die für Stefanie im Nichts versunken war oder nur undeutlich, als schlimme Träume, an ihr Bewusstsein gerührt hatte.

Vorläufig sollte es nur ein knapper Überblick sein, den Stefanie über die andere Hälfte ihres Lebens bekam. Kurze Szenen aus einer Kindheit, die sie nicht miterlebt hatte. Kleine Episoden, von denen Nina annahm, Stefanie würde sie verkraften können. In der Hoffnung, dass sich vielleicht irgendwann ein Bild ergeben würde vom wirklichen Leben der Angela Lenz. Soweit es Nina Temberg inzwischen bekannt war.

Denn immer noch kam ihr diese tastende Suche nach Angelas Vergangenheit vor, als ob sie von Sandbank zu Sandbank springe, inmitten eines weiten Meeres von Vergessen. Und manchmal hatte sie das beängstigende Gefühl, dass wie bei einem Eisberg der größte Teil noch von Wasser bedeckt war. Sie war auf Überraschungen vorbereitet. Gleichzeitig hoffte sie, dass keine mehr kämen.

Und immer wieder erlebte Nina Temberg auch Phasen, in denen sie – genau wie Stefanie – hoffte, all diese Erinnerungen seien überhaupt nicht wahr. Phasen, in denen sie ihrer Klientin geradezu wünschte, dass sie einfach eine blühende Phantasie hatte und nichts von alldem wirklich hatte durchleiden müssen.

Leider sprachen alle Anzeichen dagegen.

Dass Angela Lenz eine vielfach aufgespaltene, eine Multiple Persönlichkeit war, ließ sich nicht leugnen. Es ließ sich – mit diagnostischen Instrumenten – sogar messen. Und die Entstehungsgeschichte von MPS ist bekannt: massiver, unerträglicher sexueller und seelischer Missbrauch in der frühen Kindheit, lang anhaltend und ohne Fluchtmöglichkeit.

Damit musste Stefanie sich jetzt auseinandersetzen.

Es war kein einfaches Erzählen. Nina Temberg stellte sicher, dass Stefanie diese Geschichten, die die anderen Persönlichkeiten berichteten, erst einmal wie einen Film erlebte, einen Kinofilm, den sie sich aus der allerletzten Reihe anschauen konnte. Ganz von ferne. Sie erlebte ihn wie die Geschichte anderer Menschen.

Was er einerseits auch war.

Andererseits aber nicht.

Wenn Stefanie ihr Leben auf diese Weise betrachtete, als Szenen eines Filmes, würde es nicht ganz so schwer werden. Aber immer noch schwer genug. An manchen Stellen wurde es nötig, dass sie den Ton abstellten und vom Farb- auf Schwarzweißfilm umschalteten. Die Gefühle und die Schmerzen ließen sie noch ganz außen vor.

Manchmal mussten sie den Film trotzdem anhalten.

Und rausgehen.

KAPITEL 2

SCHWEIGEN

Die Kinder

»Ich denke, also bin ich.«

1961

- Die DDR beginnt mit der Errichtung der Mauer.
- Adolf Eichmann wird in Israel zum Tode verurteilt.
- Das Schlafmittel »Contergan« wird aus dem Handel genommen.
- Im Fernsehen läuft »Die Firma Hesselbach«, im Kino »Via Mala«
- Hitparade: »Take good care of my baby«
- Fünftagewoche im Bankgewerbe

Bunte Inseln im Licht

Ein Familienalbum der sechziger Jahre. Plastikeinband und eine Bilderserie wie Tausende: Amateurfotos aus einer heilen Welt, chamois mit Mausezähnchen.

Fliesen im Bad und Stores an den Fenstern: Wohlstand der frühen Sechziger. Wachstuchdecken auf dem Küchentisch und d-c-fix auf den Regalen. Um die Lichtschalter runde Plastikschoner, damit die Tapete keine Fingerabdrücke bekommt. Säuglingswäsche auf Klappständern in Küche und Bad. Vater, Mutter, Sohn und das Jüngste, die Tochter, wenige Monate alt. Die Mutter gibt dem Baby die Flasche, sie hält es im Arm, ein wenig ungeschickt, lieber wäre sie woanders. Auch das Kind wirkt verkrampft, es traut der Mutter nicht.

Aber dann die Bilder mit dem Vater: Er füttert seine Tochter, liebevoll hält er sie im Arm, fasst zärtlich mit einer Hand das winzige Ärmchen, schiebt ihr vorsichtig den Löffel in den Mund. Sie ist entspannt, neugierig geht ihr Blick zur Kamera. Das nächste Bild beim Baden: Sicher hält er den kleinen Kopf mit einer Hand, wäscht sanft mit einem Lappen die feine Haut. Vergnügt planscht das Baby dabei in der Wanne.

Doch das dritte Bild ist anders: Die Kleine schaut über die Schulter des Vaters, die Augen merkwürdig zur Decke gedreht. Er trägt sie auf dem Arm, ihr Köpfchen an seine Wange gelehnt. Sein Gesicht ist nicht zu sehen. Ihres ist voller Angst und Leid. Suche nach Hilfe ist in dem Blick. Aber auch das Wissen, dass es keine Hilfe gibt. Sagen kann sie nichts, sie kann ja noch nicht einmal sprechen.

Und Schreien ist verboten in dem Zimmer, in das der Vater sie trägt.

Am Anfang war es noch nicht schlimm. Die ersten Monate: taumelnde Gefühle, Farbenrausch, Umwelt und Menschen kaum voneinander getrennt. Hunger und Lust, Schreck, Zufriedenheit in schnellem Wechsel. Licht und Dunkel, warm und rau und weich, heiß und kalt, so viel zu entdecken. Ich und die anderen, alles noch zum Knäuel versponnen. Erste Fäden im Spiel entwirrt.

Nur die Angst vor der Mutter, die war schon immer da. Schon vor der Geburt. Denn schon vor der Geburt kann ein Fötus die Ablehnung der Mutter spüren, wie er auch Geräusche, Licht, Zufriedenheit wahrnehmen kann.

Gisela Bahr hatte nie ein Mädchen gewollt. Ihren vierjährigen Sohn Hans liebte sie inbrünstig, der nächste Junge, eine Frühgeburt, kam tot zur Welt, ein dritter starb wenige Tage nach der Geburt an seinen schweren Behinderungen. Dass ausgerechnet diese Tochter lebte, obwohl zwei ihrer Söhne gestorben waren, das würde sie dem Mädchen nie verzeihen. In ihren Augen hatte dieses Kind den Söhnen das Leben geraubt.

Mädchen sind unnütz, unwert, schmutzig, das hatte schon ihr Vater gesagt, sie sind schwach und hilflos, sie sind sündig. Nur ein Mann hat Wert und Bedeutung und Macht. Nur ein Mann wird es eines Tages zur Weltherrschaft bringen, Frauen sind Werkzeuge. Dass dieses Kind trotzdem lebte, obwohl die Söhne gestorben waren, bewies, dass es den Teufel im Leib hatte. Ein böses Kind. Ein Kind, das schrie, wenn es die Mutter sah. Das sich extra in die Windeln machte, wenn die Mutter da war und nicht der Vater. Das mit seinem Hunger, seiner unersättlichen Gier nicht wartete, bis der Vater abends von der Arbeit kam.

Ein lästiges Kind.

Aber das war nicht das Einzige, was sich zwischen Mutter und Tochter schob. Darüber hinaus gab es noch etwas. Ein Gefühl, das Gisela Bahr warnte, ihre Tochter zu mögen. Ein beunruhigendes Gefühl. Ein Gefühl, über das sie nicht nachdachte. Dem sie einfach folgte. Halt dich fern von ihr, sagte das Gefühl. Liebe sie nicht. Lass sie nicht an dich heran. Töchter bringen Schmerz. Bewahre dich vor dem Schmerz.

Liebe sie nicht.

Es war, als ob ihre Gefühle für die Tochter erstarrt wären oder gefroren. Manchmal spürte sie ein wenig davon, etwas Freude, wenn jemand die Kleine lobte, wie süß sie sei, wie zart, eine kleine Elfe, ein Sonnenschein. Dann sah sie die Tochter für einen Moment mit fremden Blicken und war erfreut: Das hatte sie zustande gebracht. Aber schnell folgten Eifersucht und der Wunsch, dieses Lob auf ihren Sohn umzulenken. Auf ihren Stolz. Hans. Ihre Rechtfertigung im Leben: Sie hatte einen Sohn geboren. Die wichtigste Aufgabe einer Frau erfüllt.

Doch für ihren Mann bedeutete das gar nichts. Immer hatte er nur eine Tochter gewollt. Sie war zutiefst gekränkt. Wenn Angela schrie, während sie diesen Gedanken nachhing, aus Hunger schrie, dann stieß die Mutter ihr das Fläschchen mit Wucht in den Mund, so dass die Kleine sich verschluckte, weinte und oft genug die Milch wieder erbrach. Das ist der Beweis, dachte die Mutter und schaute auf ihre bekleckerte, beschmierte Schürze, der Beweis, dass sie mich hasst. Das hat sie mit Absicht gemacht, so ein boshaftes Kind!

Angela spürte dies alles. Die Ablehnung und den eigenen Schmerz, aber auch den der Mutter und deren Anflüge von schlechtem Gewissen, von Rührung, die kurzen Versuche der Wiedergutmachung.

Am Tage das Alleinsein mit der Mutter: scheinbar endlose Spannen von Unsicherheit. In einer Zeit noch ohne Zeit. Immer war sie unruhig, schlief selten, schrie viel, immer auf der Hut, was kommen würde.

Kein fester Grund.

Erleichterung, Wohlgefühl dagegen, wenn das Geräusch, der Geruch, wenn Schwingungen zeigten, dass der Vater sich näherte. Sein freundliches Gesicht über dem Stubenwagen, welches Glück! Er liebte sie, das konnte sie deutlich spüren. Wie aufmerksam er war. Seine Geduld, wenn er sie fütterte, mit ihr spielte, wenn er sie auszog, badete, sie anzog. Sie ins Bett brachte. Es war gut, dass er da war. Sie war zufrieden, ruhig, entspannt, wenn er sich neben ihr Kinderbett setzte, sie streichelte, freundlich mit ihr redete.

Es machte nichts, dass er ihr unter die Windeln griff, nachdem er sie ins Bett gelegt hatte, wenn er mit ihr allein war. Sich in die zarten Falten ihrer Haut, in den Babyspeck ihrer Oberschenkel hineinwühlte.

Fast nichts.

Auch dass er sich dabei selbst befriedigte, machte noch kaum etwas. Sie spürte zwar, wie die Stimmung sich änderte, er wurde angespannter – war bei ihr und doch nicht bei ihr. Sein Gesicht, so rot, so groß, direkt vor ihr. Die Bewegungen, so ruckartig. Auch sie wurde angespannter. Manchmal weinte sie. Aber es gab noch so vieles, was sie nicht verstand. Und dies dauerte auch nicht sehr lange. Hauptsache, dass er da war.

Und nicht die Mutter.

So war es anfangs.

Für ihn war das Kind eine Frau. Gerade so viel Frau, wie er ertragen konnte. Werner Bahr liebte seine Tochter. Wellen zärtlicher Gefühle überschwemmten ihn, wenn er sein kleines Mädchen sah. Sie war so schön. So zart und blond. So rein. Ein kleiner Engel. Ihre winzigen Finger so zierlich, so zerbrechlich. Er berührte sie ganz sanft, wenn er sie wusch. Er liebte es, sie abzutrocknen. Die Haut so weich. Wie sie duftete. Das Haar wie Seide. Ein Traum.

Sein Traum.

Wie sehr hatte er sich eine Tochter gewünscht. Ein kleines Wesen, dem er seine ganze Liebe schenken konnte. Wie sie lachte, wenn sie ihn sah! Sie liebt mich genauso, dachte er. Sie ist glücklich, dass ich sie liebe.

Sie will es, dass ich sie liebe.

Wie oft hatte er davon geträumt, so ein kleines Wesen zu besitzen. Für immer. Nicht nur für eine hektische, heftige Stunde oder noch weniger in fremden Wohnungen oder speckigen Hinterzimmern irgendwelcher Kneipen. Eine kurze Gier gegen Bezahlung. Für die er sich verachtete. Immer in Angst, verraten zu werden. In Angst vor Erpressung. Er, Werner Bahr, Bankdirektor und Vorstandsmitglied, in Kontakt mit Menschen, die er verabscheute, gesellschaftlich tief unter ihm, und doch war er ihnen ausgeliefert. Abgestumpfte Paare und Männer, von denen er wusste, dass sie sein Geld am selben Abend beim Pokern verlieren würden. Wie sie ihm ihre Töchter zuschoben, ängstliche oder abgebrühte Kinder. Kleine dressierte Flittchen waren das in seinen Augen, honigsüß und eklig zugleich. Er fieberte nach ihnen und verachtete sie im selben Augenblick; beides verschmolz zu einem Gefühl. Er fügte ihnen Schmerz zu. Anfangs wenig, später immer mehr. Sie haben Strafe verdient, sagte er sich. Warum tun sie auch so etwas? Huren.

Dies hier ist anders, dachte er. Es ist rein. Es ist Liebe. Wenn er seine Tochter ansah, nackt, seine kleine Tochter, die er so liebte, dass nur an sie zu denken ihn schon schmerzte, wenn er sie so ansah, nackt, tauchte hin und wieder ein anderes Bild in ihm auf. Eher huschte es vorbei, ein Schatten. Es streifte kaum sein Bewusstsein.

Ein kleines Mädchen aufrecht in einer Zinkwanne, mit weißen Seifenschaumtupfen auf ihrer samtenen, von der Hitze des Badewassers zart geröteten, ihrer dampfenden, ihrer unzerstörten Haut. In einer düsteren, bedrückenden Küche. Sie aber lächelt. Im Dämmerlicht so weiß, so rein. Eine winzige Ikone in seiner Seele. Sie verscheucht jede Angst. Etwas unendlich Tröstliches.

Von diesem Trost brauchte er immer mehr. Jetzt hatte er ihn. Ein Wesen nur für sich allein. Sie liebt mich wirklich, dachte er, wenn sie lächelte. Wie sie ihre Ärmchen nach mir ausstreckt! Sie will es auch, ich sehe es ihr an, ich sehe ihr Verlangen. Dieses kleine Luder, schoss es ihm durch den Kopf, und er kniff sie heftig in die Scham, denn Strafe muss sein, dieses kleine Luder, die weiß doch genau, was sie mit mir anstellt. Sie hat Schuld.

Ihr Gesicht verzog sich zum Weinen, und er dachte, sie versteht ja noch gar nicht, was passiert. Wird sich auch nicht daran erinnern. Ist noch viel zu klein. Ist doch noch gar kein Mensch, ganz und gar unfertig. Was weint sie denn? Soll doch froh sein, dass ich ihr helfe, ein Mensch zu werden. Ich mache eine richtige Frau aus ihr. Sie wird es mir danken. Eines Tages. Ich bringe ihr bei, was Liebe wirklich ist. Wenn sie erst älter ist, wird es das Normalste auf der Welt für sie sein. Wer kann einem Mädchen die Liebe besser beibringen als ihr eigener Vater, einer, der sie wirklich liebt?

»Was du mit mir machst, du kleiner Schlingel«, flüsterte er, hob sie hoch, rieb ihr Näschen an seiner Nase und küsste ihre Tränen fort.

Sie wird sich nicht erinnern, dachte er dann, ist noch zu klein, kann noch nicht sprechen, kann noch nicht denken. Kann nichts erzählen.

Sie gehörte ihm. War sein Besitz. Er konnte mit ihr machen, was er wollte.

Er wollte immer mehr. Niemand hielt ihn auf. Seiner Frau war gleichgültig, was mit diesem Kind passierte.

Als er der Tochter seinen Penis in den Mund presste, bekam sie keine Luft mehr. Sie schrie und weinte. Sie wehrte sich – wie eine Eineinhalbjährige sich wehren kann. Da schlug er sie zum ersten Mal. Ins Gesicht. Bedrohte sie. Sie konnte noch nicht sprechen, aber sie verstand, was er meinte: Was sie fühlte, war falsch. Fühlte sie Schmerz, dann sagte etwas in ihr, sie müsse schreien. Aber der Schrei wurde bestraft mit schlimmerem Schmerz. Sie war verwirrt. Ihr Weinen verstummte. Nach einer Weile wurden seine Augen wieder sanft und waren auf sie gerichtet. Sie lächelte zurück.

»Mein kleines Frauchen«, sagte er, zärtlich, nahm einen Zipfel der Bettdecke, wischte ihr Tränen und Sperma aus den Augen, von der Wange, legte sie wieder ins Bett zurück, deckte sie vorsichtig zu, sorgfältig, hob ihre Ärmchen über die Bettdecke, zupfte Kopfkissen und Decke zurecht, löschte das Licht und verließ das Zimmer, um mit seiner Frau nebenan eine Patience zu legen.

Jetzt konnte er das ertragen.

Von nun an schrie Angela kaum noch. Der Vater war der einzige Mensch, der sie liebte. Ihn brauchte sie zum Überleben. Von der Mutter aus hätte sie sterben können, so sagte ihr Gefühl. Vielleicht hätte sie das auch getan, so wie Säuglinge ohne Zuwendung sterben können, auch wenn sie körperlich ausreichend versorgt werden. Zuwendung war von der Mutter nicht zu erwarten. Die Zuwendung, Zärtlichkeit, Liebe, die ihre Mutter aufbringen konnte, bekam Angelas Bruder. Für ein Mädchen blieb wenig übrig. Und noch dazu eines, das brüllte wie am Spieß, wenn sie es füttern wollte, das in ihrem Arm steif wurde wie ein Brett, das sich nass machte, wenn die Mutter Besuch erwartete. Das nur Augen für den Vater hatte.

Wie er für sie.

»Engelchen«, rief er, wenn er abends das Haus betrat, und meinte damit seine Tochter. Nicht seine Frau.

Sie sah, dass ihre Tochter hübsch war. War auch stolz, ein solches Baby zur Welt gebracht zu haben. Doch dieses Kind, das sie eigentlich gar nicht hatte haben wollen, verdrängte sie von ihrem eigenen Platz; ihr Mann war entzückt von ihrem Kind, sie selbst wurde ihm gleichgültig.

So wurde die Mutter immer ablehnender. Von Anfang an hatte die Tochter das Gefühl, das einzig Beständige an der Mutter sei ihre Feindschaft: immer ablehnend, häufig brutal, manchmal sadistisch.

Alles, was Angela brauchte, musste sie also vom Vater bekommen. Auf ihn war sie angewiesen. Vollkommen angewiesen. Ihn musste sie behalten. Sie durfte nicht mehr schreien.

Sie schrie nicht mehr.

Sie drehte die Augen zur Zimmerdecke. Sah die Deckenlampe. Ein leuchtender Fleck wie eine Insel im dunklen Raum. Warmer Fleck. Das Licht so hell. Wird größer, wenn man hineinschaut. Bunte Kreise tauchen auf, ringsherum um die Insel, so hübsch, so lebendig, wie sie sich drehen im Licht. Wenn sie etwas zur Seite blickte, auch dort die bunten Flecken. Wie schillernde Scheiben, die ihre Farben ändern, dann wieder wie wirbelnde Kreise. Die ganze Fläche um ihre Insel voll schöner, warmer, bunter Kreise. Ihre Augen folgten den Kreisen, die sich drehen, immer mehr, nach innen drehen, wie Spiralen, immer tiefer, tief hinein, bis zum Mittelpunkt.

Like a wheel within a wheel,
never ending nor beginning
on an ever-spinning reel,
like a circle in a spiral,
like the windmills of your mind.[12]

In diesen Kreisen ist sie dann verschwunden.

Es geschah schrittweise. Zuerst spürte sie nicht mehr, was der Vater zwischen ihren Beinen tat. Dann spürte sie ihren Körper unterhalb des Kopfes nicht mehr. Dann spürte sie den Vater nicht mehr, merkte überhaupt nicht mehr, dass er im Raum war. Dann wurde die Trance so stark, dass sie sich selbst nicht mehr spürte, dass sie vollständig verschwand. Das war ihr Schutz. Er rettete ihr das Leben.

Anfangs bekam sie noch mit, was dort in dem Bett passierte. Irgendwie von oben. Aus der sicheren Insel im Licht. Aber es war, als ob eine andere das erdulden musste. Nicht sie. Ein fremdes Kind in ihrem Bett.

Weiter und weiter entfernte sie sich. Bis sie schließlich gar nicht mehr sah, was dort geschah. So sollte es sein. Dass das nicht ihr passiert. Dass es gar nicht passiert.

Sie hatte das geschafft, indem sie abgetaucht war in unerreichbare innere Räume, verschwunden in einer eigenen Welt, in der ihr nichts geschehen konnte, wo niemand ihr etwas antun konnte. Voraussetzung für diesen Rückzug aus der Wirklichkeit war die Fähigkeit zu dissoziieren, abzuspalten. Das Sein vom Bewusstsein zu trennen. Und das Bewusstsein zu teilen in wissende und unwissende Bereiche.

Niemand hatte ihr das beigebracht, ganz allein war sie auf diese Möglichkeit gestoßen, sich in selbstinduzierte Trancezustände zu versetzen.

So wie Lewis Carrols »Alice« ihr Wunderland entdeckte, indem sie einem hektischen weißen Kaninchen mit einer großen Taschenuhr folgte und in ein geheimes Loch in einem alten Baumstamm stürzte. Und tief hinabfiel. So tief. Bis in eine andere, fremde Welt.

Angelas innere Welt war noch sicherer als die von Alice. Hier gab es keine verrückten Hutmacher und keine bösartigen Königinnen.

Einstweilen.

So verschwand das Wesen, das einmal hätte Angela werden wollen.

Zurück blieb Nicki.

Plötzlich war Nicki da.

Wie sie hergekommen war, wusste sie nicht. Ein Mann machte sich an ihr zu schaffen. Es tat weh. Er guckte komisch. Er machte ihr Angst. Er sollte aufhören. Sie weinte. Er schlug sie.

»Das ist unser Geheimnis«, flüsterte er, »etwas ganz Besonderes. Darüber darfst du niemals sprechen.«

Nicki konnte kaum sprechen. Und mit wem auch? Außer dem Mann, von dem sie plötzlich wusste, dass er ihr Vater war, sah sie nie jemanden.

Nicki lebte ein Leben ohne Trost. Sie erschien immer nur, wenn der Vater sie sexuell benutzte. Dann da zu sein, war ihre Aufgabe. Sie hatte keine Ahnung, dass es überhaupt etwas anderes gab.

Dies war das Leben. Das war es, woraus Nicki damals bestand: ein Gefühl, eine Funktion und irgendwann dann auch ein Name. Die Funktion war, das Wesen, was einmal hätte Angela werden sollen, vor der Wahrheit zu schützen. Ihr abzunehmen, was diese nicht ertrug.

Immer wenn Nicki da war, tat der Vater ihr weh.

War er fertig, verschwand sie wieder.

Dann tauchte Stefanie auf, ein zufriedenes, munteres Mädchen, das nichts wusste von dem, was Sekunden vorher geschehen war. Ein Mädchen, das den Papa von ganzem Herzen liebte, mit ihm schmuste und lachte und alberte. Vergnügt und übermütig. Das nur seine hellen, freundlichen Seiten kannte. Das sehnsüchtig auf seine Rückkehr wartete, sich über seine Geschenke freute und vergnügt quietschte, wenn er es kitzelte. Das ihn anstrahlte. Stefanie wurde abends liebevoll von ihm zugedeckt und bekam einen zärtlichen Gutenachtkuss. Manchmal spürte sie ein wenig, dass ihr etwas wehtat oder sie so nass war. Aber dann schlief sie immer sehr schnell ein.

Manchmal träumte sie schlecht. Aber das waren nur Träume.

So entstand eine geteilte Wirklichkeit. Angelas Leben war derart widersprüchlich, erschreckend und bedrohlich, dass eine Wahrnehmung allein damit nicht fertig werden konnte. Stefanie blieb von der sexuellen Gewalt verschont. Nicki erlebte die freundlichen Seiten des Vaters nicht. Sie verschwand, beiseite gedrängt von Stefanie, sobald der Vater liebevoll und friedfertig wurde.

Die körperlichen Folgen müssen zu diesem Zeitpunkt schon derart auffallend gewesen sein, dass der Vater die Teilnahme der Tochter an den gesetzlichen Impfungen verhinderte. Gleich drei Begründungen gab er in seinem Brief an: Ein Privatarzt würde die Tochter impfen, man würde umziehen, und außerdem hätte die Tochter gerade den Keuchhusten.

In der ersten Zeit wechselten Stefanie und Nicki sich ab, aber sie begegneten einander nie, kannten sich nicht. Wussten nichts voneinander.

Was sie am Anfang waren? Am ehesten vielleicht Momentaufnahmen von Befindlichkeiten, von Gefühlen. Zustände, die allmählich ein Bewusstsein entwickelten, zu Persönlichkeiten wurden – durch ihre Erfahrung von Zeit, von Begegnung, von Gefühl. Die ihre unterschiedlichen Erinnerungen getrennt ablegten, vielleicht sogar in verschiedenen Ecken des Gehirns, wie durch Membranen voneinander getrennt. Die daher ganz unterschiedliche Vergangenheiten haben und sich so zu verschiedenen Personen in einem Körper entwickeln:

Stefanie: heiter, verspielt, optimistisch und manchmal trotzig.

Nicki: ängstlich, ernst, tief depressiv, stumm.

Hin und wieder näherte sich auch noch das Wesen, das einmal hätte Angela werden sollen. Sozusagen von ferne schaute sie vorbei. In ruhigen Momenten ohne drohende Gefahr. Aber das wurde immer seltener – immer häufiger drohte Gefahr. Sie hatte den ersten Anstoß gegeben: den schöpferischen Akt, sich abzuwenden von der Wirklichkeit, einen neuen Namen und eine Aufgabe hinterlassend.

Und den Auftrag an alle, die nach ihr kommen würden, es genauso zu machen.

Nach der ersten massiven sexuellen Misshandlung folgten endlose Wochen, immer gleich in ihrer Qual für Nicki. Abends, wenn der Vater aus der Bank nach Hause kam, brachte er neues Spielzeug für sich mit. Das probierte er aus an Nicki, wenn er sie ins Bett brachte. Denn die Tochter ins Bett zu bringen, war seine Aufgabe, nicht die der Mutter, die sich währenddessen dem Sohn zuwandte.

Manchmal wachte der Vater auch mitten in der Nacht auf. Manchmal stand das Kinderbettchen im Schlafzimmer. Direkt neben dem Ehebett.

»Kann man hier nicht mal ruhig schlafen«, zischte die Mutter. Hin und wieder. Meistens aber drehte sie sich einfach zur anderen Seite.

1962

- Die Kuba-Krise beginnt.
- Marilyn Monroe wird tot aufgefunden.
- Franz Josef Strauß tritt wegen der Spiegel-Affäre zurück.
- Adolf Eichmann wird in Israel hingerichtet. Er stirbt, ohne Reue zu zeigen.
- Im Fernsehen »Das Halstuch«, im Kino »Lolita«
- Deutsche Hitparade: »Babysitter-Twist« und »Big Girls don't cry«

Tabu

Der Körper ist anderthalb Jahre, ein pausbäckiges Baby, das auf den Fotografien wie eine kleine Puppe wirkt, hübsch, adrett herausgeputzt und seltsam erstarrt, den Blick meist abgewandt, gleichgültig oder verschlossen. Zu diesem Zeitpunkt beschließt der Vater, dem Besonderen, das ihn mit seiner Tochter verbindet, einen Koitus hinzuzufügen.

Die Verletzung ist so tief, die Blutung so stark, dass die Eltern nach einigen Tagen einen – befreundeten – Arzt hinzuziehen. Aber auch dieser kann nur raten, das Kind ins Krankenhaus zu bringen. Die Kleine hätte das selbst gemacht, mit Spielzeug gespielt, ungeschickt wie sie nun mal sei, aus dem Bettchen gefallen, auf einem Brummkreisel gelandet, so erklären die Eltern dem Personal die erschreckende Wunde. Schwestern und Ärzte schütteln mitfühlend den Kopf: Ja, was Kinder so machen, nur Sorgen hat man mit ihnen.

Eine solche Wunde, und niemand stellt argwöhnische Fragen? Dies ist das Jahr 1962. Falls sich eine Ahnung eingeschlichen hätte bei irgendeiner misstrauischen Krankenschwester, einem aufmerksamen Arzt, eine Vermutung, dass vielleicht nicht alles so geschehen war, wie die Eltern es darstellten, wie hätte man darüber sprechen können? In welchen Worten? Dieses Thema ist tabu – und wird es noch zwei Jahrzehnte bleiben. Was soll man tun? Am besten, denkt der Arzt, man konzentriert sich vollkommen auf seine Aufgabe, denn am meisten hilft man dem Kind doch, wenn man es ganz professionell behandelt.

Nicki im Krankenhaus.

Das ist mehr, als sie ertragen kann. Die vielen Menschen. Neue Schmerzen, als sie genäht wird. Nicki kann nur mit dem Vater umgehen, der da zu Hause zu ihr kommt, nachts oder auch am Tag, der ihr Angst und Schmerzen bereitet. Aber dies hier kann sie nicht, das ist zu viel.

Da sieht sie die Lampe. Die ist über Nickis Kopf an ihrem Krankenhausbett befestigt. Und eine Kordel mit einer großen, runden, weißen Perle hängt daran herunter, auf Nicki zu. Die Perle schaukelt hin und her. Hin und her. Hin und her. Hin und her. Und Nicki mit ihr. Und dann ist Nicki auf einmal verschwunden. Irgendwo im Inneren. Sicher. Aber auch allein.

Zurück bleibt Susi.

Plötzlich ist sie da.

Wer ist sie und was hat sie?

Sie hat einen Namen: Susi. Vielleicht noch nicht von Anfang an, aber schon bald. Sie besitzt die Fähigkeit, ihre Umgebung wahrzunehmen. Sie hat keine Vergangenheit, keine Geschichte. Sie weiß nicht, wo sie ist und warum. Nicht, wie sie hierher gekommen ist. Sie fragt sich auch nicht danach, ist ja noch viel zu klein. Sie hat keine Eltern, keine Familie. Aber sie hat eine Aufgabe: den Schmerz und die Einsamkeit im Krankenhaus zu ertragen. Tapfer erfüllt sie ihre Aufgabe. Sie kennt nichts anderes. Wann immer der Körper in Zukunft so stark verletzt wird, dass ein Arzt oder das Krankenhaus erforderlich werden, dann taucht Susi auf. Das ist ihre Welt. Etwas anderes gibt es nicht.

Wenn die Eltern zu Besuch kommen, verschwindet Susi sofort. Sie kennt diese fremden Menschen nicht, die so freundlich lachend auf sie zueilen. Deshalb bleibt sie weit weg, tief im Inneren, in einer dieser sicheren Einzelzellen, wo sie alle noch nichts voneinander wissen.

Auch Nicki lässt sich nicht blicken. Ganz von ferne, wie durch eine angehauchte Fensterscheibe, bekommt sie mit, dass sich dieser Vater nähert, der an allem die Schuld hat, und die Mutter, die ihr nie hilft. Diese beiden lachen und bringen Süßigkeiten mit und Spielzeug. Wie soll Nicki das begreifen? Sie dreht sich um und sieht nichts mehr.

Aber Stefanie begreift, dass ihr lieber Papi sie besucht, um ihr eine Freude zu machen. Wie glücklich sie ist über die Geschenke! Sie schmust mit dem Papa und lacht. Die Mutter streichelt Stefanies Kopf, schaut ihr in die Augen, legt ihren Handrücken auf die Stirn der Tochter: Fieber? Nein. Dann öffnet sie den Schnappverschluss ihrer Handtasche, zieht einen Kamm heraus und kämmt der Tochter die feinen Haare ordentlich aus dem Gesicht. Putzt ihr das Näschen. Durchwühlt die Tasche und bringt eine Feile mit Perlmuttgriff zum Vorschein. Damit reinigt sie die winzigen Fingernägel ihrer Tochter.

Eine kleine Familie, die Wiedersehen feiert. Eine Familie wie Tausende zur sonntäglichen Besuchszeit in Krankenhäusern überall im Land. Am Bett nebenan sitzt ein Großvater, der seine Enkelin besucht.

Gegenüber die Kleine ist ganz allein. Aber Stefanie hat ihre beiden Eltern um sich.

Dass sie in einem fremden Bett in einer fremden Umgebung liegt, im Krankenhaus, nimmt sie kaum wahr. Es interessiert sie auch nicht. Sie spürt nicht ihre Verletzung, nicht die Naht oder den Verband. Sie genießt nur ihre Freude, nascht, packt die Geschenke aus, spielt mit der Puppe, dem kleinen Bärchen. Und das Pflegepersonal, das gegen Abend Brei und Medikamente verteilt, sieht eine vollkommen glückliche Familie. Falls eine misstrauische Krankenschwester, ein aufmerksamer Arzt tatsächlich irgendwelche Zweifel an der Geschichte gehabt haben sollten, bei diesem Anblick ist der Argwohn sicher verschwunden.

Dass die Medikamente, die Stefanie einnimmt, zu Susis Heilung wenig betragen können, das ahnt hier noch kein Mensch.

Als Stefanie wieder zu Hause ist, hat sie den Krankenhausaufenthalt vergessen.

1963

- US-Präsident Kennedy wird ermordet.
- »Der Stellvertreter« von Rolf Hochhuth löst Protest in katholischen Kreisen aus.
- Eiskunstlaufweltmeister: Marika Kilius und Hans-Jürgen Bäumler
- Hitparade: »Be my baby«, »Do you want to know a secret?«
- Deutschland hat 8.855 Millionäre mit einem Gesamtvermögen von 28,6 Milliarden Mark
- Man trägt Winter-Trevira mit Schurwolle.

Eine Welt voller Onkel

So vergingen die Monate. Der Vater lernte, kleinere Verletzungen selbst zu behandeln. Es war nötig, dass er das lernte.

»Angela«, sagte der Vater eines Abends zu seiner Tochter, »mein Engelchen, heute Abend bekommen wir Besuch. Zwei gute Freunde besuchen uns, zwei sehr nette Onkel. Da wirst du ganz brav und lieb sein. Wie sich das für ein kleines Mädchen gehört. Wenn du ganz lieb bist, dann bekommst du ein schönes Geschenk zur Belohnung.«

Stefanie wollte lieb sein. Sie liebte den Vater ja auch.

»Mach mir keine Schande«, fügte er noch hinzu.

Stefanie wusste nicht, was Schande ist. Aber ein Geschenk wollte sie natürlich gerne haben. So freute sie sich auf den Abend, war stolz auf ihr hübsches neues Kleidchen und froh, dass die Mutter mit dem Bruder fortgehen würde. Als die Freunde endlich das Haus betraten, wartete eine strahlende Stefanie auf sie. Sie war noch keine drei Jahre alt und wollte so brav sein, wie man das in diesem Alter eben konnte.

Von nun an würde Angelas Welt voller Onkel sein.

»Bier oder Wein?«, fragte der Vater. Alle tranken Wein. Stefanie saß erwartungsvoll auf dem Sofa, ihre Beinchen mit den weißen Kniestrümpfen in den roten Schuhen ragten nur ein kleines Stückchen über den Sitz hinaus. Stolz schaute Stefanie auf ihre neuen roten Schuhe: Heute hatte sie die bekommen, ihre allerersten Lackschuhe. Natürlich konnte sie sie noch nicht selbst zuschnüren, das hatte die Mutter gemacht. Sie wippte mit den Beinchen auf der Sofakante.

»Toll machst du das!«, sagte einer der netten Männer.

Stefanie strahlte und wippte stärker.

»Schön, Kleines. Zeig doch mal, wie hoch du deine Beinchen werfen kannst.«

Ganz hoch, das würde sie ihm schon zeigen. Stefanie wippte und schaukelte, dass ihr Röckchen flog.

Die Männer lachten.

Was ist mit ihrem Lachen? Stefanie war irritiert. Irgendwas ist komisch. Sie schaute zu ihrem Vater, aber der nickte ihr beruhigend zu. Da wippte sie weiter.

Die Mutter betrat den Raum, in der Hand ein Tablett mit Salzletten und Erdnüssen.

»Fängt die schon wieder an«, dachte die Mutter, als sie ihre kleine Tochter mit glühenden Wangen und wippendem Röckchen auf dem Sofa neben den amüsierten Männern sah.

»Nicht genug, dass sie ihren Vater verrückt macht, nun auch noch das.«

»Hans und ich gehen dann jetzt«, sagte sie zu ihrem Mann, »in etwa drei Stunden sind wir zurück.« Lächelte die Gäste an, stellte das Tablett ab, fuhr noch kurz mit dem mitgebrachten Wischtuch um die Gläser auf dem Couchtisch, rückte sie zurecht. Dann änderte sich ihr Gesichtsausdruck schlagartig, drohend schaute sie ihre Tochter an, mahnend: »Dass du mir ja brav bist und keine Klagen kommen, du böses Mädchen.«

Dann nickte sie, wieder herzlich lächelnd, ihren Gästen zu und verließ den Raum.

Diese schnellen Wechsel im Ausdruck ihrer Mutter alarmierten und erschreckten Stefanie immer von Neuem. Bestürzt starrte sie ihr nach.

»Musst nicht auf sie hören«, sagte der Mann neben ihr zu Stefanie und legte ihr warm und schwer die Hand auf das Beinchen, »sie ist doch nur neidisch auf dich. Von uns kommen ganz bestimmt keine Klagen.«

»Nein«, ergänzte der andere, »warum auch. Du bist doch eine ganz liebe Maus.«

Stefanie war beruhigt und hatte die Mutter schon wieder vergessen. Alles war so aufregend! Fasziniert schaute sie dem Vater zu, wie er den Korkenzieher in die Flasche schraubte, und wartete auf das kleine Geräusch, mit dem der Korken aus der Flasche flutschte. Das kannte sie schon. Als es kam, lachte sie und sagte »Plop!« Die Freunde des Vaters lachten auch. Dann schenkte der Vater ihnen etwas ein. Sie tranken, dann waren sie still.

Stefanie war gespannt, was jetzt als Nächstes passieren würde. »Komm mal her zu mir, Angela, Engelchen«, sagte der Vater nach einer Weile und klopfte auf sein Knie. Sofort rutschte Stefanie vom Sofa und stolperte eifrig auf ihn zu. Er hob sie auf sein Knie und begann seine kleine Tochter auszuziehen.

Erst die roten Schühchen, dann die Strümpfchen. Dann das Kleid und dann die Hose. Aber bis dahin war Stefanie längst verschwunden.

Und Nicki stand da.

»Komm«, sagte der Vater, der die Veränderung nicht bemerkt hatte, »zeig mal, was du da Tolles hast.« Und er setzte sie wieder auf sein Bein, damit die Männer sie betrachten, betasten, begutachten konnten.

Den Vater und was er tat, kannte Nicki inzwischen, hatte sich fast an ihr Entsetzen gewöhnt. Aber diese fremden Männer, was wollten die hier? Wieso ließ der Vater zu, dass die fremden Männer sie anfassten?

Nicki wand und wehrte sich. Sie konnte das nicht aushalten. Ein wenig nur verdrehte sie ihre Augen. Keiner der Männer hätte es gesehen. Selbst wenn er ihr ins Gesicht geschaut hätte. Aber in diesem Moment war Nicki verschwunden. So schnell ging das inzwischen. Es war die einzige Methode, mit unerträglichen Situationen umzugehen, die sie in den nächsten Jahrzehnten lernen würden: die Flucht nach innen.

Nicki verschwand.

Und Carola war da.

Carola merkte, dass ein Mann sie festhielt. Plötzlich wusste sie, dass das ihr Vater war. Die anderen beiden Männer kannte sie nicht. Irgendwie wusste sie auch, dass das Zimmer, in das sie nun getragen wurde, ihr Kinderzimmer war. Was die Männer, die auf einmal nackt waren, mit ihr machten, während der Vater seine Tochter festhielt, begriff sie nicht. Darüber nachdenken konnte sie nicht. Sie konnte nur am Leben bleiben. Nicht ersticken, nicht sterben, nur am Leben bleiben. Als die Männer, die jede ihrer Körperöffnungen benutzt hatten, fertig waren, nahm der Vater Carola bei den Schultern und schüttelte das hustende, keuchende Mädchen heftig und lange und brüllte sie an, dass sie den Mund halten sollte.

Dann verließ er das Zimmer zusammen mit den Männern und schloss hinter sich ab.

Sobald er fort war und alles ruhig wurde, verschwand Carola, und Stefanie tauchte wieder auf und merkte, dass sie schon im Bett lag. Auch ihr war ein wenig übel. Aber es war nicht so schlimm. Schade nur, dass sie nun wohl doch keine Belohnung bekommen hatte. Ob der Papi noch einmal kommen würde, um ihr einen Gutenachtkuss zu geben? Müde wickelte sie einen Zipfel der Bettdecke um ihren Arm, steckte den Daumen in den Mund, hielt sich mit der anderen Hand am Gitter des Bettes fest und schlief ein.

Plötzlich erwachte sie wieder: Das Licht war an, und der Papi stand neben ihr. Sie freute sich und strahlte zu ihm hoch. Er beugte sich zu ihr herab, und sie legte beide Ärmchen um seinen Hals. Zärtlich hob er sie aus dem Bett, nahm sie auf den Arm, streichelte ihr sanft über die Wange und sagte, dass sie nun ihre versprochene Belohnung bekäme, weil sie so ein liebes Mädchen sei. Stefanie wusste zwar nicht, warum er ihr jetzt, mitten in der Nacht, auf einmal mitteilte, dass sie ein liebes Mädchen sei. Sie fand, dass sie eigentlich immer lieb war. Aber über ein Geschenk freute sie sich natürlich.

Der Vater setzte sie wieder ins Bett, dann schmunzelte er verschmitzt, bückte sich und zog ganz langsam etwas unter dem Bett vor und in die Höhe. Stefanie war wie gebannt. Schneller! Aber er hielt extra inne, um die Spannung zu erhöhen. Es machte ihm ebenso viel Spaß wie ihr. Schließlich sah sie es: ein rotes Kindertäschchen, das genau zu ihren neuen Schuhen passte.

So ein lieber Papi! Sie war ganz aufgeregt: Wie glatt die Tasche war und wie schön. Und innen hatte sie Fächer. Heute Nacht sollte die neue Tasche mit in ihrem Bett schlafen, bei Stefanie. Vater und Tochter lächelten sich an.

»Das verraten wir der Mami nicht«, sagte er, und Stefanie nickte eifrig und verschwörerisch.

Während er sie – und die Handtasche – sorgfältig zudeckte, musste sie dem Papa noch versprechen, nie, nie etwas Schlechtes über ihn zu sagen und immer zu ihm zu halten, immer sein gutes Mädchen, sein kleines Engelchen zu sein. Das fiel ihr natürlich sehr leicht, denn sie konnte sich nicht erinnern, dass der Papa jemals böse zu ihr gewesen war. Es war doch immer nur schön mit ihm.

Für Stefanie.

Carola aber wusste immer, dass es ganz schlimm wurde, wenn sie den Mann sah, der ihr Vater war. Sie war nie allein mit ihm. Immer waren andere Männer dabei.

Das war Carolas Aufgabe: da zu sein, wenn im Haus etwas mit dem Vater und anderen Männern passierte. Nicki war da, wenn der Vater allein zu ihr kam und ihr weh tat, Stefanie, wenn er lieb war, Susi, wenn ein Arzt nötig wurde. Vier Personen waren inzwischen entstanden, um Angela zu schützen, jede trug einen Teil der Last. Und keine wusste etwas von der anderen.

Stefanies Leben bot die angenehmsten Momente. Doch wirklich glücklich war es nicht, denn die Ablehnung der Mutter bekam auch sie zu spüren.

Carola aber erlebte die heftigsten Grausamkeiten. Damals. Sie war auch die Erste, die nach Auswegen suchte: Sie versteckte sich. So gut sich eine Dreijährige verstecken kann.

Im Schrank.

Das machte dem Vater besonderen Spaß. Es brachte einen neuen Akzent in sein Spiel. Natürlich wusste er immer, wo die Tochter war.

Ihr Zittern lässt die Kleiderbügel gegen die hölzerne Rückwand des Schrankes pochen. Die Schritte kommen näher. Näher. Sie verharren. Ein Schritt auf sie zu, wieder fort. Pause. Carola versucht, nicht zu atmen, sie ist sicher, dass er sogar ihren Atem hören kann. Er kommt zurück. Knarrend, langsam, Zentimeter für Zentimeter wird die Schranktür geöffnet. Eine Hand tastet sich durch hängende Hosen und Kleider hindurch. Da – er hat sie gefunden. Ein triumphierendes Grinsen zieht über sein Gesicht, während er die Tochter nach draußen zerrt: Er hat wieder gesiegt. Er ist der Meister.

Nachdem er seine Tochter ausgezogen hat, dürfen sich die mitgebrachten Männer bedienen. Der Vater sitzt still dabei. Er schaut. Aber er sieht eine ganz andere Szene.

Ein kleines Mädchen in einer Zinkwanne, nackt, mit weißen Seifenschaumtupfen auf ihrer samtenen Haut. Ein Zischen fährt durch den düsteren Raum. Ein langgezogener, gefährlicher Ton. Sie schaut in die Richtung, aus der das Geräusch kommt. Und lächelt. Sie lächelt im Dämmerlicht.

Da steht er auf und geht an den Schrank. Er holt einen Besenstil, tritt an das bewegungslos auf dem Bett liegende Kind heran, das kaum noch spürt, was jetzt geschieht.

»Damit du begreifst, dass du zu gehorchen hast«, sagt er. Und nun beginnt das Ritual der Bestrafung. Immer gleich. Dieselben Worte. Derselbe Besenstiel. Dann dasselbe Geräusch, mit dem er sich den Gürtel aus dem Hosenbund zieht. Und schließlich dasselbe peitschende Pfeifen, mit dem der Ledergürtel durch die Luft saust und auf ihre Haut klatscht.

Der schlimmste Verrat

Das System der Personen war zu diesem Zeitpunkt noch sehr ungeordnet. Zwar hatte jede ihre Aufgabe, aber ab und zu passierte es auch, dass im alltäglichen Leben scheinbar unvermittelt die eine oder andere auftauchte. Statt Stefanie. Oder neben Stefanie. Und Stefanie beiseite drückte. Dies geschah, wenn die Sehnsucht nach Hilfe im Inneren so groß wurde, dass das Gefühl allein die Person nach vorne schleuderte, an allen anderen vorbei. Manchmal war es ein Mensch, manchmal nur ein Wort, ein Name, ein Geruch, der das verursachte. Es war etwas, das keine der kleinen Personen verstand. Aus ihrer Sicht geschah es unvorhersehbar, unkontrollierbar.

Plötzlich stand Carola in der Küche neben der Mutter. Ihre Suche nach Hilfe hatte Carola nach »draußen« geworfen, als sie die Gegenwart der Mutter spürte. Mit dieser Frau hatte Carola zwar noch nichts zu tun gehabt, aber sie wusste, dass es die Mutter war. Sie mochte sie. Endlich war da eine Frau. Sie würde ihr helfen! Carola hatte das – biologische – Wissen, dass Mütter ihre Kinder schützen.

Aber Carola hatte kein Wissen darüber, was Minuten zuvor geschehen war.

Es hatte geklingelt. Die Mutter hatte sich die Schürze abgebunden, den Rock glatt gestrichen, die Tür geöffnet.

»Ob ich wohl so unverschämt sein darf, mir drei Eier bei Ihnen zu leihen?«, fragte die Nachbarin. Es war Sonntagmorgen, ungeplanter Besuch hatte sich angekündigt.

»Selbstverständlich«, lächelte Gisela Bahr und wurde ihrem Ruf als exzellente Hausfrau und freundliche Nachbarin wieder einmal gerecht, »selbstverständlich, bitte, kommen Sie doch herein, ich habe genügend.«

Die Frauen gingen in die Küche.

Neugierig schaute Stefanie um die Ecke, in einem blassroten Seidenkleidchen mit aufgestickten Blütenranken. Auf dem Kopf einen Kranz aus weißen und rosa Marmelblümchen. Heute war Hochzeit, und sie sollte Blumen streuen. Sie war sehr stolz. Sie sah entzückend aus.

»Du siehst ja entzückend aus!«, rief die Nachbarin.

»Ja«, sagte Gisela Bahr stolz und wandte sich, drei Eier in der Hand, zu ihr um, »sie soll heute Blumen streuen auf der Hochzeit meines Schwagers.«

»Was für ein großes Mädchen du schon bist, dreh dich doch mal um«, forderte die Nachbarin sie auf.

Stefanie drehte sich, dass ihr Röckchen flog. Sie strahlte.

»Ja«, sagte die Mutter, »sie kann, wenn sie will. Heute ist sie mal ein richtiger kleiner Sonnenschein. Komm mal her, mein kleines Schätzchen«, fügte sie mit zuckersüßer Stimme hinzu, blieb aber stocksteif stehen, die drei Eier in der Hand und zur Nachbarin gewandt.

Stefanie zögerte. Lieber nicht näher kommen, die Mutter wollte das in Wirklichkeit gar nicht.

»Willst du denn nicht zu deiner lieben Mami kommen, wenn sie dich ruft?«

Gisela Bahr klang gereizt. Für die Nachbarin hatte ihre Tochter sich im Kreis gedreht wie ein dummes, albernes Zirkuspferd, aber für ihre eigene Mutter wollte sie nicht einen einzigen Schritt vorwärts machen.

Stefanie stand starr an den Türpfosten gedrückt. Erst hatte sie gezögert, aber nun, wo die Stimme der Mutter sich in die Tonlage schraubte, die einer Ohrfeige vorausging, nun wollte sie wirklich nicht mehr.

»So ist das also, na, du bist mir aber eine.« Und zur Nachbarin: »Nun schauen Sie sich das an. Eben noch Sonnenschein, und jetzt so bockig. Ich weiß wirklich nicht, was ich noch mit ihr anstellen soll. Da gibt man sich solche Mühe als Mutter, Tag und Nacht, und das ist der Dank.«

»Lassen Sie sie doch.«

Jetzt hält die auch noch zu ihr, dachte Gisela Bahr.

»Willst nicht zu mir kommen? Dann bist du auch nicht mehr meine Tochter«, sagte sie in scharfem Ton zur Tochter, während sie die Eier der Nachbarin reichte.

Diese letzte Warnung durfte sie nicht unbeachtet lassen, das wusste Stefanie genau. Sie stürzte auf die Mutter los, wollte lieb sein, aber sie prallte gegen die Hände der beiden Frauen, die Eier fielen herab, zwei zerbrachen auf Stefanies Kleid, eines auf dem Fußboden.

»Ach du meine Güte«, sagte die Nachbarin.

Gisela Bahr nahm sich mühsam zusammen, lächelte die Nachbarin an – eine Art tapfere Resignation im Blick –, brachte es sogar noch fertig, die verstörte Tochter anzulächeln und zu sagen, »du bist mir aber wirklich eine große Hilfe«, holte drei weitere Eier aus der Speisekammer, brachte die Nachbarin zur Haustür, redete noch einige Minuten mit ihr, schloss die Tür ab und kam zurück in die Küche.

Das würde was geben.

Carola, die das Wort »Hilfe« deutlich gehört und verstanden hatte, rannte auf die Mutter zu und kuschelte sich an sie. Gisela Bahr stieß das Kind von sich. Jetzt kam sie, jetzt, wo es zu spät war! Gisela Bahr kochte vor Wut. Nun musste sie die ganze Küche saubermachen. Und was fing man mit dem Kleid an? Auch die Haare konnte sie ihr nochmal waschen. Und in einer Stunde mussten sie losfahren.

Carola wunderte sich, dass die Mutter sie weggeschubst hatte. Aber so schnell gab sie nicht auf. Sicher war das ein Missverständnis gewesen, vielleicht musste sie ihre Zuneigung nur deutlicher zeigen. Noch einmal lief sie auf die Mutter zu, umfasste ihr Bein, griff nach ihrem Arm. Da schlug die Mutter zu. Sie schlug nicht nur einmal. Sie schlug immer wieder. Sie schlug mit allem, was sie greifen konnte. Entsetzt verschwand Carola.

Nicki und Stefanie tauchten für Augenblicke auf, aber auch sie ertrugen die wütende, prügelnde Mutter, ertrugen ihre Feindschaft nicht.

Da kam Käthe.

Käthe blieb stehen, hielt die Schläge aus und den Hass und wehrte sich nicht. Von nun an, immer wenn die Mutter prügelte, kam Käthe. Immer wenn sie richtig prügelte – nicht nur mal eben hinlangte, mit dem Kochlöffel, dem Besen, den Stiefeln, der Hand, denn so was kriegten sie alle ab.

Käthe wurde nicht sexuell misshandelt, ihr Leben bestand aus einer endlosen Reihe von Prügelstrafen ohne Ursache. Niemals wusste sie, wofür sie geschlagen wurde, denn sie tauchte erst bei den ersten Schlägen auf und hatte keine Ahnung, was vorher geschehen war. Anfangs sagte Käthe manchmal: »Aber ich hab doch gar nichts getan.« Doch das ließ sie schon bald, denn es verstärkte die Schläge. »Auch noch lügen«, sagte die Mutter und haute heftiger zu.

Doch Carola gab nicht auf. Sie machte viele Versuche, in diesem und in den folgenden Jahren. Sie wusste einfach, dass Mütter ihre Kinder schützen. Irgendwann würde ihre Mutter auch sie schützen. Carola musste sie nur immer wieder daran erinnern.

Eines Tages saß Carola plötzlich zwischen zwei fremden Männern auf der Couch. Es war das Wohnzimmer. Der Vater sprach mit den Männern über Geld. Die Männer schauten sich Carola genau an. Einer brummte »Can't buy me love«, den aktuellen Hit der Beatles, dann lachten sie darüber und reichten dem Vater einige Geldscheine. Sie machten Witze, betasteten Carola. Da öffnete sich die Tür, und die Mutter betrat den Raum. Diesmal würde sie ihr bestimmt helfen. »Mama«, rief Carola hilfesuchend. »Nimm mich mit.«

Die Mutter war schon an der gegenüberliegenden Tür angelangt, drehte sich um, blieb einen Augenblick stehen, schaute auf die dreieinhalbjährige Tochter hinab und sagte: »Stell dich doch nicht so an, du böses Mädchen. Du hast doch selber Schuld. Bist alt genug. Du musst selber wissen, was du tun willst und was nicht.«

Und verließ den Raum.

Das war der schlimmste Verrat. Er traf tiefer als alles, was die Männer taten. Es gab keine Hoffnung.

Warum hat sie mich alleingelassen?, dachte Carola. Hat sie Recht? Hat sie vielleicht Recht, und ich bin böse und selber schuld? Wenn sie das sagt, dann bin ich vielleicht böse und habe das nicht anders verdient. Ich verstehe es nicht. Ich verstehe nur, dass sie so seltsame Dinge sagt und sich umdreht und dann einfach weggeht. Sie kann das. Einfach weggehen. Ich will das auch. Ich will mich auch einfach umdrehen, weggehen und die Tür hinter mir zumachen. Wenn sie das kann, dann kann ich das auch. Ich gehe einfach hinter ihr her, und dann bin ich in Sicherheit.

So verschwand sie und ließ eine Neue zurück:

Lena.

Lenas Welt war voller Onkel.

So viele Onkel. Mit einigen war man verwandt, mit anderen nicht. Aber was der Unterschied war, wusste Lena damals noch nicht so recht. Sie wusste aber, dass man nicht darüber sprechen durfte, was die Onkel mit einem machten. Das schärften sie ihr immer wieder ein. Aber warum sie ihr das einschärften, wusste Lena auch nicht. Mit wem hätte sie denn drüber reden sollen? Sie sah doch sonst niemanden, jedenfalls in der ersten Zeit. Nur den Vater und die Onkel.

Manche Onkel besuchte man, die anderen besuchten einen. Mal blieb der Papa dabei, ein andermal wurde man nur abgeliefert und später wieder abgeholt. Aber das wusste Lena nicht. Sie erlebte nur die Onkel, die ins Haus kamen.

Lena war zuständig für Ereignisse innerhalb des Hauses, die mit fremden Männern zu tun hatten und mit dem Gefühl verknüpft waren, von der Mutter verlassen zu sein.

Wenn die Onkel ins Haus kamen, allein, zu zweit, passte der Papa auf, dass sie nur das machten, was sie durften.

»Willst du denn was zu trinken, meine Süße?«, fragt ein Onkel und reicht ihr seinen Martini on the rocks.

Fasziniert starrt Lena auf das hohe Glas, in dem die Eiswürfel klirren.

»Sie soll keinen Alkohol trinken«, sagt der Vater streng, »das ist nicht gut.«

»Na, da haben wir doch was Schöneres«, sagt der Onkel, trinkt seinen Martini in einem Zug aus, kippt die Eiswürfel in den Blumentopf mit der prächtigen, rotblühenden Anthurie, dem Stolz der Hausfrau, holt seinen Penis aus der Hose, pinkelt in das leere Glas und reicht es Lena.

Das war Lenas erster Eindruck von dieser Welt.

Sie war noch keine vier Jahre. Als sie später ihre Erlebnisse aufschreibt, schildert sie das Gefühl, wie eine winzige Maus in der Falle zwischen den riesigen Männern zu sitzen. Sie kennt die Männer nicht und weiß auch nicht recht, was geschieht. Die Männer fassen sie an. Sagen seltsame Dinge, riechen nach Alkohol. Am besten, beschließt Lena, sie sagt keinen Mucks und rührt sich nicht von der Stelle. Als der Mann ihr das Glas mit der Flüssigkeit gibt, die sie trinken soll, sieht sie, wie der Mann, der ihr Vater ist, lacht. Es macht ihm Spaß.

Sie will nicht trinken.

Sie muss.

Der Geruch schlägt ihr entgegen. Mit Mühe kann sie die Übelkeit kontrollieren. Die Männer werden böse. Sie weiß, es gibt keinen anderen Weg. Da hält sie die Luft an, schließt die Augen und trinkt. Nur nicht daran denken, was da in dem Glas drin ist. Trotzdem wird ihr übel. Sie würgt. Die Männer drohen ihr: Wenn sie das erbricht, werden sie sie totschlagen. Die Tränen laufen ihr über das Gesicht, und immer wieder schluckt sie runter, was ihr hochkommt.

Geschafft, denkt sie, nun werden sie mich in Frieden lassen.

Da Lena ganz allein ist und keiner ihr hilft, kann auch niemand ihr erklären, dass dies nur eine von vielen Stufen systematischer Terrorisierung kleiner Kinder ist. So soll ihr Wille gebrochen werden, damit sie eines Tages widerstandslos funktionieren. Funktionieren als Besitz anderer und als Werkzeug krimineller Gruppen. Dies war Stufe eins: das Ekeltraining.

»Na«, sagt einer der Männer, »willst du uns nicht mal zeigen, wo dein Bettchen ist? Wir sind deine Gäste, willst du nicht höflich zu uns sein, wie sich das gehört für ein kleines Mädchen?« Froh, endlich aufstehen und das Zimmer verlassen zu können, geht sie voran, zeigt den Männern ihr Bett. Dort erlebt Lena zum ersten Mal, was der Körper schon lange kennt.

Während ihr Kopf gegen die Wand schlägt, immer wieder, und ihr Bauch zu zerreißen scheint, merkt sie plötzlich, dass sie ihre Beine nicht mehr spürt. Anders als die anderen bleibt sie hier. Aber ihre Beine sind fort.

Als sie allein ist, möchte sie sterben. Aber das ist etwas, was keine von ihnen kann. Sie können nur überleben.

Das ist ein Segen.

Bislang.

Wie lange sie so lag – der Kopf tat weh, ihr war übel, die Beine waren weg –, das weiß Lena nicht mehr.

Waren denn alle Männer so brutal? Gab es keine Ausnahme? »Doch«, sagt Lena später, »da war einer, der war ganz nett. Der hat mir wenigstens nicht weh getan. Der hat mich gestreichelt, auch da unten, aber er hat mir nicht weh getan. Und wenn andere etwas getan haben, was schlimm war, dann hat er auch schon mal gesagt, sie sollen es doch sein lassen. Aber die haben über den gelacht und gelästert. Da tat er mir dann etwas leid. Der hat auch immer ganz unglücklich geschaut. Wenn ich bei dem auf dem Schoß saß, habe ich mich ein bisschen sicherer gefühlt. Seine Augen waren netter. Aber die anderen haben den erpresst, weil er selber Kinder hatte. Der hatte mich irgendwie lieb. Nur dass das eben die falsche Liebe war. Ich hab ihn trotzdem gemocht. Er ist aber nur selten gekommen und dann gar nicht mehr, weil ihm das wohl zu schlimm wurde.«

Außer den Onkels gab es auch Tanten. Die Tanten waren nicht so wichtig, aber sie waren dabei. Die Tanten waren das Symbol der

Normalität, sie rechtfertigten die Annäherung der vielen Onkel an das kleine Mädchen. Mit manchen Onkels verreiste man. Dann waren meistens Tanten dabei.

Und natürlich die Kinder der Tanten. Im Fotoalbum liest sich das so: »Zufällig trafen wir die kleine Armgard Sörensen (4 Jahre, 2 Monate) am Strand in Sylt.« Klartext: Zusammen mit Familie Sörensen einschließlich der vierjährigen Armgard war man verreist, damit die Väter auch mal was Neues erlebten.

»Guck mal«, sagt Onkel Sörensen, »was ich hier habe.«

Mimi!, denkt Lena, meine Babypuppe, das ist meine. Wo hat er die denn her?

»Das ist meine«, sagt sie und streckt die Hand aus.

Onkel Sörensen öffnet sein Hemd und lässt Mimi hineinrutschen. Die arme kleine Mimi, an dem fetten, haarigen Bauch von Onkel Sörensen.

»Jetzt musst du sie suchen«, sagt er, und seine Stimme wird dick und seine Augen verschwommen. Lena will weglaufen. Aber das geht nicht, denn sie muss Mimì retten. Langsam geht sie an Onkel Sörensen heran. Als sie vor ihm steht und nach Mimi tastet zwischen Hemd und schwitzendem Männerkörper, fühlt sie sich gepackt und auf den Kopf gedreht. Sie denkt nur an die arme Mimi hier unten und nicht daran, was Onkel Sörensen da oben macht.

Dabei hilft, dass sie ihre Beine nicht fühlt.

1964

- Die NPD unter Adolf von Thadden wird gegründet.
- Im Kino: »Das Schweigen«
- Im Fernsehen: »Der Goldene Schuss«+ »Einer wird gewinnen«
- Hitparade: »Baby, I love you«, »Baby Love«
- Jimmy Savile, exzentrischer Moderator, präsentiert die erste »Top of the Pops«-Sendung der BBC.
- Die Bundesbank führt den 1000-Mark-Schein ein.

Einer muss es ja tun

Was den sechs kleinen Wesen auch noch half, die bisher aus Angela entstanden waren, könnte man als eine Art Quantensprung in der Systementwicklung bezeichnen: Lena und Carola, zwei von ihnen, lernten sich kennen. Auf einmal konnten sie sich spüren, manchmal sogar sehen. Bei einigen Vergewaltigungen waren sie gleichzeitig da. Nun wussten sie, dass sie doch nicht ganz allein waren. Sie konnten sich gegenseitig trösten, hin und wieder sogar im Arm halten. Sie nahmen sich als richtige Personen mit individuellen Eigenschaften, Aussehen und eigenen Namen wahr. Haufig wunderten sie sich, dass man sie beide Angela rief, sie wussten aber genau, dass sie auf diesen Namen reagieren mussten.

Der Unterschied zwischen sich und anderen Menschen, den anderen Kindern zum Beispiel, die sie im Kindergarten trafen, war ihnen nicht bewusst.

Das war ein Glück, denn schließlich hatten sich die Innenpersonen erfunden, um ein Gegengewicht zur unerträglichen Wirklichkeit zu schaffen.

Und dann war da plötzlich noch jemand:

Jimmy.

Jimmy, ein guter Freund. Von der Wissenschaft »innere Helferpersönlichkeit« genannt. Der Trost, den die Außenwelt verweigerte, wird im Inneren geschaffen.

So ungewöhnlich ist das nicht: Untersuchungen belegen, dass sich etwa sechzig Prozent aller Kinder in bestimmten Altersstufen unsichtbare Spielgefährten erschaffen. Wesen, die aus Büchern, Fernsehserien entlehnt werden oder selbst erschaffen sind. Die werden angesprochen, nach ihren Wünschen gefragt, essen und trinken mit und haben sogar ihren eigenen Platz am Tisch, wo sonst niemand sitzen darf. Sie haben eine Meinung und geben Kommentare ab, die das Kind, wenn es mag, an die Erwachsenen weiterleitet. Manchmal sprechen sie etwas aus, was das Kind selbst sich nicht zu sagen traut. Im Zuge einer normalen Entwicklung verschwinden sie irgendwann wieder, werden vergessen oder als »Herr Mondenschein« oder »grüner Superfrosch« ein wenig wehmütig vom Erwachsenen im Gedächtnis behalten.

Bei Multiplen Persönlichkeiten werden imaginäre Spielgefährten häufig ins innere System mit hineingenommen, erhalten eine Funktion, und dadurch werden sie »einer von uns«.

Jimmy war also eine Art »Harvey«, wie er James Stewart in dem Film »Mein Freund Harvey« als 2,10 Meter großer, freundlicher weißer – und weiser – Hase begleitete und beriet. Ein Hase, den nur James Stewart sehen und hören konnte.

Jimmy, Angelas »Harvey«, war der Erste, den alle anderen Persönlichkeiten wahrnehmen konnten. Er war der klassische ältere Bruder, den man sich wünscht, damit er aufpasst und einen beschützt. Daher war er auch die erste männliche Person, die geschaffen wurde. Jimmy erlebte all das Schreckliche mit, was den Mädchen angetan wurde. Aber er konnte nicht eingreifen, er konnte nur trösten. Er konnte die Hand halten, während es geschah. Er konnte über die Stirn streichen, die Tränen trocknen, liebe Worte sagen. Oft wäre er am liebsten weggelaufen, um die Vergewaltigungen nicht mit ansehen zu müssen.

»Aber«, so Jimmy, »das ging nicht, denn dann wären die Kleinen wieder allein gewesen. Und ich musste ja nur dabei sein, ich brauchte das nicht auszuhalten. Da ich so vieles mitbekam, wurde ich immer älter. Die Kinder dagegen wurden in all den Jahren nur zwei bis vier Jahre älter. Es war immer, als wenn das alles meine Kinder wären.«

Jimmy fühlte nicht, was passierte, er sah es nur. Und wenn es vorbei war, konnte er die Kleinen im Arm halten. Denn das tat sonst niemand.

Und einer musste es ja tun.

Dass es einer tun musste, das hatte Sarah beschlossen. Denn Sarah existierte ebenfalls schon seit der ersten Spaltung. Man könnte sagen, sie war entstanden, weil einer ja den Überblick behalten musste. Das war ihre Aufgabe als »innerer Beobachter«, sie erlebte die Ereignisse nie selbst, spürte nichts von den Schmerzen und griff damals auch nicht auf die Weise ein wie Jimmy, aber sie sah alles.

Das glaubte sie jedenfalls dreißig Jahre lang.

»Anfangs«, so Sarah, »habe ich es auch noch nicht richtig verstanden. Ich merkte bloß, dass ich weiter war als die anderen. Etwas reifer und älter. Doch auch für meinen Verstand war das noch zu viel. Ich wusste, dass ich mich ständig ganz stark konzentrieren musste, damit ich alles mitbekam. Ich hatte keine Ahnung, welche Rolle ich in diesem Horrorfilm spielte, aber ich merkte, dass die anderen immer nur ihre Rolle erlebten. Ich war die Einzige, die einen Überblick hatte. Ich konnte in Gedanken mit den anderen reden, ohne dass sie etwas von mir bemerkten. Sie hielten meine Worte für Einfälle, die sie gerade hatten. So konnte ich ihnen helfen, ohne ihnen Angst zu machen.«

Ein osmotischer Vorgang in diesem wie von Membranen unterteilten Gehirn. Warum nicht? Untersuchungen belegen, dass schwere Misshandlungen, die Kinder über lange Zeit erleiden müssen, auf viele Weise ihre Spuren hinterlassen. Man kann die Spuren sehen. Die wiederholten Knochenbrüche auf den Röntgenschirmen. Die Folgen des Traumas als Veränderungen in den Hirnströmen noch Jahrzehnte später. Massive nachhaltige Veränderungen im Stoffwechsel sind ebenfalls messbare Folgen. Und eine vollkommen veränderte Persönlichkeitsstruktur.

1965

- Der Auschwitz-Prozess ist beendet.
- Erster Bundesparteitag der NPD
- Im Kino: »Ekel« von Roman Polanski + »Ipcress-Streng geheim«
- Hitparade: »Sprich nicht drüber«, »Hast du alles vergessen?«, »The Price of Love«, »We've got to get out of this place«
- Das höchste Ansehen in der BRD genießen Ärzte, Ingenieure und Pfarrer.
- Die bekanntesten Industriellen sind Krupp, Thyssen, Flick, Oetker.

Die Tür schlägt zu

Eine gehobene Wohngegend im Frühling. Solide Einzelhäuser in gehörigem Abstand, einige davon fast villenartige Festungen. Viel Grün zwischen ihnen, alter Baumbestand. Die gepflegten Vorgärten sind von altem Laub befreit. Geharkt, gefegt, von Torf bedeckt, mit Kies bestreut. Überall Krokusse, letzte Schneeglöckchen, die ersten Narzissen, Tulpenknospen und auch Perlhyazinthen. Die großen Gärten hinter den Häusern durch Eichen, Lärchen, Fichten, dichte Hecken und Backsteinmauern gegen neugierige Blicke abgeschirmt. Leicht geschwungen läuft die Straße hügelan in den Wald hinein.

Eine Amsel singt auf dem Mauervorsprung neben der Buchsbaumhecke, melancholischer Klang. Die Schatten sind lang, es ist später Nachmittag, früher Abend. Stille, die Kinder sind in den Häusern. Aus einem Fenster im ersten Stock dringt, sehr gedämpft, sehr dezent Freddy Quinns neuester Schlager: »Vergangen, vergessen, vorüber.« Gegenüber rattert ein Rollladen herunter. Die Amsel fliegt auf und ist fort.

Heute ist Angelas vierter Geburtstag. Eine Feier gab es nicht, aber Geschenke vom Vater: eine große Puppe mit vielen Puppenkleidern dazu. Am Nachmittag bekam die Mutter Besuch, eine der Tanten aus der Nachbarschaft, auch sie mit einer Tochter, die ihr eher lästig ist, einer schwierigen Tochter, die sie nicht versteht. Das verbindet.

Die Mütter.

Die Töchter leider nicht. Aber die Eltern haben beschlossen, dass die Mädchen Freundinnen sind, und so hockten die beiden am Nachmittag auf dem Boden und zerrten Angelas neue Puppe stumm und erbittert zwischen sich her. Hin und wieder, vielleicht waren die Geräusche aus der Kinderecke doch zu laut geworden, vielleicht aber auch nicht, hin und wieder standen die Mütter auf, um ihre Töchter, wie sie es nannten, zur Räson zu bringen. Dann wandten sie sich wieder Kaffee und Kuchen zu.

Stefanie ist da, und sie weiß, dass sie heute Geburtstag hat, aber was heißt das schon. Wie immer, wenn die Mutter in der Nähe ist, bemüht sie sich, leise, ordentlich und sauber zu sein. Ein Fleck auf dem Rock, auf der Bluse, und in einer Wutattacke, mit der jederzeit zu rechnen ist, zerrt die Mutter ihr die Kleidung herunter, auch die Unterwäsche, trägt Stefanie in den Keller hinab, setzt sie in den Mülleimer, »damit du siehst, wo du Dreckstück hingehörst«.

Die Schritte der Mutter auf der Kellertreppe, wie sie sich entfernen, das Schließen der Kellertür, der Schlüssel, der sich im Schloss dreht, und dann nichts mehr, nur ein rhythmisches Dröhnen in den Ohren: eine vertraute Abfolge von verhassten Geräuschen. Einmal ist Stefanie heulend und brüllend mit dem Mülleimer umgekippt, ist herausgeklettert, hat sich die Treppe hochgezogen – richtig gehen konnte sie damals noch nicht – und ist wieder hinuntergefallen. Die Verletzung am Bein zog neue Strafen nach sich. Seither bleibt sie hocken, schaut zu dem kleinen Fenster dort oben, wo manchmal ein Löwenzahn blüht. Bleibt hocken, bis sie wieder in die Oberwelt darf.

Heute blieb ihr der Keller erspart. Beim Abendessen muss sie dann nur noch aufpassen, dass sie vollkommen still sitzt, während der Vater das Gebet spricht, dass sie nicht kleckert oder lärmt, nicht ungefragt redet, nicht mehr nimmt, als man ihr gibt, alles isst, was auf ihrem Teller liegt.

Man muss die Hände falten, darf sie aber nicht auf den Tisch legen beim Gebet. Das wäre faul, achtlos und nicht demütig gegenüber dem lieben Gott.

»Komm, Herr Jesus, sei unser Gast, und segne ...«

Kick! Ein Tritt vom Bruder gegen das Schienbein seiner Schwester.

»Au«, sagt Stefanie, so leise sie kann.

Die Ohrfeige der Mutter unterbricht den Vater nicht im Text: »... was du uns bescheret hast.«

Man muss die Hände links und rechts neben den Teller auf den Tisch legen. Nicht auf den Schoß.

Man muss aufpassen, dass man die Gabel erst anfasst, wenn die Eltern zu essen begonnen haben. Man muss das Messer in der rechten Hand halten, die Gabel mit den Zinken nach unten, nicht nach oben. Man muss gerade sitzen.

Gerade sitzen ist besonders wichtig, sonst bekommt man einen Besenstil quer über den Rücken gebunden und die Arme darüber. Das ist gut gemeint, sagt die Mutter, denn schief sitzen ist ganz schädlich. Dann wird man so krumm wie eine Hexe, und kein Mann will einen heiraten. Bloß nicht den Besenstil. Dann kann man nämlich nicht zur Toilette gehen, weil man so quer nicht durch die Tür kommt. Und wenn man es doch geschafft hat, kann man sich nicht die Hose herunterziehen, weil die Arme ja am Besenstil festgebunden sind. Und dann ist sowieso alles zu spät, weil man sich schon in die Hose gemacht hat. Und dann wird alles noch viel schlimmer.

Der Tisch ist mit Damast, Stoffservietten und Serviettenringen, Tafelsilber, Porzellan, schweren Gläsern gedeckt. Eine hohe Kunst, alles richtig zu machen.

Aber wie meistens gibt es nur Bratkartoffeln.

Kick! Der ältere Bruder ist Meister im geschwisterlichen Spiel »treten, ohne erwischt zu werden«.

»Au!«, ruft Stefanie, nicht mehr ganz so leise.

Die Mutter holt zur Ohrfeige aus. Stefanie, Meisterin im flinken Ausweichen, beugt sich weit von der Mutter weg zum Vater hin, der gerade die Schüssel mit den Bratkartoffeln wieder absetzen will. Sie stößt mit dem Kopf gegen seinen Arm, er lässt die Schüssel auf den Boden fallen. Die Bratkartoffeln fliegen aus der Schüssel auf die Orientbrücke.

Stille.

Die Eltern schauen sich an.

Stefanie sackt in sich zusammen. Käthe taucht auf.

Jetzt wird es passieren.

Nichts passiert.

Sie tun ihr nichts! Warum? Weil Geburtstag ist? Sie steht auf, läuft in die Küche, holt Schaufel, Feger, macht sauber, trägt fort, hastet zurück, klettert auf den Stuhl, sitzt still, Hände auf dem Tisch, links und rechts neben dem Teller.

Sie hält die Luft an.

Stille.

Der Bruder zappelt erwartungsfroh auf seinem Platz.

Die Eltern schauen sich an.

»Dann will ich mal etwas anderes zurechtmachen«, sagt die Mutter, sie steht auf, holt Brot, Butter und Aufschnitt aus der Küche.

Sie tun ihr nichts!

Kann das sein?

Vorsichtig, Häppchen um Häppchen schiebt Stefanie sich ihre Scheibe Brot in den Mund, obwohl alles in ihr sich weigert zu essen. Aber das wäre unmöglich.

Keine weiteren Zwischenfälle. Überstanden.

Nun wird es Zeit, ins Bett zu gehen. Augenblicklich. Die Ängste kriechen aus allen Ecken hervor, wie jeden Abend. Das Bett ist niemals ein Trost, kein sicherer Platz in diesem Haus. Gar kein sicherer Platz in diesem Haus.

Schnell und voller Unruhe legt sie ihre Kleider ab, faltet sie sorgfältig, wie es sich gehört, zieht den Schlafanzug an, legt sich hin, zieht die Bettdecke ganz hoch. Draußen vor dem Fenster singt eine Amsel, trauriger Klang.

Einige Personen hocken jetzt dort im Bett, hinter Angelas aufgerissenen Augen, und schauen angstvoll in die Dunkelheit, horchen auf die Stille. Nicki lauscht: Sind das Schritte? Kommt der Vater? Was wird er diesmal tun? Stefanie ist mulmig zumute, aber sie weiß nicht, warum. Sicher schläft sie gleich ein. Sarah denkt: Ich muss aufpassen. Irgendetwas geschieht noch. Muss schnell reagieren. Muss helfen.

Schritte. Von zwei Personen. Das ist nicht der Vater allein. Wen bringt er mit? Carola taucht kurz auf, schaut, und Lena vielleicht. Die Tür öffnet sich, das Licht geht an. Vater und Mutter stehen im Raum. Das hat es noch nie gegeben. Die Tochter ins Bett zu bringen ist allein die Aufgabe des Vaters. Was bedeutet das? Die Mutter lächelt. »Wieso lächelt sie?«, denkt Stefanie, »sie hat mich noch nie angelächelt. Und warum schließt sie die Tür hinter sich ab?« Auch der Vater lächelt. Was ist das für ein Lächeln? So falsch. Sie sind still. So still. Und sie lächeln. Sie streiten nicht. Mehr noch, es wirkt, als hätten sie noch nie gestritten. So einig. Ein Paar. Das macht noch mehr Angst.

»Ich bin müde«, denkt Stefanie, »ich will schlafen. Ich will, dass die beiden weggehen.« Sie schließt die Augen und ist fest überzeugt, dass sie sich das alles nur eingebildet hat. Wie so vieles. Die Mutter ist gar nicht mit dem Vater ins Zimmer gekommen. Die Mutter kommt abends nie in Stefanies Zimmer. Deshalb kann das auch gar nicht sein, was Stefanie glaubt, gesehen zu haben. Es ist nicht so. Stefanie schläft ein.

Aber Nicki ist wach.

Nicki hat Angst vor dem Vater, aber sie hat keine Angst vor der Mutter. Sie hat die Mutter schon hin und wieder kurz gesehen. Aus der Ferne. Sie mag die Mutter sogar ganz gern, aus dem einzigen Grund, dass diese Frau Nicki noch nie etwas getan hat. Aber sie hatte noch keine Möglichkeit, die Mutter um Hilfe zu bitten. Jetzt endlich ist die Möglichkeit da. Die Mutter lächelt. Nicki lächelt zurück. Der Vater kommt näher. Nicki rückt etwas weg, rückt zur Mutter hin. Die Mutter setzt sich auf das Bett und nimmt Nicki in den Arm.

So schön. Nicki ist glücklich. Das erste Mal im Leben hält jemand sie lieb im Arm. Jetzt kann ihr nichts mehr geschehen.

Die wird sich wundern, denkt Gisela Bahr und beginnt, die Tochter auszuziehen. Das ist komisch, findet Nicki, sie ist doch schon ausgezogen. Aber sicher meint die Mutter es gut.

Gisela Bahr triumphiert. Endlich hat ihr Mann einmal ihr recht gegeben. Und nicht der Tochter. Hat es ja mit eigenen Augen gesehen, wie schwer sie es mit dem Kind hat. Wie wild und ungezogen die ist. Hat eingesehen, dass sie ihre Strafe wirklich verdient hat. Harte Strafe. Zu ihrem eigenen Guten, sonst wird nie etwas aus dem Kind. Kinder müssen gebrochen werden. Und dieses besonders.

Nicki hebt die Arme hoch, hilft mit, als die Mutter ihr das Oberteil des Schlafanzugs auszieht. Vielleicht soll sie ein anderes Oberteil anziehen?

Nein.

Auch das Unterteil nimmt sie ihr weg. Dann fühlt Nicki sich auf den Rücken geworfen, die Beine werden ihr auseinandergezogen. Von der Mutter.

»Es wird dir Spaß machen«, sagt die Mutter, »Papa und ich wollen dir heute, zu deinem Geburtstag, etwas ganz Besonderes schenken.«

Nicki ist unsicher. Wieso hält die Mutter sie fest? Weh tut es auch. Dann sieht sie, dass der Vater den Stock holt. Den kennt sie. Aber warum hilft die Mutter ihm? Und nicht ihr? Das kann sie doch nicht zulassen, dass er sie schlägt!

Doch.

Es war weniger der körperliche Schmerz, während der Stock zwischen ihren Beinen herabfuhr, als der seelische Schmerz über den Verrat ihrer Mutter, der Nicki innerlich auseinanderbrechen ließ.

Zurück blieb Robbi.

Robbi liegt auf dem Rücken. Eher auf den Schulterblättern. Eine Frau, ihre Mutter, hält Robbis Beine auseinander. Ein Mann, ihr Vater, schlägt mit einem Stock dazwischen. Immer wieder. Robbi wehrt sich. Sie schreit und zappelt. Sie brüllt. Sie wirft sich hin und her. Aber die Mutter ist viel stärker. Robbi ist ja erst vier. Heute hat sie Geburtstag.

»Schlag zu«, sagt die Mutter.

Die Tochter muss ihre Strafe haben, davon ist Gisela Bahr überzeugt. Welche Strafe, ist Sache ihres Mannes. Hauptsache, das Kind begreift, wer Herr im Haus ist.

Und Werner Bahr schlägt zu. In diesem Augenblick genießt er die Anerkennung seiner Frau. Endlich. Er, den sie sonst einen Waschlappen nennt, einen Schlappschwanz, einen Versager, hier kann er zuschlagen und hat ihren Beifall. Ihre Begeisterung. Ihre Erregung.

Das kleine Luder wehrt sich. Er muss stärker zuschlagen.

»Damit du begreifst, dass du zu gehorchen hast!«

Ein kleines Mädchen in einer Zinkwanne, nackt, dampfend in kalter Küche, weiße Seifenschaumtupfen auf samtener Haut. Ein gefährlich zischendes Geräusch. Immer wieder. Rhythmisch. Das Mädchen schaut herüber und lächelt ihn an.

Unabsichtlich lockert die Mutter den Griff. Wie der Blitz saust Robbi an die Tür. Doch die ist verschlossen. Robbi rast zum Fenster. Das ist zu. Sie reißt an den Gardinen, springt gegen die Scheibe, schlägt mit dem Kopf dagegen, will durch das Glas, nach draußen, fort. Aber schon hat der Vater sie mit einer Hand am Bein gepackt. Mit der anderen Hand greift er nach dem breiten Band neben dem Fenster und zieht.

Laut rattert der Rollladen herunter. Draußen fliegt eine Amsel auf und ist fort.

Während der Vater Robbi festhält, schraubt die Mutter den Deckel einer Salbetube ab. Sie drückt sich einen kräftigen Strang auf die Fingerspitzen und reibt Robbi damit die blutigen Stellen ein. Den Rest schmiert sie ihr in die Scheide. Während der Vater die Tochter ans Bett fesselt, läuft die Mutter schnell ins Bad, um sich die Hände zu waschen. Sie muss vorsichtig sein, denn ihre Rheumasalbe enthält Cayennepfeffer, und das will sie auf keinen Fall an ihre Schleimhäute bekommen.

So lernte Robbi kennen, was in der Zukunft ihre Aufgabe bleiben würde: Dabei zu sein in den wenigen Augenblicken, wenn die Eltern mit Leidenschaft etwas gemeinsam taten.

Was ihr davon blieb, auch in späteren Zeiten, als der Vater tot ist und sie außerhalb von Mutters Reichweite, das war das Gefühl von Panik, heftiger, unkontrollierbarer Panik beim Geräusch eines Schlüssels, der eine Tür abschließt. Eine Panik, die Todesangst auslöst und den unwiderstehlichen Drang, aus dem Fenster springen zu müssen. Auch durch geschlossene Scheiben.

Egal in welchem Stockwerk.

1966

- Jürgen Bartsch (19) gesteht den Mord an vier Jungen.
- Große Koalition Kiesinger/Brandt
- Im Kino: »Es« und »Dr. Schiwago«
- Hitparade: »If you're born a woman, you're born to be hurt«, »Ganz in Weiß«
- Man nascht »Edle Tropfen in Nuss« und isst »Le Tartar«.

Echo

Es gab auch schöne Zeiten, damals. Der Kindergarten. Dorthin ging Stefanie gern. Schon mit zwei Jahren. Dieses unberechenbare, jähzornige, böse Kind, so sagte die Mutter, das könnte sie einfach nicht den ganzen Tag um sich haben.

Die ersten Jahre war auch der Bruder dort.

Welche Überraschung: Diese Tanten machten nur milde Unterschiede zwischen beiden Geschwistern. Sicher, auch hier gab es zwei Sorten von Regeln: solche für die Mädchen und andere für die Jungen. Wild, laut und ungestüm durften eben nur die Jungen sein. Aber hier brauchte Stefanie nicht die Dienerin ihres Bruders zu spielen, niemand verlangte, dass sie aufräumte, was er durcheinandergebracht hatte, nie musste sie ihm geben, was ihr geschenkt worden war, oder sich entschuldigen, wenn er etwas kaputt gemacht hatte. Auf den alten Bildern ist sie das, was man hierzulande ein Sonnenscheinchen nennt: blond, lieb und entzückend in ihrem Dirndl. Ein kleiner Engel. Reizend, sagten die Leute. Ein Ausdruck, der Stefanie verwirrt. Was soll das heißen? Wieso reizt sie die Leute denn? Sie macht doch gar nichts.

Und trotzdem hat sie wieder Schuld.

Es gab Spaziergänge und Feste. Man konnte etwas gewinnen. Sie spielte zusammen mit den anderen Kindern. Weihnachten bekam man kleine Geschenke. Und Ostern suchten alle Ostereier. Ihre durfte sie behalten. Bis sie zu Hause war. Dann bekam der Bruder alles.

Stefanie fühlte sich wohl.

Meistens.

Die vielen blauen Flecke an ihren Beinen verschwanden gewöhnlich unter Strumpfhosen und Röcken. Und wenn die Kindergärtnerinnen hin und wieder etwas sahen, etwas blau, etwas verkrustet blutig, nahmen sie einen Waschlappen, ein bisschen Wasser und wischten weg, was sie konnten. Und sagten sich, so ist das nun mal mit den kleinen Kindern, die schlagen sich alle naselang die Knie blutig, das weiß man ja. Oder sie fallen vom Couchtisch. Oder die Treppe runter. Oder vom Balkon. Oder verbrühen sich. Oder reißen das Bügeleisen vom Bügelbrett in ihrer kindlichen Ungeschicklichkeit.

Kinder sind eben Kinder.

In dieser Hinsicht kam auch Stefanies Bruder nicht ungeschoren davon: drei Gehirnerschütterungen und einen Schädelbruch, bevor er überhaupt in die Schule kam.

Na, das weiß man ja alles, dachten die Kindergärtnerinnen. Außerdem kamen ihre Kinder aus wohlhabenden, angesehenen Familien, andere konnten sich diesen Kindergarten überhaupt nicht leisten. Lehrer, Pastoren, Ärzte, Unternehmer, Direktoren. Wohlhabende Eltern sind besonders um das Wohl und Wehe ihrer Kinder bemüht, das weiß man ja, sonst würden sie sie doch überhaupt nicht in diesen Kindergarten geben. Und für solche Eltern, das ist doch ganz selbstverständlich, da sieht man schon mal über das eine oder andere hinweg.

Die kleine Angela Bahr allerdings behielten die Tanten immer besonders im Auge. Nicht wegen der blauen Flecken. So etwas hatten gerade in diesem Kindergarten viele Kinder. Das war ganz normal. Aber, so sagten die Kindergärtnerinnen, in Angela lebte der Teufel. Äußerlich war sie ein kleiner Engel, aber im Inneren steckte sie voller Abgründe. Das hatte die Mutter schon gesagt. Zu ihrer Tochter. Und zu ihrer Familie, ihren Freunden, Bekannten und natürlich auch zu den Kindergärtnerinnen. Nach einer Weile gaben sie ihr recht.

Stefanie verstand das nicht. Sie war doch lieb. Sie machte nie etwas Verbotenes. Besonders schlimm fand sie, dass man sie immer der falschen Dinge beschuldigte. Ständig sollte sie etwas getan haben, was sie bestimmt nie und nimmer gemacht hatte. Da sie angehalten wurde, immer die Wahrheit zu sagen, stritt sie alles entschieden ab, was man ihr zu Unrecht vorwarf. Sie wusste genau, dass sie nie ein anderes Kind geschlagen hatte, dass sie nie fremde Spielsachen kaputtgemacht hatte.

Und ganz bestimmt hatte sie niemals eine Glasscheibe zerschlagen. Warum auch?

Wie das Blut dann an ihre Hand kam?

Welches Blut? Ach, das da. Das wusste sie allerdings auch nicht. Vielleicht hatte sie die Scheibe kurz angefasst, nachdem jemand anders sie kaputtgemacht hatte?

Lügnerin, sagten die Kindergärtnerinnen zu ihr, du bist eine Lügnerin, wir haben es doch genau gesehen. Du warst das. Gib es wenigstens zu.

»Nein«, weint Stefanie, »ganz bestimmt nicht.«

Die anderen Kinder stehen im Kreis um sie herum und lachen. »Sie hat das doch getan«, sagt ein Junge, »ich hab es gesehen.«

»Genau« ergänzt ein anderer, »als Emil wieder weglaufen wollte und Tante Doro die Tür abgeschlossen hat.«

Die Tür abgeschlossen hat.

Emil ist ein ängstlicher, kleiner Junge, eigentlich noch zu jung für diesen Kindergarten. Jeden unbeobachteten Augenblick nutzt er aus, um nach draußen zu laufen und nach seiner Mutter zu suchen. Dieses Mal hatte die Kindergärtnerin ihn gerade eben noch am Schlafittchen packen können, als er wieder forthuschen wollte. »Jetzt wird aber abgeschlossen«, hatte sie laut gesagt, Emil am Hemdkragen festgehalten und den Schlüssel zweimal im Schloss herumgedreht.

Am anderen Ende des Flures war Stefanie gerade auf dem Weg zur Toilette. Sie hörte den Schlüssel – Robbi hörte den Schlüssel im Schloss, schoss im Inneren an Stefanie vorbei, tauchte sofort auf. Mitten in ihrem Trauma. Wie festgefroren in der Folternacht. Sie hört und sieht die Eltern kommen. Da sind sie! Ihre Wunden schmerzen. Ihre Panik ist imstande, alles andere beiseite zu drücken: »Die Eltern kommen, sie wollen mich quälen. Da sind sie schon. Ich muss weg. Durchs Fenster.«

Robbi rast zur Glastür. Schlägt mit der Faust, dem Arm die Scheibe ein. Klettert hinaus.

Nach ihrer ersten Verblüffung gelang es einer Kindergärtnerin, Robbi festzuhalten. Sie redete auf das Mädchen ein. Plötzlich konnte Robbi sehen, dass das gar nicht die Mutter war. Es war eine fremde Frau. Es war ein Irrtum. Keine Gefahr.

Robbi verschwand.

Stefanie tauchte auf aus ihrer Amnesie, die diesmal nur wenige Minuten gedauert hatte. Sie fand sich wieder im Arm der Kindergärtnerin. Komisch, dachte sie, eben war ich doch auf dem Weg zur Toilette. Viele Kinder kamen gelaufen und standen um sie herum. Guckten sie an. Warum guckten sie sie an? Auch der Bruder war dabei.

»Warum hast du das denn gemacht, Angela?«, fragte die Tante. »Was denn?«, fragte Stefanie.

»Sie blutet!«, rief ein Kind, und die anderen wurden unruhig, eines begann zu weinen.

»Ja, wir müssen sie erst mal verbinden«, sagte die Tante, und dem blutenden Arm wurde so viel Aufmerksamkeit geschenkt, dass auch Stefanie sehen musste, dass sie blutete.

Wie war denn das schon wieder passiert?

Stefanie weinte. Aber sie sagte doch die Wahrheit. Warum schimpfte Tante Doro so mit ihr?

Mit verbundener Hand ging sie nach Hause. Der Bruder voran.

»Weißt du, was Angela heute gemacht hat?«, fragte er die Mutter und hüpfte erregt von einem Fuß auf den anderen, während sie ins Haus kamen. Er wusste genau, was geschehen würde, er freute sich.

»Na, mein Schatz«, die Mutter lächelte ihren Sohn an, streichelte ihm über die Haare, zog seinen Kopf liebevoll an ihre Brust, »wie schön, dass du da bist. Erzähl deiner Mami, was deine böse Schwester schon wieder angestellt hat.«

Eifrig berichtete Hans, was vorgefallen war. Besonders erwähnenswert schien ihm das Leugnen seiner Schwester. Er wusste genau, dass eben das den Zorn der Mutter anspornen würde. Die Prügel, die weder Stefanie noch Robbi zu spüren bekamen, steckte Käthe ein. Wenn die Mutter prügelte, so lange und heftig wie jetzt, das war ihr Gebiet.

Wieder hatte Käthe keine Ahnung, wofür sie geschlagen wurde. Von dem, was vorher geschehen war, wusste sie überhaupt nichts. Käthe ging durch das Leben von einer Prügelstrafe zur nächsten. Dazwischen war nichts. Käthes Leben war geprügelt zu werden. Für alles andere war sie amnestisch.

»Ich hab doch gar nichts gemacht.«

Es stimmt, Käthe. Du hast nichts gemacht. Arme Käthe. Aber das glaubt dir keiner. Merkst du das nicht? Käthe, du darfst nicht lügen. Aber vielleicht musst du ja lügen. Wenn alle sagen, dass deine Wahrheit eine Lüge ist. Was bleibt dir dann noch anderes übrig, als ihre Lügen Wahrheit zu nennen?

Sag doch einfach, dass sie recht haben. Sag, dass du lügst. Sag, dass du schlecht bist. Böse. Ein Kind des Teufels. Sag es. Sag's. Und sie hört auf, dich zu schlagen. Sag es, und die Schmerzen hören auf. Sag es, und alles wird gut.

»Ja, ich hab es getan.«

Das war die erste bewusste Lüge, die Käthe aussprach.

1968

- Studentenunruhen in Frankreich, Sowjetische Panzer in Prag, Notstandsgesetze in Deutschland, Attentat auf Rudi Dutschke
- Nach Angaben des Statistischen Bundesamtes nimmt das Delikt Inzest zu.
- Im Kino: »Rosemarys Baby« und »Warte, bis es dunkel wird«
- Hitparade: »Great Balls of Fire« (Jerry Lee Lewis), »Young girl«, »Hair«
- Twiggy-Mode und Hippie-Look, »Anti-Bügel-Hose mit ewiger Bügelfalte«
- Man spielt das BP-Glücksspiel »Rubbel die Mark« und liest »Jasmin, die Zeitschrift für das Leben zu zweit«.

Kinderfeste

Manche Ereignisse in Angelas Bahrs Lebens begannen schön und spannend. Sie schienen interessant zu werden, man konnte sich darauf freuen.

»Es wird dir Spaß machen«, sagten die Erwachsenen. »Es gibt tolle Spiele.« – »Wir machen ein Kinderfest.« – »Wir haben eine Überraschung, über die du dich bestimmt freust.«

Nichts davon war wahr. Aber immer wieder glaubte sie, dass es dieses Mal wahr sein würde.

Ein Wochenendausflug mit dem Papi!

Fast ein ganzes Wochenende ohne die Mutter und den Bruder. Zwei Tage lang. Am Sonntag ging es los, erst am Montagabend würden sie zurückkommen. Montag war der 17. Juni, also schulfrei. Wunderschön. Stefanie war sehr aufgeregt. Besonders, weil sie dort noch andere Kinder treffen sollte. Mit denen dürfte sie spielen. Dort im Garten. Das durfte sie sonst nie. Zu anderen Leuten gehen und dort mit den Kindern spielen. Einfach so. Das war eine ganz neue Erfahrung. Auch die Mutter war heiter, nun hatte sie ihren Sohn ein ganzes Wochenende für sich allein. »Tag der Deutschen Einheit«, sagte sie und dass sie mit Hans etwas Besonderes vorhatte. Sie packte sogar einen Picknickkorb mit Butterbroten und Obst und Saft für Mann und Tochter.

Schon am frühen Morgen fuhren sie los, etwa zwei Stunden saß Stefanie neben ihrem Vater im Auto und war ziemlich glücklich. Der Papa fuhr wie der Teufel. Er machte sich immer ganz breit hinter dem Steuer seiner großen Mercedes Limousine, drückte die Ellenbogen zu beiden Seiten raus, links aus dem heruntergekurbelten Fenster und rechts so weit, dass Stefanie sich dünn machen musste. Da saß er, dieser kleine dicke Mann, der die anderen Autos laut hupend überholte, triumphierend hinübergrinste und sich freute wie ein Kind.

Unbeschwert war Stefanie nie. Auch wenn der Vater so fröhlich war wie jetzt. Es konnte immer noch etwas kommen. Etwas anderes. Immer lag so eine Spannung in der Luft. Irgendetwas war zwischen ihnen, was Stefanie nicht verstand, auf das sie aber genau aufpassen musste. Und seine Blicke. So merkwürdig. So dunkel. Wenn er wieder einen Wagen überholt hatte, auf der engen Landstraße, so dicht am Gebüsch, dass sie eine Wolke von Blütenstaub aus der blühenden Lindenhecke hinter sich herzogen. Wenn er dann stolz zu ihr herüberschaute, seine Hand auf ihr Knie legte, sie langsam nach oben schob und »mein Engelchen« sagte. Das war ja eigentlich nett von ihm, aber ihr wurde komisch, so heiß und verlegen.

Plötzlich waren sie angekommen und standen mitten im Garten. Der Freund von Stefanies Vater hatte tatsächlich zwei Kinder. Warum war sie überrascht? Sie standen still neben ihrem Vater. Jetzt sollten sie zu dritt im Garten miteinander spielen dürfen. Einfach so. Die Väter saßen dabei und schauten zu. Sie schauten einfach nur zu. Das war alles so merkwürdig. Stefanie versuchte, mit den anderen Kindern zu spielen, aber sie wussten alle nicht recht, wie sie das machen sollten. Immer wieder schauten sie unruhig zu den Vätern hinüber, aber die saßen ganz gelassen auf einer Bank und machten keine Anstalten, näher zu kommen. Es gab kein Spielzeug, und so saßen sie alle still im Garten und warteten ab. Was würde geschehen?

Nichts geschah.

Am Nachmittag fuhren sie dann alle zusammen weiter.

Wohin?

Nicht fragen. Am besten, sie saßen ganz still auf den Rücksitzen und warteten ab.

Das Haus war alt, und sie gingen gleich in den Keller. »Ein Kinderfest«, dachte Stefanie. Das dachte sie, weil dort schon andere Kinder waren. Aber festlich war es nicht. Auch nicht fröhlich. Keines der Kinder lachte. Es war unheimlich. Die Kinder hatten Angst, das spürte Stefanie, obwohl keines etwas sagte. Etwas Merkwürdiges ging vor. Hier wollte sie nicht bleiben, sie wollte schnell weg, dachte Stefanie.

»Ich will weg«, sagte sie zu ihrem Vater, »lass uns lieber nach Hause gehen.«

»Sei still«, fuhr er herum, »und tu, was man dir sagt.« Sein Blick war verwandelt. Böse. So schaute er sie sonst nie an.

Der erste Ton hatte genügt: Stefanie war schon ohne ihn gegangen.

Nicki tauchte auf. Wie immer, wenn er so schaute.

So hatte Stefanie nicht mehr gesehen, was an den Wänden hing: Käfige und Leinen und Ketten. So etwas sah Stefanie niemals. Der Anblick traf Nicki.

Mehr Männer mit Kindern kamen an. Nur Männer, keine Frauen.

Die Kinder sollten sich ausziehen.

Sofort.

Das kannte Nicki. Sie tat wie befohlen. Ausziehen war noch nicht so schlimm.

Ein zierliches kleines Mädchen, knapp sieben Jahre, das sich inmitten fremder Männer, in einer fremden Umgebung, auszieht. Schnell. Still, während die anderen Kinder weinen. Das sorgfältig seine Kleidung zusammenfaltet, sie aufeinanderlegt und in eine Ecke trägt. Sich danebenstellt, still, nackt und auf weitere Befehle wartet.

Werner Bahr ist stolz auf seine Tochter. Ein Vorbild an Disziplin, wie sie da steht, schweigend und gerade. Die anderen Kinder können sich ein Beispiel an ihr nehmen. Während er auf seine Tochter starrt, weiten sich seine Pupillen, sehen ein anderes Bild.

»Damit du begreifst, dass du zu gehorchen hast!« Ein zischendes Geräusch, immer wieder. Ein kleines Mädchen, dampfend, in einer alten Zinkwanne, nackt. Sie lächelt zu ihm herüber.

Die Käfige.

Sie sind für die Kinder.

Jedes Kind muss in einen Käfig klettern. Manche Kinder weinen. Nicki klettert stumm in den Käfig, kauert sich hin. Der Käfig wird zugesperrt. Nicki wartet.

Vielleicht sind die Kinder deshalb so klein, denkt sie. Größere würden nicht in die Käfige passen.

Die Hunde.

Männer bringen sie herein an Leinen. Führen sie dicht an jeden Käfig heran. Sie tragen Maulkörbe. Sie knurren und bellen. Nicki hockt in dem Käfig. Vor ihr ein riesengroßer böser Hund. Er bellt sie wütend an. Sein stinkender Atem streift über ihr Gesicht. Sie sieht seine Zähne.

Das ist zu viel für Nicki.

Switch.

Zurück bleibt Dina. Sie hat keine Angst vor den Hunden. Sie hockt ja sicher in ihrem Käfig. Und die Hunde sind draußen. Dina schaut nur zu. Schaut zu, wie Kinder aus den Käfigen geholt werden. Mit Halsband und Leine. Über den Boden gezerrt und zurückgerissen. Gepeitscht.

»Sitz!« – »Platz!« – »Männchen!«

»Hoppla, na, fangt die Würstchen! Hunde lieben Würstchen. Wollt ihr wohl hochspringen! Wollt ihr wohl die Würstchen fangen!«

Die Männer sind jetzt auch nackt.

Dina schaut nur zu.

Wie die Kinder auf Tische gestellt werden. Mit Halsband und Leine. Auf allen vieren. Mit dem Hinterteil zu den Männern hin. Wenn die Männer auch damit fertig sind, werden die Kinder an der Leine von den Tischen gerissen, schlagen sich Arme und Beine blutig.

Dann ist auch Dina dran.

Sie steht alles durch. Die Peitsche, die Stürze, die Todesangst, als das Halsband ihr die Luft abschnürt. Die Schläge, als sie das »Würstchen« nicht fängt.

Aber als die Hunde tun sollen, was sie eben von den Männern ertrug, da kann sie nicht mehr. Und geht. Die Schmerzen nimmt sie mit.

Hasso ist da.

Hasso spürt keine Schmerzen.

Hasso ist ein Hund. Vielleicht. Er weiß es nicht genau. Aber wenn er ein Hund ist, dann ist es für ihn vielleicht nicht so schlimm, dass die Hunde ihn besteigen sollen.

Doch genau weiß das keiner, weil Hasso nicht sprechen kann.

Irgendwann kam die Nacht, und die Männer wurden müde. Die Kinder durften endlich schlafen. Doch die Nächte waren niemals tröstlich, nicht einmal für Stefanie. Schlafen, das bedeutete meistens Alpträume für sie.

Der Morgen brachte das Licht. Stefanie wunderte sich, dass das Wochenende so schnell vorübergegangen war. Gleich würde sie wieder mit ihrem Vater nach Hause fahren.

So ein schöner Ausflug.

Auf der Heimfahrt gab es noch ein paar großartige Überraschungen. Stefanie durfte sich beim Italiener ein Rieseneis aussuchen, Vanille mit Schokolade und darüber ganz viel Streusel in allen Farben.

Sie hatte am Morgen schon bemerkt, dass die Haut auf den Knien aufgeplatzt war und dass sie Pflaster an den Ellenbogen trug. Es tat auch einiges weh. Aber das war nichts Neues, und man konnte es leicht ignorieren. Wenn der Papi nichts dazu sagte, sie würde auch nichts sagen.

Es war schon gegen Abend, als sie schließlich nach Hause fuhren, denn sie hatten beide keine besondere Lust, das schöne Wochenende zu beenden. Unterwegs hielten sie noch an einem großen, leeren Spielplatz und tobten darauf herum. Das war klasse. Sie und der Papi ganz allein. Rutschen die Rutsche herunter, wippten, dass sie in die Höhe flog und hart wieder auf der Wippe landete. Das tat weh. Aber dem Papi machte das Wippen so viel Spaß. Wie ein kleiner Junge war er nun. Vergnügt, übermütig, frech. So einer, mit dem man Klingelstreiche macht. Sie spielten Fangen, schaukelten, bewarfen sich mit Sand, kletterten auf das Klettergerüst, und schließlich rollten sie im Halbdunkel in der Sandkiste herum. Da änderten sich seine Augen, und er war gar kein kleiner Junge mehr.

Und ganz plötzlich hielt der Mercedes vor ihrer Haustür. Merkwürdig, wie schnell das alles gegangen war.

KAPITEL 3

SIGNALE

Blinder Fleck

Die Geister, die Angela in ihrer Not gerufen hatte, gingen nicht wieder weg. Bis zum Alter von zehn Jahren waren etwa 20 Persönlichkeiten entstanden. Sie halfen in traumatischen Situationen, machten aber das Alltagsleben von Stefanie, der »Gastgeberin«, zunehmend komplizierter. Die Gastgeberpersönlichkeit, in der amerikanischen Literatur »host« genannt, ist die Person im System Multipler Persönlichkeiten, die meistens nach außen agiert, ständig Zeitlücken hat und häufig keine Ahnung von der Existenz der anderen. Tauchten die anderen auf, war Stefanie fort; sie wusste nichts von ihnen.

Diejenigen von ihnen, die häufiger herauskamen, die Kontrolle über den Körper übernahmen und unterschiedliche Erlebnisse hatten, wurden allmählich auch älter. Sie alterten mit unterschiedlichen Geschwindigkeiten: Wer nur im Trauma gefangen war, hatte keine Chance zu reifen. Wer mehr vom Alltagsleben mitbekam, andere Erfahrungen machte, wuchs auch heran. In der Vorstellung, den Einsichten, dem Verhalten.

All diese Persönlichkeiten waren noch da, als Angela Lenz nach vielen Jahren Nina Temberg begegnete: junge und ältere, männliche und weibliche, zutrauliche und misstrauische, hasserfüllte, wütende und verzweifelte.

Bei den Versuchen, Angela zu helfen, Ordnung in deren äußeres und inneres Chaos zu bringen, fühlte sich Nina Temberg lange Zeit sehr allein.

Informationen über Persönlichkeitsstörungen wie die ihrer Klientin mussten sich engagierte Therapeutinnen wie Nina, Elisabeth und etwa ein Dutzend anderer Anfang der neunziger Jahre mühsam aus dem Ausland beschaffen.

Während es in den USA und den Niederlanden schon Kliniken speziell für Menschen mit Multiplen Persönlichkeitsstörungen gab, existierte in Deutschland nur ein blinder Fleck.[13]

Das ist kein Zufall.

Die Multiple Persönlichkeitsstörung (MPS) entwickelt sich als Folge schwerer Traumata.

Die deutsche Abwehr, sich mit den Folgen schwerer Traumata zu beschäftigen, ist weltweit bekannt. Dass sie historische Ursachen hat, auch. Dieses Land, in dem es immer noch Menschen gibt, die von einer »Auschwitz-Lüge« sprechen und behaupten, die Judenvernichtung hätte nicht stattgefunden, will mit den Folgen von Krieg, Folter, KZ-Lagern nichts zu tun haben.

Es verwundert nicht, dass auch die Folgen von Folter in früher Kindheit – nichts anderes ist extreme Kindesmisshandlung – nicht gesehen werden sollen. Daher verwundert es auch nicht, dass die extremste psychische Reaktion auf Kindesmisshandlung im Bewusstsein vieler deutscher Ärzte und Psychiater ebenfalls nicht existiert: die Multiple Persönlichkeitsspaltung.[14]

Der Vergleich zwischen KZ-Opfern und Opfern extremen Kindesmissbrauchs ist nicht weit hergeholt. Sie alle tragen »Die Narben der Gewalt«[15], wie Judith Lewis Herman, amerikanische Psychiaterin und Professorin an der Harvard Medical School, ihr Buch über die traumatischen Erfahrungen dieser beiden Gruppen sowie anderer Gewaltopfer nennt.

Multiple Persönlichkeitsstörung (MPS), 1980 ins international gültige Diagnose-Handbuch psychischer Störungen aufgenommen, wird in dessen neuester Ausgabe (DSM IV) als Dissoziative Identitätsstörung bezeichnet und wie folgt beschrieben:

- *Vorhandensein von zwei oder mehr unterscheidbaren Identitäten oder Persönlichkeitszuständen (jeweils mit eigenen, relativ überdauernden Mustern der Wahrnehmung von der Beziehung zur und dem Denken über die Umgebung und das Selbst).*
- *Mindestens zwei dieser Identitäten oder Persönlichkeitszustände übernehmen wiederholt die Kontrolle über das Verhalten der Person.*
- *Eine Unfähigkeit, sich an wichtige persönliche Informationen zu erinnern, die zu umfassend ist, als dass sie sich durch gewöhnliche Vergesslichkeit erklären ließe.*
- *Die Störung geht nicht auf direkte körperliche Wirkung einer Substanz (z. B. Blackouts oder Alkoholrausch) oder eines medizinischen Krankheitsfaktors zurück (z. B. Anfälle).*[16]

»MPS ist leicht zu verstehen«, schreibt der kanadische Psychiater Colin Ross in seinem Buch *Satanic Ritual Abuse.*[17] Es sei nichts anderes als »eine chronische posttraumatische Belastungsstörung des dissoziativen Typs, die in der Kindheit begonnen hat: es ist eine Art, mit chronischem, unausweichlichem Kindesmissbrauch umzugehen«. Ein Mediziner, der MPD diagnostiziert, weiß mit 95-prozentiger Wahrscheinlichkeit, was in der Kindheit dieses Menschen – in acht von zehn Fällen ist es eine Frau – geschehen ist: Sie wurde sehr früh, sehr lange, sehr grausam misshandelt. Meistens sexuell. Und nie hat ihr jemand geholfen.

Colin Ross, Direktor des »Dissociative Disorders Unit« in Dallas, geht sogar noch weiter: »Klinische Erfahrungen zeigen, dass sich die komplexe Multiple Persönlichkeitsstörung mit vielen verschiedenen Persönlichkeitszuständen und komplizierten amnestischen Barrieren ausschließlich unter den Bedingungen von extremem Kindesmissbrauch entwickelt.«[18]

All diese Informationen waren Nina Temberg zu Beginn ihrer Arbeit mit Angela Lenz nicht zugänglich.

Als Nina nach einigen Wochen Therapie mit ihrer neuen Klientin zu ahnen begann, dass Angela Lenz möglicherweise eine Multiple Persönlichkeit war, eine psychische Störung, mit deren Diagnose und Therapie sie noch keine Erfahrungen hatte, schrieb sie Dutzende von Briefen an deutsche Kliniken und psychiatrische Krankenhäuser und erkundigte sich nach deren Erfahrungen mit dieser Diagnose.

Das Ergebnis war desolat.

Das Phänomen käme in Deutschland überhaupt nicht vor, hieß es in einem der Briefe, es sei ein typisch amerikanisches Syndrom, hervorgerufen von Reizüberflutung durch die Medien. Ein Hamburger Therapeut behauptete in einem Zeitungsartikel zwar, er habe in den letzten zehn Jahren schon Dutzende von Multiplen behandelt. Aber sein Rezept war kurios: Man müsse die alternativen Persönlichkeiten einfach ignorieren, dann gingen sie von alleine weg.

Als Nina Temberg den Artikel Elisabeth zeigte, lachte diese bitter: »Das hat der Therapeut von Eva in den Fünfzigerjahren doch auch geglaubt. Der hat die gefährliche Person einfach ›weggezaubert‹.«

»Die drei Gesichter der Eva«,[19] der amerikanische Klassiker aus den Fünfzigerjahren über eine Multiple Persönlichkeit, hatte die beiden Frauen eine Zeit lang sehr beschäftigt.

»Ja, genau«, ergänzte Nina, »und 20 Jahre später hat Eva selbst eine Fortsetzung geschrieben und geschildert, wozu das geführt hat: Nun waren sie nicht drei, sondern über 20.[20] Wenn es nicht so traurig wäre, könnte man lachen.«

Das Buch war von den Therapeuten jener Eva geschrieben worden. Elisabeth hatte es nach langem Suchen geschafft, eine alte Videokopie der Verfilmung aus dem Jahre 1957 in den USA zu besorgen, um sie Nina zum Geburtstag zu schenken. In Deutschland war der Film vor Jahrzehnten zwar gelaufen, die Kopien aber hatte der Verleih inzwischen vernichtet.[21]

Mehrere Psychiater, die auf Ninas Anfrage geantwortet hatten, waren der Meinung, MPS gäbe es überhaupt nicht, sondern es handle sich bei den geschilderten Symptomen in Wirklichkeit um Schizophrenie, und die müsse lebenslang medikamentös behandelt werden. Eventuell sogar stationär.

So weit war Nina inzwischen mit Erfahrung und Lektüre, um zu erkennen, dass das völlig falsch ist. MPS, das wusste sie, wurde schon Anfang des 20. Jahrhunderts diagnostiziert und in der Fachliteratur beschrieben. Unter anderem von Sigmund Freud selbst. Aber auch schon vor ihm. Mal hatte man es Besessenheit, mal Hysterie, mal dissoziative Störung genannt.

Schon seit 1791 gibt es ausführlich beschriebene Fälle[22], der französische Psychiater Pierre Janet beschäftigte sich zu Beginn des 20. Jahrhunderts intensiv mit dem Phänomen. Zu diesem Zeitpunkt war das Interesse an dissoziativen Störungen und ihren Ursachen auch in Deutschland groß.[23]

Kurzfristig.

Doch sobald Freud vor seiner eigenen Erkenntnis zurückgeschreckt war, dass reale »Erlebnisse von vorzeitiger sexueller Erfahrung« zu den seelischen Störungen seiner Patientinnen geführt hatten, und er die tatsächlichen Erlebnisse mit Hilfe seiner Verführungstheorie in den Bereich der Phantasie verlagert hatte, nahmen auch die MPD-Diagnosen ab. Im gleichen Maße nahm »Schizophrenie« als Diagnose an Häufigkeit zu. In den USA bis in die 70er-Jahre, in Deutschland dauerte der Trend noch in den 90ern an.

Je klarer das Bild der Multiplen Persönlichkeitsstörung jedoch für Nina Temberg wurde, desto fragwürdiger erschien ihr inzwischen die Diagnose »Schizophrenie« überhaupt.

Aus einer amerikanischen Untersuchung hatte sie gerade erfahren, dass 5–15 Prozent aller Psychiatriepatientinnen wahrscheinlich eine dissoziative Störung haben, eventuell sogar multipel sind. Und die, das bestätigten die meisten Studien, sind am besten in ambulanter Psychotherapie, in Einzeltherapie, aufgehoben.

Sicher, manchmal gab es Krisen. Und wenn Selbstmordgedanken sich häuften, wünschte sich Nina schon einen absolut sicheren Rahmen für Angela Lenz.

Aber ob die deutsche Psychiatrie das war?

Nina Temberg hatte erhebliche Zweifel.

Und dann die Sache mit den Medikamenten! Sobald eine Multiple erzählte, dass sie Stimmen hörte, verschrieben die meisten deutschen Ärzte Neuroleptika. Dass es diese Stimmen wirklich gab, konnte kaum einer glauben, sie hielten sie für Wahnvorstellungen, die in anderen Fällen vielleicht wirklich auf Neuroleptika reagieren mochten.

Doch bei Multiplen helfen sie nicht. Eine Persönlichkeit nahm das Medikament ein und erlitt im Inneren alle Nebenwirkungen, was das Chaos und die Beschwerden im Kopf noch verschlimmerte. Die Sache mit den Medikamenten ging häufig schon bei Kopfschmerzen daneben: Die eine Persönlichkeit hatte die Beschwerden, eine andere nahm Tabletten ein, die natürlich der ersten nicht halfen.

Inzwischen hatte Nina auch mehrere multiple Frauen kennengelernt, die sich Operationen mit Narkose unterziehen mussten. Zwei von dreien waren mitten in der Operation aufgewacht, ohne Betäubung, völlig verwirrt und mit schrecklichen Schmerzen. Genauso verwirrt waren die Narkoseärzte.

»Das kann nicht sein«, sagten die Ärzte.

Sie wussten, sie hatten keinen Fehler gemacht. Trotzdem war die Patientin wach. Das konnte nicht sein. Aber sie sahen es mit eigenen Augen.

Als Nina und Elisabeth begriffen, dass sie in Deutschland nur auf Abwehr stießen, dass hier niemand zu sein schien, der ihnen helfen konnte, besorgten sie sich Literatur aus den USA, wissenschaftliche Veröffentlichungen und Romane wie »Sybil«, »Ich bin viele«, Videos von Spielfilmen wie »Aufschrei« und therapeutische Lehrkassetten über die Arbeit mit Multiplen. Schließlich reisten sie in die USA, nahmen an Fortbildungen in Zentren und Kliniken teil, die sich mit Forschung und Therapie Dissoziativer Störungen beschäftigten. Und begegneten Roberta Sachs[24], Catherine Gould[25], Catherine Fine[26], Richard Kluft[27], Colin Ross[28], amerikanischen Therapeuten, die ihnen schon mehr als ein Jahrzehnt Wissen voraushatten. Von ihnen lernten sie.

Und sie stellten auf dem Umweg über amerikanische Veröffentlichungen[29] fest, dass ganz in ihrer Nähe, in Holland, ein Psychologe und Therapeut praktizierte, der schon seit fünfzehn Jahren Menschen mit Multipler Persönlichkeitsstörung diagnostizierte und therapierte. Und der Antworten auf viele Fragen geben konnte: Professor Onno van der Hart[30]. Van der Hart, Inbegriff eines gütigen Mentors, beriet und unterstützte per Brief, Telefon, mit Hinweisen auf Bücher, Artikel, Diagnoseschlüssel und mit Supervision hilfesuchende Kollegen in vielen europäischen Ländern.

Von ihm erfuhr Nina, dass zwei deutsche Therapeutinnen, Michaela Huber[31] und Anne Jürgens, schon MPS-Patientinnen therapierten und angefangen hatten, die ersten Fortbildungen zu diesem Thema für Therapeuten, Ärzte und Mitarbeiter von Beratungsstellen anzubieten. Elisabeth und Nina waren zu einer dieser Fortbildungen gefahren und hatten sich zum ersten Mal mit Kolleginnen austauschen können, die ebenfalls mit MPS-Patientinnen arbeiteten.

Zeitgleich war eine Selbsthilfezeitschrift für Betroffene entstanden: »Matrioschka« – nach den russischen Puppen, die in sich viele kleinere Puppen bergen. Außerdem hatte eine Gruppe Bremer Therapeutinnen und Begleiterinnen Multipler Frauen den Verein Vielfalt e. V. gegründet und begonnen, einen MPS-Info-Brief[32] herauszugeben und bundesweit TherapeutInnen zu vernetzen.

Alle Therapeutinnen, die Nina Temberg traf, hatten mit ihren ersten MPS-Patientinnen ähnliche Erfahrungen gemacht. Sie berichteten von chronischer Überlastung, der Schwierigkeit, Grenzen zu wahren und mit dem Einblick in eine Welt voller Grausamkeit zurechtkommen zu müssen. Ein Einblick, der sie zwang, ihre gesamte Weltsicht zu überprüfen, und der jede von ihnen nachhaltig veränderte. Außerdem beklagten sie die mangelnde Bereitschaft deutscher Kliniken, sich auf die PatientInnen einzustellen, das auffallende Fehlen deutscher Literatur und Forschung zum Thema MPS. Die Frauen von Vielfalt e.V. hatten begonnen, amerikanische Literatur zu übersetzen und zu verteilen, eine mühsame Arbeit zusätzlich zu ihrer eigentlichen, therapeutischen.

Übereinstimmend berichteten sie, dass der Zugang zu den Erinnerungen ihrer Patientinnen sehr schwierig war, weil diese immer noch gegen das Schweigegebot der Täter anzukämpfen hatten. Für etliche lag das gesamte Leben vor ihrem sechsten, zehnten, zwölften, manchmal sogar sechzehnten Lebensjahr in einem schwarzen Loch. Sie konnten sich an nichts erinnern.

Aber darüber hinaus war der Zugang zur Vergangenheit auch deshalb kompliziert, weil häufig schon ein einziges traumatisches Erlebnis so heftig gewesen war, dass viele Persönlichkeiten es unter sich hatten aufteilen müssen. Jede erinnerte sich nur an ihren Anteil, und mühsam mussten sie die Puzzlestücke zusammensetzen, um herauszufinden, was wirklich geschehen war. Erst wenn deutlich wurde, was wirklich geschehen war, welche Persönlichkeiten es miterlebt hatten, welche dabei entstanden waren, konnte man beginnen, dieses Erlebnis therapeutisch zu bearbeiten.

Im gemeinsamen Gespräch ging den Therapeutinnen auf, wie überaus praktisch dieses System für die Täter war: Sie hatten sich Kinder geschaffen, die aus vielen Einzelteilen bestanden, Einzelteilen, die entweder überhaupt nichts wussten oder unter einem absoluten Schweigegebot standen.

Multifunktionale Kinder.

Da hatte es zum Beispiel jenes Wochenende in Berlin gegeben, das von mindestens elf Persönlichkeiten der Angela Bahr bestritten worden war.

Die Geschichte dieses Wochenendes zu rekonstruieren, war eine sehr aufwendige, mühsame und komplizierte Arbeit. Sie dauerte Monate. Man konnte nicht einfach alle Persönlichkeitsanteile, die in Berlin gewesen waren, auffordern, sich zu melden. Viele hatten nicht die geringste Ahnung, wo sie eigentlich gewesen waren, als sie das Schreckliche erlebten. Drei von ihnen – Conny, Stefanie und Tamara – hatten nur interessante und spannende Erlebnisse gehabt; sie weigerten sich anfangs zu glauben, was die anderen acht berichteten. Die anderen acht hingegen wussten nur von ihrem Horror zu erzählen, etwas anderes hatten sie nicht mitbekommen.

Für zwei von ihnen, Mona und Manuela, war das Entsetzen so umfassend gewesen, dass sie bei ihrem ersten Auftauchen während der Therapie fest überzeugt waren, sie trügen immer noch die Reizwäsche, die man ihnen in einem Kinderbordell aufgezwungen hatte – vor fast zwanzig Jahren. Sie tauchten mitten in ihrem Trauma auf, sie waren in Trance, nahmen von der Realität wenig wahr, für sie stand die Zeit still. Ihr erstes Gefühl im Therapieraum von Nina Temberg war das einer abgrundtiefen Scham. Nina musste sie sofort in eine Decke hüllen. Dann erst konnte die Therapeutin ihnen langsam erklären, wie viel Zeit inzwischen vergangen war. Allmählich gelang es ihnen wahrzunehmen, was sie in Wirklichkeit trugen: keineswegs Reizwäsche, sondern Jeans, Pullover und Turnschuhe.

Im Laufe der Zeit hatte Nina Temberg erkannt, dass sich ihre Klientin oft in Trancezuständen befand, der erste Anhaltspunkt war die auffallend weite Öffnung der Pupillen, ohne dass dies auf die Einnahme von Medikamenten oder Drogen zurückzuführen war – manchmal blieb nur ein schmaler Rest der Iris sichtbar. Als Nina Temberg später andere Frauen mit MPS kennenlernte, ging ihr auf, dass diese Trancen für sie fast ein Normalzustand waren. Für die meisten der Persönlichkeiten dauerten sie seit der Kindheit an. Kein Wunder: Die spezifische Persönlichkeitsstruktur Multipler Persönlichkeiten ist durch extreme Selbsthypnose entstanden. Und natürlich lösten die Täter diese Hypnosen aus, wenn sie immer wieder, jahrelang, eindringlich dieselben Worte sagten: »Du darfst mit niemandem darüber sprechen. Das ist unser Geheimnis. Wenn du nicht schweigst, passiert Schreckliches. Niemand wird dir glauben. Alle werden denken, du bist verrückt, du bist böse.«

Mit Trancezuständen sind diese Menschen also ohne Zweifel seit ihrer Kindheit vertraut.

Trancen sind dissoziative Zustände, veränderte Bewusstseinszustände. Sie können durch Hypnosen induziert werden, in geringerem Maße kennt sie aber jeder Mensch. Schon das Lesen eines Buches, das Betrachten eines Films, Tagträume und Meditationen verändern den normalen Wachzustand des Bewusstseins. Bei den meisten Menschen herrscht – mehr oder weniger – der Wachzustand vor. Nicht bei Multiplen.

Oft musste Nina Temberg Angela aus diesen Trancezuständen herausholen. Um das überhaupt zu können, erlernte sie hypnotische Techniken, mit denen sie die chronischen Zustände auf sanfte Weise beenden und Angela in die Wirklichkeit holen konnte. Auch wenn es darum ging, den Umgang der Innenpersonen miteinander zu regeln, sichere Räume im Inneren zu schaffen, erwiesen sich diese Techniken als hilfreich.

Zur Auflösung von Trancezuständen und zur Bearbeitung der Traumata wurden hypnotische Techniken verwendet, niemals aber zu deren Aufdeckung oder zur Diagnostik. Vor dieser Entscheidung hatte Nina Temberg allerdings nie gestanden: Als Angela Lenz erst einmal Vertrauen zu ihrer Therapeutin gefasst hatte, »purzelten« Nina Temberg die inneren Kinder ihrer Klientin von allein entgegen, deutlich unterscheidbar in Eigenschaften, Ansichten, Verhalten.[33] Sie schrieben Nina Briefe in verschiedenen Handschriften, vertraten gegensätzliche Meinungen und berichteten schließlich, wodurch sie entstanden waren und was sie erlebt hatten.

So begannen sie eines Tages auch, jenes Wochenende in Berlin zu beschreiben.

»Das multifunktionale Kind«

»Im Dutzend billiger«

1974

- Willi Brandt tritt wegen Guillaume-Affäre zurück, Nachfolger: Helmut Schmidt.
- Die Pauschalen der Abgeordneten werden um 30 Prozent erhöht.
- Im Fernsehen: Uri Geller verbiegt Gabeln in Wim Thoelkes »3x9«.
- Herstatt-Pleite löst größte Bankenkrise seit der Weltwirtschaftskrise 1929 aus.
- Mehr als 600 Kinder sterben jährlich in der BRD durch elterliche Misshandlung.
- Hitparade: »Oh Very Young One«

Cooler Kämpfer Conny

Mit Schwung wirft Conny seinen Rucksack über die linke Schulter und schaut auf die Anzeigetafeln in der Wartehalle. Von einem Fuß tritt er auf den anderen. Unruhig. Hört aber sofort damit auf, als es ihm bewusst wird. Niemand soll merken, dass er aufgeregt ist, dass er sich freut. Ganz cool will er wirken, schließlich fliegt er nicht zum ersten Mal.

Um ihn herum lauter Erwachsene, fremde Erwachsene. Auch das kennt er schon. Einige lächeln ihn an: ein Kind allein auf Reisen, das rührt sie. Ernst und so erwachsen wie möglich schaut Conny zurück. Oder er weicht den Blicken aus. Dabei ist ihm wohler. Er schaut aus den Fenstern, auf den Boden, auf seine neuen Mokassins, wie Winnetou welche hatte. Von sich aus sucht er mit niemandem Augenkontakt.

Hin und wieder spricht ihn jemand an auf seinen Reisen, hält ihm eine Tüte mit Süßigkeiten hin, mit Obst, bietet ihm einen Bonbon an, fragt ihn aus. Das ist ein schwieriger Moment und nicht ungefährlich. Wenn ein Fremder mit ihm spricht, entsteht innen so ein Druck, und Conny wird immer etwas schwummerig zumute. Er weiß, dass das die anderen sind, die innen, die jetzt was sagen wollen, die lachen, weinen, jammern oder um Hilfe schreien. Das darf nicht passieren, auf keinen Fall, das würde alles verderben. Am schlimmsten ist es, wenn eine Frau nett und freundlich mit ihm spricht, ihm in die Augen schaut und lächelt. Dann brechen die dort innen sofort in Tränen aus, plärren »Mama!« und »Hilf uns!«, wollen raus zu der Frau oder weglaufen. Und Conny kriegt jedes Mal tierische Kopfschmerzen davon.

Conny weiß natürlich, dass die anderen Angst haben, sie schreien herum dort drinnen, manchmal so laut, dass Conny nicht hören kann, was die Erwachsenen draußen zu ihm sagen. Immer sind sie auf der Suche nach jemandem, der sie rettet. Wovor denn bloß? Blöde sind sie, findet Conny, Feiglinge, Memmen. Dies Leben voller Abenteuer ist doch klasse! Aber wenn sie erst mal so wach sind und so nahe, dann sind sie sehr gefährlich. Sie wollen raus, und das darf nicht passieren. Dann muss Conny sich sehr konzentrieren. Er muss höflich sein, »Danke«, sagen oder »Nein, danke« und das Gespräch so schnell wie möglich beenden. Dann lässt der Druck von innen auch wieder nach.

Dieser Druck ist das Einzige, was ihn stört. Ansonsten sind Reisen Spitze, findet Conny. Voller Geheimnis und Nervenkitzel. Auch wenn er nur nach Berlin fliegt wie diesmal. Aber Conny weiß nichts von weit und nah, er weiß nur, dass er ein Päckchen bei sich trägt, das nicht in falsche Hände kommen darf. Dafür ist er verantwortlich. Er ganz allein. Er darf es nicht verlieren, er darf es sich nicht abnehmen lassen, er darf es nicht aufmachen. Was drin ist, weiß er nicht. Ist ihm auch egal.

Conny ist ein ganz wichtiger Junge, weil er solche bedeutenden Aufträge ausführen darf. Das darf nicht jeder. Es ist eine Auszeichnung. Und so viel besser als die anderen Aufträge, die er kriegt: vor Männern in Hinterzimmern von Kneipen Striptease tanzen oder sich auf den Rücksitzen von Autos befummeln lassen. Dies hier macht richtig Spaß.

Conny ist schon öfter geflogen. Sogar ins Ausland. Oder allein mit der Bahn gefahren. Immer muss er auf so ein Päckchen aufpassen. Riesig spannend ist das. Manchmal sitzt der Papa oder ein Onkel im selben Flugzeug oder im nächsten Abteil im Zug, aber niemand darf es wissen. Das macht alles noch aufregender: Ein spannendes Spiel, ein gemeinsames Geheimnis. »Mach mir keine Schande«, sagt der Papa. Er beobachtet Conny genau, auch wenn Conny es nicht merkt. Er kontrolliert, ob der seine Aufgabe wirklich gut erfüllt. Auch wenn Conny bei seinen heimlichen Blicken umher niemanden entdecken kann, der auf ihn aufpasst, so weiß er doch ganz genau, dass er immer beobachtet wird. Tag und Nacht. Er kann es fühlen. In seinem Rücken. Überall. Er spürt diese Augen, die ihm überallhin folgen. Es sind viele. Er kann sie zeichnen. Riesengroß und immer geöffnet. Ein Augenpaar ist anders. Unheimlich, so als hätte es Zauberkraft. Das eine Auge ist größer als das andere. Es lächelt.

Auch Krähen beobachten ihn. Das weiß er. Und Raben. Sie sind Abgesandte. Und wenn er welche sieht, weiß er, dass ihre Augen ihm folgen.

Wegen dieser Augen strengt Conny sich besonders an, ganz perfekt zu sein, keinen Fehler zu machen. Auch wenn er Schließfächer öffnen muss, die vielleicht von der Polizei beobachtet werden. Oder wenn es in einer Kneipe eine Razzia gibt und man ganz schnell gewisse Sachen verschwinden lassen muss und dann wusch! an den Wachen vorbei und weg.

Da ist Conny große Klasse.

Manchmal gibt es sogar ein Eis zur Belohnung. Oder er darf vor anderen Kindern aus der Gruppe erzählen, wie toll er das geschafft hat, dass das ganz leicht ist und viel Spaß macht, wenn man so gut ist wie Conny. Dann ist er etwas Besonderes, gehört schon irgendwie zu den Großen, die das alles planen und organisieren, und ist nicht nur ein kleines unwichtiges Glied in der Kette, einer, der nur Befehle entgegennimmt. Hier hat er selbst etwas zu sagen.

Conny passt immer höllisch auf, wenn die Erwachsenen aus der Gruppe etwas erklären. Daher weiß er ganz genau, was er tun, was verschweigen und was er sagen muss, wenn ein Polizist oder der Zoll ihm das Päckchen abnehmen will. Wenn er wegrennen kann, rennt er weg. Oder er weint. Wenn Kinder weinen, haben solche Leute immer Mitleid. Conny nimmt das mit Verachtung wahr. Mitleid, das hat er in seiner Gruppe gelernt, ist verächtlich.

Weich.

Weibisch.

Nur Härte zählt. Und Conny will ein ganz harter Mann werden.

»Das Päckchen?«, kann er mit großen, feuchten Augen zum Zollbeamten sagen. Weiß Conny doch nicht, was da drin ist, nein, ganz bestimmt nicht. Hat ihm ein Mann im Flugzeug gegeben. Weil Conny so klein ist, hat der gesagt, und ganz allein fliegt. Da sind Süßigkeiten drin, hat der Mann gesagt, aber es ist eine Überraschung, und Conny darf das erst zu Hause aufmachen. Conny freut sich schon darauf. Sind da etwa keine Süßigkeiten drin? Och, wie schade! Warum hat der Mann das denn zu ihm gesagt? So ein fieser Lügner!

Oder Conny erzählt, dass er das Paket vorhin auf dem Waschbecken hat stehen lassen, und als er dann wieder aus der Toilette gekommen ist, muss wohl jemand das ausgetauscht haben. Ist ihm gar nicht aufgefallen, weil alles so eilig war, aber jetzt, wo er genau hinguckt, stimmt, da ist ja ganz anderes Papier drum. Wie gemein! Ihm seine Bonbons klauen!

Conny weiß viele solcher Geschichten, die kann er aus dem Stegreif herunterhaspeln.

Er weiß auch, dass er nach der Landung auf Flughäfen manchmal lange warten muss, bis die Begleitperson erscheint, die ihn abholen soll. Wer das ist, weiß er nie im Voraus, das ist klug eingefädelt von den Erwachsenen, denn dann kann er auch niemanden verraten. Nicht dass er das jemals tun würde.

Er weiß genau, dass die erst mal schauen, ob Conny beobachtet wird. Irgendjemand vom Flugpersonal bringt ihn dann durch den Zoll, dorthin, wo die vielen Leute warten, und fragt: »Ist die Begleitperson für Angela Bahr hier?« Conny weiß, dass er auf diesen Namen hören muss. Manchmal wird das sogar über die Lautsprecher ausgerufen: »Es wird der Abholer von Angela Bahr zur Information in Ankunftshalle B gebeten.« Mit dem Namen »Angela Bahr«, ist er gemeint, das weiß Conny genau. Warum, weiß er nicht so recht. Ist auch egal, aber er muss darauf hören.

Einige Male war der Onkel, der ihn abholen sollte, überhaupt nicht gekommen. Da wusste Conny, dass dicke Luft ist und er alleine zurechtkommen musste. Einmal riefen die Leute vom Flughafen seinen Vater an, und der sagte, ein Verwandter habe das Kind abholen wollen, hätte aber Schwierigkeiten mit seinem Wagen. Und das stimmte dann auch, war sogar nachprüfbar. All diese Geschichten stimmen. Conny findet das ganz toll, wie die Erwachsenen alles vorbereiten, bis ins Letzte, und die Polizei dabei austricksen. So clever will er auch mal werden.

Conny muss sich ganz doll auf seine Aufgabe konzentrieren, damit nichts schiefgeht. Schließlich ist das sein Auftrag. Nicht die Kontrolle verlieren. Alles unter Kontrolle halten. Keine der anderen Personen innen darf an ihm vorbei nach draußen flutschen. Sonst stehen die plötzlich auf dem Flughafen, wissen nicht, wo sie sind, und alles geht schief. Denn Conny weiß genau, dass es da noch andere Personen gibt, die ihm die Kontrolle abnehmen könnten. Am schlimmsten wäre es, wenn Stefanie auftaucht, Stefanie, die überhaupt keine Ahnung hat von den anderen. Die schaut sich dann im Flugzeug nach ihrem Papi um, ruft laut »Papi« und freut sich, wenn sie ihn findet. Dabei darf keiner wissen, dass sie zusammengehören. Und wenn sie das Päckchen findet, packt sie es womöglich aus, neugierig, wie sie ist. Das darf auf keinen Fall geschehen. Wenn das passiert, wird Conny bestraft. Nicht die blöde Stefanie, die ihm dazwischengepfuscht hat, oder jemand anders, sie bestrafen nur Conny.

Und die Strafen sind hart.

Deshalb denkt Conny immerzu: »Ich muss hier bleiben, ich muss hier bleiben.« Wie eine Beschwörungsformel sagt er es sich innerlich vor.

Diesmal wäre es um ein Haar schiefgegangen. Sein Flugzeug hatte Verspätung. Als er wartete, dass sein Flug endlich aufgerufen wurde, musste Conny mal. Er sagte das seiner Begleitperson vom Flughafen. Die zeigte auf die Toiletten.

Conny marschiert los auf die Herrentoilette und stellt sich neben die anderen Männer an ein Becken. Er ist zehn Jahre, er ist schon ein großer Junge. Da sollen die anderen ruhig komisch gucken. Conny zieht den Reißverschluss auf.

Aber da ist nichts.

Conny ist verwirrt.

Die Männer, die ein blondes, zwölfjähriges Mädchen mit offener Hose und verstörtem Blick neben sich an der Rinne stehen sehen, lachen.

Im Inneren ist Chaos.

Sarah hat die Katastrophe kommen sehen. Konnte aber überhaupt nichts verhindern: Weil Conny während seiner Aufträge immer so stark darum kämpft, die Kontrolle zu behalten, erreichen ihn Nachrichten aus dem Inneren nicht. Auf Umwegen aktiviert Sarah nun Jimmy. Jimmy, den großen Bruder seit frühester Kindheit. Jimmy weiß, dass er zwar ein Junge ist, aber er weiß auch, dass er keinen Penis hat. Er ist schon älter, er kann damit umgehen. Jimmy muss sich enorm anstrengen, aber es gelingt ihm, aufzutauchen, er grinst die Männer an, dreht sich souverän um und geht in eine Kabine.

Als sie dann wieder aus den Waschräumen kamen, hatte Jimmy sich verzogen, und Conny blieb zurück. Das war gerade noch mal gut gegangen.

Plötzlich schlenderten zwei Männer vom Zoll mit einem Schäferhund langsam auf Conny zu. Conny wusste, dass er diesmal ein Päckchen im Koffer hatte, in dessen Nähe kein Hund kommen durfte. Schon gar keiner vom Zoll. Warum wusste er nicht. Es war ihm auch egal.

Wenn Schäferhunde in der Nähe sind, taucht Heiko auf. Automatisch. Heiko hat fürchterliche Angst vor Schäferhunden, wird bleich, gerät in Panik und fängt an zu heulen. »Nehmen Sie doch mal den Hund da weg«, fährt sofort irgendeine empörte Frau die Zollbeamten an, »sehen Sie denn nicht, dass das Kind Todesangst hat?« Ein Kind, das sich vor Hunden fürchtet, ist das Normalste auf der Welt. Denken die Leute. Jeder halbwegs normale Erwachsene hat das Bedürfnis, dieses Kind zu schützen, das sich da so zitternd und weinend in die Ecke drückt.

Schon wird der Drogenhund aus Heikos Nähe gezerrt.

Heiko verschwindet, und Conny bleibt zurück.

Wie praktisch, dass Heiko solche Angst vor Schäferhunden hat.

Ist das ein Zufall?

Nein, das ist kein Zufall.

Aber davon ahnt Heiko nichts. Heiko hat keine schlechten Erfahrungen mit Hunden gemacht. Das weiß er ganz genau. Heiko hat nur einen Traum. Einen komischen Traum.

Immer wieder.

In seinem Traum hängt Heiko gefesselt an Seilen von der Decke. Und plötzlich sind da Männer, die scharfe Hunde auf ihn loslassen.

Doggen, Dobermänner, Pitbulls, Schäferhunde. Die Hunde bellen, jaulen, springen hoch und schnappen nach Heiko. Heiko versucht, die Füße hochzuziehen, aber die Hunde erreichen ihn, er fühlt ihren Geifer, und sie beißen ihn in die Beine. Es ist ein schrecklicher Traum, und Heiko hat ihn immer wieder. Meistens geht sein Traum sogar noch weiter. Dann kriegen die Hunde Maulkörbe um, und Heiko wird von der Decke heruntergelassen. Er versucht wegzulaufen, aber alle Türen sind verschlossen. Er kann nicht aus dem Raum und rennt um sein Leben. Immer im Kreis. Doch die Hunde sind viel schneller, sie werfen ihn um, schmeißen sich auf ihn, hecheln ihm ihrem stinkendem Atem ins Gesicht, und ihre Krallen reißen seine Haut auf an den Armen, im Gesicht, an den Beinen.

Das ist das Ende vom Traum.

Deshalb hat Heiko schreckliche Angst vor Hunden. Die sieht man ihm an. Und deshalb sorgen die Erwachsenen auf dem Flugplatz dafür, dass die Drogenhunde ihm nur nicht zu nahe kommen. Obwohl die Erwachsenen auf dem Flughafen Heiko gar nicht sehen können, die sehen ein kleines blondes Mädchen, das weint. Und die muss man doch einfach beschützen.

Endlich startet die Maschine. Während des Fluges sitzt Conny meistens am Fenster. Das macht Spaß, und dann braucht er auch mit niemandem zu sprechen.

Diesmal allerdings sitzt eine fremde Frau neben ihm, die ihn nicht in Ruhe lässt. Sie ist freundlich, stellt Fragen und lächelt viel. Da muss er auf der Hut sein. Nicht nur wegen der anderen innen, die sich sofort nach vorne drängen, er kann es schon wieder fühlen. Natürlich auch wegen der Augen.

Außerdem kann es sein, dass die Frau ihn testet. Vielleicht gehört sie auch zur Gruppe und soll herausfinden, ob Conny sich ansprechen und aushorchen lässt.

»Na, macht das Spaß zu fliegen?«

»Hm.«

»Du fliegst bestimmt nicht zum ersten Mal?«

»Ne.«

»Bist schon öfter geflogen?«

»Hm.«

Aus den Augenwinkeln beobachtet Conny, wie sie eine Apfelsine aus ihr Tasche hervorkramt, sie schält und teilt. »Möchtest du eine Hälfte haben?«, fragt sie und reicht Conny, der gerne eine Apfelsine essen möchte, etwas herüber. »Nein, danke«, sagt er, bückt sich, zieht ein Erdkundebuch aus dem Rucksack.

Wie nett sie ist! Nimm die Apfelsine. Sie will uns helfen! Quatsch! Seid bloß ruhig, sonst setzt es was!

Was war das? War das laut? Hat sie es auch gehört? Conny schaut vorsichtig zu ihr hin. Aber nichts ist passiert. Sie scheint nichts gemerkt zu haben. Er starrt in sein Erdkundebuch.

»Oh«, sagt die Frau, »Brasilien, da war ich schon mal. Wie interessant. Interessiert dich Erdkunde?«

»Ja«, sagt Conny, »und ich muss bis Montag einen Aufsatz darüber schreiben.«

»Ach so, dann will ich dich nicht stören.«

Endlich.

Schade!

Es ist Abend. Conny hat das Paket inzwischen bei einem fremden Mann abgeliefert. Er hat das ganz alleine gemacht, ohne den Papa. Denn die Erwachsenen sollen sich nicht begegnen, das weiß Conny, und deshalb wird er immer dazwischengeschaltet. Jetzt ist seine Aufgabe erfüllt. Er geht.

Rock Your Baby

Stefanie sitzt mit ihrem Vater beim Essen.

Sie schaut sich um: Ach, richtig, sie sind ja nach Berlin geflogen. Wegen der Wettkämpfe. Morgen soll Stefanie beim Schwimmen wieder Erste werden. Sie weiß, dass sie meistens gewinnt. Sie wird dafür gelobt, und ihr Zimmer zu Hause hängt voller Medaillen. So richtig weiß Stefanie allerdings nicht, wie ihr das immer gelingt, denn sie kann sich nie ans Schwimmen erinnern. Aber das ist wohl in Ordnung so, denn sie kann sich ja auch nicht daran erinnern, wie sie nach Berlin gekommen ist. Und trotzdem sitzt sie jetzt hier mit dem Papi und schaut in die Speisekarte. Also müssen sie ja wohl hergeflogen sein. Im Hotel waren sie wahrscheinlich auch schon, denn dass die Koffer weg sind, hat sie im schnellen Rundblick bemerkt.

Der Ober im Restaurant fragt nach ihren Wünschen. Zwei Sachen weiß Stefanie genau: Dass sie Pommes mit Majo will. Und dass das Essen mit dem Papi bestimmt wieder ziemlich schwierig wird.

Auch Tamara, die morgen schwimmen soll, schaut durch die Augen hindurch auf die Speisekarte. Sie weiß, was gut für sie ist: etwas Leichtes, was nicht so schwer im Magen liegt, wonach man gut schlafen kann. Morgen früh um acht muss sie schon im Wasser sein. Eine Kraftbrühe mit Einlage vielleicht und einen Geflügelsalat »Hawaii« auf Toast mit Butter. Auf keinen Fall Nachtisch. Noch hat Stefanie die Kontrolle, und ihr Lieblingsgericht sind Jägerschnitzel und Pommes. Ganz viel Pommes, aber bloß keine Röstzwiebeln, igitt. Hinterher natürlich ein Eis. Sie freut sich.

Tamara innen stöhnt bei dem Gedanken.

Der Vater bestellt Ochsenschwanzsuppe und Zigeunerfilets auf Butterreis. Und für die Tochter Kraftbrühe und Hawaiitoast, man muss schließlich an den Wettbewerb denken. Enttäuscht würgt Stefanie es runter.

Auch der Vater ist unzufrieden. Wie immer. Natürlich ist alles ganz mies, die Ochsenschwanzsuppe nur lauwarm, die Filets zu klein, zu hart, der Reis klebrig. Alles lässt er zurückgehen. Der Ober entschuldigt sich, alles wird frisch serviert. Erwartungsvoll bleibt der Ober stehen, jetzt ist es bestimmt gut. Der arme Ober, er weiß noch nicht, dass man es dem Papi nie recht machen kann. Der Papi hat die Macht. Er schickt den Ober weg, ohne Worte, nur mit einem Blick. Ja, der Papi. Klein ist er und etwas dick, über der Stirn hat er ein Toupet, aber das darf niemand wissen, auch Stefanie nicht.

Stefanie ist das alles ziemlich peinlich, aber so ist es immer. Jetzt wird der Papi unruhig, er isst nur ein paar Bissen von dem neuen Essen, schaut auf die Uhr und verlangt die Rechnung. Mehr als die Hälfte von seinen Zigeunerfilets hat er auf dem Teller gelassen, einen abgebrochenen Zahnstocher dazugelegt und das Messer zwischen die Zinken der Gabel geschoben. So macht man das in feinen Kreisen, das weiß Stefanie, es bedeutet, dass man überhaupt nicht zufrieden ist.

Und der Papi ist nie zufrieden.

Zügig marschieren sie durch die nächtlichen Berliner Straßen. Stefanie würde sich gern die Schaufenster anschauen, sie hat sich auf diese Stadt gefreut. Aber der Papi ist in Eile, denn sie haben wohl noch eine Verabredung.

»Ja, bitte?«, fragt der Mann, dessen Gesicht hinter der kleinen Öffnung in der Tür aufgetaucht ist, nachdem der Papi mehrmals in unregelmäßiger Folge geklingelt hat.

»Ich heiße Michael Döpfner und komme von Heinz Michelsen«, sagt der Papi zu Stefanies Verwunderung. Die Klappe in der Tür wird zugeschoben, der Schlüssel dreht sich im Schloss, die Tür geht auf. Stefanie spürt deutlich die zunehmende Anspannung des Vaters und verschwindet flugs. Wie sie es immer macht, wenn der Papi so anders wird, so komisch.

Wenn das Fundament der dissoziativen Entwicklung erst gelegt ist, kann von einem gewissen Alter ab schon eine bedrohliche, unbekannte Atmosphäre eine neue Spaltung auslösen. Eine neue Person entsteht. Diesmal ist es Mona.

Stefanie ist fort.

Mona ist da.

Der Vater fasst nach der Hand seiner Tochter und tritt ein. Hinter der Tür wird ein Gang sichtbar. Halbdunkel. Man nimmt ihm den Mantel ab. Von irgendwoher George McCraes rauchige Stimme: »Rock Your Baby«. Eine Bar, davor mehrere Männer. Nur Männer, ganz allein. Junge und alte. Gutaussehende und hässliche. Freundliche und unsympathische. Aber auch die freundlichen sind komisch. Sie drehen sich um und schauen. Sie lächeln. Ihr Lächeln ist falsch. Bedrohlich. Eine Erregtheit geht von ihnen aus, Spannung hängt im Raum. Was wird das? Sie wollen etwas. Was wollen sie? Man kann sie riechen. Ein weiterer Mann kommt aus einem Nebenraum, er hat längere, sehr gepflegte Haare und trägt einen modischer Anzug mit spitzem Jackenrevers und einer eleganten Krawatte. Er schüttelt dem Vater die Hand, beschaut die Tochter. »Nicht schlecht«, ist sein Urteil. Er zieht ein großes Portemonnaie aus seiner Jackentasche und entnimmt ihm einige Scheine.

Mona.

Dies ist der erste Tag ihres Lebens. Wo ist sie hier nur? Was geht vor sich? Die Atmosphäre ist beängstigend, die Männer kennt sie nicht. Einer von ihnen hält ihre Hand fest. Plötzlich weiß sie, dass das ihr Vater ist. Mona ist acht, vielleicht neun Jahre. Nicht älter. So fühlt sie sich, auch wenn der Körper schon zwölf ist. Ängstlich drängt sie sich an ihren Vater heran, wirkt noch jünger dadurch.

»Nun stell dich nicht so an«, sagt der und schubst sie weg. Es ist ihm offenbar peinlich, dass seine Tochter so schüchtern wirkt. Sie muss sich in jeder Situation angemessen verhalten.

Angemessen, was ist das hier?

Er, der seine Tochter als Besitz betrachtet – wie seinen linken Arm oder seinen Mahagonischreibtisch –, benötigt ihr angemessenes Verhalten, um sein brüchiges Ego zu stützen. Sogar hier, in diesem Kinderbordell, soll sie souverän und gelassen wirken. So wie er gerne wäre.

»Mach mir keine Schande«, sagt er und gibt ihr einen Klaps auf den Po. Dann lächelt er den anderen Mann an, empfängt das Geld des anderen und fügt, wieder zu Mona, gewandt, hinzu: »Wenn du schön brav bist und alles tust, was man dir sagt, wird dir auch nichts geschehen.«

»Machen Sie es sich gemütlich«, sagt der Mann zum Vater und weist auf eine Reihe Stühle, wo schon andere Männer sitzen. Einer in einem verschwitzten weißen Hemd mit kurzen Ärmeln ist so dick, dass er kaum auf den Stuhl passt. Fasziniert verliert sich Mona in der Betrachtung seiner dicken Beine und des Fleisches an seinen Hüften, das sich in Wellen weich über die stählernen Armlehnen des Stuhls legt. An einer Stelle verschwinden die Lehnen ganz unter seinem Fleisch, und es hat den Anschein, als wolle es sich verbinden mit dem anderen Fleisch, dem von seinen Oberschenkeln, die darunter in die Höhe quellen. Als ob sein Fleisch in aller Stille wächst und wuchert, während der Mann dort sitzt und sie aus glasigen Augen anstarrt.

»Na, komm. Träum nicht.«

Ein Ruck geht durch Monas Arm, und sie kommt wieder zu sich: Der Mann in dem schicken Anzug zieht an ihrer Hand, dann geht er mit ihr eine Treppe hoch und einen langen Gang entlang. Mona dreht sich um und sieht, wie ihr Vater sich neben den fetten Mann setzt und die beiden ein Gespräch beginnen.

Auf dem Gang hört sie ein Kind weinen. Das Schluchzen kommt aus einem der Zimmer. Was geschieht dort? Jemand schreit. In eines dieser vielen Zimmer gehen auch sie nun hinein. Dort verlangt der Mann etwas Merkwürdiges: Mona soll sich ausziehen. Vor diesem fremden Mann. Der sieht, wie das Mädchen zögert und sagt lächelnd und ermutigend: »Na komm, es wird ganz toll werden, du wirst schon sehen.«

Das ermutigt Mona gar nicht. Sie rührt sich nicht von der Stelle, macht keine Anstalten, sich zu entkleiden.

»Nun mach schon!«, schreit der Mann sie plötzlich an. Wie falsch sein Lächeln war, hat sie schon vorher gespürt. Ganz dicht hält er jetzt sein Gesicht vor ihres. Seine Augen sind riesig und böse. Da weiß sie, dass sie keine Wahl hat. Sie zieht sich aus und bekommt neue Kleidung.

In Rot.

So was hat sie noch nie gesehen. Aber was hat Mona denn überhaupt schon gesehen? Eigentlich sind das gar keine richtigen Kleider, das weiß sie. Unterwäsche ist es auch nicht. Es ist ganz durchsichtig und an merkwürdigen Stellen offen.

Mona schämt sich. Ihr ist kalt.

Der Mann greift wieder nach ihrer Hand und zieht sie hinter sich her zu einem der anderen Zimmer, öffnet die Tür und schubst das Mädchen hinein. Gleich hinter der Tür bleibt sie stehen, greift nach der Klinke, aber es ist schon wieder abgeschlossen. Sie schaut sich um: zwei Fenster mit dicken Vorhängen, ein großes altes Bett, eine Lampe und ein Sessel. Dort sitzt jemand. Ein kleiner, dicklicher alter Mann. Er schaut sie an. Er soll sie nicht anschauen.

Nicht so.

Nicht so, wie sie ist. Sie hält die Hände vor all die offenen Stellen in ihrer Kleidung. Der Mann steht auf. Auch er ist komisch angezogen:

Er trägt einen Bademantel. Er lächelt. So komisch. Irgendwie lächeln die hier alle so komisch. Sie gucken Mona zwar an und lächeln, aber in Wirklichkeit sehen die sie gar nicht.

Was sehen sie?

Dieser Mann auch. Was ist mit seinen Augen? Näher kommt er, immer näher. Vor ihr bleibt er stehen. Dicht.

»Du bist mir ja eine ganze Süße«, sagt er.

Mona schaut zu ihm hoch. In seinen Mundwinkeln ist schaumige Spucke. Plötzlich sieht Mona, dass er unter dem Bademantel gar nichts anhat. Sie bekommt Angst. Ganz kalt ist ihr. Der Mann bemerkt ihre Angst und sagt beruhigend:

»Du musst überhaupt keine Angst haben, wir machen es uns nur ein bisschen gemütlich.«

Mona ist nicht beruhigt.

Der Mann zieht sie aufs Bett und beginnt, sie zu streicheln. Es ist gar nicht gemütlich.

»Ich bin ganz vorsichtig«, sagt der Mann.

Und greift ihr zwischen die Beine. Er findet, er macht das besonders zärtlich und rücksichtsvoll. Wie auch immer er es macht, Mona hat keine Ahnung, was das alles bedeutet. Sie weiß nur, dass es schrecklich ist. Sein altes Gesicht so dicht vor ihr, wie es schnauft und sie gar nicht ansieht. Sein Geruch, und wie er schwitzt.

Er betastet sie am ganzen Körper. Auch sie soll ihn betasten. An diesem Ding zwischen seinen Beinen. Er legt ihre kleine Hand darum, und mit seiner großen bewegt er ihre Hand auf und ab. Er schnaubt. Sagt Sachen, die sie nicht versteht. Hebt sie hoch und setzt sie wieder ab. Auf diese Seite und auf jene. Wie eine Gelenkpuppe mit schlackernden Gliedern fühlt sich Mona hin und her geschubst und gewendet. Gesetzt und gelegt. Gestellt und gedreht.

Das geht eine Weile so weiter.

Schließlich kommt dann auch noch die Erfahrung, die der Körper schon Hunderte von Malen gemacht hat. Mona aber erlebt es heute zum ersten Mal: Ein riesiger, schwerer Körper geht auf sie los und begräbt sie unter sich.

Jetzt muss ich sterben, denkt Mona.

»Das wird dir Spaß machen«, keucht der Mann. »Nun zeigt der Onkel Wolfgang dir was ganz Schönes.«

Das wird dir Spaß machen – wie oft haben die Personen in Angela Bahr diese Worte schon gehört. Niemals hat es ihnen Spaß gemacht. Aber das muss wohl ihr Fehler sein. Wenn die Erwachsenen es immer wieder sagen, bedeutet das doch, dass es ihnen Spaß machen muss. Oder? Den Erwachsenen macht es Spaß. Jedenfalls sagen sie das. Auch wenn sie dabei gar nicht lustig aussehen. Eher als ob ihnen etwas weh tut. Gequält. Manchmal schreien sie sogar.

»Das wird dir Spaß machen.«

Keiner von ihnen hat es jemals Spaß gemacht. Aber die Erwachsenen wollen, dass es ihnen Spaß macht. Also machen sie etwas falsch. Aber sie müssen doch alles richtig machen! Sonst wird es nur noch schlimmer. Also müssen sie auch dieses richtig machen.

So schaffen sie eine Person für den Spaß.

Eine, die alles richtig macht.

Die lacht, wenn es schmerzt. Erregt wird, wenn man sie quält.

Und feucht, wenn die Männer es wollen.

Das ist Romy.

Extreme Schamgefühle und Todesangst in sexuellen Situationen lösen Romy aus.

Romy hat das, was diese Männer »Spaß« nennen. Sie ist sexuell erregt. Eine Erregung, die aus Todesangst kommt. Romy spürt, was das ist: Liebe unter Willen.[34] Ohne zu wissen, was das heißt. Und gleichzeitig ist sie voller Schamgefühle über diese Erregung, die sie nicht verstehen kann. Erniedrigt, schmutzig, widerlich fühlt sie sich.

Der letzte Dreck.

Und sie glaubt den Männern, die zu ihr sagen: Es macht dir doch »Spaß«. Du willst es doch auch. Du bist doch selber schuld. Du geile, kleine Nutte, du.

Weil die anderen in Angela Bahr diesen Teil ausblenden, ihn nicht erleben müssen, gelingt es ihnen, immerhin Teile von Selbstachtung zu bewahren.

Zu Romys Lasten.

Während der Mann Mona vergewaltigt, sind die Schmerzen plötzlich weg. Ein Gefühl, das sie nicht kennt, geht durch den Körper hindurch. Was ist das?

Dann ist auch Mona weg.

Und Romy liegt dort an ihrer Stelle.

Als der Mann fertig ist, schaut er das Mädchen an. Die Kleine ist acht, so hat man ihm gesagt, und er glaubt es auch. Sie sieht kein Jahr älter aus. Eine Achtjährige, die einen Orgasmus hat, das hat er noch nie erlebt.

»Du bist ja richtig klasse«, sagt er anerkennend zu ihr, während er auf der Bettkante hockt und wieder zu Atem kommt, »das muss ich gleich den anderen sagen.«

Dann steht er auf, geht ans Waschbecken, lässt Wasser laufen, und das Mädchen spürt, wie er sie im Spiegel beobachtet. Dann bindet er seinen Bademantel wieder zu und geht hinaus.

Als sie allein ist, kehrt Mona zurück. Und mit ihr der Schmerz. Die letzten Worte des Mannes hat sie noch mitgekriegt. Aber sie weiß überhaupt nicht, was sie gemacht hat und wieso sie klasse sein soll. Sie schämt sich, ekelt sich, fühlt sich dreckig, erbärmlich und verlassen. Alles tut ihr weh. Immer noch hat sie diese grässlichen Sachen an. Sie will hier weg, aber die Tür ist wieder abgeschlossen.

Nach einer Weile wird der Schlüssel im Schloss gedreht, die Tür öffnet sich.

»Na, komm«, sagt der Mann mit dem schicken Anzug, der sie abholt, und seine Stimme ist eine Spur freundlicher. Er bringt sie in ein neues Zimmer. Als er diese Tür öffnet, sieht Mona, wer dort auf dem Bett sitzt: der unglaublich fette Mann, der sich vorhin mit ihrem Vater unterhalten hat. Seine Beinwülste stehen weit auseinander, der Bauch darüber reicht bis aufs Bett. Er lächelt. Dabei zieht sich sein Mund so in die Breite, dass die kleinen Augen in den speckigen Wangen fast verschwinden.

Ihr Entsetzen lässt Mona augenblicklich verschwinden.

An ihrer Stelle taucht Romy auf.

Wieder steht Mona vor der Tür. Sie allerdings meint, sie stünde hier immer noch. An der Hand des Mannes mit dem schicken Anzug. Doch inzwischen ist eine halbe Stunde vergangen. Aber das weiß Mona nicht, denn diese halbe Stunde ging zu Romys Lasten. Mona erinnert sich nur an den kleinen alten Mann, aus dessen Zimmer sie, wie sie meint, geradewegs gekommen ist. Und von dort aus geht es direkt in das neue Zimmer, das mit den zwei Männern.

Zwei Männer.

Und zwei kleine Mädchen sind auch schon da, eine so alt wie Mona, die andere jünger.

»Mami!«, schreit die kleinere los, sobald sich die Tür öffnet. Mona erkennt die Stimme. Die hat sie vorhin auf dem Flur schon gehört. Das Mädchen hat rote, verheulte Augen, ihre Nase läuft, und sie trägt ähnliche Sachen wie Mona. In Schwarz. Mit offenen Stellen.

»Hast du meine Mami gesehen?«, fragt die Kleine mit den verheulten Augen Mona, die sie kaum verstehen kann, weil das Mädchen so heiser ist.

»Sei still«, sagt der größere der Männer, der mit den schwarzen lockigen Haaren und den Pickeln im Gesicht.

»Sei still und pass gut auf. Mona zeigt euch Gänsen jetzt genau, wie man das macht.«

Er beginnt, Mona zu loben, die würde alles genauso machen, wie man es ihr sagt, und das wäre ganz toll. Die anderen sollten sich ein Beispiel an ihr nehmen.

»Nehmt euch ein Beispiel an Mona«, sagt nun auch der andere, der bisher schweigend auf dem Bett gesessen hat. Er klingt freundlicher als der Erste, richtig nett eigentlich. Die drei Mädchen schauen zu ihm hin. Vielleicht hilft er ihnen ja?

»Los, nun komm endlich her, Mona«, schimpft der Schwarzhaarige wieder los, »und zeig diesen blöden Puten mal, wie man das macht.«

»Nun sei doch nicht so grob«, mahnt ihn sein blonder Freund, »sie wollen das bestimmt lernen. Das sind doch liebe, nette Mädchen, das sieht man doch genau. Monalein, komm bitte mal her zu mir.«

Mona kommt hin. Lieber zu ihm als zu dem anderen. Sie hat keine Ahnung, weshalb sich die Mädchen ein Beispiel an ihr nehmen sollen. Und sie weiß überhaupt nicht, was sie nun machen soll.

»Komm schon«, sagt da wieder der andere. »Na, komm schon, du kleine Nutte, das wird dir Spaß machen!«

Spaß machen.

Spaß machen. Worte, die in sie hineinfallen. Tief hinein. Irgendwo auftreffen. Ein Echo erwecken. Ein Echo im Verstand. Wie Wellen, die ein Stein im Wasser wirft. Wellen, die Romy erreichen. Spaß machen. Spaß machen. Spaß machen. Spaß machen.

Das hört Romy dort in der Tiefe: Spaß machen.

Schon ist sie da.

Dafür ist sie da. Zwanzig Minuten lang.

Mona spürt nicht, dass sie selbst verschwunden ist. Zwanzig Minuten lang. Sie spürt auch nicht, dass sie wieder auftaucht.

Glücklich ist, wer vergisst.

Auch ihr Vergessen hat Mona vergessen.

Für sie ist die Situation gradlinig weitergegangen: Die beiden Mädchen weinen. Sie jammern nach ihrer Mama. Sie wollen nicht tun, was die Männer von ihnen verlangen. Da holt einer der Männer einen Stock. Mona soll die Mädchen schlagen. Sie will nicht. Einer der Männer drückt ihr einen Stock in die Hand, der andere hält das kleine Mädchen fest.

Ganz fest. Er hält sie so, dass Mona genau auf die richtige Stelle trifft. Was er für die richtige Stelle hält. Es ist der blonde Mann, der eben noch so freundlich war. Mona versucht, nur ganz leicht zu schlagen. Das merkt der Mann, er wird wütend, der Blonde, er ist wütend, packt Mona und verprügelt sie. Jetzt schlägt sie richtig zu.

Zimmerwechsel.

Der nächste Mann hat ein ausgeprägtes Hygienebewusstsein. Zuerst bringt er der achtjährigen Mona bei, wie man ein männliches Geschlechtsteil waschen muss, dann, wie man es oral befriedigt.

An den folgenden, den fünften Mann in dieser Nacht, kann sie sich kaum noch erinnern, nur dass es schnell ging und ihr Körper wieder so eigenartig reagierte.

Als auch dieser Mann fertig ist, holt man sie wieder aus dem Zimmer. Noch immer trägt sie diese schrecklichen Sachen, die inzwischen überhaupt nicht mehr frisch sind. Sie friert. Sie schämt sich zutiefst.

Als sie den Flur entlanggehen, dröhnt wieder Musik aus der Bar herüber. »Sugar Baby Love« jubeln, bombastisch orchestriert, die Rubettes. In der Ferne meint sie, die Stimme ihres Vaters zu hören. Er lacht.

Nun soll es eine Belohnung für Mona geben.

»Wir haben eine Belohnung für dich«, sagt der Mann im schicken Anzug. Weil sie so ganz besonders gut ist. Sie weiß nicht wieso. Aber sie hat einen sehnsüchtigen Wunsch. Vielleicht erfüllen sie ihr den ja. Es ist ihr einziger Wunsch.

Darf sie sich endlich wieder anziehen?

Nein.

Stattdessen bringt man sie in den Keller, und dort sieht sie Seltsames. Ketten, Stöcke und eigenartige Geräte hängen an der Wand. Und zwei Männer sitzen in einem Käfig. Sie sind ganz nackt. Der eine wird gefesselt, und Mona soll ihn hauen. Mit einem Stock. Auf dieses Ding, um das es hier die ganze Zeit geht. Der Mann schreit vor Schmerz. Aber er schreit auch, dass sie weitermachen soll.

Das hört Thomas.

Endlich kann Mona gehen.

Thomas ist da und schlägt auf dieses Ding ein, das er aus tiefster Seele hasst. Dieses Ding, vor dem er knien und es anbeten musste. Er schlägt mit Gewalt und Leidenschaft. Dieses Ding, das die anderen Männer haben und er nicht.

Denn das ist Thomas' Schuld, dass er dieses Teil nicht hat. Das hat ihm seine Mutter gesagt.

Thomas ist ein Junge und zwölf Jahre alt.

Seit seinem fünften Geburtstag hat ihm seine Mutter erklärt, dass er selber schuld ist. Immer wieder. Bis er es glauben musste. Zu Hause hat sie das gemacht, wenn sie allein war mit ihm und dem Bruder. Wenn der Vater fort war. Dann ist sie gekommen, um ihm alles ganz genau zu erklären.

Und Thomas weiß, dass es immer ganz schrecklich wird, wenn sie anfängt, ihm das zu erklären. Es wird weh tun, und es wird demütigend sein, er wird weinen, aber er wird nicht weinen dürfen. Dann ruft die Mutter ihn ins Zimmer des Bruders, Hans, und der muss mit zuhören, wie die Mutter Thomas erklärt, was für ein wundervolles Teil ein Penis sei. Ein würdiges Teil.

Der Bruder hört das gern.

»Das kann man schon allein daran erkennen, dass der Penis draußen am Mann sitzt«, sagt die Mutter, »stolz und erhaben sieht das aus. Ein edler Anblick.«

Und dann muss der Bruder sich ausziehen und ihnen seinen Penis vorzeigen. Hans ist stolz, dass er so ein tolles Teil hat. Und die Mutter fasst es an, streichelt daran herum, bis es groß und dick wird.

»Siehst du, wie edel das aussieht«, sagt sie dann zu Thomas, »es hat einen eigenen stolzen Willen. Wie ein richtiger Mann. Nicht wie dein Waschlappen von Vater.«

»Ja«, muss Thomas immer sagen, »ja, ich bewundere es.«

Dann muss Thomas sich hinknien und es küssen.

Das gefällt dem Bruder.

»Das Geschlechtsteil der Frau dagegen«, fährt die Mutter fort in ihrer Lektion, »ist eklig. Man muss sich dafür schämen. Es ist ein niederes Organ, das sieht man schon allein daran, dass die Frau es in ihrem Inneren verstecken muss, damit niemand es zu sehen braucht.«

Nach diesen Worten muss Thomas sich ausziehen, und der Bruder kann sich dann genau angucken, wie das da unten bei Thomas aussieht.

»Aber ...«, sagt die Mutter dann zu ihrer Tochter, holt tief Luft und macht eine Pause. Thomas weiß längst, wie es weitergeht, seine einzige Hoffnung ist, dass es schnell vorübergeht. Doch die Mutter verweilt gern länger bei den einzelnen Phasen ihrer Vorführung. Auch das weiß Thomas.

»... aber du bist ja selber schuld, dass du kein Glied hast. Du hast dich einfach nicht genügend angestrengt. Du bist ein Versager. Jeder Mensch will ein Mann werden. Der Mann ist die Krone der Schöpfung.«

Hans strahlt.

»Sieh nur, wie schön das ist!«

»Ja«, sagt Thomas.

Und wieder fummelt die Mutter am Glied des Bruders herum.

Dann kommt die nächste Lektion: »Du musst dich nur mehr anstrengen«, sagt die Mutter. »Dann kann auch aus dir noch ein Penis herauswachsen. Und dabei wollen wir dir jetzt helfen.«

In einer Mischung aus psychotischem Wahn und abgrundtiefem Frauenhass versuchte Angelas Mutter dann, aus der Scheide ihrer Tochter einen Penis herauszuziehen. Mit einer Zange. Einer gewöhnlichen Kombizange. Sie kniff die Tochter in die Scheidenwand und zog. Sie riss nicht. Dann wäre die Tochter vielleicht verblutet. Aber sie kniff und zog. Sie tat das nicht nur einmal.

Durch diese Vorträge der Mutter gelangte Thomas zu der Überzeugung, er sei ein Junge, aber nur ein ganz mangelhafter, einer, der sich nicht ausreichend bemüht hatte, einen Penis zu entwickeln. Ihn aus sich herauszupressen. Er hätte einfach noch mehr pressen müssen.

So kam Thomas zu seinem Neid auf männliche Geschlechtsteile. Und zu seinem Hass.

Fast genauso furchtbar war es hinterher. Wenn die Mutter besonders schlimm zugepackt hatte und Thomas zum Arzt gehen musste. Wenn er dann auch noch erzählen musste, dass er das alles selber getan hätte. Und wenn er die Blicke des Arztes und der Schwester aushalten musste.

Diese Scham, die Erniedrigung und den Hass spürt Thomas jetzt in diesem Moment, hier in diesem Berliner Kinderbordell, wo er zum ersten Mal tun darf, was er sich nie träumen ließ: Einen Mann schlagen. Thomas weiß nicht, wo er ist, es ist ihm auch ganz egal. Er schlägt auf den Penis des gefesselten Mannes ein, bis der nur noch eine offene Fleischwunde ist.

Man muss Thomas festhalten, damit er aufhört.

Dann verschwindet er wieder.

Mona ist da.

Entsetzt starrt sie auf den blutenden Penis und hat keine Ahnung, wieso der so aussieht. Der hat wohl schon vorher so geblutet, denkt sie. Bevor sie in den Raum gekommen ist.

Der andere Mann, es ist der siebte Freier an diesem Abend, schaut besorgt zu Mona hinüber. Klein ist das Mädchen, zierlich, zehn Jahre vielleicht, aber offenbar hat sie übermenschliche Kräfte. Das konnte er ja gerade an seinem Freund beobachten. Der hängt immer noch entrückt winselnd in seinen Seilen.

Der Mann zögert. Aber nicht lange. Zwar hat er Angst. Aber die Angst macht ihm Lust. Er entschließt sich. Er will auch. Irgendwas mit einem Stock. Mechanisch wie ein Fließbandarbeiter führt Mona auch dieses noch aus.

Dann endlich darf sie sich wieder anziehen. Die Stückzahl stimmt. In diesen wenigen Stunden hat die achtjährige Mona im Körper der zwölfjährigen Angela gewaltsamere und grausamere sexuelle Erfahrungen gemacht, als die meisten Frauen in ihrem gesamten Leben.

Der Mann im schicken Anzug bringt das Mädchen zu dem Vater zurück. Der strahlt die anderen Männer an und schließt die Tochter stolz in die Arme. Ihre Fähigkeiten haben sich herumgesprochen.

»Ich bin stolz auf dich«, sagt der Vater, so laut, dass die anderen Männer es hören können.

Als sie zur Tür gehen, ist es lange nach Mitternacht. Aber davon weiß Mona nichts. Sie hat keinen Sinn für Zeit. Aber einen für Schmerzen. Der Vater hält sie an der Hand.

»Braves Mädchen«, sagt er, »hast mir keine Schande gemacht.«

Während sich die schwere Tür mit dem kleinen Schiebefenster hinter ihnen schließt, dringt aus der Bar noch ein betrunkenes Männerlachen herüber. Und Frank Sinatras samtene Stimme: »I did it my way«.

Sport, Spiel, Spannung

»Fahren Sie doch ein paar Tage früher und schauen sich mit Ihrer Tochter Berlin an.« Wie praktisch, wenn man einen verständnisvollen Schulleiter hat. Der nicht kleinlich ist, wenn die Tochter eines angesehenen Mannes hin und wieder fehlt. Wegen Krankheit. Sie ist ja recht häufig krank. Oder wegen Sport. Im Zeugnis werden diese Fehlzeiten selten eingetragen. Warum auch? Das stört doch nur den optischen Gesamteindruck. Man kann schließlich stolz sein als Schule auf eine so erfolgreiche Sportlerin. Vielleicht nimmt die Kleine sogar mal an einer Olympiade teil. Warum auch nicht? Der Vater ist jedenfalls überzeugt davon. Die Kleine ist wirklich ein Ass.

»Fahren Sie doch ein paar Tage früher mit Ihrer Tochter und schauen sich Berlin an.« Oh ja, hatte Stefanie gedacht, als sie das hörte, Stadtbummel und Schaufenster gucken und ins Kino gehen. Mit dem Papi allein.

Aber von Berlin hat Stefanie noch überhaupt nichts gesehen. Einen Stadtbummel hat es nicht gegeben.

Jetzt ist es sechs Uhr morgens, und sie fühlt sich ganz unausgeschlafen, die Beine tun ihr weh, kein Wunder, an den Oberschenkeln hat sie lauter blaue Flecke. Woher sie die wohl schon wieder hat? Sie ist aber auch zu und zu ungeschickt. Eigentlich möchte sie gern noch ein bisschen schlafen. Aber das ist natürlich völlig ausgeschlossen, sie muss sich zusammennehmen, denn gleich geht es hinüber zum Schwimmbad, ein paar Runden einschwimmen, und dann muss sie wieder gewinnen.

Tamara steht am Beckenrand, vornübergebeugt, voll auf den Start konzentriert.

»Mach mir keine Schande«, hat der Vater zu ihr gesagt. Ganz dicht bleibt er immer an ihrer Seite. Schande machen will sie ihm auf keinen Fall. Er soll doch stolz auf sie sein. Bestimmt wird sie es schaffen. Tamara ist frisch und munter und ausgeschlafen. Sie macht alles richtig, hat nie einen Fehlstart gehabt, ist nie aus der Bahn geschwommen. Sie denkt nur daran, dass sie gewinnen muss. Ihr tut nichts weh, sie hat keine Sorgen, sie ist total fit. Die blauen Flecken schmerzen nicht, bei ihr sind sie sowieso kaum zu sehen.

Tamara gewinnt. In zwei Disziplinen.

»Ich bin stolz auf dich«, sagt der Vater, so laut, dass die anderen Erwachsenen es hören können. Zufrieden schaut er umher.

Als sie allein sind, sagt er: »Warum hast du im Rückenschwimmen versagt?«

Dann werden alle Gewinnerinnen zusammengerufen. Sie sollen fotografiert werden. Stolz zeigt Tamara ihre Medaille vor.

Sie strahlt. Gern würde sie noch ein bisschen mit den anderen Mädchen reden. Die machen heute irgendwas zusammen. Was, will sie gerade rauskriegen, aber da ruft der Vater schon wieder »Angela!« Nun gut, wird sie heute eben wieder ganz früh schlafen gehen, damit sie morgen genauso fit ist.

Ganz gern würde sie allerdings noch etwas essen, am liebsten Forelle blau mit Petersilienkartoffeln, denn das ist ihr Lieblingsgericht. Als Belohnung. Wo sie doch gesiegt hat. Aber nichts da, kaum hat sie sich umgezogen, ergreift der Papi ihre Hand, und sie treten vors Hotel. Schon ist wieder Stefanie draußen, die nun endlich ihren Stadtbummel machen will – trotz des leichten Nieselregens – und die unbedingt Pommes essen will.

Der Papi winkt eine Taxe heran. Kurz gehen sie dann noch in ein Restaurant. Tamara kriegt überhaupt nichts ab, Stefanie bekommt immerhin ihre Pommes frites, aber aus dem erträumten Stadtbummel wird auch an diesem Abend wieder nichts.

Denn auch an diesem Abend muss der Papi noch dringend einen Besuch machen. In einer anderen Gegend Berlins. Mit Stefanie.

Als sie den Raum betreten, sind wieder viele fremde Männer da. Er ist voller Rauch, lauter Stimmen, merkwürdiger Geräte. Stefanie kann sich gerade noch ganz kurz umschauen, ohne wirklich etwas wahrzunehmen, dann ist sie – unmerklich – schon wieder verschwunden.

Manuela ist da.

Auch Manuela ist ganz neu. Für alle anderen ist diese Umgebung beängstigend, denn sie ist fremd: Scheinwerfer, Hitze, Filmkameras, laute Stimmen, nackte kleine Mädchen und ein älterer Junge, der weint. Alles Fremde war bisher erschreckend oder schmerzhaft. Meistens beides zusammen. Filmaufnahmen haben sie zwar schon öfter erlebt, aber nie in einem richtigen großen Studio.

Wenn eine erschreckende neue Situation auftaucht, reagieren sie so, wie sie es inzwischen am besten können: Sie tauchen nach innen ab. Und wenn es eine traumatisierende neue Situation ist, schaffen sie eine neue Person.

Lieber würden sie weglaufen. Und schreien. Aber das geht nicht.

Das geht nie. Der Papa hält sie fest. Oder die Mutter. Oder ein Fremder. Oder jemand fesselt sie. Oder stopft ihnen etwas in den Mund. Sie können weder rennen noch schreien. Keiner ist da, der sagt: Komm, ich nehme dich in den Arm, ich tue dir nicht weh, ich tröste dich, ich beschütze dich, ich halte dich lieb. Ganz vorsichtig. Nur so, wie du es willst. Und wenn irgendjemand irgendwann mal so etwas Ähnliches gesagt hat und sie haben ihm geglaubt, dann hat er ja doch nur gelogen.

Da tun sie das Einzige, was sie können: Sie laufen nach innen weg. Sie weinen innen. Sie nehmen sich selbst in den Arm. Sarah weiß, dass sie die Zahl der entstehenden Personen so gering wie möglich halten muss. Sie weiß, dass einmal geschaffene Personen hier bleiben, dass sie sich auch weiterhin um sie kümmern, für Betreuung, für Aufsicht sorgen muss. Die Geister, die sie ruft, werden nicht nur diesen einen Abend das Leben der Angela Bahr bevölkern. Deshalb schaut Sarah immer erst einmal nach, wer von den anderen, denen, die ohnehin schon da sind, noch irgendeine Belastung aushalten kann. Nur wenn niemand mehr weiterkann, gibt es neue Personen.

Gestern Mona.

Heute Manuela.

Manuela bekommt ein Bündel Zeug hingeworfen. Das soll sie anziehen. Damit sieht sie in etwa so aus wie gestern Mona. Aber das weiß Manuela nicht. Noch denkt sie, dass sie ganz allein ist. Sie weiß nur, dass sie diese Situation hier irgendwie durchstehen muss, diese Situation, von der sie nicht ahnt, was sie überhaupt bedeutet. Sie weiß nur, dass es scheußlich ist und dass sie sich schämt. Sie weiß noch nicht einmal, dass der Mann, der dort drüben lächelnd auf der Couch sitzt, ihr Vater ist. Warum lächelt der? Sie kann das nicht verstehen, warum er zuschaut und lächelt, während sie diesen armen heulenden Jungen peitschen muss. Doch irgendwann geht auch diese Nacht vorbei.

Am nächsten Morgen wacht Stefanie auf.

»Was tut weh?«, fragt sie sich. Wie so oft. Fast alles tut weh. Wie gerädert fühlt sie sich. Vorsichtig zieht sie die Bettdecke von den Beinen. Neue blaue Flecken. Und alles ist ganz verklebt. Leise, auf Zehenspitzen schleicht sie ins Bad. Damit der Papi nichts merkt. Er schläft noch. Weil sie so feine Leute sind, mietet er zwar immer zwei Zimmer. Aber natürlich schläft er bei ihr. Damit sie sich nicht fürchten muss, wenn sie ganz allein ist. Sagt er. Das ist nett von ihm.

Der liebe Papi.

Leise wäscht Stefanie sich und zieht sich an.

Nach dem Frühstück steht wieder Tamara im Schwimmbad am Beckenrand.

»Mach mir keine Schande«, sagt der Papi.

Frisch, munter und ausgeschlafen holt Tamara sich die nächste Medaille. So kann der Papi wieder stolz auf sie sein und die anderen Leute mit diesem überlegenen Blick anschauen. Dann freut sich Tamara sehr, dass sie dies für ihn tun konnte.

Am Sonntag fliegen sie zurück. Ganz entspannt sitzt der Papi neben ihr, und Stefanie darf aus dem Fenster gucken. Heute muss nichts transportiert werden – also keine Aufgabe für Conny. Er hockt irgendwo im Inneren, tief unten im schwarzen Loch der Unbewussten, wo es keine Zeit gibt und keine Pflichten.

So kommt es, dass Stefanie zum ersten Mal bewusst in einem Flugzeug sitzt. Denn genau dieses Gefühl hat sie jetzt: dass sie zum allerersten Mal fliegt. Ein völlig neues Gefühl. Aufregend. Toll. Dabei weiß sie doch ganz genau, dass sie vor fünf Tagen auch schon nach Berlin hingeflogen ist.

Sie war ja da. Also muss sie auch hingekommen sein.

Schon komisch.

Aber egal.

»Wenigstens haben wir nicht solche grässlichen Sturmböen wie beim Hinflug«, sagt der Papi, bevor er sich weiter daranmacht, am Imbiss herumzunörgeln.

Ach so, denkt Stefanie. Und sie weiß nun, zu Hause kann sie allen erzählen, auf dem Hinflug hatten wir Sturmböen, auf dem Rückflug aber nicht.

So ergänzt und glättet sie gewohnheitsmäßig ihre Wirklichkeit, meist ohne es selbst zu bemerken.

Zu Hause sitzt die Mutter bei Bernkastler Riesling vor dem Fernseher und will auf keinen Fall gestört werden. Tränen der Rührung laufen ihr die Wangen herunter. Sie sieht einen Spielfilm in der ARD, »Der Scheingemahl« von Hedwig Courts-Mahler mit der süßen Sabine Sinjen in der Hauptrolle.

Wunderschön.

Eigentlich hatte sie auch für gestern einen gemütlichen Fernsehabend geplant, endlich Mann und Tochter aus dem Haus, so dass man seine Ruhe hat. »Schloss des Schreckens« war angekündigt, nach einem Roman von Henry James. Das klang verheißungsvoll, ein bisschen gruselig und genauso romantisch wie der Courts-Mahler-Film. Aber die Geschichte über zwei verrückte Geschwister und ihre überspannte Gouvernante war ihr mittendrin dann plötzlich zu blöd geworden. Verärgert hatte sie abgestellt, ein paar Beruhigungstabletten genommen und sich schlafen gelegt.

»Ich hab drei Medaillen gewonnen«, sagt Tamara zu ihrer Mutter und strahlt.

»Ich hab schreckliche Migräne«, sagt die Mutter, »hol mir eine Kopfschmerztablette. Und stör mich nicht, ich will den Film zu Ende sehen.«

Hinter dem Rücken der Mutter ziehen Stefanie und der Vater eine Grimasse und lächeln sich verschwörerisch zu.

Hauptsache, *sie* haben sich lieb.

Die erste Zeugin: Die Lehrerin

Das gespaltene Kind war für die Täter in vieler Hinsicht praktisch. Das Überleben in gespaltenen Welten aber wurde für Angela immer komplizierter. Daher konnte es nicht ausbleiben, dass auch anderen etwas auffiel. Kleine Unstimmigkeiten zuerst, Widersprüche, scheinbare Lügen, Unregelmäßigkeiten im Aussehen. Eine eigenartige Sprache. Ein widersprüchliches Kind, das häufig träumte, morgens verängstigt war und mittags rotzfrech. Falls die Menschen in Angelas Umgebung aufmerksam genug waren, konnten sie hin und wieder auch Verletzungen bemerken.

Sie alle sahen etwas und wurden dadurch zu Zeugen.

Was fingen sie mit ihrem Wissen an?

Manche fühlten sich nicht zuständig: die Ärzte.

Manche sahen weg: die Kindergärtnerin.

Manche machten mit: die Nachbarn.

Manche unternahmen etwas: die Lehrerin.

Zu ihrer Klassenlehrerin hatte Angela – nach gut drei Jahren – allmählich Vertrauen gefasst. Eines Tages traf die Lehrerin mit ihren Nachfragen bei Angela den richtigen Ton. Angela gab etwas preis. Sehr wenig. Mit knappen Worten: Der Vater tut etwas, was er nicht darf. Die Lehrerin ist schockiert: Anfang der siebziger Jahre ist sexueller Missbrauch ein Tabuthema. Erst gut zehn Jahre später werden die ersten »Wildwasser«-Selbsthilfegruppen[35] gegründet, in denen sich Frauen zusammenschließen, die in der Kindheit sexuell misshandelt worden sind. Erst dann erscheinen in Deutschland die Bücher von Alice Miller[36], Florence Rush[37], Angelika Gardiner-Sirtl[38]. Erst dann veröffentlicht die Medizinerin Professor Elisabeth Trube-Becker[39] ihre bahnbrechenden Untersuchungen über die Folgen sexueller Gewalt an Kindern[40]. Erst 1985 machte der WHO-Kongress »Battered Children and Child Abuse« das Problem des sexuellen Missbrauchs von Kindern international zum Thema.

Obwohl die Lehrerin Angelas Worten kaum glauben konnte, begriff sie, dass sie einen Hilferuf gehört hatte, und handelte: Sie überwand ihre eigenen Schamgefühle und rief Angelas Eltern an. Der Vater reagierte scheinbar gelassen und schob alles auf die lebhafte Phantasie der Tochter. Die Mutter suchte mit ihrer Tochter eine Erziehungsberatungsstelle auf.

Mehr geschah nicht.

Scheinbar.

1971

- Lt. William Calley wegen Mordes (My Lai Massaker) verurteilt.
- Willy Brandt erhält den Friedensnobelpreis.
- Apollo 14+15 landen auf dem Mond.
- Frauen demonstrieren gegen § 218.
- Charles Manson wegen Ritualmord zu »lebenslänglich Zuchthaus« verurteilt.
- Im Kino: »Love Story«, im Fernsehen: »Wünsch dir was«
- Hitparade: Heintjes »Mama«

Lügnerin

Evelyn Keller legte die Hände in den Nacken, klemmte die Füße hinter die Stuhlbeine, kippelte ein wenig, reckte sich, seufzte leise und fühlte sich wohl. Freitagmittag und Feierabend in Sicht.

»Erdnussflips, Coca und Salzstangen muss ich noch holen, Klavier und Geige hab ich schon«, murmelte sie leise ihre Einkaufsliste vor sich hin, mehr zu sich selbst als zu ihrer Kollegin, die vornübergebeugt am selben Tisch im Lehrerzimmer hockte. Nicht leise genug: Friederike Diehl blickte sofort auf, hoffnungsfroh lächelnd, dankbar für jede Ablenkung. »Klavier und Geige« hieß Bier und Korn und bedeutete ein flottes Junglehrer-Treffen am selben Abend bei Evelyn. Und das war um so vieles erfreulicher als der Stapel Hefte, der sich vor Friederike auf jenem abgegriffenen Holzmöbel türmte, dessen Hässlichkeit durch nichts besser zur Geltung gebracht werden könnte als durch die zu kurzen blassrosa Deckchen mit Rhombenmuster, die diagonal über ihm und den sieben anderen Tischen des Lehrerzimmers lagen.

»Wie gehabt«, hatte Evelyn spontan enttäuscht gedacht, damals, vor einem Jahr, als sie voller Freude über ihre erste Stelle als junge Lehrerin, über ihre erste eigene Klasse, zum ersten Mal über die Messingschwelle hinweg das Lehrerzimmer betrat, dessen Anblick und Geruch automatisch Legionen alter Ängste mobilisierten und nach Fluchtwegen Ausschau halten ließen.

Eine Weile noch blickte Friederike Diehl erwartungsvoll lächelnd zu ihrer Kollegin hoch, aber die war verstummt, in Gedanken schon weitergewandert zum Rest des Wochenendes, den sie mit ihrem Freund verbringen wollte. Als gar nichts mehr kam, senkte Friederike den Blick schließlich wieder auf ihre Hefte, und diese bohrten sich in ihr Gewissen. Sie senkte den Blick ungern und etwas verdrossen auf den Stapel vor sich, denn in dieser Pause hatte sie endlich die Rechenarbeit ihrer Vierten zu Ende korrigieren wollen, würde es aber nicht schaffen. Wieder nicht. Die ungetane Arbeit würde Friederikes Wochenende verderben, sich zäh und lähmend über die schönsten Tage der Woche legen, bis sie sich schließlich am Sonntagabend durch den ganzen verhassten Packen quälen würde, während alle anderen den neuen »Tatort« im Fernsehen anschauen konnten.

Evelyn Keller wusste das. Zur Genüge, denn bei ihr jammerte sich Friederike Diehl ständig aus über ihre unbegabte, ungehorsame Vierte. Dass sie laut waren, kriegte das gesamte Kollegium mit, niemand, der in einer Freistunde am Klassenraum vorbeiging, konnte es überhören. Dass sich zwei neulich brutal geprügelt hatten, bis der eine mit blutender Nase heulend in der Ecke hockte, und ein anderer seine Schulmappe quer durch die Klasse geschleudert hatte, als Friederike den Raum betrat, musste sie sogar dem Rektor melden. Der war gekommen und hatte die Klasse zur Räson gebracht. Solange er dort war. Hinterher wurde es umso schlimmer. Seitdem erzählte Friederike ihm nichts mehr. Nur Evelyn erfuhr noch von den Katastrophen.

Wahrscheinlich, dachte Evelyn behaglich, hat Friederike einfach kein Talent zur Lehrerin, und als sie dies dachte, war sie sich augenblicklich ihrer eigenen Begabung bewusst. Sie hatte ihre Dritte prima im Griff und schaffte den Stoff gut. Alle waren lernwillig und artig, und fröhlich waren sie auch. Wie ihre Lehrerin eben.

Evelyn schaute auf die Uhr: Gleich musste es kommen.

»Nun, dann wollen wir mal wieder«, sagte prompt Rektor Kernberg. Während Evelyn und Friederike sich angrinsten, erhob er sich umständlich von seinem Schreibtisch an der Stirnseite des Raumes, wobei sein Stuhl über den Linoleumboden quietschte. Ein Geräusch, das den Kollegen genauso verhasst war wie das Kreischen von Kreide auf der Wandtafel ihren Schülern. Auch hier im Lehrerzimmer saß Kernberg am liebsten am Schreibtisch und hatte sich deshalb extra einen eigenen hereinschaffen lassen.

Nach seinen Worten wussten alle Bescheid: Eine Minute noch, dann würde die Schulglocke läuten. Aus unerfindlichen Gründen hatte Rektor Kernberg den Ehrgeiz entwickelt, der Schulglocke um genau eine Minute zuvorzukommen. Mit der Faust klopfte er dreimal auf seinen Schreibtisch – eine Geste, die er aus grauen Vorzeiten einer studentischen Verbindung herübergerettet hatte – und schritt zur Tür.

Das Kollegium – bis auf den Konrektor – grinste. »Unter den Talaren der Muff von tausend Jahren«, brummelte Werklehrer Thilo Meinhold den Protestruf der Studentenbewegung, zu der er sich gern zählen würde, hätte er sein Studium nicht schon zehn Jahre vor deren Beginn beendet. Sein Brummeln war akkurat so laut bemessen, dass Evelyn und Friederike es hören konnten, der Konrektor aber nicht.

Man packte die Sachen zusammen, die Ersten verließen den Raum. Die Stimmung war locker, wie immer freitags in der letzten großen Pause.

Nun läutete auch die Schulglocke.

Evelyn Keller stand auf, griff nach ihrer Tasche, und während sie sich wieder aufrichtete, schaute sie bewundernd ihre eigenen Beine hinab: So musste eine Lastexhose sitzen: straff bis zu den Füßen, keine Falte an Knie oder Po. Das gefiel auch Thilo Meinhold, und er hielt ihr die Tür auf.

Eine Stunde noch, dann war Wochenende.

»Freedom's just another word for nothing left to lose«, summte Evelyn munter den Janis-Joplin-Song, der gerade die deutsche Hitparade emporkletterte und dort Ennio Morricones »Spiel mir das Lied vom Tod« verdrängte.

Sonnabend würde sie mit ihrem Freund tanzen gehen. Vergnügt eilte sie mit den anderen den langen, kahlen Flur entlang, und versuchte das rhythmische Klackern ihrer neuen Stiefeletten dem Song jener Rocksängerin anzupassen, die vor einem halben Jahr an einer Überdosis Heroin gestorben war: *»From the Kentucky coalmine to the California sun, Bobby shared the secrets of my soul.«*

Eine Stunde in ihrer Dritten, und nur Deutsch, das würde leicht werden. Sie würde ihnen etwas vorlesen und es nacherzählen lassen. Zum Schluss könnte sie sich berichten lassen, was die Kinder am Wochenende vorhatten. Das war immer interessant, manchmal sogar voller Überraschungen.

»So«, sagte sie und schaute fröhlich in die Runde, als das Begrüßungsritual beendet war und fast alle einigermaßen ruhig auf ihren Plätzen saßen, »ich lese euch jetzt eine Sage aus England vor.«

Sie überging die Begeisterungsrufe, »oh, ja, toll, vorlesen!« und fragte: »Wer weiß, was eine Sage ist?«

»Ja, Angela?« ermunterte sie das hellblonde Mädchen in der dritten Reihe, das sich bei diesem Wort sofort heftig gemeldet hatte. »Du kannst uns erklären, was eine Sage ist?«

Das Mädchen schwieg.

Ihr schmales Gesicht mit den wachen Augen, die eben noch vor Freude gestrahlt hatten, wurde trübe. Fast bockig sah sie plötzlich aus und schaute aus dem Fenster.

»Angela?« mahnte Evelyn Keller streng, denn es war nicht das erste Mal, dass die Kleine so merkwürdig reagierte. Träumte sie? Konnte sie sich nicht konzentrieren? Oder wollte sie nur nicht?

»Was?« fragte das Mädchen vorsichtig und leise.

Heute ist Freitag, dachte Evelyn Keller, die träumt genauso vom Wochenende wie ich.

Und beschloss geduldig zu sein.

»Du hast dich doch eben gemeldet, Angela«, versuchte sie der verwirrten Kleinen auf die Sprünge zu helfen.

Angela schaute auf, direkt in die Augen der Lehrerin, gar nicht verwirrt und erwiderte klar und kühl: »Nein.«

Die ganze Klasse prustete los.

Mit einem bewährten pädagogischen Trick lenkte Evelyn Keller die Aufmerksamkeit der Klasse in eine andere Richtung: Sie ließ den lautesten Lacher die Frage beantworten.

Dann begann sie vorzulesen: »Es war einmal eine kleine verlorene Insel in den englischen Kolonien, dort, wo es warm und immer Sommer ist. Die kleine Insel lag ganz nah bei einer großen. Wenn man auf der großen Insel stand, konnte man die kleine nicht sehen; viele

Bäume versperrten die Sicht. Aber vom Meer aus konnte man sie auch nicht finden, denn da sah sie aus, als ob sie ein Teil der großen wäre. Aber da war sie, die kleine Insel.«

Evelyn Keller las mit großem Vergnügen vor. Am liebsten Geschichten, die ihr schon seit der Kindheit vertraut waren. Das Lesen ging dann fast automatisch, und sie konnte dabei vom Wochenende träumen, an dem sie ihrem Freund Spaghetti nach einem italienischen Rezept kochen wollte, das sie gerade in der *Constanze* entdeckt hatte. Dazu sollte es grünen Salat und Rotwein geben.

Der anschließenden genüsslichen Rangelei auf ihrer Ausziehcouch würden die üblichen Klagen ihres Freundes folgen, darüber, dass er eben nur so weit und nie weiter gehen durfte. Evelyn war 25 und hatte beschlossen, dass sie sich zumindest erst verloben wollte. Aber danach hatte er sie noch gar nicht gefragt. Und sagen wollte sie es auch nicht. Wie konnte sie, in diesen Zeiten der sexuellen Revolution, wo sowieso alle taten, als ob sie es immer schon täten?

»Eines Tages kam ein Seeräuber zu den Inseln. Er suchte ein gutes Versteck. Denn er wollte eine große Schatzkiste, voll von kostbaren Schätzen, verbergen und vergraben. Plötzlich beim Umschiffen der großen Insel, sah er die kleine Insel vor sich. ‚Aha!', sagte er leise, ‚hier will ich meinen Schatz vergraben. Hier wird ihn niemand finden. Niemand wird auf den Gedanken kommen, dass ich ihn auf einer so kleinen Insel verstecke, wo doch eine so große so dicht danebenliegt.'«

Während sie von dem Seeräuber und seinen Grabarbeiten auf der kleinen Insel las, machte sie bisweilen eine Pause, um die Spannung zu erhöhen, und ließ dabei den Blick durch die Klasse schweifen. Immer wieder blieb er an Angela hängen, die still an ihrem Platz saß und träumte.

Was war nur mit dem Mädchen los? Auch die Kolleginnen sprachen über sie. Alle hatten sich anfangs in sie verguckt, weil die Kleine mit ihrem zarten Gesicht, fast weißblonden Haaren und ihrer zierlichen

Figur wie ein kleiner Engel wirkte. Und plötzlich tobte sie, schrie und konnte um sich schlagen wie ein Teufel.

Hin und wieder log sie auch. Sogar ohne Not. Letzte Woche war Friederike Diehl, die in Evelyns Klasse Religion unterrichtete, völlig verblüfft ins Lehrerzimmer gekommen und hatte die neueste Angela-Geschichte erzählt, wie sie diese Episoden inzwischen nannten.

Als die Hausaufgaben vorgelesen wurden, behauptete das Mädchen, sie hätte vergessen, sie zu machen. Als Nächstes sagte sie plötzlich, sie hätte ganz bestimmt alles gemacht, aber leider gestern Abend vergessen, ihr Heft einzupacken. Friederike hatte – natürlich – geschimpft, sie solle nicht lügen. Daraufhin war Angela völlig ausgerastet, das sei ihr egal, was Friederike glaube oder nicht. Friederike hatte sie dann in die Ecke gestellt. Und selbst in Angelas Mappe nachgeschaut. Da lag das Heft. Eine Notlüge, dachte sie und war sicher, dass Angela die Hausaufgaben einfach nicht gemacht hatte. Doch da standen sie: sauber, ordentlich und ohne einen einzigen Fehler.

Es war ein Rätsel.

Warum hatte das Kind gelogen? Ohne Not. Es hatte doch gar nichts zu verbergen.

»Da wurde der Seeräuber sehr böse und brüllte vor Zorn«, las Evelyn Keller, machte eine weitere Pause, hob die Augen vom Buch und betrachtete Angela einen Moment. Unter diesem freundlichen, besorgten Blick tauchte das Mädchen auf, aus welchen Tiefen auch immer. Die Lehrerin lächelte ihr zu, senkte den Blick und las weiter von dem Seeräuber, der ganz sicher gewesen war, dass er seinen Schatz jederzeit holen konnte, wenn er nur wollte. Dem es aber niemals gelang, die kleine Insel wiederzufinden, so sehr er auch suchte.

Die Kinder waren ganz still, sie hatte ihre volle Aufmerksamkeit: »So blieb die Schatzkiste – Jahre um Jahre – auf der stillen kleinen Insel, die niemand sah und niemand fand und von der niemand wusste, dass sie überhaupt da war.«

Wie nett Fräulein Keller ist, dachte das Mädchen. Wie freundlich. Sie guckt warm und lieb. Wirklich lieb. Bis tief innen. Nicht so wie die Mutter, die auch lieb gucken konnte. Aber nur wenn andere Leute dabei waren oder der Vater sie fotografierte.

Vielleicht, wenn sie ihr alles sagte?

Vielleicht konnte sie helfen.

Ja, das würde sie tun.

Mit Fräulein Keller sprechen.

Heute würde sie es ihr sagen.

Sie hatte doch selbst vom Sagen gesprochen. Das hatte sie genau gehört. Auch wenn die anderen immer dazwischengeredet hatten. Das Wort hatte sie genau verstanden. Fräulein Keller wollte, dass sie es sage. Sage, immer wieder sage, hatte es geheißen. Nach der Stunde, wenn sie die Hausaufgaben aufgeschrieben hatten, wollte sie mit ihr reden.

Du darfst niemals reden.

Hoffentlich kriegte sie das Ende der Stunde noch mit. Manchmal verging die Zeit so schnell, plötzlich war Abend, und sie hatte alles versäumt. Sie musste sich konzentrieren. Sich anstrengen.

»Also«, drang Evelyn Kellers Stimme wieder zu ihr durch, »wenn du sie finden solltest, so brauchst du nur eine Flagge aufzurichten und zu sagen: ‚Ich erkläre diese kleine verlorene Insel für mein Eigentum.' Dann gehört sie dir für alle Zeiten: eine Palme, weiche Sanddünen, singende Vögel, dichtes Gebüsch, ein Affe, ein Seeräuberschatz, alles.«

Evelyn klappte das Buch zu. Es war ihr eigenes und sah schon gut gelesen aus. Sie schaute auf und beobachtete, wie die Kinder allmählich wieder merkten, dass sie in der Schule waren. 15 Minuten plauderte sie noch mit ihnen über die Geschichte. Dann ließ sie sich die Pläne fürs Wochenende erzählen. Die meisten meldeten sich aufgeregt, und Klaus, wie immer erbost, wenn er nicht sofort drankam, sprang auf und brüllte aus der letzten Reihe: »Und ich und ich und ich!« Es hatte überhaupt nichts genützt, dass sie ihn in die letzte Reihe gesetzt hatte, dachte Evelyn. Manchmal lief er einfach nach vorn, wenn er sich benachteiligt fühlte. Und das war oft.

Angela schwieg.

»So«, mahnte die junge Lehrerin schließlich, um die Klasse auf das nahende Ende der Stunde einzustimmen, »ist der Blumendienst denn seinem Amt nachgekommen?«

Und bohrte ihren Zeigefinger in die Erde trostloser Sanseverien, die stramm wie Soldaten auf der Fensterbank standen und denen zu Evelyns Enttäuschung weder zu viel noch zu wenig Wasser den Garaus machen konnte.

»Gut, dann müssen wir noch schnell das Milchgeld einsammeln.«

Im Hausaufgabenheft wurden Rechenpäckchen notiert, die gelöst werden sollten, und ein Gedicht, das sie bis zum Dienstag auswendig lernen mussten. Dann läutete die Schulglocke, vor Evelyns geistigem Auge erschien Rektor Kernberg und klopfte dreimal auf seinen Schreibtisch. Alle stürzten aus der Klasse.

Nur Angela nicht.

Evelyn Keller war ratlos. Sie wollte auch nach Hause. Was sollte sie mit der Kleinen machen?

»Na, Angela, wolltest du nicht erzählen, was du am Wochenende machst?«, fragte sie freundlich.

Ich geh jetzt zu ihr.

Du bleibst sitzen.

Heute sag ich's ihr.

Nichts sagst du!

Sie ist lieb, sie wird uns helfen.

Sie glaubt dir kein Wort.

Bestimmt.

Dann stirbt sie. Wie Frau Bergmöller. Die hat einen Herzschlag gekriegt, als ihr was sagen wolltet. Ihr seid schuld. Wollt ihr noch jemand umbringen?

»Angela?«

»Was?«

Das Mädchen stand auf und kam auf sie zu.

»Alle haben erzählt, was sie am Wochenende machen. Hast du denn auch was Schönes vor?«

»Mag gar nicht nach Hause gehen.«

»Warum denn nicht?«

»Papi ist gar nicht lieb zu mir.«

»Wie, nicht lieb?«

»Der tut mir so weh.«

»Was macht er denn?« Die Frage war heraus, bevor Evelyn merkte, dass sie sie eigentlich gar nicht hatte stellen wollen.

»Steckt mir Sachen in den Bauch.«

Oh Gott. Die junge Lehrerin fand keine Worte für das, was sie fühlte. Entsetzt schaute sie auf Angela herab, die mit großen Augen zu ihr aufblickte, hoffnungsvoll. Was hat das Kind nur? Träumt es zu viel?

»Kannst du nicht machen, dass der Papi mir nicht mehr so weh tut?«

Evelyn spürte Ekel. Was war mit der Kleinen? Phantasierte sie? Hatte sie vielleicht Alpträume? Ja, bestimmt hatte sie Alpträume. Etwas anderes konnte ja gar nicht sein. Unmöglich. Die Phantasie. Angela war voller Phantasien. Manche Kinder, das wusste Evelyn noch vom Studium, können Wahrheit und Traum nicht trennen. Gerade in diesem Alter. Genau. So war es.

»Angela«, sagte sie, als sie sich wieder einigermaßen gefasst hatte, »das hast du bestimmt geträumt. Dein Papa ist doch sehr lieb. Der tut dir bestimmt nichts.«

Ob er ihr manchmal einen Klaps gab? Na ja, vielleicht war sie zu Hause auch so unberechenbar wie in der Schule.

»So was darfst du doch über deinen Vater nicht sagen. Der meint es bestimmt nur gut mit dir.«

Siehst du, sie glaubt uns nicht.

Die Kleine stand immer noch vor ihr und schaute hoch. Erwartungsvoll.

»So, ja«, sagte Evelyn Keller hilflos, »dann geh mal jetzt auch nach Hause.« Sie streichelte dem Mädchen über den Kopf. »Die anderen sind schon alle weg«, fügte sie etwas sinnlos hinzu und griff nach ihrer Aktentasche.

Was nun?

Das Mädchen rührte sich nicht vom Fleck. Evelyn legte ihr leicht die Hand auf die Schulter, drehte sie Richtung Tür, schob sie ein wenig an, und die Kleine marschierte los.

Wie ein Roboter.

Dort drehte sie sich um, strahlte und sagte: »Am Wochenende spielt mein Papi immer Klavier. Und dann fahren wir alle zusammen zum Schwimmtraining. Da haben wir viel Spaß. Auf Wiedersehen, Fräulein Keller.«

Dann machte sie tatsächlich einen Knicks und verschwand hinter der Tür. Irgendwie war das noch viel atemberaubender als die Geschichte vom Alptraum. Eigentlich hatte Evelyn sofort zum Einkaufen fahren wollen, aber nun war sie so beunruhigt, dass sie ins Sekretariat ging, die Nummer von Angelas Vater heraussuchte, um ihm von den Alpträumen und schlimmen Phantasien seiner Tochter zu erzählen.

Etwas stimmte mit dem Mädchen nicht.

Aber gemeinsam würden sie ihr sicher helfen können. Am Abend, bevor die Kollegen kamen, wollte sie mit dem Vater sprechen. Nach diesem Entschluss ging sie erleichtert einkaufen.

Während Evelyn im Supermarkt Spaghetti, Parmesankäse, Hack, Tomatenmark und Erdnussflips in den Einkaufskorb legte, lief Angela zum Schwimmtraining. Sie hüpfte fröhlich die Straße entlang, dass der Ranzen auf ihrem Rücken tanzte. Aufs Schwimmen freute sie sich immer. Im Wasser war sie für sich. Da konnte sie richtig was leisten. Leistung war wichtig. Das war ihre Aufgabe. Mit jeder neuen Bestleistung konnte sie ihrem Vater eine Freude machen. Irgendwann würde er sie bestimmt loben.

Zwei Stunden später hob Evelyn die Einkaufstasche auf den Küchentisch in ihrer Wohnung. Ihrer ersten eigenen, auf die sie sehr stolz war. Zwar gab es kein Schlafzimmer und nur ein winziges Bad, aber egal. Auch die Kochnische war klein, aber Evelyn kochte und backte begeistert. Besonders für ihren Freund. Sie warf den Mantel auf die Couch, drehte das Radio an und begann, die Einkäufe auszupacken. Aber die klagenden Elektrogitarren von Santanas »Black Magic Woman« machten sie melancholisch, und sie kurbelte weiter am Senderknopf. Bei Andy Kims orchestralem Jubelruf, »Be my, be my Baby«, blieb sie hängen, ihre unbeschwerte Wochenendstimmung kehrte zurück. Während sie Hack und Tomatenmark wegstellte, ließ sie die Details des morgigen Samstags durch ihre Phantasie ziehen. Und freute sich.

Am Boden der Tasche lag ein Zettel. Die Rechnung, dachte Evelyn und warf sie in den Mülleimer. Aber irgendetwas stimmte nicht, sie hob den Deckel wieder an, nahm die Rechnung heraus und entdeckte, dass es ein Zettel mit einer Telefonnummer war. Herr Bahr, dachte sie, Angelas Vater, richtig, ihn wollte sie noch anrufen.

Ja, das musste sie wohl tun.

Es fiel ihr schwer. Sie wiederholte nicht genau, was das Mädchen gesagt hatte. Nur ungefähr. Konnte sich jetzt auch gar nicht mehr so recht an die Worte erinnern.

Aber das Gespräch lief leichter, als sie erwartet hatte. Es gelang Werner Bahr, sie zu beruhigen. Er kannte die lebhafte Phantasie seiner Tochter, sagte er und erzählte einige drollige Beispiele, über die sie beide lachen mussten.

Evelyn mochte den Mann. An jeder Schulfeier nahm er teil, fotografierte die Kinder, schleppte Kisten mit Brause an, spendete bei jeder Sammlung, ob es um Jugendherbergsgroschen oder das Rote Kreuz ging.

Zweimal war er zum Elternvertreter gewählt worden, und alle waren erfreut, dass er die Wahl angenommen hatte, denn sie wussten, dass er als Bankdirektor sehr beschäftigt war. Dennoch machten er oder seine Frau jeden Ausflug mit. Meistens sogar beide. Sie organisierten Spiele und ließen ihre Kleine dabei keinen Augenblick aus den Augen. Wirklich vorbildlich, wie sie sich für das Kind engagierten.

Jetzt taten sie Evelyn fast leid: Sicher war es zu Hause nicht sehr leicht mit ihrer eigenartigen Tochter. Auf ihren Vorschlag, mit Angela zu einem Schulpsychologen zu gehen, reagierte der Mann zögernd. Er wollte erst mit seiner Frau darüber sprechen. Das war verständlich. Allerdings erhoffte sich Evelyn von einem oder mehreren solcher Gespräche einen leichteren Umgang mit dem Mädchen, und daher nannte sie auch gleich Namen, Adresse und Telefonnummer der zuständigen Erziehungsberatung. Das leuchtete ihm ein, er notierte alles, sagte aber auch, dass er möglicherweise einen eigenen Therapeuten hinzuziehen wollte.

Auf alle Fälle wollte er seine Tochter einige Tage zu Hause behalten, damit er und seine Frau sich um die Probleme der Kleinen kümmern konnten. Falls sie wirklich Probleme hätte. Das fand Evelyn Keller allerdings ein wenig übertrieben, aber er meinte, er würde es schon mit dem Direktor regeln. Es würde in Ordnung gehen. Bei aller Launenhaftigkeit war Angela eine gute Schülerin. Sie fehlte zwar öfter, schien aber nichts zu versäumen.

Nach dem Gespräch war Evelyn ziemlich beruhigt. Die Sache war bei den Eltern in guten Händen. Bestimmt.

Und nun begann endlich das Wochenende.

Als Evelyn den Hörer auflegte, drückte Angela zu Hause auf den Klingelknopf. Ihre Haare waren noch nass, denn sie hatte sich nur oberflächlich abgetrocknet, weil sie schnell nach Hause wollte. Im Brustschwimmen war sie Beste geworden. Das wollte sie dem Vater erzählen. Papi wird sich freuen.

Wenn du dich mal nicht irrst. Vielleicht hat sie angerufen.

Sie freute sich auf ihren Vater. Er war immer nett und lieb zu ihr. Aber sie hatte auch Angst vor ihm. Das war merkwürdig, denn er hatte ihr nie etwas getan. Es dauerte eine Weile, dann näherten sich die Schritte der Mutter. Etwas war passiert. Das hörte Angela an den Schritten.

Die Mutter öffnete die Tür und lächelte. Sie sagte kein Wort.

Angela trat ein. Was war los? Etwas stimmte nicht. Die Atmosphäre. Die Geräusche. Wie lächelt die Mutter? Vorsichtig sein.

»Nun, dann wollen wir essen«, sagte die Mutter und ging voran ins Speisezimmer. Dort saß schon der Vater. Er lächelte ebenfalls. Was ist los? Hat sie angerufen? Vorsichtig ging Angela ins Zimmer, schob leise den Stuhl zurück und setzt sich zur Familie an den Tisch.

»Was sind denn das für neue Sitten?«, fragte die Mutter, »willst du dir denn nicht die Hände waschen?«, und gab ihrer Tochter eine Ohrfeige. Angela lief in das Bad, um sich die Hände zu waschen.

Dann aßen sie schweigend. Nichts verschütten. Kein Geräusch machen. Nicht mit dem Löffel auf den Tellerboden kommen. Aufrecht sitzen.

Der Bruder grinste. Was wusste er?

Der Magen saß Angela im Hals. Sie musste das Essen gewaltsam nach unten pressen.

»So«, sagte die Mutter, als alle fertig waren, »dann kannst du jetzt abräumen.«

Als Angela wieder ins Speisezimmer kam, saßen sie alle um den Tisch herum. Sie lächelten.

»Setz dich, Angela«, sagte die Mutter. »Hast du uns nicht etwas zu erzählen?«

Angela schwieg. Was sollte sie erzählen? Die Atmosphäre von Angst und Gefahr hatte schnelle Persönlichkeitswechsel ausgelöst. Die Person, die vielleicht etwas hätte erzählen können, war längst verschwunden. Was wollte die Mutter wissen? Sie würde alles sagen, was sie konnte. Aber sicher war es wieder das Falsche. Sie schwieg.

»Hast heute mit deiner Lehrerin gesprochen, hm?«, sagte die Mutter.

Der Vater sagte gar nichts.

Sie hat angerufen! Sie wird uns helfen!

Seid ihr blöd? Sie hat uns verraten! Ich hab euch doch gesagt, ihr sollt den Mund halten!

»Na, der haben wir aber mal erzählt, was du für ein Früchtchen bist«, lachte die Mutter, »Lügnerin, böses Kind, verdorbene kleine Hexe. Bei der kannst du dich nicht mehr blicken lassen, du Satansbraten.«

Der Vater stand auf und ging ins Kinderzimmer. Er sagte kein Wort.

»Na los«, sagte die Mutter. »Geh, hol dir deine Strafe ab.«

Der Bruder feixte.

Angela stand auf und ging in ihr Zimmer.

Dort saß der Vater schon auf dem Bett. Er sagte kein Wort. Blickte sie an. Ging zum Schrank und holte den Stock.

Schweigend.

Schnell zog das Mädchen alle Kleider aus. Sie fürchtete diesen Mann sehr. Von ihm kam nur Schlechtes, nie Gutes. Aber man konnte sich nicht gegen ihn wehren. Sie legte sich aufs Bett, und er begann sie zu schlagen. Immer heftiger, bis ihr das Blut die Beine hinab lief. Sie weinte nicht.

Bei Evelyn Keller klingelte es. Sie lief zur Tür und ließ die ersten drei Kollegen herein. Jürgen Herzog, mit dem sie zusammen studiert hatte, drückte ihr einen Blumenstrauß in die Hand. Rosa Nelken. Wie albern. Er hatte nie aufgehört, sich um sie zu bemühen. Leider mit den falschen Mitteln. Trotzdem genoss sie seine Anstrengungen. Die beiden anderen hatten Wein und eine brandneue LP mitgebracht.

Angela lag auf dem Bauch und konnte das Gesicht des Vaters nicht sehen. Aber sie hörte seine Stimme, die sich vor Hass und Wut überschlug. »Du Teufel, du Hexe, du verdammte Lügnerin«, schrie er, und sie fühlte, wie sein Speichel ihr auf den Rücken spritzte. »Dir werd ich's zeigen. Was fällt dir ein, solche Lügen zu erzählen! Du Lügnerin. Du bist schlecht und böse und verdorben.«

Die neue LP war von den Les Humphrey Singers. Evelyn legte sie auf den Plattenteller, hob den Tonarm an, so dass sich der Teller drehte und setzte die Nadel vorsichtig auf die Anfangsrille. So gut es ging, denn der Plattenspieler war recht alt, und Evelyns Freund musste ihn bei jedem zweiten Besuch reparieren. Und richtig, die Nadel kratzte wieder von der Platte herunter. Während sich die Männer um das Gerät scharten und die Handhabung beratschlagten, hatte Evelyn plötzlich das Bild der verträumten Angela im Kopf. Sicher schlief sie schon seit Stunden. Nach wenigen Minuten war das Gerät repariert, und die jubelnden Les Humphrey Singers versprachen: *We'll fly you to the promised land.*

Als der Stock wieder in den Schrank gestellt worden war, reichte die Mutter den Ledergürtel herein. Angela war fortgegangen. Ihren Unterkörper spürte sie nicht mehr. Nun musste sie sich mit dem Rücken auf den Fußboden legen und die Knie so weit zu sich heranziehen, bis ihre Füße den Boden hinter ihrem Kopf berührten. Während der Vater sie zwischen die geöffneten Beine schlug, musste sie ihm in die Augen sehen. Weinen war verboten. Sie machte kein Geräusch, aber die Tränen liefen ihr seitlich aus den Augenwinkeln.

Jürgen tanzte mit Evelyn, die an ihren Freund dachte. Jemand schaltete die Deckenlampe aus. *I saw Satan laughing with delight the day the music died*, sang Don McLean, während Jürgens Arm sich langsam weiter um Evelyns Rücken schob. Und dann ging der Plattenspieler wieder kaputt. Alle lachten.

Als der Vater mit Angela fertig war, griff er die Tochter im Nacken wie eine tote Katze, schleifte sie zum Kleiderschrank, legte sie hinein und schloss ab. Dort blieb sie, mit kurzen Unterbrechungen, in denen sie Wasser trinken und zur Toilette gehen durfte, zwei Tage lang.

Am dritten Abend saß die Mutter im Wohnzimmer und bestickte einen großen Wimpel, den der Vater heute eigens besorgt hatte. Die Tochter sollte ihn in der nächsten Woche mit auf die Klassenreise nehmen.

Ihre Verletzungen wären dann ziemlich abgeheilt, das wussten die Eltern. Angela heilte gut.

Die Mutter war stolz auf ihren Wimpel. Kein anderes Mädchen aus der Klasse würde solch einen Wimpel besitzen. Und dann auch noch vom Herrn Bankdirektor und seiner Frau persönlich genäht und bestickt. Mit Fransen.

Das würde wieder einmal beweisen, was für hervorragende Eltern sie waren. Da die Lehrerin Fräulein Keller hieß, hatten sich Angelas

Eltern einen originellen Namen für die ganze Klasse ausgedacht. Den stickte die Mutter nun auf den Wimpel: »Die Kellerasseln«.

Wie lustig.

Während die Mutter stickte, öffnete der Vater die Haustür und ließ zwei Männer herein.

Zu dritt gingen sie in Angelas Zimmer. Der Vater öffnete den Schrank und zog die Tochter heraus. Ihre Beine knickten weg. Da erblickte sie die beiden Männer. Die hatte sie noch nie gesehen.

Der Vater holte wieder den Stock aus dem Schrank, und die Männer hielten ihr einen Vortrag darüber, dass kleine Kinder immer schweigen müssten. Sie drohten mit Folter, Tod und Verbrennen auf dem Scheiterhaufen. Man würde Angela totschlagen, wenn sie noch ein einziges Wort sagte. Wenn sie noch ein einziges Mal log.

Dann hob der Vater den Stock: »Damit du begreifst, dass du zu gehorchen hast!«

Ein kleines Mädchen, zarte, rosa schimmernde Haut, in einer alten Zinkwanne, nackt. Sie lächelt zu ihm herüber. Während die Schläge fallen.

Der Vater schlug, bis sie ohnmächtig wurde. Kathy, Lena und die anderen Persönlichkeiten, die dieses Erlebnis unter sich aufgeteilt hatten, konnten es nicht verstehen. Es war unheimlicher als alles, was sie bisher erlebt hatten.

Diese Männer waren anders als alle Männer, die sie bisher kennengelernt hatten. Manche Männer hatten Spaß an dem, was sie mit ihnen taten. Einige waren brutaler als andere. Es gab auch einen, der war beinahe vorsichtig. Manche lachten, wenn sie quälten, sie grölten und sie schwitzten, sie rochen nach Alkohol.

Diese Männer nicht. Sie waren ernst. Sie hatten etwas Kaltes. Wie der Tod. Diese Männer gehörten zu einem Teil ihres Lebens, von dem weder Nicki noch Lena noch Jimmy eine Ahnung hatten. Einem Teil, der sich sogar Sarahs Einblick entzog. Über 20 Jahre lang. Bis sie eine Therapeutin fanden, der sie zutrauten, das Wissen zu ertragen, aus welcher Welt sie in Wirklichkeit kamen.

Gisela Bahr ging tatsächlich mit ihrer Tochter zur Erziehungsberatung. Der Berater stellte die überdurchschnittliche Intelligenz von Angela fest. Sonst stellte er nichts fest. Kein Wunder, er hatte ja auch mit der fleißigen Tamara gesprochen. Die war immer da, wenn es um Leistung ging. Außerdem hatte sie in diesem Jahr die wenigsten Ausfälle in der Schule.

Die Zeugnisse für Angelas Klassenarbeiten in einem Fach konnten innerhalb eines Jahres das ganze Spektrum von »1« bis »6« abdecken. In den Schulzeugnissen bemerkt man nichts davon: Sie liegen, erstaunlich gleichmäßig, zwischen »2« und »3«. Der Grund: Um mit Angelas unerklärlichen Leistungsabstürzen umzugehen, wussten sich die Lehrer und Lehrerinnen nicht anders zu helfen, als alle Zensuren eines Halbjahres zusammenzuzählen und durch die Anzahl der Arbeiten zu teilen. Das ergab den unauffälligen Durchschnitt.

Hin und wieder standen auch Vermerke im Klassenbuch. Sie gingen immer in dieselbe Richtung: »Angela musste wiederholt gerügt werden, weil sie vergesslich war.«

Für kurze Zeit waren sich zwei Welten so nahe gekommen, dass sie sich berührt hatten. Dann war der Moment vorüber. Erst nach 20 Jahren gab es eine neue Chance.

Aus diesem Erlebnis lernte Angela, dass es lebensgefährlich ist, sich Außenstehenden anzuvertrauen. Um sicherzustellen, dass sie das nie vergessen würde, entstand in ihrem inneren System eine weitere Person: Sigurd.

Sigurds Aufgabe war es, die anderen Persönlichkeiten vor Enttäuschungen zu bewahren. Sigurd erlebte Misshandlungen durch die Mutter, und er hörte sie immer wieder sagen: »Dir glaubt doch keiner. Du bist eine Lügnerin. Menschen kann man nicht vertrauen. Alle Menschen lassen einen im Stich.« So erfüllte er seine Aufgabe, so gut er konnte; indem er das Einzige, was er wusste, immer wiederholte, zerstörte er das Vertrauen in andere Menschen. Wo keine Hoffnung ist, kann es auch keine Enttäuschung geben, sagte er sich.

Für äußere Beobachter verlief Angelas Leben relativ unauffällig bis zum Tode des Vaters. Als er starb, schöpften viele ihrer Persönlichkeiten neue Hoffnung: Nun endlich würden die Misshandlungen und die sexuelle Gewalt aufhören. Schließlich war er der Initiator und Organisator gewesen.

Nur eine einzige Person war bei seinem Tode untröstlich: Stefanie. Bei der Beerdigung hörte sie auf zu existieren.

KAPITEL 4

SCHREIE

Doppelkopf

Nina Temberg saß am Fenster in ihrer Praxis und schaute hinaus in den trüben Dezembernachmittag. Es hatte angefangen zu schneien, vereinzelte, nasse Schneeflocken sanken herab. Ninas Blick folgte den Flocken, ohne sie wirklich zu sehen. Sie hielt einen Füllfederhalter in der Hand, mit dem sie sich hin und wieder Notizen machte.

Drei Jahre kannte sie Angela Lenz nun. Jahre, die ihr Bild von der Welt und den Menschen unwiederbringlich verändert hatten. Lieber hätte sie nicht erfahren, was sie nun wusste.

Trotzdem war es in Ordnung, wie es gekommen war. Sie hatte viel gegeben, über ihre Grenzen hinaus. Aber sie hatte auch viel zurückbekommen. Es war ausgeglichen, fand Nina. Wann immer Angela außerhalb der Therapiestunden geschrieben oder angerufen hatte, es war aus echter Not geschehen. Nie hatte sich Nina missbraucht gefühlt.

Und die Fortschritte der großen und kleinen Persönlichkeiten mitzuerleben, war eine menschliche Bereicherung, auf die Nina nie hätte verzichten wollen. Die liebevolle Dankbarkeit der kleinen Lena, die gefühlvolle Tiefe von Traute, die fachlichen Beratungen mit »Co-Therapeutin« Sarah, die Auseinandersetzungen mit dem Macho-Gehabe der Jugendlichen, die wilden Spiele der kleinen Jungen. Extra für die Jungen hatte Nina Temberg kürzlich ein Tischfußballspiel besorgt. Spielpausen für die Kinder einzubauen, gehörte zu ihrem Therapiekonzept. So bekamen die Kleinen eine Chance, die schönen Seiten der Kindheit wenigstens nachträglich zu erleben. Im inneren System bewirkte dies ein Nachlassen des Drucks, weniger Kopfschmerzen, mehr Kontrolle: Wenn die Kinder spürten, dass sie zu ihrem Recht kamen, waren sie in anderen Situationen bereit sich zurückzuhalten, ließen die Erwachsenen auch ihr Leben leben.

Eine Niederlage nach der anderen hatte Nina heute einstecken müssen beim Tischfußball gegen den kleinen Hasso, der zum ersten Mal in seinem Leben etwas anderes spürte als Verachtung und Schmerz. Zwar war er immer noch stumm wie damals, als die Männer ihn an einer Hundeleine über den Betonboden gezerrt hatten, aber beim Spiel mit Nina strahlte er vor Freude über seine Geschicklichkeit und seine Siege. Seine Bewegungen hatten etwas Besonderes, ganz anders als die der anderen Kinder. Hochkonzentriert starrte er auf den winzigen Fußball, die Augen glänzten, aufgeregt hüpfte er auf seiner Seite umher, und sein Mund war leicht geöffnet, die Winkel zu ständigem Lächeln emporgezogen.

Während dieses Spiels hatte es mehr als einen *Switch* gegeben: Etliche Kindpersönlichkeiten hatten sich abgewechselt, denn sie alle wollten mit Nina spielen.

Zwischen zwei Spielen war Lena aufgetaucht, voll Mitgefühl mit Nina, die haushoch verlor, und mit dem Vorschlag an die anderen, Nina doch mal gewinnen zu lassen.

»Untersteht euch!«, hatte Nina lachend gerufen, »ich will nur mit meiner eigenen Leistung gewinnen.«

Lerneffekt: Auch Erwachsene können verlieren. Sie können lachend verlieren. Sie können verlieren, ohne sich an den Kindern zu rächen. Kinder können siegen. Sie dürfen sich über ihre Siege freuen. Sie dürfen triumphieren.

Nina therapierte also Erwachsene, Jugendliche und Kinder gleichermaßen. Sie machte Spieltherapie mit den Kindern, beobachtete ihr Verhalten, ging auf sie ein, unterstützte ihre Entwicklung. Dieses Vorgehen entsprach dem Konzept, alle Persönlichkeiten gleichermaßen wahrzunehmen, sie in ihrer Individualität zu achten, ihre persönlichen Geschichten ernst zu nehmen und auf ihre Bedürfnisse, wenn möglich, einzugehen. Ein Konzept, das sich in vielen Therapien Multipler Persönlichkeiten als erfolgreich erwies – während die andere Strategie, sich nur auf jene erwachsene Persönlichkeit zu beziehen, die anfangs in die Therapie gekommen war, alle anderen aber zu ignorieren, schon zu vielen Katastrophen führte.[41]

Diese Folgen lassen sich erahnen, wenn man sich vor Augen führt, dass der Therapeutin oder dem Therapeuten anfangs meist eine kompetente, sachliche, gut organisierte junge Frau gegenübertritt. Sie hat die Adresse der Therapeutin herausgefunden, hat keine Angst, ihr zu begegnen, und bringt das Persönlichkeitssystem sicher in die Praxis. Dann sitzt sie da und hat zur Sache selbst meist wenig zu sagen. Der Preis für ihre Effektivität ist nicht selten ein Mangel an Gefühlen. Gefühle, Erinnerungen, Traumata tragen andere. Häufig wagen diese anderen sich nur zaghaft nach draußen. Sie prüfen die Therapeutin genau – auch Nina Temberg fühlte sich anfangs geprüft und getestet –, dann erst geben sie sich zu erkennen. Wenn man sie jetzt zurückweist, verliert man sie. Und verspielt vielleicht die Chance, das Spektrum an Gefühlen, die Vielfalt an Wahrnehmungsfähigkeit zu entdecken, die sich hinter der coolen, beherrschten jungen Frau verbergen, die nur einen kleinen Teil aus dem Gesamtsystem darstellt und manchmal selbst keinen Schimmer hat, was sie alles noch in sich birgt.

Ein Therapeut, eine Therapeutin, die sich darauf beschränken, allein diese Frau zu therapieren, drängen die anderen zurück in den Untergrund. Möglicherweise haben sie es mit diesem reduzierten »Alter Ego« leicht, weil er im Alltag relativ gut funktioniert, aber sie opfern ihm den menschlichen Reichtum eines vollständigen Individuums. Außerdem wird es der Klientin wahrscheinlich nicht besser gehen, und wenn sie gut organisiert und nicht von der Therapeutin abhängig ist, wird sie die Therapie abbrechen.

Während Nina in die geräuschlos fallenden Schneeflocken schaute und sich hin und wieder Notizen machte, dachte sie über die heutige Sitzung mit Angela Lenz nach. Dieser Tag hatte nicht nur Spiele, sondern auch ernsthafte Arbeit gebracht.

Heute hatte sie zwei Persönlichkeiten von Angela Lenz miteinander bekannt gemacht, die sich bisher noch nicht begegnet waren, aber schon lange voneinander wussten und eine ganz besondere Beziehung zueinander hatten: die 13-jährige Stefanie und die 30-jährige Traute. Als Stefanie im Alter von 13 Jahren in ihrer Vorstellung im Grab des Vaters verschwunden war, war Traute entstanden und hatte weitergelebt. Sie waren sozusagen zwei Hälften, Anfang und Ende einer Person.

Der Begegnung vorausgegangen war ein langes Gespräch mit Traute, das noch in Nina nachwirkte.

»Wenn mir das so bewusst wird«, hatte Traute zu Beginn der Therapiestunde gesagt, an ihrer Zigarette gezogen – als Einzige genoss sie das Privileg, hin und wieder im Therapieraum rauchen zu dürfen –, den Rauch ganz langsam an die Decke geblasen und eine so lange Pause gemacht, dass Nina schon meinte, sie müsste vergebens auf das Ende des Satzes warten.

Aber Traute hatte wieder angesetzt:

»Wenn mir das bewusst wird, dass es keine einzige Stelle an meinem Körper gibt, die nicht von irgendeinem Menschen zu irgendeiner Zeit gegen meinen Willen, ohne mein Wissen, mit Gewalt missbraucht worden ist.«

Dann hatte sie lange aus dem Fenster geschaut.

»Keine einzige Stelle.«

Nina Temberg hätte ihre Klientin am liebsten in den Arm genommen, damit sie weinen konnte.

»Wenn mir das so richtig bewusst wird, dann will ich nicht mehr leben.«

Aber das konnte Traute nicht allein entscheiden, sie war nur ein Teil einer großen Gruppe, und alle hatten eine individuelle Vorstellung über sein oder ihr Leben. Schon vor vier Jahren, gleich zu Beginn der Therapie, hatte Nina verschiedene Verträge mit Angela Lenz abgeschlossen. Es gab Gewaltverzichtsverträge – Gewalt gegen andere und Gewalt gegen sich selbst –, und es gab auch einen Anti-Selbstmordvertrag. Sie hatte ihrer Klientin einen Vertragsentwurf vorgelegt, nach dem Selbstmord nur durchgeführt werden durfte, wenn alle Personen damit einverstanden wären. Die meisten hatten sich geweigert, das zu unterschreiben und selbst eine modifizierte Version erarbeitet: Zwei Drittel aller Persönlichkeiten mussten mit dem Entschluss einverstanden sein. Außerdem durften sie so lange nichts unternehmen, bis alle, nicht nur einige, mit ihrer Therapeutin darüber geredet hatten. Das Gesamtsystem, wie sie es nannten, musste also mit Nina gesprochen haben. Und zwar nicht am Telefon, nicht per Brief, sondern ganz persönlich.

Alle erreichbaren Personen von Angela hatten diese Version damals unterschrieben. Trotzdem kam es immer wieder vor, dass Einzelne nicht mehr leben wollten. Besonders Traute fragte sich oft nach dem Sinn. Von allen Persönlichkeiten verfügte Traute über das breiteste Spektrum an Gefühlen, seelischen wie körperlichen. Sie hatte die tiefste Empfindungsfähigkeit und spürte die meisten Schmerzen: Kopfschmerzen, Bauchweh[42], Unterleibsbeschwerden, Entzündungen waren nur einige davon.

Lange Zeit waren Nina, Traute und Sarah fest davon überzeugt, dass es sich bei diesen Schmerzen ausschließlich um Körpererinnerungen an erlebte Traumata handelte.

Da Traute am tiefsten und stärksten fühlte, war sie auch am häufigsten depressiv. Zusammen mit Co-Therapeutin Sarah hatte Nina daher überlegt, ob Traute vielleicht eine Integration mit Stefanie versuchen sollte. Die jüngere Stefanie hatte so viel mehr Lebensmut, dass es logisch schien.

Die Integration, das Zusammenfügen aller Persönlichkeiten zu einem Individuum mit einem einzigen Ich-Bewusstsein ist das offizielle Ziel bei der Therapie Multipler Persönlichkeiten. In vielen Fällen ist es aber nur das Ziel der Therapeuten, nicht das der Klientinnen. Für einzelne Persönlichkeiten bedeutet es das Aufgeben ihrer spezifischen Existenz, viele setzen es mit Sterben gleich, für sie fühlt es sich an, als sollten sie in ihren eigenen Tod einwilligen. Natürlich weigern sie sich.

Für die sogenannte Gastgeberpersönlichkeit aber erscheint es auf den ersten Blick äußerst erstrebenswert: Endlich würde sie die ständige Kontrolle über ihr Leben bekommen.

Anfangs war das auch Trautes größter Wunsch gewesen: dass die anderen endlich weggehen und sie nicht dauernd daran hindern, ihr eigenes Leben zu leben. Für diese aber bedeutete das eine schwere Kränkung: Schließlich existierten sie nur, weil Traute – und vor ihr Stefanie – das Leben, so wie es war, nicht ertragen hatten. Sie hatten den beiden die Last abgenommen, all die Jahre hindurch, hatten nur gelitten, und jetzt sollten sie plötzlich verschwinden? Jetzt, wo das Leben vielleicht auch etwas anderes bieten würde als Leid, sollte Schluss sein?

Integration war also ein Thema, das großen Raum einnahm in der Therapie.

Irgendwann ging Traute auf, dass Integration auch bedeuten würde, den gesamten Überblick über ihre Vergangenheit zu bekommen. Und alle damit verbundenen Gefühle. Alle Erinnerungen, die bisher auf viele Persönlichkeiten verteilt waren, würde sie dann tragen müssen. Würde sie das überhaupt ertragen können? Niemand von ihnen hatte diese Gesamtschau, nicht einmal Sarah. Sämtliche Erinnerungen und alle Gefühle? Hatten sie sich nicht gerade deshalb aufgespalten, weil das unerträglich war?

Aus diesen Gründen erscheint eine Integration in ein einziges Individuum aus der Sicht vieler Multipler Persönlichkeiten überhaupt nicht erstrebenswert. Daher läuft die Therapie häufig auf eine optimale Kooperation aller hinaus. Viele schwache oder sehr junge Persönlichkeiten integrieren sich freiwillig in ältere; ihre Erinnerungen und Eigenschaften gehen dabei nicht verloren, sondern werden von anderen übernommen. Diese Integration muss von beiden Persönlichkeiten gewünscht sein, sonst bricht die fragile Verbindung wieder auseinander. Stärkere oder ältere Persönlichkeiten, oder solche mit wichtigen Aufgaben, lernen sich so zu strukturieren, dass sie ihren gemeinsamen Alltag möglichst gut organisieren können.

Hin und wieder hatte es auch bei Angela schon Integrationen einzelner Persönlichkeiten gegeben. Sie geschahen spontan oder geplant. Dina, die mit Hunden gequält worden war und nur diese Erinnerung trug, sie aber nicht ertragen konnte, integrierte sich in Traute. Nach der Integration wurde Dinas traumatisches Erlebnis zu einer bewussten Erinnerung von Traute: grausam, aber weit zurückliegend, nicht mehr gefährlich. Und noch etwas änderte sich: Von nun an fürchtete Traute sich vor Boxerhunden, ein Gefühl, das sie vorher nicht gespürt hatte. Und das den Umgang mit ihrem eigenen jungen Boxer eine Weile erschwerte.

Die geplante Integration von Traute und Stefanie hatte ein anderes Ziel als Dinas Integration: Beide sollten sich in ihren Stärken ergänzen. Diese Integration von Stefanie und Traute war eigentlich naheliegend, denn beide waren Teile der Gastgeberpersönlichkeit. Der Person, die meistens nach außen agiert, ständig Zeitlücken hat, verzagt ist, ängstlich und depressiv. Für Stefanie traf das allerdings kaum zu. Das mit den Zeitlücken schon, aber verzagt war sie nicht. Eher aufmüpfig, kernig, frech.

Deshalb vermuteten Sarah und Nina Temberg, die beiden könnten sich ganz hervorragend ergänzen: Die eine würde der anderen Tiefe und Sensibilität, die andere der einen Lebensmut geben.

Allerdings mussten sie sich dafür erst einmal richtig kennenlernen. Ein spannender Moment. Immerhin mochten sie sich sofort, wie Nina erleichtert von beiden hörte. Dann sollten sie ihre Lebensgeschichten austauschen. Beide wussten inzwischen schon vieles aus der Zeit bis zum vierzehnten Lebensjahr. Stefanie hatte sehr ungern hingehört, als die anderen erzählten, was ihnen passiert war in den Zeiten, als Stefanie mal wieder nicht da war. Am liebsten wollte sie auch heute noch nicht damit behelligt werden. Nach ihren Wünschen gefragt, sagte Stefanie, sie wollte viel lieber in Diskos gehen, Jungs aufreißen und scharf machen, und dann wieder verduften – ihr Lieblingsspiel.

Traute hingegen hatte mit Schmerzen gehört, was die anderen durchmachen mussten, als es sie selbst, Traute, noch gar nicht gegeben hatte. Nur ihren Körper.

Nun sollte Stefanie von Traute erfahren, wie das Leben weitergegangen war in den 18 Jahren, die Stefanie fehlten, seit sie im Grab ihres Vaters verschwunden war. Als Traute so unvermittelt und ahnungslos aufgetaucht war. Damals, als viele von ihnen hofften, dass sie nun endlich befreit wären von ihrer unerträglichen Last.

Und als das Leben allmählich zusammenbrach.

Traute

»Wenn ich mich betrachte,
dann sehe ich mich selber als Eiszapfen im Leben hängen,
das andere für mich leben.«
Traute 1991

1975

- Am 1. Januar beginnt das »Jahr der Frau«.
- Die Fristenlösung des § 218 wird für verfassungswidrig erklärt.
- 35 Staaten unterzeichnen KSZE-Schlussakte. Kernpunkte: Gewaltverzicht, Selbstbestimmungsrecht der Völker, Achtung der Menschenrechte.
- Jimmy Savile erfüllt Kinderwünsche in neuer BBC-Show »Jim'll fix it«.[43]
- Gerald Ford besucht als erster US-Präsident das KZ Auschwitz.
- Frauenmörder Fritz Honka wird festgenommen.
- Volljährigkeit beginnt mit 18 Jahren.
- Kino: »Die Akte Odessa«
- Hitparade: »Ein ehrenwertes Haus«

Am Grab: 11. März 1975

Das da unten im Sarg, wenn das mein Vater ist, dann muss die Frau neben mir, die so weint, meine Mutter sein. Und auf der anderen Seite, das ist dann wohl mein Bruder. Wie heißt er? *Hans*. Woran ist mein Vater gestorben? *Krebs*. Wie alt ist er geworden? *45*. Wie alt bin ich? *13*. Wer sind die anderen? *Trauergäste*. Kenne ich sie?

Einer steht direkt vor mir. So ein großer Kerl im dicken Mantel. Gerade richtet er sich wieder auf. Was hat er gemacht? Der muss doch was gemacht haben. Die gucken mich alle so an. Hat der mich in den Arm genommen? Das muss es sein, ich spüre noch, wie sein Mantel mich am Hals gekratzt hat. Unangenehm. Wenn er mich umarmt hat und mir nicht nur die Hand gegeben hat, muss ich ihn kennen. Kann mich aber nicht erinnern. Was hat der gesagt? Keine Ahnung. Der hat doch irgendwas gesagt zu mir. Kann mich nicht erinnern. Aber das war nichts Gutes. Das spüre ich. Ich hab Angst.

Hier kommt noch einer. Kenne ich auch nicht. Muss schauen, wie die Mutter sich verhält. Was macht sie? Sie gibt ihm die Hand, drückt sich mit der anderen das Taschentuch auf die Augen. Er hält ihre Hand, sagt: »Herzliches Beileid. Ein großer Verlust. Nun ganz allein mit den Kindern. Tapfer sein.« Und lässt die Hand wieder los. Die Mutter nickt. Man muss also gar nichts sagen. Das kann ich. Er kommt zu mir, nimmt meine Hand und zieht mich an sich. Wieso macht der bei mir was anderes? Er sagt mir was ins Ohr: »Verräter müssen brennen.« Ich erstarre. Hat der das wirklich gesagt? Was heißt das? Welche Verräter? Bin ich einer? Hab ich mich verhört? Ich will hier weg. Da kommt schon der Nächste. Kenne ich auch nicht. Gibt der Mutter die Hand, guckt sie an, sagt nichts. Kommt zu mir, gibt mir die Hand, sagt nichts. Gut. Noch einer. Gibt der Mutter die Hand, sieht ihr nicht in die Augen, sondern auf ihre Hand, sagt: »Wir werden ihn vermissen.« Kommt zu mir, gibt mir die Hand, zieht mich an sich – wonach riecht der? –, berührt mit seinen Lippen mein Ohr, sagt: »Du weißt, was dir passiert, wenn du den Mund nicht hältst, du kleine Hure.«

Was wollen die von mir? Ich kenne die gar nicht. Ich hab doch nichts getan. Ich weiß überhaupt nichts. Ich weiß nur eins: Da in dem Loch in der Erde ist irgendetwas, was zu mir gehört. Das hat man mir weggenommen. Das tut weh. Das tut so weh, ich kann das nicht aushalten. Das tut mehr weh als die Angst.

Was ist das?

Mein Vater kann das nicht sein. Ich weiß ja nicht mal, wie der aussah.

Küche.

Dies ist eine Küche. Herd. Schränke, Wasserhahn, Spüle. Eindeutig Küche. Wie bin ich hier hergekommen? Eben war ich doch noch auf dem Friedhof. Was ist los mit mir?

»Angela! Bist du noch nicht fertig? Was stehst du da rum? Los, aufdecken, hab ich gesagt! Aber ein bisschen plötzlich!«

Da ist sie wieder. Die Frau. Die von der Beerdigung. Die neben mir stand. Die, die meine Mutter ist. Aufdecken soll ich. Geschirr auf den Tisch. Wo ist das Geschirr? Offenbar wohne ich hier. Ich muss also wissen, wo alles ist. Wieso weiß ich das nicht? Bin ich verrückt? Ich darf nicht rumprobieren, alle Schranktüren auf und so. Ich muss das wissen.

Ich weiß es nicht.

Aufdecken.

Was denn?

Kaffeetassen? Mittagessen?

Wie spät ist es?

Da ist eine Küchenuhr: Viertel vor vier. Also Kaffeetrinken.

Aber für wie viele denn?

Sind wir allein? Vater, Mutter, Tochter? Ach nein, der Vater ist ja tot. Aber es gibt noch einen Bruder. Drei Personen also: dreimal Tassen, Untertassen, Teller, Kaffeelöffel, Kuchengabeln.

Wo ist der Kuchen?

Wie macht man Kaffee?

»Bist du verrückt?« Da ist die Frau wieder. Sie ist wütend. Sie schreit: »Drei Tassen? Wir haben Gäste!«

»Das wusste ich nicht.«

»Was! Das wusstest du nicht? Auch noch lügen! Dir werd ich's zeigen.«

Sie schlägt. Die Frau hat eine Kehrichtschaufel in der Hand und schlägt mir damit auf den Kopf. Das tut weh. Immer wieder. Ich halt das nicht aus.

»Möchtest du auch Kaffee, Angela?«

Angela. Das bin ich. Möchte ich Kaffee?

Wohnzimmer.

Ich sitze auf der Couch.

Eben war ich noch in der Küche. Oder nicht? Die Frau hat mich gerade geschlagen. Oder hab ich das geträumt? Mein Kopf tut weh. Sie hat mich also wirklich geschlagen. Aber wie komme ich hierher?

»Angela, was ist denn nun?«

Wo kommen die Leute plötzlich her? Ich habe gar nicht gemerkt, dass die reingekommen sind.

»Angela!«

»Wie bitte?«

»Ob du Kaffee möchtest?«

Trinke ich Kaffee? Ich weiß es nicht. Ich muss das doch wissen. So was weiß man doch. Bin ich verrückt?

»Manchmal denke ich, sie ist verrückt. Es ist zum Verzweifeln. Statt dass sie mir hilft, mich tröstet, mich unterstützt nach meinem Verlust. Nichts, überhaupt nichts. Jetzt stehe ich ganz allein auf der Welt, und meine eigene Tochter lässt mich im Stich.«

Die Frau weint. Die Tränen laufen ihr über das Gesicht. Die anderen bedauern sie, sagen ihr, wie tapfer sie ist. Wahrscheinlich ist sie tapfer. Muss schwer sein mit einer Tochter wie mir. Ich kann mir nichts merken, nicht mal, ob ich Kaffee trinke. Ich muss mich zusammennehmen.

»Sie trinkt noch keinen Kaffee«, sagt die Frau unter Tränen, »sie trinkt Kakao. Willst du heute keinen Kakao, Angela? Ach, mit der ist überhaupt nichts anzufangen.«

Ich trinke keinen Kaffee, ich trinke Kakao.

»Ach, sie hat jetzt auch mit sich zu tun.« Der das sagt, den kenne ich. Ich kenne den vom Friedhof. Angst.

Flur.

Ich stehe im Flur. Wie komme ich hierher?

Eben haben wir Kaffee getrunken. Wo sind die anderen?

Keiner mehr da. Ich bin ganz allein. Kein Geschirr mehr auf dem Tisch. Habe ich abgeräumt? Ich muss abwaschen. Ich muss mich beeilen. Nein, es ist alles schon abgewaschen. Wer hat das gemacht? Hab ich das gemacht? Ich mach das doch immer. Das ist meine Aufgabe. Also hab ich das jetzt auch gemacht. Aber wieso weiß ich es nicht mehr? So was muss man doch wissen.

Ich glaub, ich bin verrückt.

Was für ein Tag ist heute? Keine Ahnung.

Tagebuch. Ich muss Tagebuch schreiben. An jedem einzelnen Tag schreibe ich auf, was ich mache. Dann kann ich immer nachlesen, was passiert ist. Vielleicht lerne ich dann, mir alles zu merken. Ich muss es lernen.

Ein Geräusch an der Tür. Angst. Schlüssel im Schloss. Die Frau, die meine Mutter ist, schließt auf. Sie hat einen Schirm in der Hand. Vorsicht. Wie guckt sie? Abstand halten. Arm- und Schirmlänge weit weg. So viel hab ich immerhin gelernt. Ausweichen. Nie mit dem Rücken zur Wand stehen.

»Willst du mich nicht in den Arm nehmen, Angela? Deine Mutter kommt erschöpft aus der Stadt zurück, und du nimmst sie nicht mal in den Arm. Was bist du nur für eine herzlose Tochter?« Da steht sie und hat die Arme ausgebreitet.

»Halt mich lieb«, sagt sie. Ich soll sie in den Arm nehmen. Wenn sie bloß diesen Schirm wegstellen würde. Sie ist viel größer als ich und breiter. Ich nehme sie in den Arm, sie kuschelt sich an mich wie ein Kind, hält sich an mir fest. Ich kann das nicht.

»Willst du mir nicht ein paar liebe Worte sagen? Du hast überhaupt kein Mitleid mit mir. Ich bin ganz allein auf der Welt. Ich habe den Mann verloren, jetzt muss ich für dich und deinen Bruder ganz allein aufkommen. Und die ganzen Schulden, die mir dein Vater hinterlassen hat, die lasten auch auf mir. Dir ist das ja egal. Du hast kein Herz. Die eigene Tochter hat gar keine Liebe für mich. Aber das ist deine Pflicht als Tochter, mich zu lieben und für mich zu sorgen. Ach, geh' und hol mir einen Cognac, ich habe Kopfschmerzen.«

Sie lässt den Mantel fallen, ich hänge ihn auf. Sie geht ins Wohnzimmer, ich hole ihr Cognac. Sie trinkt, ich gehe auf Abstand.

»Massier mir den Nacken, Angela, Schätzchen, ich bin so verspannt.«

Ich hasse das.

Ich massiere ihr den Nacken, und sie stöhnt dabei vor Genuss. Ich rieche das Haarspray. Sie war gerade beim Friseur. Vorher in der Stadt. Also haben wir heute gar nicht mit den Leuten Kaffee getrunken. Das muss an einem anderen Tag gewesen sein. Aber wann? Ich muss das rausfinden. Ich will das wissen. Ich muss Tagebuch schreiben. Ob ich die Mutter mal frage, wann es war?

»Ah, mehr links.«

Ich hasse das.

Warum hasse ich das? Ich bin eine schlechte Tochter. Eine böse Tochter. Das ist meine Mutter. Ich muss sie lieben. Sie schuftet für mich.

Sie stinkt nach Friseur. Sie ist widerlich.

»Hm, gut, jetzt die Schultern.« Sie öffnet das Kleid, lehnt sich vor, schießt hoch, haut mir eine runter. »Au, du hast an meinen Haaren gezogen. Blödes Ding, siehst du denn nicht, dass ich beim Friseur war? Nichts kannst du. Zu nichts bist du nütze. Mein ganzes Leben hast du zerstört, und jetzt muss ich dich auch noch durchfüttern.«

Nein, die frage ich bestimmt nicht. Die darf das nicht wissen, die als Allerletzte. Wen kann ich sonst fragen? Ich glaube, die anderen dürfen das auch nicht wissen, was mit mir los ist.

Einige Monate lang schrieb Traute Tagebuch. Äußerst diszipliniert und sorgfältig ging sie dabei ans Werk: Jeden Morgen setzte sie sich in ihr Zimmer, klappte das Notizheft auf und trug als Erstes Datum, Wochentag und Uhrzeit auf der neuen Seite ein. Dies las sie von der Weckeruhr mit den Klappziffern in ihrem Zimmer ab und, um ganz sicherzugehen, auch noch von der Tageszeitung.

Das gab ihr ein Gefühl von Sicherheit. Jetzt würde alles gut werden. Wenn sie sich weiterhin so anstrengte, konnte sie die Kontrolle über ihr Leben erlangen.

Dann kam der Morgen des 9. Juni 1975. Es war ein Montag. Wie an jedem Morgen holte sie sich die Tageszeitung, die ein Bote schon gegen sechs Uhr früh vor die Tür gelegt hatte. Dann schaute sie auf die Weckeruhr und trug »Montag, 9.6.75, 7.30 Uhr« auf dem neuen Blatt ein.

Dann blätterte sie zur vorigen Seite zurück. Dort stand »Freitag, 6.6.75, 7.40 Uhr«.

Klebten zwei Seiten zusammen? Sie versuchte, die Seiten voneinander zu lösen. Aber da waren keine weiteren Seiten. Der Freitag stand auf der Rückseite vom Montag.

Sonnabend und Sonntag waren verschwunden.

Hatte sie vergessen, sie einzutragen?

Nein, sie setzte sich jeden Morgen, nachdem sie aufgewacht war und sich angezogen hatte, sofort an den Schreibtisch und schrieb Tagebuch. Sie hatte es noch kein einziges Mal vergessen.

Was war am Wochenende passiert?

Keine Ahnung.

Was war ihre letzte Erinnerung?

Freitag war sie aus der Schule gekommen mit einer schlechten Note in Englisch. Sie war schwimmen gewesen, hatte das Abendessen für die Mutter und den Bruder gemacht. Und sie hatte von der Englischarbeit erzählen müssen. Die Mutter hielt das Heft mit der Fünf in der Hand. Das war die letzte Erinnerung.

Das war der Freitagabend.

Wann war sie ins Bett gegangen? Sie wusste es nicht mehr. War sie überhaupt ins Bett gegangen? Keine Ahnung.

Das Wochenende hatte nicht stattgefunden.

Hatte es vielleicht für alle anderen auch nicht stattgefunden? Die Mutter konnte sie nicht fragen. Die glaubte sowieso, dass ihre Tochter verrückt war. Vielleicht war sie es ja auch. Aber in der Schule könnte sie fragen: Was hast du denn am Wochenende gemacht? Ganz harmlose Frage. Unverfänglich. Das war gut. Dann würde sie ja merken, was die anderen sagen. Dabei konnte nicht viel passieren.

»Was ich am Wochenende gemacht hab? Spinnst du? Ich hab Geburtstag gefeiert. Und du warst eingeladen!«

Das Wochenende hatte stattgefunden.

Aber ohne sie.

Immer wieder entdeckte sie von nun an diese Lücken in ihrem Tagebuch. Tage, die verschwunden waren. Die es gegeben hatte. Aber nicht für sie. Sie lernte, dass es besser war, nicht danach zu fragen, die anderen überhaupt nicht darauf anzusprechen. Weder die Mutter, noch die Mitschülerinnen. Denn denen fiel offenbar gar nichts auf. Sie bemerkten es noch nicht einmal, wenn sie mitten im Unterricht verschwand. Denn auch das passierte: Morgens ging sie zur Schule, setzte sich an ihren Platz, die Lehrerin betrat die Klasse, es klingelte, alle standen auf und gingen nach Hause. Und sie hatte den ganzen

Unterricht verpasst. Aber die anderen taten, als hätten sie nichts gemerkt.

Wahrscheinlich hatten sie wirklich nichts gemerkt. Das bedeutete also, dass sie weiterhin an ihrem Platz saß, es aber nicht mitkriegte. Vielleicht war das so eine Art Ohnmacht? Es schien auch, als ob sie sich irgendwie am Unterricht beteiligte, denn sonst hätte die Lehrerin sicher etwas gesagt. Oder die anderen. Aber sie taten, als sei alles vollkommen in Ordnung.

Schließlich richtete sie sich damit ein, dass diese Zustände wohl so etwas wie Schlafwandeln waren. Sie tat etwas, bekam es aber nicht mit. Mit niemandem durfte sie darüber sprechen. Man würde sie für verrückt erklären.

Sie war unendlich einsam.

Viele Jahre lang.

Denn Traute wusste nur von ihren Blackouts, von den Zeiten, die ihr fehlten, die im Nichts versackt waren. Dass jemand anders in diesen Phasen weitergelebt hatte, dass sie ihr Leben mit anderen Personen teilen musste, davon ahnte sie nichts.

Womit Stefanie 13 Jahre ihres Lebens verbrachte hatte: sich an die Lücken und Verwunderlichkeiten des Lebens zu gewöhnen und sie meisterhaft zu überspielen, das musste Traute mühsam von neuem erlernen. An nichts konnte sie anknüpfen, denn Stefanie war fort, sie lag im Grab ihres Vaters. Und dort würde sie achtzehn Jahre lang bleiben. Mit ihr waren auch Frohsinn und Leichtigkeit verschwunden. Während Stefanie sich um Spaß und Vergnügen bemüht hatte und möglichst alles wegschob, was unheimlich war, sich konsequent für heute, aber nicht für gestern interessierte, war Traute sorgenvoll, depressiv, kaum belastbar. Sie spürte den Zusammenhängen nach, wollte wissen, warum sie so anders war. Ihre Aufgabe würde es werden, das Leben der Angela Bahr zusammenzufügen. Wie aus einem tiefen Brunnen, mühsam, musste sie es hochziehen. So wie jemand einen schweren Holzbottich mit einer rostigen Winde aus unsichtbaren Tiefen hochkurbelt. Mit großer Kraft. Und was sie schließlich fand, hatte sie gar nicht sehen wollen. Aber trotzdem konnte sie nicht aufhören zu suchen.

Eine Aufgabe, an der sie fast zerbrach.

Währenddessen ging der Alltag weiter. Der war schwer genug. Das Zusammenleben mit einer Mutter, die sie als unberechenbar und fremd empfand. Immer wieder Zeitlücken.

Plötzlich in der Schule die Aufgabe, einen Lebenslauf zu schreiben. Alle anderen konnten das. Sie nicht. Tagelang durchwühlte Traute zu Hause heimlich alte Dokumente. Und stellte verwundert fest, was sie im Laufe ihres Lebens schon alles gemacht hatte: Schwimmen, Eiskunstlauf, Ballett, konfirmiert worden war sie, verschiedene Schulen hatte sie besucht, in verschiedenen Städten hatte sie gelebt.

Dies alles prägte sie sich ein. Machte es zu ihrer eigenen Geschichte.

Im Umgang mit der Mutter lernte sie, dass nur Gehorsam, absoluter, bedingungsloser Gehorsam die Chance barg, nicht allzu viel Zeit zu verlieren. Aber eine Garantie war es auch nicht.

Widerstand war unmöglich. Schon Widerspruch führte mit Sicherheit zu einem verlorenen Wochenende. Schlechte Zeugnisse merkwürdigerweise auch. Geburtstage ebenfalls. Urlaube und Reisen schienen automatisch zu verlorener Zeit zu führen. Ostern und Weihnachten waren häufig in Dunkel getaucht. Und oftmals gab es überhaupt keinen Grund.

Aber sie hörte nicht auf, sich danach zu fragen.

Manche Männer aus dem Bekanntenkreis, denen man auf der Straße begegnete, auf die man zuging, um sie höflich zu begrüßen, wie es sich eben gehörte, lösten plötzliche Panik aus und führten geradewegs zu verlorenen Stunden oder Tagen.

Verletzungen tauchten grundlos auf. Brandblasen. Blut an den Beinen. Schmerzen im Bauch. Aber ebenso schnell verschwanden sie wieder.

Auch für die Schreie, die sie hörte, nachts, gab es überhaupt keine Erklärung.

Träume, die sie hatte, immer wieder, von dunklen Kellern, aufgeschlitzten Katzen, von Kindern, die brannten, diese Träume waren genau das: Träume.

Und nichts anderes.

»Sweet Sixteen«

Das Alltagssystem

Schnell wurde deutlich, dass Traute den Anforderungen der Mutter nicht gewachsen war, so sehr sie sich auch mühte. Sie hatte zu viel Gefühl, um ihre Umwelt zu ertragen und die geforderte Leistung zu erbringen. So entstanden drei neue Personen, um mit der Mutter fertig zu werden: Magda, Miranda und Martha. Sie nahmen sich gegenseitig wahr, ergänzten sich, empfanden sich als zusammengehörig und bewältigten den Alltag miteinander. Folgerichtig nannten sie sich »das Alltagssystem«.

Sarah, die immer bemüht war, die Zahl der Personen so gering wie möglich zu halten, hatte keine andere Lösung gefunden.

Magda kochte, organisierte den Haushalt, war für Ordnung, Sauberkeit, Perfektion zuständig. Magda kochte nicht gern. Aber gut. Was sie gern machte, stand nicht zur Diskussion. Es würde noch 15 Jahre dauern, bis sie das erste Mal darüber nachdachte. Magda hatte den Auftrag, ihre Aufgaben zu erfüllen. Das tat sie. Wenn ihr jemand in die Quere kam, wurde sie energisch. Gefühle hatte sie nicht.

Miranda war für Heiterkeit zuständig. Sie war vergnügt, etwas oberflächlich, nahm nichts schwer. Sie munterte die Mutter auf, brachte sie zum Lachen. Und die Herren, die zu Besuch kamen, ebenfalls.

Martha entstand fürs Gemüt. Sie war lieb, sanft, versuchte immer zu vermitteln, gab allen anderen Menschen Recht, nur sich selbst nicht. Damit war das System wieder perfekt auf die Erfordernisse der Außenwelt eingestellt.

Diese drei Personen waren nicht plötzlich durch Traumata entstanden, sondern hatten sich durch die Anforderungen der Umwelt allmählich entwickelt.

Sie blieben nicht allein.

Schon bald wussten sie, dass Traute die Hauptperson war, um die sich alles drehte, die aber nichts ertrug. Diejenige, die sie schützen mussten. Sie verachteten sie und neideten ihr den Status als Hauptperson. »Wir?«, so Miranda empört im Rückblick, »wir sind ja nur Hilfspersonen. Es ist so. Aber natürlich ist es auch eine Diskriminierung.«

Wenn sie miteinander über Traute sprachen, nannten sie sie nur »die Frau«, sie konnten sich nicht dazu durchringen, ihr einen richtigen Namen zu geben.

Das Leben in den nächsten zehn Jahren ist kompliziert zu rekonstruieren. Viele Dokumente, Zeugnisse, Unterlagen, Krankenhausberichte, Röntgenaufnahmen sind erhalten und belegen, dass mehrere Leben parallel geführt wurden.

Fest steht, dass Angela Bahr nach der Schule eine Ausbildung zur Erzieherin begann. Noch heute ist sie überzeugt, dass das ganz allein ihr Wunsch war, ein Wunsch aus der Not geboren, nicht das werden zu müssen, was die Mutter für sie plante: Sekretärin im selben Büro, wo auch sie arbeitete.

Erzieherin.

Viele Menschen, die als Kinder misshandelt wurden, möchten besser machen, was an ihnen verbrochen wurde.

Andere wiederholen, was man ihnen antat. Immer wieder. Falls es ihnen nicht gelingt, den Kreislauf zu durchbrechen, in dem sie eingesperrt sind, Generation nach Generation.

Manche machen beides.

Angela Bahr bemühte sich, allen Anforderungen gerecht zu werden. Zweimal brach sie die Ausbildung ab. Sie begann zu trinken. Mehrfach lief sie von zu Hause weg. Viele Probleme kamen hinzu, mit denen die vorhandenen Personen nicht fertig wurden. So schufen sie weitere Persönlichkeiten.

Angela kam in die Pubertät. Sie war hübsch; Jungen, Männer machten sie auf der Straße an. Was nun? Mit heimlichen Tätern konnten sie umgehen. Aber diese alltäglichen Übergriffe, diese Normalität der kleinen Gewalt, was war denn damit? Was sollten sie damit machen?

Chris entstand, ein Junge. Cool, souverän, stark wehrte er die Angriffe ab. Er kann ausstrahlen, dass er nicht will. Er schaffte es, durch einen ganzen Waggon mit betrunkenen Bundeswehrsoldaten zu gehen, ohne dass ihn einer anfasste.

Von all diesen anderen Leben bekam Traute so gut wie nichts mit. Das Tagebuchschreiben hatte sie aufgegeben. Zu schmerzlich war es, die fehlende Zeit schwarz auf weiß sehen zu müssen.

Traute war nur noch selten da, in stillen Momenten. Einmal, so erinnert sie sich, saß sie nachts auf einer Parkbank und beobachtete die Sterne. Das war schön. So still, so ruhig, so einsam. Sie fühlte die Weite des Himmels und die Einsamkeit, fühlte sich eins mit allem. Das tat ihr gut.

Dass neben ihr auf der Bank und auf dem Rasen ein paar Gestalten herumlagen, bemerkte sie schon. Aber die störten sie nicht. Die schliefen ja. In Ruhe konnte Traute die Sterne beobachten. Dieser nächtliche Moment gehört zu ihren schönsten Erinnerungen.

Was Traute nicht wusste: Die schlafenden Gestalten waren ihre ständigen Begleiter seit einem halben Jahr. Mit denen war sie, das heißt mit denen war Frieda, auf Trebe gegangen, nachdem sie vorher ihr Bankkonto abgeräumt hatte. Viel war nicht drauf gewesen, gerade mal fünftausend Mark, aber es war ihr eigenes Geld. Eine Weile hatte es gereicht und hatte ihr Freunde gemacht unter den Obdachlosen, mit denen sie unterwegs war. Irgendwann war es aufgebraucht, und die Männer brachten ihr mehr oder weniger schonend bei, dass sie weiterhin für den Lebensunterhalt der Gruppe zu sorgen habe. Eher weniger schonend. Sie lernte die Regeln kennen: Die Männer waren für den Schutz da, sie und eine andere Frau für die Kohle. Die andere zeigte ihr, wie das geht mit der kleinen Straßenprostitution nebenbei. So zogen sie von Darmstadt nach Frankfurt, nach Hamburg, ins Ruhrgebiet.

Frieda ist Alkoholikerin. Nur im Suff konnte sie dies Leben ertragen.

Traute erlebte auch hiervon nur Bruchstücke. In ruhigen Momenten wie diesem: Es ist still, die Sonne geht auf, Traute sitzt an einem Tisch, irgendwo. Vor ihr steht eine Flasche mit Korn. Sie will nicht trinken. Hat gar keine Lust, keinen Appetit auf Alkohol. Trotzdem muss sie beobachten, wie ihr Arm sich hebt und zu dieser Flasche mit Schnaps greift.

Pfui Teufel, denkt Traute, und das am frühen Morgen.

Sie will nicht trinken.

Aber der Arm will.

Wenn ich nicht trinken will, denkt Traute, und trotzdem trinke, dann bin ich Alkoholikerin. Wenn man nicht will, es aber trotzdem tut, ist man süchtig.

Doch in diesem Augenblick war es Friedas Arm. Frieda hatte Brand. Eines Tages würde es auch Frieda sein, die einen Entzug machen muss. Nicht Traute. Traute ist nicht alkoholabhängig.

Aber Frieda.

Ein anderer Tag.

Wieder ist es so ruhig wie damals im Park. Traute setzt sich auf. Schaut um sich. Sie ist nicht mehr im Park. Der Park war vor zwei Monaten, aber das weiß Traute nicht.

Gitterstäbe vor den Fenstern. Sie ist in einer Zelle.

Ach, du Scheiße!

Wie ist sie denn da hingekommen?

Sie fühlt ihre schlimmste Befürchtung in Erfüllung gehen: Ihre Blackouts, das Unheimlichste in ihrem Leben, hatten in Traute immer die Angst genährt, in diesen Zeiten täte sie etwas so Schreckliches, dass sie nicht in der Lage wäre, sich daran zu erinnern. Sie nahm an, sie wäre eine Verbrecherin, die ihre Verbrechen immer wieder verdrängte. Dieser Gedanke genügte, Traute zum Verschwinden zu bringen.

Schon war sie wieder weg.

In Wirklichkeit hatte niemand etwas verbrochen.

Aber trotzdem hatte es Frieda erwischt. Gemütlich hatten sie und ihre Kumpel auf einer Wiese im Stadtpark gelegen. Die Flasche kreiste. Ein Polizeiwagen war vorbeigefahren.

»Die Bullen!«, hatte einer gerufen. Schon waren sie alle aufgesprungen und gerannt. Warum auch immer.

Die Bullen hinterher. Warum auch immer.

Sie hatten Frieda aufgegriffen. Das Zupacken, der Polizeigriff hatten Delta ausgelöst.

Delta, die Wut in Person.

Ohne Rücksicht auf Verluste hatte Delta um sich geschlagen. Das war der sicherste Weg in die Zelle. Da saß sie nun. Beziehungsweise Traute saß da und versuchte, die Ruhe zu genießen.

Man stellte ihre Personalien fest. Rief die Mutter an.

Plötzlich war die Mutter da. Und der Bruder. Mitten in der Nacht. Kamen durch die Schwingtür gerauscht, ein Butterbrot und einen Blumenstrauß in den Händen.

»Ich raff' es nicht«, sagt Frieda noch heute. »Stell dir das mal vor: Wegen denen bin ich abgehauen. Die haben mich verprügelt. In Kisten eingesperrt. Und auf einmal kommen die an mit einem Butterbrot, sagen, du Arme, komm schnell nach Hause, wir helfen dir. Ich frag mich noch heute, wo die mitten in der Nacht einen Blumenstrauß hergekriegt haben. So bunte Blüten mit kahlen Stielen waren das.«

Gerbera. Aber Frieda hat keine Ahnung von Blumen. Eine andere innen hätte den Namen sicher gewusst, eine von den Kindern. Aber Frieda hatte keinen Kontakt zu ihnen.

Die Polizisten waren gerührt. So eine liebe Mutter! Sie hatte die Tochter schon suchen lassen, war verzweifelt, in Tränen. Wo ist mein Kind?

Das Herz einer Mutter.

All das kannte Angela. Zur Genüge.

Sie wollte auf keinen Fall wieder nach Hause. Sträubte sich mit Händen und Füßen. Delta tauchte wieder auf. Schlug um sich.

Gut, sagte die Mutter, da gibt es doch diese fromme Familie, in diesem frommen Dorf. Da gehst du hin und machst deine Ausbildung fertig.

Sie ging.

In dieser frommen Familie entwickelte sich Schwester Josefa. Sie ist gläubig und in dieser Umgebung vollkommen glücklich. Schwester Josefa wird Mitglied im »Jugendbund für Entschiedenes Christentum«, zieht um in eine ihrer Einrichtungen. Sie alle sind sehr entschieden hier. Morgens und abends wird gebetet, mittags und nachmittags auch. In der freien Zeit wird über die Bibel meditiert. Individuelle, selbstbestimmte, unkontrollierte Freizeit gibt es nicht. Schwester Josefa ist es zufrieden.

Die anderen innen toben. Aber sie können nur selten raus. Diese Umgebung ist Schwester Josefas Element. Hier ist sie zu Hause. Hier ist sie stark.

Nur manchmal kommt jemand anders zum Vorschein. Magda etwa, der die Arbeit hier viel zu langsam geht.

Magda arbeitet im Versand. Bücher, Broschüren, Briefe werden verschickt. An andere entschiedene Christen. Oder solche, die es werden sollen. Adressenetiketten müssen geklebt werden. Magda ist eine flinke Arbeiterin, die Arbeit geht ihr zügig von der Hand, sie organisiert gerne. Sie arbeitet im Team mit zwei anderen Mädchen. Die beiden sortieren die Etiketten nach Postleitzahlen. Magda klebt. Die beiden sind sehr langsam. Das kann Magda fast um den Verstand bringen. Ein bestimmtes Soll muss geschafft werden, sonst gibt es keine Mittagspause.

»Lass uns tauschen«, sagt Magda. »Ich sortiere, ihr klebt, dann geht das schneller.«

Nein.

Sie soll lernen im Team zu arbeiten. Sie, die Schnelle, soll das lernen. Nicht die Luschen. Auf das schwächste Glied Rücksicht nehmen.

Sie ärgert sich. Das darf sie nicht. Aber verschweigen darf sie es auch nicht. Sie muss den Ärger bekennen. Öffentlich.

»Ich bin echt sauer«, sagt Magda in der Gruppe, »dass ich meine Mittagspause opfern muss, nur weil wir keine andere Arbeitsaufteilung machen dürfen.«

Darauf der entschiedene Christ, der die Aufsicht führt: »Meinst du, Gott findet es in Ordnung, dass du sauer bist?«

»Nein, ich weiß, dass Gott will, dass wir aufeinander Rücksicht nehmen.«

Diese schuldbewussten Worte hatte natürlich Schwester Josefa gesprochen. Magda hatte ihr diese Auseinandersetzung eingebrockt und sich dann – stinkig – verzogen.

Der entschiedene Christ: »Was meinst du, ist Gott mit allem zufrieden, was du tust?«

Schwester Josefa: »Nein, ich weiß, dass er auch oft sauer auf mich ist, wie ich arbeite. Es tut mir leid.«

Entschiedener Christ: »ES TUT DIR LEID? Gott verachtet dich wegen deines Egoismus und deines Hochmuts. Er nimmt jeden Tag, jede Stunde, ja, jede Minute Rücksicht auf dich. Er ist niemals zufrieden mit dir. Und du sagst einfach nur, dass es dir leidtut? Jesus musste für dich all diese unendlichen Leiden auf sich nehmen. Er wurde ans Kreuz genagelt, und du sagst einfach nur, dass es dir leid tut?«

Schwester Josefa: »O Herr, vergib mir. Ich bin ein sündiges Geschöpf. Ich bin es nicht wert, dein Kind zu sein. Verachte mich nicht. Ich will mich bessern und meine Gefühle besser kontrollieren.«

Entschiedener Christ: »Bessern ist nicht genug. Du musst dich selbst verleugnen. Du gehörst deinem Schöpfer, musst ihm dienen und jedes Opfer für ihn bringen. Er weiß alles, er weiß, was du denkst und fühlst. Du musst ganz rein werden und dich ihm ganz hingeben. Bist du bereit dazu?«

Schwester Josefa: »Ja, ich will meinem Herrn dienen und ihm treu sein.«

Niederknien und beten.

Keine Mittagspause. Auch an den anderen Tagen nicht. In dieser Zusammensetzung mussten sie so lange üben, bis es klappte. Dieselben Gefühle von Unmut und Ärger ein zweites Mal zu äußern, hätte bedeutet, dass auch die Nachtruhe entzogen würde. Man hätte sie als schlechtes Kind Gottes beschimpft.

Also lieber schweigen.

Aber andererseits war da Schwester Josefa mit ihrer Demut, ihren Schuldgefühlen und ihrer Gottesfurcht. Sie spürte den Unmut, den die anderen hatten, sie schämte sich, verurteilte sich dafür und wollte ihn sofort beichten. Denn jedes schlechte Gefühl musste sofort öffentlich bekannt und gesühnt werden. Da die anderen genau wussten, wohin das führen würde, gab es ein ständiges Ringen um Außenkontrolle.

Stille, Bibellesen, Gebet, Arbeit, Meditation. Stille, Bibellesen, Gebet, Arbeit, Meditation.

Man betet laut und gemeinsam. Auch Ablauf und Inhalt des »stillen Gesprächs mit Gott« sind genau vorgeschrieben: Dank, Ehre, Bitte, Fürbitte und Segen müssen erfüllt werden.

Vergiss nie deine Gebetskärtchen!

Der Herr hat Gefallen an denen, die ihn fürchten.

Du bist nichts. Gott ist alles.

Es gibt gute und böse Worte.

»Böse Worte, Taten, falsche Reaktionen, unkontrollierte Blicke oder sonstige Fehler wurden sofort bemerkt und angesprochen«, erinnert sich Angela. »Wer einen schlechten Gedanken oder ein schlechtes Gefühl hatte, musste es sofort sagen, um sich erneut zu reinigen und um Vergebung zu bitten.«

Jeder Teil des Tages verläuft nach streng festgelegten Regeln, immer wieder gleich, ritualisiert.

Ein Ritual zu Ehren eines strengen, eines strafenden, eines feindlichen Gottes.

Betrachtet man die Regeln und Rituale dieser Gemeinschaft genau, stellt man fest, dass sie etliche von Robert J. Liftons acht Kriterien der Bewusstseinskontrolle[44] erfüllen: Gruppenzwang und Sprachmanipulation, Entzug von Privatleben und intensive Gefühlsmanipulation, besonders von Schuld- und Angstgefühlen.

Damals war es so.

Angela Bahr wird mit Misstrauen betrachtet in dieser christlichen Sekte. Auch hier erlebt man sie als sehr wechselhaft, widersprüchlich. Meist ist sie um ein gottgefälliges Leben und Reden bemüht, tut sich hervor bei Bibellese, Beten und Beichten, wird geschätzt als dienstbarer Geist bei Tisch- und Küchenpflichten, bei Arbeit in Haus, Garten und Werkstatt.

Dann wieder fällt sie aus der Rolle.

Manchmal ist auch eine da, die auf die Mutter schimpft, Miranda vielleicht oder Delta. Ein Kind, das auf seine Mutter schimpft? Das ist ein Kind des Teufels!

Vielleicht ist sie wirklich vom Teufel besessen?

In dieser Nacht machen sie eine Teufelsaustreibung mit ihr. Es bleibt ihr nichts erspart.

Noch heute ist Schwester Josefa der Ansicht, dass das nicht nur gut gemeint, sondern auch richtig war. Eine wahrhaft mittelalterliche Veranstaltung, wie sie auch heute noch in Deutschland vorgenommen wird. Nackt. Mit Schmerzen. Erniedrigungen. Beschimpfungen. Der Teufel muss aus ihr vertrieben werden, heißt es. Gewaltsam wird sie festgehalten, dann werden alle Körperöffnungen gesalbt. »Gereinigt«, heißt es.

Während Schwester Josefa immer fester wird in ihrem Entschluss, einem Orden beizutreten, quälen sich einige andere mit Selbstmordgedanken, schlucken Tabletten. Die meisten wollen weglaufen. Aber wohin?

Parallelleben

Und in manchen Nächten geschah wieder etwas, von dem sie alle nichts bemerkten. Es gab einen Anruf. Moira nahm ihn entgegen. Man sagte einen Termin, nannte einen Ort. Sie kletterten aus dem Fenster, und Rita hatte eine Reihe Freier zu bedienen. Kunden, die nach etwas ganz Exotischem verlangten: einer Diakonisse. Fast so gut wie eine Nonne.

Von Diakonissen wusste Rita nichts. Sie machte ihren Job. Sie machte ihn gut, war stolz darauf. Schmerzhaft genug war das damals gewesen, als man sie angelernt hatte. Ihr beigebracht hatte, wann sie stöhnen, wann kreischen, wie kichern, wohin greifen sollte.

Merkwürdig: Wo immer sie waren, irgendjemand blieb stets auf ihrer Spur. Immer diese Anrufe, immer diese Dienste. Sogar als sie auf Trebe waren, mussten sie die verrichten.

Von Zeit zu Zeit holte man sie ab, und sie verschwanden für eine Weile. Ein paar Tage, eine Woche, zwei. Sie selbst merkten das nicht. Sie waren es gewohnt, auf diese Weise durchs Leben zu springen. Die anderen Menschen kriegten etwas mit, Rosemarie zum Beispiel, mit der sie auf Trebe waren. Die merkte, dass Angela manchmal abgeholt wurde von feinen Pinkeln. Nach einer Weile kam sie wieder zurück. Beim ersten Mal dachte Rosemarie noch: Sicher hat sie ordentlich Kohle mitgebracht.

Nein.

Mehrere Selbstmordversuche brachten Angela Bahr in die Psychiatrie. Dort entwickelten sie eine Person für die Aufgabe, schleunigst wieder herauszukommen:

Luna.

Luna erfüllte ihre Aufgabe perfekt. In kürzester Zeit lernte sie die Vorstellungen der Ärzte und des Pflegepersonals von psychischer Gesundheit kennen. So kannte sie die Erwartungen der Psychiater und konnte sie erfüllen. Sie hatte alle richtigen Antworten parat:

Der Grund des Zusammenbruches? Pubertät und der frühe Verlust des Vaters.

Zukunftspläne? Die Ausbildung beenden, einen schönen Beruf ergreifen, heiraten, zwei Kinder bekommen – am liebsten einen Jungen und ein Mädchen.

Die Stimmungslage? Allmählich wiederkehrende Lebensfreude.

Ihre Zeichnungen? Ausgewogen hell und dunkel, Bäume mit Blättern, Menschen mit Armen und Beinen, bekleidet. Auch mal ein nackter Mensch dabei, mit Geschlechtsteilen, eher dezent, den Penis nicht zu groß und nicht zu klein zeichnen. Lachende Menschen, auch mal einer mit Tränen, aber eher selten.

Die Gefühle zur Mutter? Schuldgefühle, weil sie ihr so viele Sorgen macht. Etwas Trotz, aber wirklich nur etwas!

Die Gefühle den Ärzten gegenüber? Dankbarkeit.

Geheilt.

Entlassen.

Wieder zu Hause, schnappt sie ein Gespräch zwischen Mutter und Bruder auf. Man will sie entmündigen lassen, bevor sie 18 ist. Panik. Niemand ist da, der ihr sagt: Das kann gar nicht gelingen. Schau dir deine Zeugnisse an. Deine Ausbildung. Du hast doch alles geschafft. Trotzdem.

Auf Rat der Mutter geht sie noch mal in eine psychosomatische Klinik. Eine bestimmte Klinik, eine, die Angelas Mutter ausgesucht hat. Ein bestimmter Therapeut ist für sie zuständig. Ein merkwürdiger Mann, vor dem sie Angst hat. An diese sechs Wochen Therapie behält Angela Bahr fast keine Erinnerung zurück. In ihre Entlassungspapiere schreibt der Therapeut, sie sei für eine Therapie noch nicht zugänglich gewesen und solle in einem halben Jahr wiederkommen.

Sie kommt nie wieder.

Aber er.

Nach der Entlassung lebt Angela Bahr dürftig von Sozialhilfe. Sie hat starke Schmerzen und eine Gehbehinderung, die sich nicht erklären lässt.

Die Sache mit dem Arm, der zur Flasche greift, tritt wieder auf. Sie will das nicht. Da geht sie zu den Anonymen Alkoholikern. Lernt einen Mann kennen, Wolfgang. Heiratet. Bekommt ein Kind.

Das Leben wird ruhiger. Sie hat es geschafft.

Eines Tages hat ihr Mann beruflich in der Stadt zu tun, in der Angela Bahr geboren ist, wo sie gelebt hat, bis sie 14 war. Sie begleitet ihn. Plant einen ganzen Tag für sich allein auf der Suche nach der Vergangenheit. Abends wollen sie sich wiedertreffen. Traute hat nur wenige Erinnerungen an ihre Kindheit. Aber die meisten davon stammen nur aus Dokumenten und Fotoalben, das weiß sie genau. Vor dem 14. Lebensjahr ist fast nichts Eigenes dabei. Vielleicht kommen die Erinnerungen zurück, denkt sie, wenn ich meine alte Schule angucke, das Haus, in dem wir gelebt haben, die Straße, den Wald hinter unserem Grundstück.

Traute fährt einige Stationen mit der Straßenbahn. Dann schlendert sie durch die Stadt. Sieht die Kirche, geht hinein. Da weiß sie plötzlich: Hier bin ich konfirmiert worden. Es funktioniert, denkt sie, ich frische meine Erinnerungen auf. Sie steht vor der Grundschule und weiß auch das auf einmal: Hier auf dem Schulhof habe ich gespielt. Sie wandert weiter, kommt zur Straße, in der sie früher gewohnt hat. Sie hat sich Straßennamen und Hausnummer aufgeschrieben. Sie steht vor dem Haus.

Schlagartig ist da eine Erinnerung an den Vater.

Ganz plastisch steht es ihr vor Augen: Der Vater sitzt an ihrem Kinderbett, es ist schummerig, er fasst sie an. Wo er nicht soll. Zwischen den Beinen. Wie er nicht darf.

Das ist Nickis Erinnerung.

Jetzt spinne ich, denkt Traute. Ich spinne total. Meine Phantasie geht mit mir durch, will mir Dinge einreden, die überhaupt nicht stimmen. Ich bilde mir das ein. Ich muss ruhiger werden.

Sie geht die Straße entlang, lenkt sich ab, betrachtet die Vorgärten, kommt wieder zurück.

Wieder ist da diese Szene in ihrem Kopf. Und das Gefühl, die Angst, das Entsetzen.

Noch eine Szene. Die erste Vergewaltigung. Der Schmerz.

Da verschwindet Traute.

Sie hält das nicht aus.

Sie muss aber, so geht das nicht weiter.
Wir mussten das ja auch aushalten!

Traute findet sich wieder, als sie rennt. Irgendwo in der Stadt. Sie ist außer Atem, also ist sie schon eine Weile gerannt. Sie rennt weiter. Da sieht sie ihren Mann, Wolfgang, Gott sei Dank. Sie rennt auf ihn zu und kann nichts sagen. Schweigend fahren sie nach Hause.

Wolfgang bemerkt, dass irgendetwas passiert ist, aber sie können nicht darüber sprechen. In den nächsten Tagen versucht Traute systematisch, diese Erinnerung zu vernichten. Ich spinne, denkt sie, ich hab einen Vogel, einen Knacks weg, bin verrückt. Das kann nicht sein.

Doch es lässt sich nicht mehr verdrängen.

Von nun an hat Traute das Gefühl, als ob dieses Kind, das sie damals gewesen ist, sie immer begleite. Sie will es wegschubsen, aber ständig ist es ihr, als stünde das Kind hinter ihr. Mit allen Gefühlen, Ängsten, Spannungen. Es geht nicht weg.

Sie weiht eine Therapeutin der Suchtberatungsstelle ein, eine verständnisvolle Frau, die sich aber mit der Bearbeitung eines möglichen sexuellen Missbrauchs überfordert glaubt und an einen anderen Therapeuten verweist. Traute vereinbart einen Gesprächstermin und fühlt sich zum ersten Mal wirklich ernstgenommen. Auch Miranda, Magda, Martha, Sarah und Frieda kommen mit diesem Therapeuten ins Gespräch. Der Therapeut spürt, dass etwas Besonderes geschieht, er nimmt die Wechsel zwar wahr, kann sie aber nicht deuten. Um Klarheit zu gewinnen, bittet er, die Gespräche aufnehmen zu dürfen. Die Erinnerungen an Missbrauch hält er für glaubwürdig, wundert sich allerdings, dass Angela Lenz nicht wütend ist.

Er weiß nicht, dass keine der Persönlichkeiten, mit denen er spricht, missbraucht worden ist. Die Kinder, die die Erlebnisse hatten und die Erinnerungen tragen, sind während der Therapiestunden unerreichbar im Inneren versteckt: Er ist ein Mann, sie haben Angst vor ihm.

Und Delta, die echte Wut zeigen könnte, hockt weit fort in einem inneren Gefängnis. Die anderen sind einfach nicht wütend. Wut ist ein Gefühl, über das sie nicht verfügen.

Trotzdem spürt er ihre Verzweiflung. Er will keinen Fehler machen, vielleicht hat Angela Lenz eine Psychose, denkt er und rät zur Konsultation eines Psychiaters. Fast erleichtert stürzt sich Traute auf diese Möglichkeit: Wenn sie psychotisch ist, hat sie endlich eine Erklärung für alles Verrückte, dann stimmen ihre Erinnerungen einfach nicht, sie kann regelmäßig Pillen einnehmen, und alles ist gut.

Lieber will ich verrückt sein, denkt Traute, als diesen Bildern zu glauben. Dem Psychiater schildert sie, wie sie sich erlebt: Alpträume, Schlafstörungen, Selbstverletzungen, Panikattacken, Fluchtbedürfnis, sehr wechselhaft, launisch, manchmal hätte sie das Gefühl, verfolgt zu werden, aber wenn sie sich umdrehe, sei da niemand. Von ihrer Kindheit erzählt sie nichts. Die Diagnose des Psychiaters ist eindeutig: Angela Lenz ist nicht psychotisch. Sie hat wirklich etwas erlebt. Etwas, das sie nicht verarbeiten konnte. Sie leidet unter einer posttraumatischen Belastungsstörung. Es könnte vielleicht sein, meint er, dass sie als Kind sexuell missbraucht worden sei.

Traute ist verzweifelt. Sie will nicht, dass das die Wahrheit ist. Lieber wäre sie verrückt.

Ihr Verhalten wird wieder auffallender, oft läuft sie von zu Hause fort. Ihr Mann ist sehr beunruhigt, manchmal hat er das Gefühl, seine Frau hasse ihn, dann wieder ist sie zärtlich, er kann sich keinen Reim darauf machen.

Eines Tages steht Traute plötzlich mit ihrem Kind auf dem Arm auf den Bahngleisen, und der Intercity kommt. Sie wollte das nicht. Sie weiß noch nicht einmal, wie sie dahin gekommen ist. Auch nicht, wie sie so schnell wieder von den Schienen heruntergesprungen ist. Jemand hat sie geschubst. Aber da ist niemand. War das ein Selbstmordversuch?

Ihr Therapeut fürchtet um Angelas Leben und sorgt für einen Klinikplatz.

Wieder einmal beginnt sie eine neue Therapie.

»Mich gibt es mehrmals«, schreibt Traute auf den Anamnesebogen der Klinik. Und ahnt nicht, was sie damit sagt. »Der Körper lebt selbstständig«, schreibt sie. Sie nimmt wahr, dass sie manchmal fröhlich, manchmal lieb und manchmal stark und selbstbewusst ist. Doch niemals, schreibt sie, sei sie gleichzeitig stark und fröhlich, niemals lieb und selbstbewusst.

In der Klinik begegnet ihr eine junge Therapeutin: Nina Temberg. Sarah und vielen anderen Persönlichkeiten wird langsam klar, dass Nina der Mensch ist, auf den sie fast 30 Jahre gewartet haben. Ihr können sie es sagen. Vielleicht.

»Wie kommt es, dass Sie so schnell wieder gut drauf sind?«, fragt Nina Temberg.

»Ich bin immer gut drauf«, sagt Miranda.

»Aber eben in der Gruppentherapie haben Sie doch noch geweint«, stellt Nina Temberg fest.

»Ich bin sehr wechselhaft«, sagt Traute.

»Worüber waren Sie denn eben so traurig?«, fragt Nina Temberg.

»Keine Ahnung«, sagt Miranda.

»Kommt das öfter vor, dass Sie sich an Dinge nicht mehr erinnern können, die gerade eben geschehen sind?«, fragt Nina Temberg.

»Halten Sie gefälligst Ihre Klappe!«, schnauzt Sigurd sie an. »Das ist ein großes Geheimnis, darüber darf nicht geredet werden, dass wir viele sind.« Er rennt zur Tür hinaus.

Damit war es ausgesprochen.

Fast 30 Jahre hatte es gedauert seit der ersten Spaltung. Und elf Jahre seit Angelas erstem Aufenthalt in einer psychiatrischen Klinik. Zwei stationäre Therapien in psychosomatischen Kliniken, zwei Aufenthalte in psychiatrischen Krankenhäusern, eine Teufelsaustreibung, zwei ambulante Therapien hatte Angela über sich ergehen lassen müssen. Ohne dass es ihr besser ging. Eine Alkoholabhängigkeit, eine bulimische Störung hatte sie entwickelt, etliche Selbstmordversuche, häufige Selbstverletzungen hatte sie unternommen, bevor die eigentliche Diagnose festgestellt wurde: Multiple Persönlichkeitsstörung.

Mehrere Mediziner bestätigten diese Diagnose im Laufe der nächsten anderthalb Jahrzehnte.

Nach amerikanischen Untersuchungen irren Menschen mit MPS durchschnittlich sieben Jahre lang erfolglos durch das Gesundheitssystem, ohne dass es ihnen wesentlich besser geht. Sie werden wegen Magersucht, Drogensucht, Alkoholismus, Selbstverletzungen, Psychosen, Angstneurosen, Depressionen, Zwangsstörungen, Schizophrenie, Borderlinestörung, Suizidversuchen und vielem anderen behandelt, bevor die zugrunde liegende Störung MPS/DIS erkannt und therapiert wird.

In Deutschland dauert es noch länger.

Wissenschaftliche Untersuchungen und therapeutische Erfahrungen belegen, dass eine erhebliche Verbesserung eintritt, wenn die korrekte Diagnose MPS gestellt worden ist und adäquat therapiert wird. Eine hochfrequente ambulante Psychotherapie durch speziell ausgebildete Therapeutinnen oder Therapeuten ist die adäquate Therapie, auch darüber sind sich Forschung und Praxis inzwischen einig. Hin und wieder können kürzere stationäre Aufenthalte erforderlich werden.[45] Nachdem etliche der Persönlichkeiten von Angela Lenz Vertrauen gefasst und sich Nina Temberg vorgestellt hatten, stellte diese eines Tages die Frage: »Wie kommt es überhaupt, dass es Sie alle gibt? Wie ist denn das passiert?«

Da begann sie, es ihr zu erzählen.

Langsam und zögernd. Mit Angst und Panik. Aber auch mit unendlicher Erleichterung.

Erleichterung verspürte auch Wolfgang, Angelas Mann, als Nina Temberg ihm die Diagnose erläuterte. Mit einem Mal bekam das Puzzle einen Sinn; nicht Hass auf ihn trieb seine Frau zu ihren unverständlichen Handlungen. Aber nach der Erleichterung verspürte er selbst den Hass: Hass auf die Täter, die seiner Frau das angetan haben, was er nur in Ansätzen erfährt. Hass auf die Zerstörer. Er will seine Frau rächen.

Eine Aktion aus Angelas Herkunftsfamilie bestätigt alle Vermutungen: Die Therapeutin habe Angela falsche Erinnerungen suggeriert. Der Klinik und der Therapeutin wird eine Verleumdungsklage angedroht. Doch weder Angela noch die Therapeutin oder die Klinik haben jemanden verleumdet. Der Therapieverlauf unterliegt der Schweigepflicht. Niemand hat etwas veröffentlicht.

Nur die Herkunftsfamilie, die die Therapie per Rundschreiben im gesamten Täterkreis bekannt machte.

KAPITEL 5

Das Grauen

Das andere System

Der Entschluss

1. Telefongespräch:
»Die Alte ist nicht zum Treffpunkt gekommen. So haben wir nicht gewettet. Sie haben von mir zwei Neugeborene gekriegt, dafür will ich eine Nutte, die spurt.«

»Pass auf, was du sagst, Mann!«

2. Telefongespräch:
»Sie muss stärker überwacht werden. Das läuft uns sonst alles aus dem Ruder. Diese Therapeutin pult da an meinem sorgfältig angelegten System herum. Das muss aufhören.«

»Was sollen wir machen?«

»Beschafft mir ein gutes Foto von der Therapeutin. Nehmt die Stimme auf. Die hat doch sicher einen Anrufbeantworter.«

»Okay.«

Sie warteten vor Ninas Praxis.

Frech und selbstsicher.

Als Angela aus der Praxis kam und in ihren Wagen stieg, entdeckte sie sie. Sie fuhren hinter ihr her. Kurz vor der Autobahnauffahrt stoppten sie sie. Es waren zwei Wagen. Einer hielt hinter, einer vor ihr. Sie stieg aus und ging auf den Kastenwagen mit den verschlossenen Fenstern zu.

Bei dem Anblick des Autos war Angela automatisch zu einer Personengruppe hinübergewechselt, von der das Alltagssystem noch keine Kenntnis hatte: von einer kriminellen Gruppe, einem Geheimbund, konditionierte und ihm verpflichtete Befehlsempfänger. Es waren sechs: Herold, Rita, Moira, Kathy, Jule, Tara. Sie hielten eng zusammen, nur die Gruppe galt ihnen etwas, der Einzelne war nichts. Sie wussten, dass es die anderen Personen gab. Sie hatten nichts mit ihnen zu tun, und sie wollten es auch nicht. Sie lehnten sie ab. Die anderen Personen in Angela waren ihre Gegner. Sie bedeuteten Gefahr und mussten umgangen, ausgetrickst, betrogen werden.

Sobald sie die beiden anderen Wagen erblickt hatten, war ihnen klar, was sie zu tun hatten.

Sie wussten auch, was die Männer in den Wagen mit ihnen tun würden. Als Angela in deren Wagen einstieg, sahen sie das Gerät: batteriebetriebenes Elektroschockgerät, auch an Autobatterien anschließbar. Es war klein, handlich und ließ sich hervorragend lagern in dem unauffälligen kleinen Kasten, den sich die Männer zwischen den Achsen des Wagens hatten einbauen lassen. Und es ging alles ganz schnell. Eine Viertelstunde, mehr brauchten sie nicht, dann hatten die Männer sie wieder da, wo sie sie haben wollten. Niemand würde etwas merken. Wolfgang würde noch nicht einmal mitkriegen, dass seine Frau etwas zu spät nach Hause kam.

Eine Viertelstunde, was ist das schon? Das merkt doch keiner. Noch nicht einmal das Alltagssystem. Die würden morgen Bauchschmerzen haben, dachte Herold, aber das hatten sie ja öfter. Oder sonstige Schmerzen, sie würden das für Phantomschmerzen halten von irgendwelchen früheren Erlebnissen. Würden etwas hilflos über sich selber grinsen, immer noch diese Schmerzen, wo doch gar nichts mehr passierte. Oder sie würden rumleiden, dachte Herold zynisch, wie sie das ja häufiger taten.

Als sie sahen, dass auch Onkel Paul im Wagen saß, wussten sie, dass es diesmal hart werden würde.

Und sie wussten, was die wollten: Christian, Angelas Sohn.

Vor fast einem Jahr war er sechs geworden. Sie hätten ihn längst abgeben müssen. So wie Angela abgegeben worden war, damals.

Onkel Paul sprach mit Honig in der Stimme: »Wir tun ihm nichts. Es wird ihm gutgehen. Er soll aufsteigen. Das weißt du.«

Sie sollten in die Schweiz kommen und ihn mitbringen. Dann wäre Angela Lenz frei. Das hatten sie ihr erzählt. Sie würde falsche Papiere bekommen und könnte nach Amerika auswandern. Sie brauchte ja nur ihrer Familie einen Abschiedsbrief zu hinterlassen, dass sie es leid sei, immer der Haushalt und so. Sie wolle ihre Freiheit. Es würde ihr schon etwas einfallen, hatten sie ihr befohlen.

Was sollte sie in Amerika?

Sie wollten Christian, aber Angela würden sie trotzdem nicht gehen lassen. Das ahnten die sechs. Sie hatten es bei einer anderen Mutter beobachten können. Die hatte ihr Kind geopfert. Nun sei sie frei, hatte man ihr gesagt. Am nächsten Tag hatte man die Frau gefunden. Erhängt.

Es hieß, sie hätte sich selbst aufgehängt.

Aber die sechs Personen waren sich selbst gleichgültig. Allerdings verspürten sie zaghaft erste Zweifel an der Gruppenideologie, Zweifel, ob es richtig wäre, Christian zu opfern. Drei Jahre lang hatten sie Nina Temberg im Gespräch mit den anderen Persönlichkeiten beobachtet und waren unsicher geworden: Da war etwas in dieser Frau, das war so anders als alles, was sie vorher gelernt, gespürt, geglaubt hatten. Etwas, das sie berührte. Von dem sie mehr haben wollten. Eine vorsichtige, geheime Sehnsucht.

Diese Zweifel durften sie sich unter keinen Umständen anmerken lassen. Doch das war fast unmöglich. Angela Lenz hatte kaum Möglichkeiten, ihre Gedanken vor Onkel Paul zu verbergen. Seit sie zwei

Jahre alt war, hatte er sie geprägt. Sie war seine Schöpfung. Zu absolutem Gehorsam erzogen. Keiner ihrer Gedanken durfte ihm verborgen bleiben. Sie hatte das Gefühl, seine Augen würden sich tief in sie hineinbohren und alle verborgenen Gedanken entdecken.

»Hallo«, sagte er, »schön, dich mal wiederzusehen. Wie geht es dir?«

»Gut.«

»Man hört ja anderes. Zum letzten Treffen bist du nicht gekommen.«

»Wir konnten nicht. Wolfgang kam früher nach Hause.«

»Es ist eure Aufgabe, eine Lösung zu finden.«

»Ja.«

»Du weißt, warum ich hier bin?«

»Nein.«

»Wer bist du?«

»Herold.«

»Herold. Warum bin ich hier?«

»Keine Ahnung.«

Da begannen sie mit der Folter. Sie machten es so, dass die Folgen nicht zu sehen waren. Elektroschocks in Körperöffnungen sind äußerst schmerzhaft, aber kaum nachweisbar.

Sie gingen ziemlich weit. Sie waren gut ausgerüstet, hatten sogar ein EEG zum Messen der Gehirnströme dabei, um nicht zu weit zu gehen. Wenn das Opfer eine todesnahe Erfahrung durchmachen muss, sitzen die posthypnotischen Befehle besonders fest. Das ist kein Geheimnis, es ist offizielles Wissen der Verhaltens- und Hypnoseforschung seit den vierziger Jahren.

Angela hatte solche Erfahrungen mehrfach durchmachen müssen. Das letzte Mal kurz nach Beginn der Therapie, als man sie im Wald lebendig begraben hatte. Während eines solchen traumatischen Erlebnisses kommt es zu Dissoziationen. Handelt es sich um eine neue Art der Folter, die noch keiner von ihnen erlebt hat, kann automatisch eine neue Persönlichkeit entstehen.

Damals, im Wald, war Moira entstanden.

Plötzlich war Moira da.

Sie weiß nicht, wo sie ist. Sie weiß nicht, wer sie ist. Sie hat keine Ahnung, was los ist. Sie hat keine Zeit darüber nachzudenken. Ihre erste Wahrnehmung: Ich werde mit Erde zugeschüttet. Ich kann mich nicht bewegen. Ganz viel Erde auf meinen Beinen. Auf meinen Armen. Meiner Brust. Ich muss sterben. Ich kann nichts sehen. Sand in meinen Augen.

Moira schreit um Hilfe: »Hilfe, holt mich raus.«

Die nächste Schaufel Sand landet in ihrem Mund. Sie kann nichts mehr sehen, sie kann nichts mehr hören, sie beginnt zu ersticken.

Es ist aus.

Eine Hand greift nach ihrer Hand. Ein Mann zieht sie hoch. Befreit sie. Er hat sie gerettet.

»Ich habe dich gerettet«, sagt er.

»Danke«, hustet sie, »danke, danke.«

Sie kann kaum stehen.

»Weil ich dich gerettet habe, wirst du alles tun, was ich sage.«

»Ja«, sagt sie, »ja, ja, ja.«

Und sie wird es tun.

Moira kennt diesen Mann nicht. Sie kennt bisher niemanden. Sie ist ja gerade erst entstanden. Sie muss glauben, was man ihr sagt.

Falls irgendjemand aus Angelas System diesem Mann schon einmal begegnet sein sollte, irgendwann, vielleicht in einer Klinik, als Therapeut vielleicht – Moira würde das nicht wissen.

Der Zuhälter, der damals im Wald mit geschaufelt hatte, war froh wie selten, als er wieder zu Hause bei seinen vertrauten Mädels war. Das war ihm doch etwas zu weit gegangen. Man hätte ihm das vorher sagen sollen, was ihn erwartet, dann wäre er nicht mitgekommen.

Aber er hatte dann doch lieber den Mund gehalten.

Als Angela nach einer halben Stunde wieder aus dem Kastenwagen ausstieg, hatte sie Onkel Paul alles geschworen, was er von ihr verlangt hatte. Und sie hatte alles wieder vergessen. Am nächsten Tag spürte sie starke Bauchschmerzen. Den ganzen Tag saß sie mit einer Wärmflasche auf dem Bauch auf der Couch und ärgerte sich über sich selbst. Immer diese Schmerzen ohne Ursache! Hörte das denn niemals auf?

Sag, dass das nicht wahr ist!

»Frau Temberg?« Die Stimme kam von weit her und war kaum zu erkennen. War es Angela?

»Angela, seid ihr das?«

Nina Temberg hatte einen Kurztrip nach Paris gemacht. Sie genoss es, ein paar Tage lang nichts anderes zu tun, als vor kleinen Cafés auf wackeligen Stühlen zu sitzen, die auf dem Kopfsteinpflaster enger Gassen hin und her kippelten, Café au lait zu schlürfen, an der Seine entlangzuschlendern oder auch ein wunderschönes buntes Seidentuch unter Preis zu erstehen.

»Ja. Es ist etwas passiert.«

Es war schon Angela, Nina erkannte die Stimme. Aber irgendwie war sie auch anders. Härter. Aber es war keiner der Jungen, die sie kannte.

»Wer ist denn da?«

»Herold. Aber ich bin nicht allein. Wir sind sechs. Wir gehören zu einem anderen System.«

Nina holte wieder mal tief Luft. Hörte das denn niemals auf?

»Enchanté, Herold!«

Nina wollte sich nicht aus der Ferienstimmung bringen lassen.

»Wir wollten Ihnen nur sagen, dass wir Christian abgeben sollen. Wir wollen ihn aber nicht abgeben. Wir wissen aber nicht, wie wir das verhindern können. Deshalb haben wir Ihre Hotelnummer rausgefunden und Sie angerufen.«

»Abgeben? An wen?«

»An die Sekte.«

Nina wusste seit langem, dass Angela in der Kindheit Kontakt zu einer satanistischen Sekte gehabt hatte. Was auch immer das heißen mochte. Nina hatte es vermieden, sich näher damit zu beschäftigen. Auf jeden Fall hatte Angela merkwürdige Rituale erlebt, und ihre Zeichnungen waren voll fremdartiger Bilder, die Fachleute satanistischer Symbolik zugeordnet hatten. Nina wollte sich damals nicht tiefer darauf einlassen. Außerdem war das alles 20 Jahre her. Es war vorbei.

Oder?

»Das ist doch längst vorbei?«

»Wir mussten immer Kontakt zu denen halten. Nach jeder Therapiestunde mussten wir die anrufen und berichten. Wir mussten für die arbeiten.«

»Sag, dass das nicht wahr ist.«

Herold schwieg.

»Sag, dass das nicht wahr ist!«

»Wir haben uns nur gemeldet, damit Christian gerettet wird. Wir haben zwar nichts mit ihm zu tun, er ist nicht unser Sohn, aber wir kriegen mit, dass die anderen ihn sehr gern haben. Frau Temberg, Sie müssen ihn retten.«

Nina spürte etwas, über das sie zu anderen Zeiten schmunzeln musste, wenn sie den Ausdruck in einem Buch las: Ihr Verstand arbeitete fieberhaft. Er warf Fragen aus, Worte, Bruchstücke.

»Wann?«

»Spätestens im Juli.«

Das waren noch drei Monate.

»Warum?«

»Das ist so. Er ist der Erstgeborene.«

»Was soll mit ihm passieren?«

»Sie werden ihn opfern.«

»Warum?«

»Ein unschuldiger Junge bringt die meiste spirituelle Energie mit sich.«

Authentisches satanistisches Gedankengut. Nina Temberg schauderte.

»Und wenn ihr das nicht macht?«

»Dann holen sie uns. Und ihn. Das Schlimme ist, dass wir sie in der übernächsten Woche treffen müssen. Und Moira erzählt dann alles.«

Wer um Himmels willen war Moira? Die kannte sie auch noch nicht.

»Moira wird auch erzählen, dass wir zu Ihnen Kontakt aufgenommen haben. Wir dürfen das nicht. Wir müssen die Welten getrennt halten. Es ist das schlimmste Vergehen gegen Satan. Es ist unser Todesurteil.«

Konnte das wahr sein?

Konnte man sich so eine Geschichte ausdenken?

Was sollte sie tun? Sie musste vom Schlimmsten ausgehen. Wenn sich dann herausstellte, dass es nur eine erdachte Geschichte gewesen war, um die Therapeutin mal im Urlaub anzurufen, okay, das war nicht besonders erfreulich, aber man konnte es bearbeiten, konnte herausfinden, was dahintersteckte.

Aber wenn es stimmte, und sie nahm es nicht ernst?

Nicht auszudenken.

In den nächsten zwei Stunden vollführte Nina per Ferngespräch aus Paris eine therapeutische Leistung, die geradezu akrobatisch war: Sie holte Sarah in den Vordergrund und sorgte dafür, dass der Rest der vertrauten Truppe amnestisch war für das folgende Gespräch – indem sie jeden an seinen sicheren Ort verfrachtete, ob das mit Geheimcode gesicherte Computerdateien waren oder Inseln in der Südsee, Burgen und Schlösser, Verliese, Baumwipfel. Außerdem scharte Paddy, eine besonders sanfte innere Helferpersönlichkeit, die Kleinen um sich und erzählte ihnen Geschichten – lenkte sie ab.

Dann machte Nina Temberg Sarah und Herold miteinander bekannt. Zu dritt hielten sie eine Telefonkonferenz ab. Dabei war Nina immer bewusst, dass im Hintergrund weitere fünf Personen lauschten, die sie noch überhaupt nicht kannte. Und mindestens eine davon war eine hemmungslose Verräterin.

Sie beschlossen, dass die anderen Innenpersonen nichts erfahren würden, bis Nina in der nächsten Woche wieder zu Hause sei. Solange würden sie nachdenken, was zu tun sei.

Das Ergebnis wurde Nina gleich zu Beginn der Stunde mitgeteilt: Sarah musste alle sechs integrieren. Anders ginge es nicht, nur so konnten sie sicher sein, dass Moira nichts verriete, und sie hätten Zeit gewonnen. Sie bestanden darauf, dass sie zu diesem einen Treffen mit den Tätern noch hingehen müssten. Nina konnte das nicht verstehen. Bewusst irgendwohin marschieren, wenn man weiß, man wird vergewaltigt? Man kann sich nicht wehren? Darf sich noch nicht einmal wehren? Wahnsinn. Aber sie bestanden darauf.

Nina hatte immer noch Zweifel, und am liebsten wäre sie mitgegangen, aber irgendwo, fand sie, musste sogar ihr therapeutisches Engagement seine Grenzen haben. Sollte sie sich eine Waffe kaufen und sich auf die Lauer legen? Karate lernen und Schnappmesser tragen? Eine Pistole?

Irgendwie war ihr immer noch mulmig.

Dann entdeckte sie, woher das Gefühl kam: Drei Jahre lang hatten fremde Leute bei ihrer Therapie zugehört. Feindliche fremde Leute. Jetzt kannten sie nicht nur ihre Arbeitsweise, sondern wussten auch Bescheid über all die vielen Informationen, die sie im Laufe der Zeit über sich selbst geliefert hatte, kleine, unwichtige Bemerkungen nebenbei, meist ganz belanglos, aber natürlich ergaben sie ein Bild. Gegner, die sie nicht kannte, wussten jetzt, was ihre Vorlieben, ihre Abneigungen, ihre Schwächen und ihre Stärken waren. Wo sie wohnte. Und mit wem. Wohin sie im Urlaub fuhr. In Gedanken machte sie ein Resümee: Was wusste ihre Klientin eigentlich alles von ihr? Und was, fragte sich Nina, die eigentlich sehr verschwiegen war, was erzähle ich Klientinnen von mir?

»Ist gutgegangen«, berichtete Herold, als sie sich das nächste Mal sahen.

Er war ja nicht vergewaltigt worden.

Das hatte Rita getroffen. Aber sie war es gewohnt.

Als Rita von den Verletzungen erzählte, schickte Nina sie zur Frauenärztin.

»Sieht böse aus«, sagte diese.

»Nein, das sind doch keine Verletzungen, die man sich selber beibringt«, fügte sie auf Nina Tembergs vorsichtige Frage empört hinzu.

Nina musste der Tatsache ins Auge sehen, dass es sich tatsächlich alles so zugetragen hatte, wie Herold und die anderen berichteten, die sie inzwischen kennengelernt hatte.

Wie sollte es weitergehen?

Eine richtige Integration hatte nicht stattgefunden. Die sechs Personen standen jetzt »hinter Sarah«, wie sie es nannten. Durch sie geschützt und nur über sie erreichbar.

Das bedeutete aber auch, dass die traumatischen Erinnerungen dieser Personen nun zugänglich waren. Zumindest Sarah hatte schon einige Blicke in das Grauen geworfen.

Es ließ sich nicht weiter hinausschieben: Nina musste mit diesen Personen arbeiten.

Es gab nichts, was sie weniger gern tun wollte. Am liebsten hätte sie die ganze Bande weggesperrt. Sie war das Entsetzen leid und die Folter.

Sie hatte die Inzestschilderungen ihrer Klientin mit durchlitten, »die Onkel«, das Kinderbordell, die Pornoringe, die kommerzielle Ausbeutung der heranwachsenden Kinder. Und nun auch noch das.

Hörte das denn niemals auf?

Die Sechs spürten Nina Tembergs Gefühle genau. Sie fühlten sich abgelehnt und verraten. Sie hatten ihre Gruppe, das Wichtigste in ihrem Leben, hintergangen, um ein Kind zu retten, das sie noch nicht einmal als ihr eigenes empfanden.

Und jetzt waren sie ganz allein.

Die anderen in Angela Lenz lehnten die Gruppe der Sechs ab, empfanden sie als Verräter und konnten kaum verkraften, dass sie in sich eine Gruppe Spione bargen, von denen sie auf Schritt und Tritt beobachtet worden waren. Dass Kontakt zu einer Gruppe bestanden hatte, vor der sie sich längst in Sicherheit geglaubt hatten. Anfangs hatten sie sich geweigert zu sehen, dass ihr eigener Einfluss auf Angela Lenz' Leben immer noch viel geringer war, als sie geglaubt hatten. Und das Schlimmste: Dass Sarah überhaupt nichts gemerkt hatte. Ihre Sarah, die sonst alles wusste, der sie vertraut hatten wie sonst niemandem. Wenn sie sich nicht einmal auf Sarah hundertprozentig verlassen konnten, waren sie dann nicht verloren?

Die Alltagspersönlichkeiten waren entsetzt über die Spione und voller Ekel über die Sektenpersönlichkeiten, die noch tief im Untergrund warteten. Sie begriffen überhaupt nicht, dass diese genauso wenig für die Umstände ihrer Entstehung und ihres Lebens konnten wie sie selbst. Wollten einfach nichts von ihnen und ihrer Geschichte hören. Und die Therapeutin wollte das offenbar auch nicht.

Von den Sektenkindern schon gar nicht.

Sie hatten nichts mehr. Das »andere System«, wie das »Alltagssystem« die sechs Persönlichkeiten nannte, fühlte sich vollkommen alleingelassen.

Noch einsamer waren die »Sektenkinder«.

Die Sektenkinder hatten immer nur im Zusammenhang mit einer Gruppe existiert. Für etwas Persönliches gab es keine Berechtigung in ihrem Leben, stets musste es den Interessen der Gruppe untergeordnet werden. Sie hatten gar keine Ahnung, was das ist, eine Persönlichkeit.

»Das Persönliche«, davon waren sie überzeugt, »wird doch von der Gruppe bestimmt.«

Gut, sie wussten, dass der eine mehr Schmerzen aushält und ein anderer besser ist beim Ekeltraining. Aber das war es auch schon. Wünsche, Träume, Vorlieben konnten sie nicht an sich wahrnehmen.

Nach dem Sinn des Lebens gefragt, gaben sie Auskunft: »Irgendwie durchkommen und hoffen, dass der Gott oder Satan, an den man glaubt, wirklich der Richtige ist.«

»Natürlich«, davon waren sie fest überzeugt, »ist es Satan. Er lässt uns Menschen am natürlichsten. Er erlaubt die echten Gefühle, auch die ganz tiefen, ursprünglichen Gefühle und Triebe wie Egoismus, Hass, Wut und Gewalt. Wir gehören Satan.«

Und nach dem Sinn der Welt gefragt, sagten sie: »Der Sinn ist es, diesen Ursprung zu bewahren. Und die Aufgabe des Menschen ist es, Grenzen zu zerstören. Auch die inneren Grenzen wie Hemmung, Ekel, Scham. Tötung und Folter sind Befreiungsübungen, um Grenzen zu überwinden. Eine normale Auslese, um später frei bei Satan zu sein. Gott und Buddha und Jehova und all diese Götter machen den Menschen klein, nur Satan macht ihn groß.«

Mit diesem Weltbild, das direkt von Aleister Crowley geschrieben und Anton LaVey[46], Michael Aquino[47], Charles Manson[48] und Michael Eschner[49] hätte unterschrieben sein können, waren sie allein.

Lange Zeit.

Sie fragten sich, ob sie einen Fehler gemacht hatten.

Konnten sie noch umkehren? Ihre Gruppe wartete auf sie. Das wussten sie genau. Sie lasen die Anzeigen, die für sie bestimmt waren, sahen die Fingerzeichen, die man ihnen machte aus vorüberfahrenden Autos.

Sie waren nicht zum verabredeten Termin erschienen. Das war ein schweres Vergehen gegen Satan und die Gruppe. Sie wussten, dass jemand anders ihretwegen hatte leiden, vielleicht sogar sterben müssen. Wenn der Verräter nicht greifbar ist, wurde jemand anders als Opfer bestimmt und der Gruppe zur Abschreckung vorgeführt, was mit Verrätern geschieht. Die Reihen müssen geschlossen bleiben, und Abtrünnige sind ein gefährliches Signal. Etwas Stärkeres muss dagegengesetzt werden. Die Sektenkinder kannten so etwas, hatten es schon miterlebt. Hatten schon mitgemacht.

Sie wussten, dass ihnen genau dasselbe bevorstehen würde, wenn sie jetzt zurückkehrten. Satan begrüßt seine verlorenen Söhne nicht mit Liebe und Freude. Seine Umarmung ist tödlich. Trotzdem war die Sehnsucht da. Schmerzhafte Sehnsucht. Es war doch ihre Heimat gewesen.

Es war noch ihre Heimat.

Sollten sie vielleicht einfach mal wieder anrufen? Eine vertraute Stimme hören?

Nur anrufen und schnell wieder auflegen?

Bestimmt existierte die Nummer nicht mehr. Alles war geändert nach ihrem Verrat. Das geschah schon beim geringsten Zweifel: Treffen wurden abgesagt, die Zusammenstellung der Teilnehmer geändert, Orte verlegt, Telefonnummern gewechselt.

Bestimmt war die Nummer geändert worden.

Wenn die Nummer geändert war, konnten sie eigentlich ganz ungefährdet anrufen. Dann machte es doch nichts, wenn sie einfach mal anriefen.

Und wenn nicht?

Sie wussten, dass sie einfach nur die Stimme zu hören brauchten, dann würden sie wieder tun, was die wollten. Wie Roboter. Wie Zombies.

Sie riefen nicht an.

Sie wussten, wann »die Termine« waren, wussten, was an Allerheiligen geschah, was zu Pfingsten, an Mariä Himmelfahrt. Am Freitag, dem Dreizehnten. Und zu Ostern. Auch Angela Lenz spürte, wenn sich die Termine satanistischer Feiertage näherten. Anfangs spürte sie es, ohne es deuten zu können: Die ganze Liste der Beschwerden tauchte wieder auf: Bauchweh, Übelkeit, Erbrechen, Durchfall, Unterleibsbeschwerden, Kopfschmerzen. Erst als sie anfing, die Schmerzen auf dem Kalender zu notieren, und Nina Temberg eine Zusammenstellung von satanistischen Feiertagen[50] aus England erhielt, begriffen sie beim Vergleich mit Erschrecken die Zusammenhänge.

Die Sektenkinder kannten nicht nur die Termine, sie kannten auch den Ablauf genau. Konnten ihn im Geiste durchspielen. Den Terror. Die Panik. Die Schmerzen.

Aber auch den Rausch. Die Ekstase.

Die Beschäftigung damit war wie eine Sucht.

Aber sie hielten durch.

Schließlich spürte Nina Temberg die fatale Entwicklung und kümmerte sich um die Sektenkinder.

Endlich konnten auch sie ihre Geschichten erzählen.

Die Sektenkinder

»Black Magic Woman«

1970

- Willy Brandts Kniefall in Warschau
- Ulrike Meinhof befreit Andreas Baader aus der Haft.
- Prozess gegen Charles-Manson-Gruppe wegen Ritual-Mordes an Sharon Tate
- Hitparade: »Paranoid« (Black Sabbath), »Daughter of Darkness«, »Spirit in the Sky« (Norman Greenbaum)
- Jeder 4. Bundesbürger besitzt einen eigenen Pkw.

Das Ritual

Die Abendsonne schien durch die kahlen Äste der Bäume. Braungraues Laub vom vergangenen Herbst bedeckte den Waldboden, hin und wieder aufgepeitscht vom kalten, rauhen Frühlingswind. Es knisterte trocken unter den Pfoten einer jungen Katze, die raschelnden Blättern nachjagte und flirrende Schatten von Eichen und Birken zu fangen versuchte, welche die untergehende Sonne auf den Laubteppich zeichnete.

Angela knickte einen verdorrten Halm ab, der inmitten eines matten Grasbüschels wie lebend aus dem Boden ragte. Langsam schlich sie an das Katzenjunge heran, das abseits von seinen Geschwistern in ihrer Nähe herumrollte, und kitzelte es mit dem Grashalm am Näschen. Das Kätzchen nieste, einmal, noch einmal, setzte sich auf, schüttelte verdutzt den Kopf und begann sich zu putzen. Angela musste lachen: wie niedlich! Sie hätte auch gern ein Kätzchen. Ob sie dieses behalten durfte?

Sie schaute hinüber zu den anderen. Ein seltsames Bild: Acht Kinder allein in einem verwilderten Garten, einer Waldlichtung, aber sie spielten nicht. Man hörte keine lauten Stimmen. Man hörte gar keine Stimmen. Sie sprachen nicht miteinander. Sie bewegten sich kaum. Angela kannte keines von ihnen.

Ein lustiges Kinderfest wollten sie heute feiern, ein Osterfest, hatte Onkel Paul ihr erklärt, als er sie am Nachmittag bei den Eltern abgeholt hatte. Lustig war das hier aber gar nicht, fand Angela. Still und abwartend hockten die Kinder unter der großen Eiche, im Halbkreis um eine erwachsene Katze geschart, die gerade ihre vier Jungen putzte. Alle Kätzchen waren ziemlich dunkel, aber Angelas war wirklich rabenschwarz, es hatte kein einziges weißes Haar. Sie würde es Peter nennen, schwarzer Peter.

»Peterle«, sagte sie leise und zog den Halm langsam durch das Laub, »Peter, Peter, Peter.«

Das Tier sprang hinterher, ließ sich streicheln, schnurrte ganz leise und rieb seinen kleinen, weichen Kopf an ihrer Hand. Sie hob es hoch.

»Das ist also die Katze, die du besonders gern hast«, sagte hinter ihr eine tiefe Männerstimme. Irgendwo hatte sie die schon einmal gehört. Sie fuhr herum und schaute nach oben, aber sie konnte nicht erkennen, wer sich unter dem schwarzen Umhang verbarg, denn die große Kapuze überschattete sein Gesicht.

Außerdem stand er direkt vor der Sonne, deren rote Strahlen seine Gestalt zu einem scharfen Schattenriss werden ließen und geradewegs in Angelas Augen stachen.

»Komm«, sagte er, drehte sich um und ging voran, ohne zu überprüfen, ob sie folgte. Er wusste es. Auf dem Rücken seines schwarzen Umhangs war ein violettes Kreuz mit tiefsitzendem Querbalken: das Satanskreuz. Angela ließ das Kätzchen fallen und lief hinter ihm her.

Auch die anderen Kinder standen schweigend auf und folgten. Das Eigenartige an diesem Bild, die bedrückende Stille, der angehaltene Atem verstärkten sich noch. Die Kinder waren zwischen vier und 14 Jahren, aber in ihrer Art sich zu bewegen ähnelten sie einander sehr: Alle hatten etwas Mattes, Betäubtes, etwas Ergebenes.

Die unheimliche Atmosphäre genügte, um bei Angela rasende Personenwechsel auszulösen. Längst verschwunden war das Mädchen, das vor einer halben Stunde mit Onkel Paul hier angekommen war. Das plötzliche Erscheinen des dämonischen Kapuzenmannes hatte weitere Panik, weitere Wechsel provoziert. Aber jetzt wurde die Atmosphäre so bedrohlich, dass alle Personen in Angela wegwollten. Es war wie eine Massenflucht durch eine sehr enge Türöffnung.

Nur eine blieb zurück, eine Neue, die Endora werden würde.

Von nun an würde immer Endora dabei sein, wenn die unheimlichen Männer in den Kutten und Kapuzen auftauchten. Sie würde Schmerzen und Erniedrigungen erleben, von denen die anderen keine Ahnung hatten. Sie würde in einer Welt leben, deren Existenz den anderen Personen völlig verborgen blieb. Mehr als 20 Jahre lang.

Endora schaute sich um. Sie erkannte niemanden. Sie folgte den anderen. Selbst der Wind schien sich verzogen zu haben, während sie auf die Mulde zugingen, in der das düstere Haus lag. Eine Ruine war es eigentlich nur. Vielleicht stand sie seit dem letzten Krieg dort. Überreste des einzigen Hauses im Umkreis von mehreren hundert Metern, das je in diesem Waldstück gestanden hatte. Angela war schon einmal hier gewesen, erinnerte sich jedoch kaum daran. Aber dass das Haus immer im Dunkel lag, in einer Talsenke zwischen den hohen alten Bäumen, das wusste sie noch.

Endora wusste von nichts.

Sie sah eine Ruine vor sich, von der nur noch der Keller zu existieren schien, die Kellertreppe, eine intakte Kellerdecke und drei baufällige Backsteinmauern, die wohl einmal bis zum zweiten Geschoss hinaufgereicht hatten.

Und ein einzelner hoher Schornsteinzug.

Der Mann war die Kellertreppe hinuntergegangen. Die Kinder folgten ihm. Sechs gemauerte Stufen führten hinab in einen kleinen Raum. Dort mussten die Kinder sich ausziehen. »Ausziehen« war das Stichwort für Mona und Manuela. Damit kannten sie sich aus. Sie tauchten auf und taten wie befohlen. Keines der Kinder sprach dabei.

»Los, los, Beeilung«, sagte einer der beiden Männer, die aufpassten, und trat Angela, die schon fertig war, in die Kniekehlen, so dass sie hinfiel.

Jemand trug eine Holzkiste in den Kellerraum. Darin war die Katze mit ihren Jungen.

»Angela«, sagte der Mann mit dem lila Kreuz, den sie irgendwoher kannte, freundlich sagte er es, »du bist heute zum ersten Mal hier. Deshalb darfst du dir eines der Tiere aussuchen. Welches ist deine Lieblingskatze?«

Angela strahlte, stand auf und zeigte auf das schwarze Kätzchen. Nun dürfte sie es doch behalten. Der Mann ergriff es im Nacken, so dass es sofort in eine Tragestarre fiel.

Sie bekamen etwas zu trinken, einen dickflüssigen Saft. Dass er Zusätze enthielt, Beruhigungsmittel vielleicht, sagte man ihnen nicht. Warum auch? Es hätte nichts geändert. Dann schob man den Mädchen, gleichgültig welchen Alters, einen Gummistock in die Scheide und befestigte ihn mit einer Vorrichtung an der Hüfte. Sie fragten nicht, warum. Sie sagten nicht, dass es schmerzte. Sie weinten nicht. Es spielte keine Rolle. Es würde nichts ändern.

Später würde einer der Männer in den schwarzen Umhängen und den Kapuzen ihnen mitteilen, das müsse so geschehen, Satan verlange es, damit er ganz sicher sein könne, dass sie nur ihm gehörten.

Als sie fertig waren, gingen sie schweigend eine weitere Treppe hinab. Sie war recht lang, etwa 20 Stufen und führte schräg unter dem Haus hindurch. Die meisten Stufen waren sehr hoch und in Fels gehauen. Von außen wirkte das Gebäude nur wie eine baufällige Ruine, nichts ließ erkennen, dass es so weit in die Tiefe ging.

Je tiefer sie kamen, desto stärker wurde ein merkwürdiger Geruch, den Angela noch niemals gerochen hatte. Er legte sich wie eine pelzige Schicht in Mund und Nase, kleidete die Luftröhre und die Lungen aus.

Das Atmen wurde schwer, ihre Augen tränten. Sie konnte die Wände nicht mehr erkennen. Sie tastete sich voran. Mehr spürte sie die anderen Kinder um sich herum, als dass sie sie sah. Ihre Schritte hörte sie nicht, irgendetwas schluckte alle Geräusche. Der Steinboden unter den Füßen wurde immer kälter.

Es war dunkel. Es war kalt. Die Haut zog sich zusammen. Die Kälte ging durch ihren ganzen Körper.

Eine Kälte bis in die Knochen.

Sie wollte sich auf den Boden hocken, klein und ängstlich, und einfach nicht mehr weitergehen.

Sie ging weiter.

Am Fuße der Treppe begann ein Gang, der zu einem anderen Raum führte. Ein schwacher Lichtschein wies den Weg und warf flackerndes Licht auf die nackten Körper der anderen Kinder um sie herum.

Der Raum ist groß, der sich vor ihnen öffnet. So groß, so dunkel, dass sie nicht sehen können, wie groß er ist. Es könnte ein alter Weinkeller sein, eine Lagerhalle, ein Bunker vielleicht. An den Wänden hängen Leuchter mit brennenden Kerzen. Schwarzen Kerzen.

Alle Kinder sind jetzt in dem großen Raum. Die Tür wird hinter ihnen geschlossen. Sie sind allein in ihrer Nacktheit, ihrer Scham, der Kälte, mit ihrer Angst. Sie können sich nicht trösten, denn sie sind nicht gemeinsam hier. Jedes ist für sich allein.

Endora sinkt auf den kalten Steinboden nieder, bleibt hocken. Sie will fliehen, aber sie kann nicht. Sie kann sich nicht bewegen. Ihre Beine schlottern, tragen nichts.

Die Kerzen an den Wänden flackern, schwarze Mauern bewegen sich, Schatten fallen, heben sich, die Decke scheint sich zu senken. Nichts bleibt. Dunkle Schemen kommen näher, verschwinden wieder. Schritte hallen von irgendwoher.

Die Kerzenflammen wehen in ihre Richtung: ein Luftzug, sagt ihr Verstand. Dort drüben muss eine Öffnung sein.

Die Luft ist fast erträglich jetzt. Oder hat sie sich nur an den Geruch gewöhnt? Erträglich, obwohl dort in der Mitte des großen Raumes ein offenes Feuer brennt. Irgendwo muss es also eine Lüftung geben. Es muss einen Weg geben zum Licht. Nach draußen zum Licht.

Gestalten nähern sich dem Feuer. Sie werden größer, gehen am Feuer vorbei, kommen auf die Kinder zu. Man kann sie nicht erkennen mit dem Feuerschein im Hintergrund. Sie verschmelzen mit den Schatten, die sie an die Wände werfen, wirken gigantisch. Sie tragen Kutten und Kapuzen. Die Kutten schwingen beim langsamen Gang. Gespenstisch. Einige Gesichter sind weiß bemalt. Andere tragen große dunkle Brillen. Jetzt stehen sie vor den Kindern, verdecken das wenige Licht, so dass es fast dunkel ist in dieser Ecke.

Die Angst ist ungeheuerlich. Endora meint, allein davon müsse sie sterben. Ihr Herz schlägt nicht mehr nach seinem eigenen Rhythmus. Irgendetwas im Raum bestimmt über ihr Herz, ihr Blut, ihre Angst und zieht sie in seinen Rhythmus hinein.

Etwas Überwältigendes ist in der Atmosphäre, etwas Archaisches. Eine andere Welt. Vor Beginn der Zeit.

Der Anfang und das Ende. Grausam und kalt.

Die Kälte erreicht ihr Herz.

Ein Geruch zieht vom Feuer her, wird stärker. Von etwas, das sie noch nie gerochen hat. Etwas Süßem und Beißendem. Etwas Betäubendem, von dem ihr schwindelig wird. Etwas Ekelerregendem, das sie von innen her vergiftet. Sie beginnt zu würgen. Niemand sagt etwas, aber sie weiß, sie darf nicht würgen. Sie hört auf. Ein Kind neben ihr übergibt sich. Die große Gestalt vor ihr greift das Kind im Nacken und hält es mit dem Gesicht in das Erbrochene.

»Leck es auf.«

Das Mädchen zappelt, es wehrt sich. Sofort packen zwei Männer zu, einer hält fest, der zweite öffnet ihr den Mund, langt in das Erbrochene, stopft es ihr in den Mund und hält ihren Kiefer fest geschlossen. Sie würgt, ein wenig kommt wieder aus der Nase heraus. Sie verdreht die Augen. Sie schluckt. Dann ist sie ruhig.

Zwölf große Holzkreuze stehen an den Längsseiten des Raumes. Jedes Kind wird an eines davon gebunden. Dort stehen sie, während weitere Erwachsene den Raum betreten. Dort stehen sie, klein und nackt, und das heiße Wachs der Kerzen in den schrägen Leuchtern tropft auf sie herab. Auf den Kopf und die Arme, auf die Brust, auf das Gesicht und auf die Beine.

Gegenüber der Tür, an der anderen Schmalseite ein langer Tisch, um den sieben Personen sitzen, der Siebenerrat. Auch sie in Kutten. Hinter ihnen stehen andere Gestalten, weitere kommen noch durch eine andere Tür herein. Es sind 30, vielleicht 40 Personen. Alle Erwachsenen tragen Kutten. Kutten aus weichem, glattem Stoff, schwerem, edlem Stoff. Spezialanfertigungen.

Nichts Grobes wie Wolle.

Der Mann in der Mitte ist der »Stellvertreter Satans«, der Hohepriester, der Großmeister; manche sagen nur »der Herr«, wenn sie von ihm sprechen. Er steht auf, tritt an den Altar und nimmt Angelas Kätzchen von einem anderen Mann entgegen. Über dem Altar liegt ein schwarzes Tuch mit einem Pentagramm, dem Satanszeichen, in einem Kreis. Darauf steht das Satanskreuz. Auf seinem Querbalken brennen viele Kerzen.

Schwarze Kerzen.

Der Mann hebt Angelas Kätzchen in die Höhe, so dass alle es sehen können, und schlitzt ihm mit einem schnellen Schnitt den Bauch vom Brustbein aus der Länge nach auf. Kurze Spasmen jagen durch den Körper des Kätzchens, das Blut pumpt mit hohem Druck aus dem Körper, dann hängt das Tier schlaff in der Hand des Mannes und blutet aus in einen silbernen Kelch, der vor dem Kreuz steht. Nach einer Weile wirft der Mann den Kadaver auf den Altar.

Als Angela – Endora – sich Wochen später wieder eine Lieblingskatze aussuchen darf, weiß sie, was das bedeutet. Die Entscheidung ist jetzt anders als beim ersten Mal: Von nun an ist ihr bewusst, dass sie über Leben und Tod entscheidet. Diesmal wählt sie eine Katze, die sie nicht so sehr mag. Aber dann begreift sie, dass ihr das überhaupt nicht hilft. Kleine Kätzchen sind alle süß. Sie sind weich und zärtlich und verspielt. Man muss sie mögen. Sie sollten nicht sterben.

Sie kann es nicht ändern.

Schließlich beginnt sie, sich daran zu gewöhnen, und von einem Mal zum anderen tut es weniger weh. Allmählich geht dann das Gefühl für die kleinen Kätzchen ganz verloren. Eines Tages spürt sie: Es ist kein Gefühl mehr da. Von nun an ist es auch nicht mehr so schlimm.

Und sie ist nur noch froh, dass sie es nicht selber ist.

Aber sie glaubt, sie habe die Schuld, dass die Kätzchen sterben, weil sie es entscheiden muss.

Es ist eine Schuld, und es ist keine Schuld.

Außerdem erklären ihr die Erwachsenen, dass es eine besondere Ehre für das Kätzchen ist, wenn es für die Menschen sterben und sie mit seinem Blut reinigen darf. Dann habe sein Leben wenigstens einen Sinn. Sonst wäre es doch nur ein unbedeutendes Katzenleben.

Denn Blut ist ein ganz besonderer Saft.

Das sagen die Erwachsenen. Im Blut kreise die Lebensenergie eines Wesens, sei es Mensch oder Tier. Und im Augenblick des Todes, so sagen sie, verlasse diese Energie das Tier. Oder den Menschen. Im warmen Blut des getöteten Wesens sei es noch enthalten. Wer das trinke, nehme diese Energie in sich auf. Er werde stärker. Und mächtiger.

Das Blut einer Schlange gibt die Kraft einer Schlange, sagen sie. Das Blut einer Katze gibt die Geschmeidigkeit und Schlauheit einer Katze.

»Trink es, Angela!«

Satan, so sagen sie ihr, liebe den Geruch von heißem Blut. Satan lebe im Körper seiner Jünger, und er brauche das Blut zum Leben. So sagen die Männer in den Kutten.

Sie erklären es ihr wieder und wieder. Und Endora hört zu. Und weil sie es wieder und wieder hört und weil es das Einzige ist, was sie hört, glaubt sie es den Erwachsenen. Denn es ist kein Mensch in diesen Häusern, in diesen Kellern, in diesen Bunkern und Luftschutzkellern, unter diesen Männern – und den vereinzelten Frauen – in den Kutten, der etwas anderes sagt.

Und nur in diesen Räumen ist Endora zu Hause.

»Überwinde deinen Kopf und erweitere dein Bewusstsein, indem du Dinge tust, die du schrecklich findest«, sagen die Erwachsenen. Endora findet es schrecklich, das kleine Kätzchen zu töten. Also muss es wohl richtig sein, es zu töten.

»Böse ist gut, und gut ist böse«, sagen die Erwachsenen. Also muss es wohl gut sein, das Kätzchen zu töten.

»Sex und Ekel, Blut und Kot, Schmerz und Leid werden deinen Kopf frei machen, dich befreien und zu neuem Leben führen«, so sagen die Erwachsenen. Und Endora hört zu. Sie sagen es immer wieder. Also muss es wohl richtig sein, das Kätzchen zu töten, muss es wohl richtig sein, mit Kot eingeschmiert zu werden und Erbrochenes zu essen.

Die Erwachsenen knien vor dem Altar und sprechen ein Gebet. Fremd sind die Worte, Endora kann sie nicht verstehen. Sie singen monotone Gesänge. Endora wird müde. Der Qualm benebelt ihren Kopf, hin und wieder fallen ihre Augen zu. Als sie sie wieder öffnet, sieht sie, wie ein weiteres Mädchen in den Raum gebracht wird. Ein fremdes Mädchen. Sie ist fünf oder sechs. Vielleicht ist sie gerade in die Schule gekommen, vielleicht aber weiß keine Schule von ihrer Existenz.

Die Kleine wird mehr geschleift als geführt, ihre Beine knicken weg, sie kann sich kaum noch alleine aufrecht halten, der Kopf schaukelt unkontrolliert hin und her. Ihre Arme und Beine sind mit Brandmalen und verschorften Wunden bedeckt. Sie wird an das Kreuz gebunden. Ihre Augen sind nach oben gedreht, man sieht nur das Weiße.

Der Hohepriester greift in den silbernen Kelch auf dem Altar. Mit dem Blut der Katze malt er dem Mädchen rituelle Linien auf den Körper: vom Brustbein bis zum Schambein, dann von der Mitte aus die Rippenbögen hinab. Nie wird Angela später das »Friedenszeichen« der Friedensbewegung ohne Schaudern sehen können: Es ist dieselbe Zeichnung, die hier allen Kindern mit Blut auf die Körper gemalt wird.

Angelas Fesseln werden gelöst.

»Angela«, sagt der Hohepriester, »komm her zu mir.«

Sie kommt näher. Sie ist ganz ruhig.

»Schau auf diese Kerze«, sagt er zu ihr, »und höre meine Worte. Du nimmst meine Worte in dich auf, wie du auch Satan in dich aufnehmen wirst.«

Seine Stimme, seine Worte haben eine Macht über sie, gegen die sie wehrlos ist. Es ist so leicht, sie zu hypnotisieren, man braucht kein großer Magier zu sein.

Wie traurig das ist: Um sich aus unerträglichen Wirklichkeiten fortzustehlen, verwendet Angela seit den ersten Lebensjahren Methoden der Selbsthypnose. Unbewusst.

Aus dem frühen Training ist längst ein automatischer Reflex geworden. Wie Niesen.

Doch diese selbstentdeckte Technik des Schutzes macht sie auch empfänglich für fremde Botschaften. Um das Mädchen zu manipulieren, setzen Erwachsene seit Jahren hypnotische Techniken und Strategien der Willenskontrolle ein. Bewusst.

Während Angela in immer tiefere innere Räume flieht, jagen sie ihr nach, stöbern sie auf, lassen sie nicht in Ruhe.

»Heute«, sagt der Hohepriester in langsamen eindringlichen Worten, »wirst du zur Dienerin Satans geweiht. Das ist die größte Ehre, die dir zuteil werden kann. Du wirst dich ihrer würdig erweisen. Du wirst immer eine treue Dienerin Satans sein, und du wirst immer ihm zu Ehren leben, und du wirst immer schweigen über das, was du hier erlebst. Dein Pate wird dein Onkel sein. Du wirst immer Kontakt zu ihm halten, und du wirst alles tun, was er dir sagt.«

Der Teil von Angela, der Endora ist, starrt in die Kerzenflamme und lässt die Worte tief in sich eindringen. So tief. Mehr und mehr versinkt sie in Trance.

Alle knien nieder und kreuzen die Arme vor der Brust. Satz für Satz, ruhig, dunkel, pastoral spricht der Mann ihnen das Treuegelübde vor, und sie wiederholen jeden einzelnen Satz. Neben jedem Kind sind zwei Erwachsene, und sie achten genau darauf, dass das Kind laut und deutlich mitspricht.

»Hiermit schwöre ich bei meinem Leben und dem Leben all der Menschen, die ich liebe und ehre ...«

Die Stein- und Felswände werfen die Worte der Gruppe in eigenartigem Ton und Rhythmus zurück:

»Hiermit schwöre ich bei meinem Leben und dem Leben all der Menschen, die ich liebe und ehre ...«

Der Hohepriester fährt fort: »... dass ich niemals den Gedanken habe, die Gruppe zu verlassen.«

Plötzlich spürt Endora die Kälte wieder, den harten Steinboden, der sich in ihre Knie bohrt, und das Ding in ihrer Scheide. Sie will schreien. Sie schreit nicht.

Ihr Blick wandert zu den anderen, den Erwachsenen, die dort knien, die sie nicht erkennen kann unter ihren Kapuzen. Nur die Schuhe, wie sie hochstehen, die Sohlen. Der da hat bald ein Loch in der Sohle.

Wie Papa, denkt Stefanie, die für den Bruchteil einer Sekunde auftaucht, ohne zu sehen, was um sie her geschieht.

»Mit diesen Schuhen gehst du mir nicht aus dem Haus«, hatte die Mutter geschimpft, und der Vater hatte gelacht. »Du, als Direktor!« War das heute gewesen oder vor Ewigkeiten?

»... niemals den Gedanken habe, die Gruppe zu verlassen. Sie ist mein Zuhause«, sagt der Hohepriester, »und wird es Zeit meines Lebens auch bleiben. Ich werde ihr immer treu sein und nur das tun, was dem Führer der Gruppe zu Ehren ist. Ich werde stets treu meine Pflichten erfüllen, die Geheimnisse wahren und keinen Menschen verraten. Ich weiß, dass beim geringsten Verstoß Satan selber mich bestrafen wird. Er weiß alles, was ich tue und denke, und er wird sich grausam durch die Hand seiner Jünger an mir rächen, wenn ich ihm untreu werde.«

Dann ergreift er Angela, entfernt den Gummistock aus ihrer Scheide, legt das Mädchen auf den Altar und vergewaltigt sie. Als Nächster tritt ihr Pate an den Altar, ihm folgt der Rest des Siebenerrates. Es sei eine Ehre für sie, erklären sie Endora, Satan auf diese Weise zu dienen.

Es tut sehr weh.

»Schmerz und Leid«, erklärten sie ihr wieder, »werden deinen Kopf frei machen.«

Sie blutet stark.

»Dann hat es Satan gefallen«, sagen sie ihr.

Eines Tages wird es Satan so sehr gefallen, dass Endora die Schmerzen nicht mehr allein ertragen kann. Während ihre Scheide so tief einreißt, dass sie genäht werden muss, spaltet sich Endora auf, und Dora kommt ihr zu Hilfe. Bei allen weiteren schwarzen Messen und sonstigen Veranstaltungen der Sekte werden die beiden sich abwechseln, wenn es darum geht, Folter, Demütigung und Schmerzen zu ertragen. Sie ergänzen sich, helfen und trösten einander.

Als das passiert, wird man sie gleich dort auf dem Tisch nähen, ohne Betäubung. Ein Arzt wird dabei sein, derselbe, der immer dabei ist, und außerdem ein paar Männer zum Festhalten.

Das genügt.

Auch beim ersten Mal schon läuft Endora das Blut die Beine hinunter. Das sei ehrenhaft, sagt man ihr, es bedeute, dass sie ein gutes Mädchen sei und Satan viel Gefallen an ihr habe. Je mehr Blut, desto zufriedener sei Satan mit seiner Dienerin. Eine Frau, die nach dem Verkehr nicht blute, habe gesündigt und müsse bestraft werden.

Über die Art der Strafen entscheidet dann jeweils der Siebenerrat. In Satans Namen. Einer von ihnen hat stets eine Kamera dabei und filmt. Er filmt so, dass die Kinder ganz genau zu erkennen sind. Nur die Kinder.

Nun wird ein Kelch mit einer Mischung aus Blut, Sperma, Urin, Kot herumgereicht. Er enthält auch Drogen, möglicherweise Meskalin oder LSD.

»Manchmal«, erzählt Endora später, »wurde danach alles ganz bunt, ganz leicht, plötzlich war es sogar schön, und man dachte, man fliegt. Was man getan hatte, merkte man erst, wenn man wieder gelandet war.«

Einem Kind, das sich weigert, von dieser bestialischen Mischung zu essen, wird der Brei in Augen, Mund und Nase geschmiert.

Das kleinste Anzeichen von Widerstand wird im Keim erstickt. Auf der Stelle. Erniedrigung, Folter, Bewusstseinskontrolle, absolute Gefolgschaftstreue, totales Schweigegebot und Angst sind die Eckpfeiler, auf denen diese Erziehung ruht. Der Einzelne ist nichts, die Gruppe ist alles. Dass das nur für sie, aber nicht für die Führer gilt, können die Kinder nicht erkennen. Die Führer werden sich hüten, es ihnen zu erklären.

Die Rituale sind von unfassbarer Grausamkeit.

Ein Teil der sogenannten Satansjünger mag tatsächlich glauben, dass man mit dem Blut anderer Lebewesen deren Kraft und Energie zu sich nehmen kann.

Ein Teil mag auch glauben, dass dies der Königsweg zur Macht ist, vielleicht sogar zur Weltmacht. Unbestritten ist, dass ein systematisches Abtöten von Empathie, Sympathie, Mitleid skrupellos macht, gefühllos, kalt.

Und ein Teil mag glauben, dass dies der wahre Weg sei, um Satan zu verehren. Mag sogar glauben, dass es ihn gibt.

Für andere sind diese spektakulären Inszenierungen einfach der sicherste Weg, um die Kinder, an denen sie ihre sexuellen und sadistischen Obsessionen ausgelebt haben, einzuschüchtern und zum Schweigen zu bringen. Falls die Kinder dennoch reden sollten, trotz aller Einschüchterung, trotz ihrer Todesangst, trotz ihrer Angst, andere Menschen müssten sterben, wenn sie sprechen: Wer wird ihnen denn solche bizarren Riten, solche Bilder einer psychotischen Welt jemals glauben?

Eine weitere Zeremonie folgt: Das ohnmächtige Mädchen mit der rituellen Zeichnung auf der Brust soll Satan zu Ehren geopfert werden.

Der Hohepriester weiß, dass der Zeitpunkt genau richtig ist: Die Gruppe ist aufgeputscht, durch Drogen stimuliert, durch inszenierte Sexualität und Gewalt erregt. Nach dem Glaubenssystem der Gruppe ist auch das Opfer jetzt genau im richtigen Zustand: Sie ist extrem gefoltert worden. Extreme Folter aktiviert alle Lebensenergien, heißt es, mit äußerster Kraft branden die Energien jetzt durch ihr Blut.

Völlig kraftlos hängt das Mädchen am Kreuz. Man weckt sie auf und legt sie auf den Altar. Sie soll erleben, wie sie stirbt.

Man gibt Angela, der Neunjährigen, ein Messer in beide Hände. Der Hohepriester legt seine großen kräftigen Hände um Angelas, hält sie fest um den Knauf der schweren alten Waffe gekrümmt, hebt seine und ihre Arme in die Höhe und verharrt in dieser Haltung eine Weile, so dass die erregte Masse es genau sehen kann.

»Gib es ihr!«, schreien sie.

»Mach sie fertig!«

»Stich sie ab!«

Plötzlich begreift Endora, was sie tun soll. Sie sieht, wo sie steht. Sie fühlt, dass ihre Arme in die Höhe gestreckt sind. Sie fühlt die harten Männerhände, die über ihren Kinderhänden liegen. Sie schaut nach oben, sieht die blitzende Klinge, in der die Flammen des Feuers zucken.

Das kann sie nicht.

Sie hat die Demütigungen ertragen, die Quälereien, die Schmerzen, die Brutalität der erzwungenen Sexualität.

Aber das kann sie nicht.

Sie will die Hände wegziehen. Er lässt sie nicht los.

»Nein«, sagt sie, »das nicht.«

Sie spricht leise, aber sie spricht.

In dem Inferno der aufgepeitschten Menge um sie herum hört es nur der Hohepriester.

»Du wirst es tun.«

Endora will nicht, und es ist ihr egal, was sie machen. Aber die Entscheidung wird ihr entrissen. Das ist die Kehrseite ihres Überlebenssystems, das ist der Fluch: Wenn eine nicht mehr kann, geht das System auf Notaggregat und wechselt zu einer anderen Person. Die macht es dann eben.

Endora verschwindet.

Medea taucht auf.

Sie hört die aufgeputschte Menge. Sie jubeln ihr zu. Sie spürt die Hände des großen Mannes über ihren eigenen. Sie spürt einen Strudel, der sie treibt. Sich wehren ist Tod. Sie lässt sich treiben. Sie spürt keine Angst. Eine tiefe Kraft bricht in ihr auf. Sie spürt Lust. Lust an der Vernichtung. Sie fühlt, wie die Kraft aus ihr herausschießt, sie wird eins mit der Menge um sie her.

Der Hohepriester hat den Wechsel gespürt. Gut, denkt er. Es stimmt also, was man ihm gesagt hat. Die Kleine ist multipel. Dann kann er sie gebrauchen. Multipel, er weiß, was das bedeutet. Sie ist längst nicht das erste gespaltete Kind, das er erlebt. Viele sind hier so.

Dann stößt er die Klinge hinab in den Leib des aufschreienden Opfers. Es schreit noch weiter, während zwei Paar Hände ihm mit dem Messer den Bauch aufschlitzen.

Ja, denkt Medea, ja, ich habe es richtig gemacht. Stolz über das Lob des Hohepriesters schaut sie in die Menge und weiß, dass sie etwas Besonderes ist.

Das Herz wird entnommen. Das restliche Blut aufgefangen.

In Pervertierung des christlichen Abendmahls wird Blut getrunken und ein Stück vom Herzen des Mädchens gegessen.

Sie beten: »Satan unser auf Erden, geheiligt werde dein Hass, deine Grausamkeit komme ... unser täglich Blut gib uns auch heute ...«

Denn Satan, so erzählt man Endora später, hat eine ganz besondere Beziehung zu Blut.

»Er lebt im Blut, Angela, in deinem Blut. Und er braucht immer neues Blut«, sagt man ihr.

»Blut«, belehrt man sie, »hat einen eigenen Willen.« Und man erklärt ihr, dass es die Fähigkeit besitze zu gerinnen. Dann heile die Wunde wieder zusammen und der Mensch lebe weiter. Aber nur, wenn es ein starker Mensch sei, einer, der Satan zu Ehren gelebt habe. Wenn der Mensch aber schwach sei, so wie dieses Mädchen eben, dann könne das Blut nicht gerinnen, und das Mädchen müsse sterben.

Die Kleine sei also selber schuld. Sie sei schwach. Sie sei schlecht. Denn Schwäche sei schlecht.

Am schlechtesten, auch das wird man ihr eines Tages einreden, seien die Negerbabys. Hin und wieder wird sie eines zu sehen bekommen. Die, so erklärt man ihr, seien überhaupt zu nichts anderem gut als zum Opfern. Dafür seien sie da. Denn sie hätten schwarzes Blut. Schwarzes Blut sei schlecht. Deshalb seien sie nicht wert zu leben.

Das mit dem schwarzen Blut konnte sie selbst sehen, als der Kelch herumgereicht wurde. Es war tatsächlich nicht rot wie das der weißen Menschen.

Es war schwarz, sie sah es mit eigenen Augen.

Sie sah es mit eigenen Augen, also musste auch das andere stimmen.

Viele Jahre würde es dauern – Angela hatte längst höhere Funktionen in ihrem Orden erlangt –, bis sie begriff, wie sie es machten: Auf dem Boden des Kelches war flüssiger, konzentrierter Farbstoff. So konzentriert, dass er alles sofort schwarz färbte. Wenn das rote Blut der schwarzen Babys im Kelch aufgefangen wurde, stellte sich der Hohepriester davor. Außerdem war es immer dämmerig im Raum.

Machtgier, Sadismus und Taschenspielertricks: eine tödliche Mischung.

Nach dieser ersten Tat war Angela etwas Besonderes. Eine von ihnen. Eine, die niemals wieder würde gehen können. Eine echte Dienerin Satans.

Ein Todesengel.

Eine tiefe Kluft war gezogen zwischen ihr und den anderen Menschen. Ein Wissen, das nie wieder weggehen würde.

Eine tiefe Einsamkeit.

Sie sei verstoßen von Gott, sagte man ihr, nur bei Satan sei ihre Heimat. Bei Satan, dem wahren Herrscher der Welt.

Es dauerte viele Jahre, bis sie, Person nach Person, aufhören konnte, das zu glauben.

Und auch dann noch, nach zwanzig Jahren, als die anderen Personen in Angela vorsichtig begannen, Endora wahrzunehmen, Endora und Medea und alle anderen, die im Zusammenhang mit den Kapuzenmännern entstanden waren, hatten sie große Angst vor ihnen. Vor ihnen und vor den Erlebnissen und Gefühlen, die sie mitbrachten. Den Erlebnissen, die ihr Körper durchgestanden hatte. Und vor der Kälte. Sie nannten sie nur »die Sektenkinder« und wollten lange nichts mit ihnen zu tun haben. Dass sie ein Teil von ihnen sind, wollten sie nicht wahrhaben.

Doch erst dann, als die Sektenkinder spüren konnten, dass auch in dieser Welt vielleicht ein Platz für sie sein könnte, konnten sie sich auch von dem Symbol dieser ersten Nacht im Satanskult trennen: dem Patengeschenk, einem kleinen silbernen Anhänger – drei verschnörkelte Sechsen in einem Kreis –, Zeichen von Satanisten in der Nachfolge

Aleister Crowleys[51]. Und das Zeichen ihrer Zwangsmitgliedschaft in einer Gruppe, zu der niemand nein sagen kann, der einmal dabei ist.

Das jedenfalls ließ man sie damals glauben.

Schließlich, als Ende des Rituals ein wahrhaft teuflischer Schachzug: Alle anderen Kinder werden von den Kreuzen losgebunden. Man gibt ihnen Stöcke in die Hand, mit denen sie Angela schlagen müssen, bis sie auch außen blutet.

»Mörderin«, müssen sie rufen, »du bist eine Mörderin. Du bist eine Dienerin Satans. Du Mörderin.«

Es ist das höchste Lob und die tiefste Verdammnis.

Falls diese Zeremonie mit ihrer Gewalt, ihrem Sadismus, ihren scheinbar magischen Elementen nicht ausreichen sollte, um Angela zum Schweigen zu verdammen: Einer hatte die gesamte Opferung gefilmt. Einer, der erfahren war im Umgang mit der Kamera. Stets filmte er so, dass nur die Kinder bei ihren Taten zu sehen waren, nie die Erwachsenen.

Nur die Kinder.

Kopien dieses Snuff-Movies wurden in andere Länder transportiert und brachten damals im Handel über 50.000 Mark. Pro Stück.[52]

Angela jedoch sagten sie, diesen Film würde man aufbewahren und ihn sofort der Polizei übergeben, falls sie jemals das Schweigegebot verletzten sollte. Und dann käme sie ins Zuchthaus. Lebenslang.

Auch in zehn oder 20 oder 50 Jahren müsse sie noch schweigen. Ewig.

Denn Mord verjährt niemals.

Damals war sie gerade neun Jahre alt.

Zwei Tage zuvor hatte Angela mit ihrer Schulklasse einen Ausflug gemacht. Durch dasselbe Wäldchen. Nur wenige hundert Meter von diesem Platz entfernt. Gemeinsam hatten sie kurz vor Ostern den Frühlingsbeginn aufgespürt. Knospen von Lärchen und Forsythien, Kätzchen der Weiden in ihre Hefte gemalt. Mit feinem Strich hatte Angela die Frühlingszeichen in ihr Heft gemalt. Und ihre Lehrerin hatte im Stillen gestaunt, dass sich mit solch ruppig abgenagten Fingernägeln so filigrane Zweige aufs Papier zaubern ließen.

Rituelle Schwüre und Drohungen schlossen sich an: Sollte jemand sprechen, würde Satan ihn und seine Familie strafen. Auch alle Außenstehenden, denen ein Kind je etwas verraten würde, würden schwer bestraft werden.

Hierauf folgte die Befragung der Paten, ob ihre Schützlinge zu Satans Ehren gelebt hätten. Zu Satans Ehren, das bedeutete, dass nichts aufgefallen war, dass die Welten getrennt geblieben waren. Die dort oben und die hier unten. Verneinte ein Pate diese Frage, musste das Kind den Hohepriester auf Knien um eine gerechte Strafe bitten.

Gerecht.

Gerecht, das konnte heißen, ausgepeitscht zu werden.

Es konnte heißen, über dem Feuer hin- und hergeschwenkt zu werden. Es konnte heißen, in eine Kiste voller Spinnen gesperrt zu werden. Es konnte heißen, über eine Wanne glühender Kohlen gehen zu müssen. Mit der Drohung, in dieser Kohlenwanne begraben zu werden.

Es konnte heißen, gefesselt zu werden. An Händen und Füßen, die dann mit einem Seil auf dem Rücken verbunden und so weit wie möglich in Richtung Kopf gezogen wurden. Das Seil wurde mit einer Schlaufe um den Hals gelegt. Die Beine zogen automatisch nach unten, die Schlinge wurde immer enger, bis zur Strangulierung.

Besonders beliebt aber bei diesen Männern in den schwarzen Kutten an ihren »speziellen« Herrenabenden war eine weniger lebensgefährliche, aber unendlich demütigende Tortur, ein Seelenmord speziell für weibliche Seelen: Dem am Boden gefesselten Mädchen wurde eine Klammer in den Mund gesetzt, die verhinderte, dass sie den Mund schließen konnte. Dann benutzten die Männer sie als Urinal.

Bei den nächsten Treffen begriff sie, dass es zwei Arten von Folter gab. Wie es auch zwei Arten von Kindern gab.

Das eine waren Menschen wie sie: Menschen mit Papieren, einer Familie, einer guten sogar, und einem sozialen Umfeld. Menschen, die nicht einfach verschwinden konnten, weil Eltern, Lehrer, Behörden nachfragen würden.

Die Folter für solche Kinder sollte möglichst wenig Spuren hinterlassen. Das Ekeltraining eignete sich hervorragend, diese Spuren konnte man abwaschen. Noch spurloser ging es mit Stromstößen, die unauffälligsten Stellen lagen in den Körperöffnungen.

Das andere waren Menschen ohne Papiere, ohne festen Wohnort, ohne Familie. Obdachlose Erwachsene, weggelaufene Jugendliche, Kinder, deren Eltern sich nicht für sie interessierten. Kinder, die von internationalen Händlerringen aus Süditalien, dem Ostblock, aus Asien hertransportiert worden waren. Und Kinder, die gezeugt worden waren, um zu sterben.

Bei diesen Menschen wurde nicht darauf geachtet, dass keine Spuren blieben. Es war egal. Sie würden es sowieso nicht überleben.

Plötzlich war das Ritual vorüber. Es hatte eine zeitlose Ewigkeit gedauert. Plötzlich war alles vorbei. Die Kinder durften duschen und sich anziehen. Im Kopf, in der Seele die Mahnung, ehrenhaft zu leben.

Ehrenhaft.

Was das bedeuten konnte, erfuhr Endora, als sie sich wieder im oberen Zimmer war. Zwei Erwachsene, immer noch in Kutten, immer noch nicht erkennbar, unterhielten sich über einen jungen Mann aus dieser Gruppe. Bei Einbruchdiebstählen war er geschnappt worden, saß nun seit einigen Monaten im Knast. Bei einem Haftüberprüfungstermin hatte der Junge seinen Richter tatsächlich um eine längere Strafe gebeten.

Um eine längere.

Der Richter glaubte erst, er hätte sich verhört. Die Sache war so ungewöhnlich, dass sie schließlich in der Zeitung stand. So erfuhr die Gruppe davon.

Man wusste genau, wovor der Junge sich drücken wollte.

Unehrenhaft. So was gefällt Satan überhaupt nicht, sagten die Erwachsenen. Satan will Menschen haben, die nichts Dringenderes ersehnen, als ihm zu dienen. Mit Menschen, die sich ihm entziehen wollten, sich drücken, die feige sind und ängstlich, kann er nichts anfangen. Fluchtversuche sind absolut unehrenhaft. Solche Menschen müssen schwer bestraft werden.

Satan würde eine gerechte Strafe wissen.

Der Richter hatte keine Möglichkeit gesehen, dem Wunsch des Jungen zu entsprechen. So wurde er freigelassen, nachdem er seine reguläre Strafe abgesessen hatte.

Angela hörte nie wieder von ihm.

Verhandlung zwischen drei Personen über eine vierte, der derweil die Haare gebürstet werden

Früh am nächsten Morgen brachte Onkel Paul das Mädchen zu ihren Eltern zurück. Angelas Mutter war immer dankbar, wenn ihr jemand das Kind für einige Zeit abnahm. So war es auch diesmal gewesen.

Es war Ostersonntag.

Kirchgang.

Angela wurde gebadet, die Haare wurden ihr gewaschen und geföhnt und gebürstet, bis sie seidig glänzten. Heute musste sie besonders fein aussehen, denn heute hatte sie eine besonders wichtige Aufgabe. Es war Stefanie, die sich darüber freute: Heute würde sie eine große Kerze durch die Kirche tragen, von ganz hinten nach vorn, durch die ganze Kirche, an allen Menschen vorbei. Und alle würden schauen, wenn sie die Kerze an ihnen vorbeitrug. Und sie würde im Chor singen. Sie war heute etwas ganz Besonderes.

»Nun steh doch still und zapple nicht so«, sagte die Mutter, während sie Angelas Haare bürstete, bis sie knisterten.

»Hm«, machte der Vater, der um die Ecke ins Badezimmer schaute, und strahlte seine Tochter an, »heute sieht mein Engelchen ja ganz besonders lecker aus.«

Und Stefanie strahlte zurück.

Er hatte arrangiert, dass sie die Kerze tragen durfte. Ihr lieber Papi. Der Pastor war sein Freund. Sein guter Freund. Da tut man sich schon gern mal einen Gefallen, besonders wenn man der Kleinen eine Freude machen kann.

Eine Hand wäscht die andere.

Nun schaute auch der Bruder der Mutter um die Ecke ins Bad.

»Was gibt es hier Leckeres zu sehen?«

Die ganze Familie kam heute zu Besuch, zwölf Personen. Der Braten war schon im Ofen.

»Ach«, erwiderte die Mutter, »die beiden schäkern schon wieder. Ich glaube, ich muss allmählich aufpassen, dass mir meine Tochter nicht den Mann wegnimmt.«

Ihr Tonfall war eine Gradwanderung zwischen lustig und gekränkt. Ein Scherz. Alle lachten, aber die, die ein Ohr für Zwischentöne hatten, horchten auf.

Der Bruder der Mutter hatte ein Ohr für Zwischentöne.

»Ja, ja«, sagte er zu seiner Schwester, »was sich liebt, das neckt sich.«

»Na, ich weiß nicht«, ging sie auf ihn ein, ohne ihn anzusehen, sondern kämmte weiter an ihrer Tochter herum, »die beiden sind noch schlimmer als ein Liebespaar.«

Dann zog sie die große Schleife noch einmal fest, die das weiße Kleidchen ihrer Tochter hinten zusammenhielt.

»Ich weiß auch nicht, was mit ihr los ist«, sagte sie, heiter-nachdenklich, nahm ein Wattestäbchen aus dem rosa Plastikspender im Albert-Schränckchen und begann, ihrer Tochter die Ohren zu säubern. »Mit mir hat sie einfach nichts im Sinn. Sie scheint Männer viel mehr zu lieben.«

Das war deutlich.

Der Bruder verlässt den Raum und verfolgt das Thema auf anderem Wege weiter.

Der Vater steht allein auf der Terrasse. Es ist noch kühl, aber wenn er raucht, geht er nach draußen.

Um des lieben Friedens willen.

Sein Schwager stellt sich neben ihn.

»Angela wird ja allmählich ein ganz reizendes Mädchen«, sagt er zum Mann seiner Schwester.

»Was heißt ‚wird'? Das ist sie doch schon lange.« Ganz der stolze Vater.

»Wer meine Tochter mal bekommt, der kann sich glücklich schätzen. Sie ist etwas ganz Besonderes.«

»Ja, das sieht man schon heute.«

»Ich bin wirklich stolz auf sie. Die weiß genau, wie man den Vater glücklich machen kann.«

Spätestens jetzt wissen beide Männer Bescheid.

Der Schwager weiß: Hier ist was möglich, was er nicht für möglich gehalten hätte.

Der Vater weiß: Der Schwager ist ein möglicher Interessent, was er nicht für möglich gehalten hätte.

Und die Mutter weiß genau, was zwischen den beiden Männern abgeht.

Falls sich einer von ihnen aber geirrt haben sollte: nichts für ungut. War doch nur ein ganz harmloses Gespräch. Niemand hat sich eine Blöße gegeben.

An einem der nächsten Tage wird die Tochter allein zum Onkel geschickt. Mit der Weisung, heute besonders lieb zu Onkel Ulrich zu sein. Deutlicher muss der Vater nicht werden, die Tochter kennt die Sprachgebung genau.

Auf diese Weise hat niemand etwas gesagt, niemand hat die Verantwortung, niemand hat Schuld.

Nur die Tochter natürlich. Denn schließlich hat sie mal wieder angefangen. Das sagen sie alle. Immer wieder. Bis sie es glaubt.

Und wer weiß, denkt der Vater, vielleicht braucht man den Schwager ja noch mal. Ihn und seine Verbindungen zur Justiz.

Heute aber ist Ostern.

Endlich sind alle fertig. Die Männer stehen vor dem Flurspiegel und kämmen sich die Haare. Dabei bürstet die Mutter dem Vater noch schnell die Schuppen vom Mantelkragen. Er hilft ihr in den Nerz. Sie steckt Angela ein frisches Taschentuch in die Manteltasche.

»Wo ist Ulrich wieder hin?«

»Kommt ihr nun endlich?«

»Wo habe ich denn nur wieder meine Handtasche hingelegt?«

»Es ist doch immer dasselbe mit ihr.«

»Darf ich meinen Osterhasen mitnehmen?«

»Nein.«

»Hast du schon wieder die kaputten Schuhe an? Grausam!«

Kaputten Schuhe an ...

Kaputten Schuhe an ...

Schließlich gehen sie alle zusammen einträchtig zur Kirche, die Erwachsenen und die Kinder.

Dabei erzählen sie sich, wie wohl so ein kleiner Spaziergang doch tut. Wie gut das ist, wenn die Frühlingsluft ihre Lungen durchpustet, geradewegs ins Blut geht, das Gehirn entstaubt und den ganzen Körper mit Energie auflädt.

Und dann lachen sie herzlich.

»Gerade heute«, sagt ein Onkel einigermaßen galant, »bevor wir uns nachher wieder den Magen vollschlagen mit dem köstlichen Braten der großzügigen Hausfrau.«

»Seht nur«, sagt eine Tante, »die Forsythien fangen an zu blühen!« Und gemeinsam schauen sie auf die frischen Knospen, die kurz vor dem Aufplatzen sind. »Oh, und schaut, die Magnolien, was eine Pracht.«

Auch die Kätzchen hängen schon von den Birken und schaukeln im Wind. Welch seltsame Frucht.

»Vom Eise befreit sind Strom und Bäche ...«, hebt nun einer der Onkel an. Ein Osterspaziergang mit der ganzen Familie. Und schon sind sie an der Kirche angelangt.

Ein Tumult bricht los in Angelas Innerem, als sie das Kirchenportal durchschreiten. Eine Höllenangst.

Die Kerzen, denkt Endora, sie brennen, jetzt geht es los wie beim letzten Mal!

Angela dreht sich um und will weglaufen.

»He, hiergeblieben«, sagt der Bruder der Mutter, der die ganze Zeit neben Angela gegangen ist, fasst sie um die Taille, hebt sie in die Luft und schwenkt sie, dass das Röckchen fliegt.

»Was ist denn nun schon wieder los?« Die Mutter ist gereizt. Jetzt hat ihre Tochter ihre Show, so dass sie allen Männern die Köpfe verdrehen kann, und schon spielt sie sich wieder auf, das kleine Biest.

Endora kennt diese Menschen nicht. Und überhaupt: Sie tragen ja gar keine Kutten. Der, der sie hochhebt, lacht sogar fröhlich. Dann war es wohl ein Irrtum.

Sie verschwindet wieder.

»Was ist denn los?«, fragt der Vater, greift nach der Hand der Tochter, hält sie ganz fest, und ohne ihre Antwort abzuwarten bringt er sie gleich zum Pastor, damit sie die letzten Instruktionen erhalten kann und nichts schiefgeht.

»Nun mein Kind, das ist schön, dass du da bist«, sagt der Pastor. Schon in seinen Talar gekleidet, sitzt er in der Sakristei auf einem schweren alten Holzstuhl.

»Komm zu mir, mein Kind«, sagt er, und seine Stimme klingt sanft. »Bevor du gleich dein Ehrenamt erfüllen darfst, wollen wir noch schnell sehen, ob du in der Kinderkirche auch immer gut aufgepasst hast.«

Lächelnd bleibt der Vater im Türrahmen stehen, während der Pastor Angela zu sich heranzieht, so dass sie den Rock seines Talars berührt.

»Kinderkirche«, das ist Magdalenas Stichwort. Jahrelang ist sie dorthin – und zum Privatunterricht – gegangen und hat eifrig gelernt, was man als kleines christliches Mädchen alles wissen muss. Sie kennt die Prüfung, die jetzt folgt, seit langem.

»1. Korinther 7,4«, sagt der Pastor und legt ihr seine linke Hand auf den Kopf.

»Das Weib ist ihres Leibes nicht mächtig, sondern der Mann«, plappert Magdalena los.

»Richtig.«

Die Männer lächeln sich an.

»1. Korinther 14,34.«

»Wie in allen Gemeinen der Heiligen ...«

»Gemein*den*, Angela, Gemein*den* heißt es! Noch mal.«

»Wie in allen Gemeinden der Heiligen, lasset die Weiber schweigen in der Gemeinde; denn es soll ihnen nicht zugelassen werden, dass sie reden. Sondern sie sollen schweigen, wie auch das Gesetz es sagt.«

»Gut, Angela. Hast du es denn auch verstanden?«

»Ja!«

»Was sollen die Frauen und Kinder?«

»Schweigen!«

»Richtig. Und nun lauf schnell nach hinten zum Küster und lass dir die Kerze geben.«

Magdalena ist stolz. Sie hat alles richtig gewusst. Nur ein kleiner Versprecher. Das macht nichts. Das kann sie wiedergutmachen, das weiß sie.

Der Küster drückt Angela die brennende Kerze in die Hand, gibt ihr einen leichten Klaps auf den Po, und schon marschiert sie los.

Es ist aber Endora, die losmarschiert.

Endora, die auf die Kerze starrt und überzeugt ist, wenn sie vorne am Altar angekommen ist, wird der Mann in der langen schwarzen Robe mit dem weißen Band um den Hals sie packen, auf den Altar legen und sie vergewaltigen. Vor all den Menschen hier. Und die Menschen werden toben und schreien vor Begeisterung. Sie weiß, sie wird es ertragen und schweigen.

Sie starrt auf die flackernde Kerzenflamme und geht.

Schritt für Schritt.

Die vielen Menschen. Viel mehr als beim letzten Mal. Sie sind auch stiller. Das ist auf andere Weise bedrückend. Was bedeutet es? Sie kann es nicht einordnen. Auch hier ist es kalt. Das hohe gotische Kirchenschiff wirft alle Geräusche zu ihr zurück. Ihre Schritte, das Husten, die geflüsterten Worte.

Weitergehen.

Kein Rauch. Und dort ist eine Tür. Soll sie rauslaufen? Es ist sinnlos. Jemand steht daneben. Bestimmt hält der sie fest. Und auch die anderen, die in den Reihen sitzen und zu ihr herschauen, die werden aufpassen.

Weitergehen.

Dann sieht sie das Kreuz. Da hängt einer dran. Sein Gesicht ist schmerzverzerrt. Ist er tot? Er ist festgenagelt. Haben sie das mit ihr vor?

Weitergehen.

Stefanie hatte sich so darauf gefreut, dass sie die Kerze tragen sollte. Sie war sicher, dass sie es gut machen würde. Und nun bekommt sie überhaupt nichts mit von dem Ereignis, auf das sie sich so gut vorbereitet hatte. Endoras Panik ist stärker als alles andere und schleudert sie nach draußen. Schritt um Schritt kommt Endora dem Mann in der Kutte näher. Wie hypnotisiert schaut sie ihn an. Was wird er machen? Wird es wieder so weh tun wie beim letzten Mal?

Mit der Kerze in der Hand steht sie vor ihm.

Ganz still.

Ganz erwartungsvoll.

Ganz ergeben.

Der Pastor ist irritiert. Sie hatten doch abgesprochen, dass sie die Kerze auf den Altar stellt. Warum macht sie das nicht? Vorhin hat sie doch so aufgeweckt gewirkt.

Er greift nach ihrer Schulter, lenkt sie zum Altar.

Jetzt wird es passieren, denkt Endora, jetzt.

Er nimmt ihr die Kerze aus der Hand, stellt sie auf einen Untersatz und steuert das Mädchen zu einem Platz in der ersten Reihe.

»Setz dich«, sagt er leise.

Er tut mir nichts!, denkt Endora und verschwindet.

Was ist denn nun los?, denkt Stefanie, ich muss doch die Kerze zum Altar tragen. Sie steht auf.

»Setz dich«, sagt der Pastor leise.

Unsicher setzt sie sich. Sie hat ja gar keine Kerze. Ist wieder was schiefgegangen? Da beginnt die Orgel zu spielen, und die Gemeinde singt ein Osterlied. Hinter ihr sitzt der Vater, Stefanie hört seine Stimme, wie beruhigend, und auch die der Mutter, der Onkel und Tanten, die ganze Familie ist da. Von vorn dröhnt dazu die kraftvolle Stimme des Pastors. Gemeinsam singen sie aus dem Gesangbuch das Lied mit der Nummer 87, Vers 1, 2, 5, 7:

O Tod, wo ist dein Stachel nun? Wo ist dein Sieg, o Hölle?
Was kann uns jetzt der Teufel tun, wie grausam er sich stelle?
Gott sei gedankt, der uns den Sieg so herrlich hat
nach diesem Krieg durch Jesus Christ gegeben.

Wie sträubte sich die alte Schlang, da Christus mit ihr kämpfte!
Mit List und Macht sie auf ihn drang und dennoch er sie dämpfte.
Ob sie ihn in die Ferse sticht, so sieget sie doch darum nicht;
der Kopf ist ihr zertreten.

Es war getötet Jesu Christ, und sieh, er lebet wieder,
Weil nun das Haupt erstanden ist, stehn wir auch auf, die Glieder.
So jemand Christi Worten gläubt, im Tod und Grabe der nicht bleibt;
er lebt, obgleich er stirbet.

Das ist die reiche Osterbeut, der wir teilhaftig werden:
Fried, Freude, Heil, Gerechtigkeit im Himmel und auf Erden.
Hier sind wir still und warten fort, bis unser Leib wird ähnlich dort
Jesu verklärtem Leibe.

»Welch reiche Osterbeut!«, ruft Onkel Ulrich, als alle wieder zu Hause sind und seine Schwester den Lammbraten mit zufriedenem Blick auf die festlich gedeckte Tafel setzt. Stolz blickt sie auf dem Tisch umher, schaut ihre Gäste an. Ein Prunkstück österlicher Koch- und Dekorationskunst, was ihr da mal wieder gelungen ist. Im ganzen Haus duftet es nach warmem Fleisch und Kräutern. Der Rotwein glitzert in den Römern. Messer, Gabeln und Löffel glänzen frisch poliert.

Der Vater, als Hausherr, steht auf und zersägt den Braten. Ein Deichlamm aus Niedersachsen, erklärt die Mutter, zart und saftig, extra als Osterbraten gezüchtet.

»Das wird euch schmecken.«

Dann verteilt sie die Fleischstücke. Alle nehmen vom Kartoffelpüree und den Gemüsen. Drei verschiedene Gemüse hat die Mutter zubereitet. Und zwei Saucen. Nur Angela nimmt nichts. Sie beobachtet die Großmutter, die eine Mulde in ihren Kartoffelbrei drückt und die Sauce darübergießt. Dann vermengt sie alles zu einer bräunlichen Paste.

Nun erhebt sich der Vater wieder und faltet die Hände. Alle schweigen und tun es ihm nach. Er spricht das Tischgebet:

»... was du uns bescheret hast. Amen.«

Dann ergreift er sein Glas, edles Bleikristall, in dem der Rotwein satt und ölig funkelt, heißt seine Gäste nochmals ganz herzlich willkommen und wünscht ihnen allen einen gesegneten Appetit.

»Gut hast du das gemacht, lieber Schwager, drum wirst du auch nicht ausgelacht«, ruft jovial Onkel Ulrich, der in der Küche schon den Wein probiert hat.

»Oder ausgepeitscht«, sagt Tante Heidrun, Vaters kleine Schwester. Alle gucken sie fassungslos an.

»Ja, wisst ihr das denn nicht?«, fragt sie. Es ist ihr nur so rausgerutscht, aber nun muss sie es erklären.

»Unser Vater hat uns tatsächlich durchgepeitscht. Mit einer richtigen Reitpeitsche. Wenn wir irgendwas angestellt hatten. In der alten stickigen Waschküche. Und euren Papa«, fügt sie zu den Geschwistern

Angela und Hans gewandt hinzu, »gerade den Kleinsten, den hat das immer am schlimmsten getroffen. Keine Ahnung, warum. Wir haben oft darüber gerätselt. So ein übler Kerl warst du doch gar nicht, Werner.«

»Was heißt hier überhaupt ›uns‹?«, fragt ihr ältester Bruder. »Du hast doch nie was abgekriegt, Heidrun. Dich hat Mama gebadet, während Papa uns durchgeprügelt hat. Jeden Samstagabend. Erinnere mich genau, du warst ein leckerer Anblick.«

Tante Heidrun errötet.

»Zur Feier des Tages«, sagt Onkel Ulrich, weil es nun allen ein bisschen peinlich wird, »darf Angela doch sicher auch ein Schlückchen Rotwein trinken?«

Und lächelt seine kleine Nichte an.

Die Mutter guckt säuerlich: Alle müssen sich immer in ihre Erziehung einmischen. Dann spricht sie selbst dem Rotwein zu. Irgendwann wird sie schon fröhlich werden.

»Du musst auch das Mark aus den Knochen essen, Angela«, sagt der Onkel, »ich zeig dir, wie du es rauspulen musst. Iss das Mark, das gibt Kraft.«

Angela springt auf, der Stuhl fällt hinter ihr zu Boden.

Alle schauen.

Sie läuft ins Bad. Ihr wird schlecht. Aber sie schafft es nicht ganz bis zu Toilette.

»Wisch das auf«, sagt die Mutter.

Exkurs: Satan Revisited

Seit Entstehung des Christentums gibt es auch Menschen, die das Gegenteil verehren – wie immer man es nennen mag: Luzifer – den gefallenen Engel –, Satan, den Teufel oder das Böse.

Die Ideologie des Alten Testaments, fundamentalistische Christen früher wie heute spalten besonders stark in Gut und Böse. Als böse gelten ihnen viele menschliche Gefühle und Bedürfnisse – ganz besonders die Sexualität. Gut ist deren Verleugnung, Verachtung, Unterdrückung – ihre Abspaltung. Alles Ausgegrenzte, Abgespaltene neigt dazu, ein eigenes Leben im Geheimen zu entwickeln. Auch das weiß die Menschheit schon lange, seit Freud kann sie die psychischen Phänomene benennen[53]: das Unbewusste, die Dissoziation und die Verdrängung.

Immer schon gab es Menschen, die sich dieses Gegenpols, des sogenannten Bösen, angenommen haben. Ihr Glaube basiert auf dem des Christentums: Sie glauben, dass es Gott gibt. Aber sie glauben, dass er versagt hat, dass er die Menschen ablehnt und verachtet. Wer sich verachtet fühlt, kann an dieser Verachtung zugrunde gehen, oder er kann sie in ihr Gegenteil verkehren und verehrt, was die anderen verachten: das Böse im Menschen. Dadurch, dass das Böse zum obersten Wert erklärt wird, wird das christliche Wertesystem umgedreht: Gut wird böse, böse wird gut, Liebe wird Hass, Hass wird Liebe. Gott hat die Welt verloren, weil er die Menschheit ablehnt. Satan ist der Herr der Welt. Ihn verehren heißt, das Böse anbeten.

»Das Böse anzubeten in einer Gesellschaft, die auf dem Fundament des Christentums steht – wie unsere gesamte westliche Welt –, bedeutet selbstverständlich immer auch die Bejahung von Straftaten«, wie Satanismus-Experte Thorsten Becker[54] feststellt. »Die Ablehnung der moralischen Werte des Christentums zieht dies zwangsläufig nach sich.«

Wer gegen die fundamentalen Werte dieser Gesellschaft verstößt, muss ein Doppelleben führen, das gilt schon für »ganz normale« Kriminelle. Für Gruppierungen, die nicht nur Straftaten begehen, sondern auch um gesellschaftlich abgelehnte oder tabuisierte Ideologien kreisen, gilt es umso mehr.

Zu allen Zeiten haben solche Geheimgesellschaften existiert und ihre Rituale praktiziert. Etliche davon sind ausführlich dokumentiert[55]. Alles, was Angela Lenz beschreibt, ist schon früher von Menschen durchgeführt worden. Alles, was menschliche Hirne erdacht haben, haben sie früher oder später auch in Taten umgesetzt. »Vor diesem historischen Hintergrund ist es sehr gut möglich«, folgert Colin Ross, »dass satanische Kulte, die Menschenopfer praktizieren, auch heute in Nordamerika aktiv sind.«[56]

Das Gleiche gilt für Europa.

Es herrscht kein Zweifel daran, dass es satanistische Kulte gibt. Zu den bekannteren gehören *O.T.O., Fraternitas Saturni, Church of Satan, Temple of Set, The Process Church of the Final Judgement, The Order of the Nine Angles,* der frühere *Thelema-Orden*, jetzt *Thelema Society*. Im Folgenden nur ein kurzer Abriss.[57]

Alle genannten Gruppen wurden von Aleister Crowley (1875–1947) inspiriert und beeinflusst. Crowley, Sohn des Laienpriesters einer fanatischen Quäkersekte in England, reiste weit, experimentierte mit Drogen, Magie, Sexualriten – die auch Kinder einschlossen –, publizierte seine Ansichten und »amtierte« in England, Sizilien, Amerika und Thüringen.

Gegen Ende des 19. Jahrhunderts kamen Zirkel in Mode, die mit Tisch-, Gläserrücken und anderen magischen Ingredienzien experimentierten. Ausgangspunkt vieler solcher Strömungen war die *Theosophische Gesellschaft*, 1875 gegründet von Helena Petrowna Blavatsky.[58] Sie hatte auch Einfluss auf den *Hermetic Order of the Golden Dawn*, dem der anglo-irische Dichter William Butler Yeats angehörte. Und der Schwarzmagier Aleister Crowley, dessen Praktiken allerdings den Rahmen sprengten, was bald zu seinem Ausschluss führte. Darauf wurde Crowley 1912 Mitglied von *O.T.O. – Ordo Templi Orientis –*, der 1895 von Theodor Reuß gegründet worden war. L. Ron Hubbard, der spätere Gründer von Scientology, war Mitglied der *Agape Loge*, des kalifornischen *O.T.O.* Es gibt also Querverbindungen zwischen Hubbard, Scientology und dem *O.T.O.* Sowohl vom *O.T.O.* als auch von Scientology existieren Abspaltungen mit satanistischen Inhalten.

Fraternitas Saturni, 1926 von dem Berliner Buchhändler Eugen Grosche auf Anregung von Crowley gegründet. Straff nach Graden geordneter satanistischer Kult. Nach Angaben von Guido und Michael Grandt existieren in Deutschland über 50 Logen von F. S., weitere in London, Paris, Basel, Zürich, Wien, Luxemburg und Australien. Sie praktizieren sexualmagische Riten. Im inneren Kreis gab es eine Tötung. Im »Schwarzbuch Satanismus« sind Aussagen eines ehemaligen Großmeisters dokumentiert, der sich im Interview für Menschopfer ausspricht.[59]

Church of Satan, 1966 von Zirkusdompteur und Polizeifotograf Anton Szandor LaVey gegründet, ist besonders in den USA – wo sie durch das Gesetz der Religionsfreiheit geschützt und steuerbefreit ist – und in den Niederlanden aktiv. Sie praktiziert sexualmagische Rituale, wahrscheinlich aber keine Menschenopfer.[60] Nachgewiesen sind Kontakte zu Susan Atkins, die an der rituellen Ermordung von Sharon Tate beteiligt war.[61] LaVey verstarb am 29. Oktober 1997, der Orden wurde bis 2002 von Blanche Barton weitergeführt.

Temple of Set ist eine Abspaltung der *Church of Satan*, 1975 von Oberstleutnant der US-Armee Michael Aquino, der auch CIA-Verbindungen hat, gegründet. Dieser satanische Kult ist hermetischer, hat Neo-Nazi-Tendenzen, ist paramilitärisch organisiert. Es scheint Verbindungen zu multi-generationellen satanistischen Kulten zu geben.[62] 1987 war Aquino in einen Fall von Kindesmissbrauch in einer Kindertagesstätte auf dem Gelände des Armeestützpunktes in Presidio verwickelt. Polizeiliche Ermittlungen wurden nicht fortgeführt, als die Tagesstätte durch Brandstiftung zerstört war. 1988 wurde Aquino unehrenhaft aus der Armee entlassen. 1993 soll er eine satanische Messe auf der Wewelsburg, Himmlers SS-Ordensburg, inszeniert haben.

The Process Church of the Final Judgement, 1961 in London vom englischen Kavellerioffizier Robert De Grimston und der Prostituierten Mary Ann Maclean gegründet. Abspaltung von Scientology. Werbung durch Straßenkontakte, Essen an Arme und Hippies. Gruppen auch in Rom und München. Kontakt zu Charles Manson wahrscheinlich nach den Morden. Heute vermutlich unbedeutend.

The Order of The Nine Angles (ONA), von England ausgehend, existiert angeblich über hundert Jahre, bezeichnet sich selbst als traditionell. Extreme Ansichten.

In Anlehnung an die Abtei Thelema (1920 von Crowley auf Sizilien gegründet) wurde 1982 in Berlin der *Thelema-Orden des Argentum Astrum e. V.* von dem Fernsehmechaniker Michael Eschner (1949–2007) gegründet. Eschner hielt sich für eine Reinkarnation von Crowley. Zu dieser Erkenntnis gelangte er während einer Gefängnisstrafe wegen

Betrug, Unterschlagung und betrügerischem Bankrotts. Als der Verein *Thelema-Orden* 1985 verboten werden sollte, löste Eschner ihn auf und gründete die *Thelema Society* mit dem Projekt »New Aeon City«, einer virtuellen Stadt. Er errichtete ein neues Zentrum im Landkreis Lüchow-Dannenberg. Hier wurden Ekeltraining, Vergewaltigung und Folter praktiziert. Im Juli 1992 wurde Eschner wegen zweifacher Vergewaltigung und Körperverletzung zu einer Gefängnisstrafe von sechs Jahren verurteilt.[63] Seither gab es Verurteilungen anderer Gruppenmitglieder. Die Gruppe ist weiterhin aktiv und wirbt Anhänger über das Internet und über getarnte Volkshochschulkurse.

Zu den rechtsextremen Geheimgesellschaften, die – nach mehreren Quellen[64] – zeitweilig mit satanistischen Praktiken experimentierten, gehört die *Thule-Gesellschaft*. Seit ihrer Gründung 1918 durch Baron Rudolf von Sebottendorf steht die (in Anlehnung an die Freimaurer nach Graden organisierte) *Thule-Gesellschaft* für Antisemitismus, Glauben an rassische Überlegenheit und Streben nach Weltherrschaft.[65] Über die Organisation des 1980 gegründeten *Thule-Seminars* dringt wenig nach außen, 1992 wurde ein *Thule-Orden* gegründet, seit 20.3.1992 existiert ein *Thule-Netz*, ein neonazistischer Mailbox-Verbund.

Satanismus und Hitler-Faschismus sind Todeskulte. Beide schwelgen in Blutmetaphorik. Der Hitler-Faschismus hat seine Besessenheit für alle Welt sichtbar umgesetzt im Genozid[66], satanistische Gruppierungen vergießen im Geheimen das Blut von Kindern. Weiterhin gibt es immer deutlicher erkennbare Überschneidungen mit Gruppen organisierter Kriminalität, mafiösen Netzwerken, die Milliardengewinne machen mit Kinderfolter – in Bild, Film und Tat. »Es ist ein Krieg«, sagt der New Yorker Kinderanwalt und Autor Andrew Vachss, »sie machen Krieg gegen unsere Kinder.«[67]

Auch in anderen Punkten gibt es Parallelen zwischen nationalsozialistischen und manchen satanistischen Gruppierungen damals und heute: In der Verwendung von Symbolen als magische Zeichen, denen eine besondere Kraft innewohne, der Verwendung geheimer Metaphern, der Behauptung einer »geheiligten Wissenschaft«[68], der Unterordnung des Einzelnen unter die Gruppe und unter das gemeinsame Ziel: das Streben nach Weltherrschaft.

Viele Autoren belegen dann auch das große Interesse der Nazis im Dritten Reich an okkulten Techniken.[69] Die Erfahrungen gerade deutscher Kult-Überlebender scheinen zu bestätigen, dass es Berührungspunkte gibt.[70] Angela wurde nicht nur in rituellen satanistischen Handlungen ausgebildet, sie hat auch Kampfausbildungen hinter sich, die ein neonazistisches Szenario abbilden. Sie berichtet von Fortbildungen, an denen Vertreter beider Gruppen teilnahmen. Es ist sicher kein Zufall, dass die erste Persönlichkeit Angelas, die durch eine Gewalttat von »Onkel Paul« entstand, einen jüdischen Namen trägt: Rahel. Außerdem entdeckte Angela in sich einen »Oberbefehlshaber«, der geschaffen war, um sie zu steuern.

Diese Gruppen sind bekannte Kulte. Sie sind die Spitze des Eisbergs. Über ihre Praktiken dringt einiges an die Öffentlichkeit, anderes bleibt verborgen. Die Gruppen sind unterschiedlich gefährlich. Dabei darf man nie vergessen, dass jede hermetisch abgeschlossene Gruppe mit straffer Struktur in ihren Taten grenzenlos eskalieren kann. Das gilt schon für die bürgerliche Familie.

Die meisten der größeren satanistisch orientierten Organisationen sind im Internet vertreten. In den »FAQ« (Frequently Asked Questions) der einzelnen Gruppen können sich Interessenten weltweit in ihre Ideologien einlesen. Offiziell leugnen die Gruppen, dass Straftaten praktiziert werden. Einige erwähnen das Thema »ritueller Kindermord« und verweisen gern auf den FBI-Report von Kenneth Lanning, demzufolge es keinerlei entsprechende Funde gegeben hätte – und auf die satanistische Rechneradresse, unter der man sich den FBI-Report auch gleich herunterladen kann. Die Frage allerdings, was wollen Satanisten, beantworten sie selbst im Internet wie folgt:

Satanisten akzeptieren keinerlei Moral, Ethik oder Grenzen außer den selbst geschaffenen – wie dunkel oder böse sie anderen auch erscheinen mögen. Ihr Ziel: die Schaffung einer neuen Menschheit und einer Zivilisation, die diesen neuen Menschen entspricht. Satanismus will unsere Evolution verändern und die Gesellschaft, in der wir leben.

Von diesen bekannten Kulten gibt es Dutzende kleinerer Abspaltungen und selbstständig agierender Grüppchen, die zum Teil untereinander Kontakt haben. Von ihnen weiß man noch recht wenig. Was Aussteiger berichten, klingt beunruhigend und lässt vermuten, dass das meiste noch im Verborgenen liegt.

Die Namen der abgespaltenen und selbstständig agierenden Grüppchen tauchen in der Öffentlichkeit sehr selten auf. Meistens sind sie geheim, werden höchstens durch Aussteiger bekannt oder wenn es gelingt, ein Verbrechen auf diese Gruppe zurückzuführen. In seinem Buch »Der Satan von Witten« beschäftigt sich Guido Grandt zum Beispiel mit dem okkult-satanistischen Ritualmord des Ehepaars Ruda.[71]

Todesangst ist der Schlüssel zum Funktionieren des Schweigegebots in hermetischen Kulten. Den Mitgliedern redet man ein, jeder, der den Namen und damit ihre Gruppe verrät, sei des Todes. Jeder, der den Namen höre, ebenfalls.

»Luzifers Kinder« ist der Name einer Gruppe, der Angela in der Schweiz begegnete. Wir alle sind jetzt Mitwisser dieses Namens.

Wie der Satanismus die Kehrseite des Christentums ist, so sind es auch all seine Rituale und die Art der Gebete.

Während Christen Gott demütig um Hilfe bitten (»aber nicht mein, sondern Dein Wille geschehe, o Herr«) versuchen Satanisten, mit schwarzmagischen Mitteln Macht über ihr eigenes Schicksal zu erzwingen: »Tu, was Du willst, soll sein das ganze Gesetz – Liebe unter Willen«, ist der Leitsatz von Aleister Crowley. Im Sinne der Sexualmagie gilt ihnen die Sexualität als stärkste Kraft des Menschen. Die Sexualität, die das Christentum zu allen Zeiten am meisten verteufelt hat.

Das Exzessive, das Grenzensprengende, der Stolz des gefallenen Engels, seine Einsamkeit und die Bejahung der Sexualität sind Aspekte, die besonders Jugendliche ansprechen. In den 60er und 70er Jahren des 20. Jahrhunderts führten sie zu einem kulturellen Revival des Satanismus. Besonders der Film, die Werbung und die Rockmusikszene flirteten ausgiebig mit ihm: »Sympathy for the Devil« von den Rolling Stones, die gleichnamige Fernsehserie, moderiert von Alexis Korner, das berühmte »Hotel California« der Rockgruppe Eagles über eine Kultstätte der *Church of Satan*, und die – vermutete – Besetzung der Rolle des Teufels im Roman-Polanski-Film »Rosemary's Baby« durch Anton Szandor LaVey, den Gründer der *Church of Satan*, sind nur vier Beispiele.

Eine Sache ist es, abgespaltene Anteile mit dem Ziel einer Integration ans Licht zu holen. Eine andere aber, das Abgespaltene, den Schatten selbst an die Stelle des Lichtes zu setzen und das sogenannte Gute in den Untergrund zu verbannen.

Der Film »Lucifer Rising« von Regisseur Kenneth Anger – ein großer Verehrer Crowleys – wurde lange Zeit nicht vollendet, weil der Komponist der Filmmusik im Gefängnis saß: Bobby Beausoleil, der – als Mitglied von Charles Mansons satanistischer »Family«– Gerry Hinman ermordet hatte. So eskalierte der Flirt mit dem Teufel in Taten wie den Ritualmorden der Gruppe um Charles Manson, zum Beispiel an der Schauspielerin Sharon Tate, der Frau von Regisseur Roman Polanski, die zum Zeitpunkt ihrer Ermordung hochschwanger war. Manson sitzt seither im Gefängnis, aber andere satanistische Gruppierungen sind weiterhin tätig.

Die Übergänge zwischen den Gruftis der 80er Jahre, dem Jugendsatanismus und harten satanistischen Kulten sind inzwischen fließend geworden. »Schulungszentren gestandener Satanisten weihen den jugendlichen Nachwuchs ein in die Raffinessen der schwarzen Magie«,[72] schrieb 1996 der *Spiegel.* Und fuhr fort: »Jugendliche Satanisten ... vergewaltigen Mädchen bei schwarzen Messen, buddeln Leichen auf Friedhöfen aus und versuchen, mit sadomasochistischen Spielchen ihr eigenes Schmerzempfinden abzutöten.« Der neue Kontinent Internet eröffnet seither ungeheuerliche zusätzliche Möglichkeiten.

Während das Christentum dem Menschen Grenzen auferlegt, zerstört der Satanismus sie. Aber nur scheinbar. An anderer Stelle richtet er sie wieder auf: Mitgefühl, Sanftheit, Rücksichtnahme, Altruismus und Angst werden tabuisiert; Hass ist besser als Liebe.

Den Anhängern wird Befreiung suggeriert, aber der Mensch im Satanismus ist nicht frei. Allein die Zwänge und Spaltungen, die ein Doppelleben mit sich bringt, sind starke Fesseln. Auch wenn man sich des Doppellebens lange Zeit gar nicht bewusst wird, weil man so massiv aufgespalten ist wie Angela Lenz. Das Ziel der Satanisten ist Herrschaft, langfristiges Ziel die absolute Macht und Zerschlagung des Christentums. Wer dies als Spinnerei abtut, sollte sich bewusst machen, wie häufig das Streben nach Weltherrschaft ist: Zuerst ist da die Ideologie des Nationalsozialismus zu nennen. Aber auch Scientologen wollen auf ihre Weise die Welt »clear« machen. Die Moon-Sekte ist schon ein gutes Stück weiter gekommen in ihrem erklärten Ziel, eine totalitäre Weltherrschaft zu errichten: durch hervorragende Kontakte zum koreanischen Geheimdienst, zum japanischen Verbrechersyndikat Yakuza, durch gigantischen Reichtum, beste Verbindungen und geschickte Investitionen in den USA – unter anderem 1982 die Gründung der konservativen Tageszeitung *Washington Times*[73]. Und Transzendental Meditierende (TM) sind überzeugt, sie könnten das Steuer der Welt in ihre Richtung herumreißen, wenn sie ein Prozent der Weltbevölkerung auf ihre Seite bekommen. Warum sollten ausgerechnet Satanisten dieses Ziel nicht ansteuern?

Wer im Besitz der absoluten Macht ist, braucht kein Doppelleben mehr zu führen. Eine satanistische Weltordnung allerdings würde – mit Sicherheit für die Frauen – das Gegenteil von Freiheit bedeuten. Stärker noch als das Christentum sieht der Satanismus für Frauen die dienende, leidende Rolle vor. Frauen sind Mittel zum Zweck. Auch die Vorstellung von grenzenloser Sexualität ist nur ein Trugbild, um Neulinge anzulocken. Sexuelle Befriedigung der Frauen, dem Christentum über Jahrhunderte suspekt, ist dem Satanismus gleichgültig und dort ohnehin nur durch extreme masochistische Entwicklung zu erlangen. Aber auch das ist egal.

Es geht um Macht.

Der zweite Zeuge: Der Mann vom Jugendamt

Für jede kriminelle Gruppierung einer gewissen Größe ist es selbstverständlich, Kontakte zu staatlichen Institutionen und Bereichen der Wirtschaft aufzubauen. Die gängigen Methoden hierzu sind Bestechung, Erpressung, Körperverletzung und im Notfall Mord. Das ist nichts Neues, auch Nicht-Betroffenen sind die Umgangsformen, zum Beispiel der Mafia, inzwischen durch die Medien vertraut. Heute zweifelt niemand mehr daran, dass es die Mafia gibt; doch es hatte zehn Jahre gedauert, bevor das FBI aufhörte, ihre Existenz in den USA zu leugnen. Ähnlich verläuft die Aufdeckung des kriminellen Geheimbundes, der hier beschrieben wird. Eines Geheimbundes, der seine eigenen Kinder systematisch brutaler Gewalt und extremem Missbrauch unterwirft und daher noch beunruhigender ist als die Mafia – und noch mehr Abwehr auslöst.

Auch ein satanistischer Geheimbund, zu dessen Praktiken Mord, Folter und Kindesmisshandlung gehören, benötigt zuverlässige Kontakte zur Polizei. Die Orte, an denen geheime Treffen stattfinden, wo Opfer- und Tötungsrituale abgehalten werden, müssen wirklich geheim bleiben. Daher werden sie nicht nur weiträumig durch Wachen gesichert, sondern man versucht schon vorab von eventuellen Überwachungen oder Razzien Kenntnis zu erhalten. Am besten über Personen, zu deren Arbeitsgebiet derartige Kenntnisse gehören: Polizei und Staatsanwaltschaft. Bei der geringsten Abweichung, beim vagen Verdacht werden Treffen abgesagt, an andere Orte verlegt, andere Termine anberaumt.

Generationsübergreifende Kulte planen langfristig. Kinder, die qua Familientradition in einem Doppelleben aufwachsen und es gewohnt sind, »die Welten getrennt zu halten«, werden häufig gezielt in erwünschten Berufen ausgebildet.

Für jeden normalen Unternehmensgründer, etwa einer Kaufhauskette oder einer Fabrik, ist es günstig, wenn die eigenen Kinder Betriebswirtschaft, Volkswirtschaft, Steuerrecht, Jura studieren und möglichst noch das Management-Diplom einer US-Universität erwerben, um abzusichern, dass das Unternehmen im Familienbesitz bleiben, blühen und gedeihen kann. Generation nach Generation.

Mindestens ebenso stark ist das Interesse des Oberhauptes einer geheimen Gruppe, die Folterungen durchführt, Kinderpornographie produziert und vertreibt, auf möglichst unkomplizierte, zuverlässige Weise langfristig den Bestand zu sichern und für Expansion zu sorgen.

Natürlich erfordern die häufigen finanziellen Transaktionen gute Kontakte zum Bankgewerbe, da derartige Geschäfte diskret abgewickelt werden.

Wie gewinnt man die erforderlichen Mitglieder?

Es lässt sich nicht mehr mit Sicherheit sagen, ob die Organisation sich erst für den Bankdirektor Werner Bahr interessierte oder ob der Einfluss schon früher begann und seine berufliche Laufbahn von der Organisation mitbestimmt wurde.

Werner Bahrs Neigung zu kleinen Mädchen war früh bekannt. Nicht nur ihm. Auch der Familie. Werner war erst 16, als die Familie beschloss, dass er seine Ausbildung besser bei einem entfernten Onkel fortsetzen sollte. Der Onkel war Bankangestellter. So kam Werner ins Geldgeschäft. Vorher ein mittelmäßiger bis schlechter Schüler, zeigte er nun hervorragende Leistungen. Onkel und Tante förderten seine Karriere nach Kräften. Schon mit Mitte 20 bekam er eine leitende Position in der Bank, in der sein Onkel arbeitete.

Der Zugriff auf kleine Mädchen war während seiner Jugend überwiegend im Rahmen der erweiterten Familie ermöglicht worden, meist kostenlos oder abgegolten durch kleinere Schweigegeschenke. Das ist so ungewöhnlich nicht. Die Zahl der Familien, in denen Kinder, besonders Mädchen, wie Leibeigene behandelt werden, wird massiv unterschätzt. Amerikanische Untersuchungen zeigen, dass Inzest in zehn Prozent aller amerikanischen Familien praktiziert wird.[74] In Deutschland ist sicherlich von ähnlichen Zahlen auszugehen. In typischen inzestuösen Familien »herrscht ein Mangel an emotionaler Zuwendung«, stellt die Rechtsmedizinerin Elisabeth Trube-Becker fest. »Die Eltern sind nicht in der Lage, Grenzen von Privatheit, Körperlichkeit und Sexualität im Kontakt mit ihrem Kind zu spüren und einzuhalten.«[75] Gleichzeitig setzen sie ihre eigenen Bedürfnisse rücksichtslos durch. Die Kombination, die Angela erlitt – brutale körperliche Gewalt und sexualisierte Zärtlichkeit, die immer gewalttätiger wurde – ist typisch für diese Familienverbände. Was hat Werner Bahr in seiner eigenen Kindheit erlebt? Oft eskaliert Gewalt von Generation zu Generation. Nur wenn es – wie bei Angela Lenz – gelingt, den Kreislauf zu unterbrechen, besteht Hoffnung auf Veränderung.

Als Werner Bahr nicht mehr zu Hause lebte, musste er sich die Befriedigung seiner Bedürfnisse erkaufen. Dadurch wurde seine Neigung außerhalb der Familie bekannt. Und er wurde erpressbar.

Werner Bahr war leicht zu erpressen. Er war ein schwacher Mann mit einem zerstörten Selbstbewusstsein, mit Prügeln und Demütigungen nach allen Regeln der schwarzen Pädagogik erzogen. Mühsam musste er sein brüchiges Selbst stützen, alles konnte ihm zur Bedrohung werden. Nur in Hierarchien konnte er sich stabilisieren, dort, wo oben und unten strikt festgelegt ist. Trost, Halt und Befriedigung suchte er bei den Schwächsten, den Wehrlosesten: den Kindern.

Der Kontakt zur Sekte scheint über einen der vielen Onkel aus dem erweiterten Freundeskreis zustande gekommen zu sein, Onkel Paul. Es hat den Anschein, als sei die erste Teilnahme nicht freiwillig gewesen, sondern erpresst worden. Man wusste etwas über Werner Bahr und konnte auch einige Fotos vorweisen. Mit kleinen Mädchen. Aber man könnte das in Ruhe bei einem Treffen besprechen, dann würde man sie nicht der Polizei übergeben.

Von Werner Bahr war kein Widerstand zu erwarten. Zivilcourage war nicht Teil seiner Erziehung. Er fügte sich. Was hätte er tun sollen? Den Posten bei der Bank verlieren? Vorbestraft und arbeitslos? Von der Familie geächtet?

Von nun an lebte er ein noch gespalteneres Leben als vorher. Er lebte mehrere Leben. Seine Tochter, die seine extremen Schwankungen aus nächster Nähe mitbekam, vermutet, dass er ebenfalls multipel war. Dies könnte eine Schutzbehauptung von Angela sein, um wenigstens Teile des »guten Vaters« zu retten, indem sie ihn überwiegend als Opfer wahrnimmt. Andererseits könnte es die Wahrheit sein. Es ist nicht selten, dass schon die Eltern multipler Kinder stark dissoziieren.

Ein multipel gespaltener Bankdirektor? Warum nicht? Multiple Persönlichkeiten besitzen häufig hochspezialisierte Anteile, die beruflich erfolgreich sein können.[76] In Deutschland leben IngenieurInnen, ÄrztInnen, StudienrätInnen mit Multipler Persönlichkeitsstörung.[77]

Extremer Kindesmissbrauch findet in allen Schichten statt. »Es ist ein großer Blödsinn, zu glauben, Misshandlungen gebe es nur in der Unterschicht«, sagte die 88-jährige Rechtsmedizinerin Elisabeth Trube-Becker 2007 in einem ihrer letzten Interviews.[78] Die Jugendämter hätten »Eltern aus den Villenvierteln« nur weniger im Blick, und diese wüssten sich besser zu wehren.

Ein Doppelleben müssen auch alle anderen Mitarbeiter führen, die die Organisation anwirbt, um die solide Fortführung der Geschäfte zu sichern.

Angeworben werden Kriminalbeamte – je höher ihre Position, desto besser. Die Namen von mehr als einem Jugendrichter und Vormundschaftsrichter sind inzwischen bei Beratungsstellen bekannt. Weiterhin benötigt die Organisation Ärzte: Manchmal müssen Verletzungen behandelt werden; nicht-registrierte Geburten müssen fachgerecht eingeleitet werden, Psychopharmaka in der erforderlichen Dosierung angewandt, Elektroschocks in der angemessenen Stärke eingesetzt werden. Auch Chirurgen und Therapeuten – besonders solche mit Hypnoseausbildung – sieht der Patriarch mit Sicherheit gern in der zweiten und dritten Generation heranwachsen.

Und natürlich ist es essentiell, an die nötigen Ressourcen zu gelangen. Die nötigen Ressourcen sind in diesem Fall Kinder.

Das Oberhaupt, mag man ihn Hohepriester, Erleuchteter, Illumnatus, Herr, Meister oder Führer nennen, wird es wünschenswert finden, wenn von den Kindern seiner Gruppe – jenen, denen es vergönnt ist zu überleben – viele in pädagogische Berufe gehen. Erzieher, Lehrer, Kindergärtner haben stets den direkten Zugang zu Kindern.[79]

Unter den Aussteigern rituell missbrauchender Kulte findet man viele, die in erzieherischen Berufen ausgebildet sind.

Man möchte wünschen, dass es sie dorthin zieht, um besser zu machen, was Schlimmes an ihnen geschehen ist. Man weiß aber aus amerikanischen und europäischen Schilderungen, dass viele den dezidierten Auftrag bekommen, in Berufen zu arbeiten, die den direkten Zugriff auf Kinder garantieren.

Als Angela Lenz das später klar wird, erschrickt sie selbst über die Zusammenhänge, die ihr damals nicht bewusst waren.

Nicht zuletzt sind gute Kontakte zum Jugendamt erforderlich für eine Gruppierung wie jene, deren Mitglied Werner Bahr wurde. So bemühte man sich um Mitgliederwerbung unter Beamten im Jugendamt. Das Jugendamt hat viele Aufgaben. Es bringt Kinder in Heimen, Familien oder in ausländischen Pflegestellen unter, wenn es meint, in Deutschland sei kein Platz mehr für dieses Kind. Etwa 60.000 Heimkinder existierten 2007 in Deutschland, 2011 waren es 65.000.[80]

So viele Kinder.

Die Beamten des Jugendamts haben nicht nur die Möglichkeit zu steuern, in welche Familien Kinder gegeben werden, sie haben auch die Chance, eventuellen Missbrauch aufzudecken.

Oder ihn zu übersehen.

Angela war schon einige Jahre Mitglied in ihrer Gruppe, war aufgestiegen, hatte ein eigenes Patenkind zugeordnet bekommen, für dessen »Erziehung« sie – beziehungsweise Herold – zuständig war, als sie beobachtete, auf welche Weise ein Beamter des Jugendamtes durch Erpressung an die Gruppe gekoppelt wurde.

Äußerlich geschah nicht viel.

Der Beamte bearbeitete einen vermuteten Missbrauchsfall. Er bildete sich eine Meinung, wollte das Kind einer geschiedenen Ehe der Mutter zusprechen und das Besuchsrecht des Vaters unterbinden.

Dann änderte er seine Meinung und sprach eine Empfehlung aus: Das alleinige Erziehungsrecht sollte dem Vater zugesprochen werden. Jeder kann seine Meinung ändern. Das ist ganz normal.

Der Mann im Jugendamt war erpresst worden. Er hätte die Chance gehabt, zur Polizei zu gehen. Das hätte wahrscheinlich seine Ehe, seine Familie, mit Sicherheit hätte es seinen Ruf zerstört. Seinen Beruf hätte er ebenfalls verloren.

Er hätte einige Menschenleben retten können. Einige Täter wären für lange Zeit im Gefängnis verschwunden.

Aber er hatte Angst.

Er schwieg.

Mehr geschah nicht.

Scheinbar.

1983

- Naziverbrecher Klaus Barbie in Frankreich zu lebenslänglicher Haft verurteilt.
- Die Grünen ziehen in den Bundestag ein.
- F. J. Strauß vermittelt Milliardenkredit deutscher Banken an die DDR.
- Sogenannte »Hitler-Tagebücher« des *Stern* als Fälschung enttarnt.
- Die Bundesrepublik hat 81.888 Millionäre mit einem Gesamtvermögen von 272,926 Mrd. Mark.
- Hitparade: »Beat it« (Michael Jackson)

Der Mann vom Jugendamt

15. August 1983

1. Telefongespräch

»... und der ist sauber?«

»Ja.«

»Völlig?«

»Scheint so. Trotzdem, irgendwas ist da.«

»Anhaltspunkte?«

»Bisher nicht.«

»Verheiratet?«

»Ja. Zwei Kinder, Jungen, vier und sieben.«

»Freundin?«

»No.«

»Schulden?«

»Nein. Nichts bei der Schufa. Sozialarbeitergehalt und keine Schulden. BAT IVb, das sind keine zwei fünf netto, inklusive Ortszuschlag. Vielleicht hätte er ja gern ein Häuschen oder ...« (unverständlich)

»... sicher geht's auch billiger.«

»Klar.«

»Prostituierte?«

»Noch nie, soweit wir rauskriegen konnten. Keine Drogen, um das vorwegzunehmen, bis auf ein bisschen Kifferei Mitte der Siebziger. Keine Pornos. Nichts Homosexuelles. Etwas ist mir aber eingefallen, der hat damals immer den Babysitter gemacht. Muss nichts bedeuten, wir haben ja alle gejobbt, was wir kriegen konnten.«

(Pause)

»Ist das alles?«

»Lassen Sie mich nachdenken. Genau, das war auffallend: Der war so beliebt bei den Müttern: geduldig, selbst mit den Kleinsten und ...«

(Autogeräusche überdecken ca. fünf Sekunden)

»... wüssten wir doch längst, wenn in dem Bereich was wär.«

»Stimmt allerdings. Trotzdem, ich sag Ihnen: Bei dem finden wir was.«

»Gut. Lassen Sie also das übliche Material anfertigen.«

»Okay.«

Das letzte Stück von der Üstra-Haltestelle zum Hauptbahnhof legte Rolf Albrecht im Spurt zurück, in langen Sprüngen hechtete er die Treppe zu Bahnsteig 9 hoch und erwischte den Interregio von Hannover nach Frankfurt gerade noch im Anfahren. Reisetasche rein und hinterher. 16.15 Uhr war es, um zehn nach hätte der Zug eigentlich abfahren sollen. Das war Glück. Und dann noch ein Fensterplatz. Dieser Monat lief einfach gut.

Erst die Fortbildung in Frankfurt genehmigt, dann den alten Citroën doch noch durch den TÜV gekriegt und jetzt den Zug erreicht, obwohl es eigentlich hoffnungslos war, weil er sich wieder mal in den Akten des kleinen Tobias festgelesen hatte. Wie so oft in den letzten Wochen.

Mittwoch war es, der siebte September, fast noch Sommer, aber die Farben des Herbstes schon in den Bäumen. Dieser Sommer war so heiß gewesen, dass die Zeitungen gar nicht aufhören konnten, darüber zu schreiben. Rolf Albrecht holte tief Luft, atmete laut aus und ordnete seine Beine so bequem wie möglich neben dem Beinpaar gegenüber ein. Die Frau auf dem anderen Fensterplatz schaute von ihrem Buch hoch und lächelte knapp. Er verstand: Fußmäßig würde sie sich arrangieren, aber ein Gespräch war nicht erwünscht. Ihm nur recht. *Hannoversche Allgemeine, Blätter der Wohlfahrtspflege* und *Das Hotel New Hampshire*, den aktuellen Bestseller, von dem Irmela so schwärmte, ließ er in der Tasche stecken, döste fast bis Göttingen, sah aus dem Fenster und wunderte sich, dass er überhaupt hier saß.

Rolf Albrecht war auf dem Weg zu einer Fortbildung im Deutschen Verein für öffentliche und private Fürsorge in Frankfurt: »Neue Praxis der Heimerziehung«. Zwei Tage nicht ins Büro, wie angenehm. Eigentlich stand ihm das gar nicht zu, es war schon die zweite Fortbildung in diesem Jahr, außerdem hatte er so gut wie nie mit Heimerziehung zu tun. Schon wegen des Wohngebietes, für das er zuständig war. Nach Jahren war ihm jetzt wieder der erste Fall begegnet, wo er anfing, darüber nachzudenken, ob das Kind in einem Heim nicht vielleicht besser aufgehoben wäre als zu Hause. Der kleine Tobias eben. Scheidungsgeschichte. Die Frau trank, und der Mann wollte das Kind. Es gab gegenseitige Anschuldigungen, die der Frau waren massiver. Wohl war ihm bei beiden nicht. Aber vielleicht irrte er sich ja auch.

Jedenfalls hatte er zur Auffrischung seiner Kenntnisse diese Fortbildung beantragt. War ja auch ganz nett, mal rauszukommen. Gerechnet hatte er mit einer Genehmigung nicht: Seine Kollegin hatte denselben Antrag gestellt und arbeitete viel stärker in dem Bereich.

Von ganz oben kamen die Anträge dann zurück: seiner genehmigt, ihrer gestrichen. So hatte er eben auch mal Glück gehabt.

Wahrscheinlich war es nur Zufall.

Bis Göttingen holte der Zug die leichte Verspätung wieder auf. Hier wurde es laut. Eine Frau mit zwei bemerkenswert aufgerüschten kleinen Töchtern drängte ins Abteil, stopfte Mäntel und Tüten in die Gepäckablagen, machte sich breit.

Er schaute hin und wieder weg.

Dann griff er in die Reisetasche, öffnete die *Blätter der Wohlfahrtspflege* und überflog sie unkonzentriert. Heute hatte er sich eine Stunde früher Dienstschluss genehmigt, um schon am Nachmittag und nicht erst um fünf Uhr am nächsten Morgen zu fahren. Auch die zusätzliche Übernachtung war problemlos durchgegangen. Kunststück: Er würde in der Wohnung eines Freundes schlafen, den er lange nicht gesehen hatte. Eigentlich Grund zur Freude, aber irgendwie ließ sie sich nicht mehr so leicht aufwärmen wie noch vorhin.

Die Bilder waren wieder da.

Nach Kassel bezog sich der Himmel, das Abteil spiegelte sich im Fenster, er konnte die Mädchen beobachten. Sechs und neun Jahre vielleicht. Die Ältere schaltete ihren Kassettenrecorder an, aus dem Elton John »I'm still standing« quäkte. Die Mutter lächelte: »Wenn es Sie stört, schalten wir natürlich aus.« Es war deutlich, dass ihre Tochter nichts weniger wollte, als den Kassettenrecorder ausschalten.

Rolf Albrecht war sehr froh, dass er nur Söhne hatte.

Aus vielen Gründen.

Er hatte es immer vermieden, über sein Interesse an kleinen Mädchen tiefer nachzudenken. Er hatte es im Ansatz erstickt, hatte dieser Neigung nie wirklich nachgegeben. Sie war auch nicht ständig präsent. Nur manchmal drängte sie sich in den Vordergrund.

Wie jetzt.

Als Babysitter, mit 14, 15, als er Kinder in der Nachbarschaft hütete, zog er die ganz Kleinen vor; mit denen kam er prima klar. Er badete sie sogar und ekelte sich nicht, wenn er sie mal windeln musste. Mütter lobten ihn. Er galt als verantwortungsbewusst, und es war ihm auch früh klar, dass er mal einen Beruf mit Kindern haben wollte. Er mochte Kinder wirklich.

Wirklich. Unabhängig auch von den drängenden Gefühlen, die er erlebte, wenn er sie nackt sah. Er tat ihnen nichts. Er betrachtete sie.

Vielleicht etwas länger als nötig. Wenn sie gebadet auf dem weichen Handtuch lagen, klappten ihre Beinchen ohnehin auseinander. War er dann mit ihnen allein, zog er leicht die Schamlippen zur Seite und versuchte, in die Scheide zu schauen.

Mehr nicht.

Kaum mehr.

Fingen sie an zu schreien – wohl, weil ihnen kalt wurde –, trocknete er sie schnell ab und packte sie fürsorglich und warm ein. Er sprach nie darüber – mit wem auch? – und vermied es, daran zu denken. Es gab kein Problem.

Manchmal, nicht häufig, tauchten Bilder der nackten kleinen Geschlechtsteile in ihm auf.

Sexualität mit Frauen fand er später dann – zu seiner Erleichterung – relativ unproblematisch. Selten berauschend, aber normal. Die Frauen wiederum mochten seine Zärtlichkeit. In dieser Zeit waren die Bilder fast ganz aus seiner Vorstellung verschwunden. Seine dritte Freundin, Irmela, heiratete er.

Während ihrer Schwangerschaft stellten sich die Bilder wieder ein, und zum ersten Mal war er wirklich beunruhigt. Mit einer Mischung aus Sehnsucht und Angst erwartete er die Geburt eines Mädchens und war erleichtert, als sie einen Jungen bekamen.

Eigentlich wollte seine Frau kein zweites Kind, und so richtig konnte er auch nicht verstehen, warum er auf ihrer Wanderung durch den Peloponnes ihre Antibabypillen verschwinden ließ und jeden zweiten Tag mit ihr schlafen wollte. Auch sie war verwirrt. Das zweite Kind war dann ebenfalls ein Junge.

Im vorletzten Jahr hatte er sich sterilisieren lassen. Ein bisschen früh mit 32, fand der Arzt, aber da seine Frau einverstanden war, gab es keine langen Diskussionen. Irmela fand es sehr angenehm, auf chemische Verhütung zu verzichten. Im Freundeskreis sprachen sie nicht darüber. Umso verblüffter war seine Frau, als er neulich einem Freund, den er seit über zehn Jahren nicht gesehen hatte, ganz offen von seiner Sterilisation erzählte. Eben dem, bei dem er in Frankfurt übernachten würde. Hans war ziemlich überraschend zu Besuch gekommen. Ein Anruf drei Tage vorher und dann der Besuch.

Schon komisch.

Zehn Jahre nichts, und plötzlich rief der bei ihm zu Hause an, nahm die Verbindung wieder auf. Aus heiterem Himmel. Er wolle ihn gern besuchen, wenn er demnächst in Hannover zu tun habe. Alte Kontakte wieder aufleben lassen, Jugenderinnerungen und so. Er vermisse die Bindungen von damals, nachdem er so viel durch die Welt gezogen sei. Einen Teil der Kindheit und des Studiums hatten sie miteinander verbracht. Daher wohl auch die schnelle Vertrautheit.

Hans hatte das Studium nach vier Semestern geschmissen und als Journalist sehr schnell Karriere gemacht. »Guck mal, da ist wieder was von Hans«, sagte Rolf manchmal zu seiner Frau und zeigte auf einen Artikel. Fast stolz. Hans arbeitete für den »Stern«, auch mal für den »Spiegel«. Fürs Fernsehen. In verschiedenen Ländern hatte er gelebt.

Jetzt wohnte er also in Frankfurt.

Hans verstand sich auf Anhieb mit Irmela und den Jungs, er war witzig und kein bisschen arrogant, trotz dieser Karriere.

Weil kurz zuvor gerade die Fortbildung genehmigt worden war, hatten sie auch darüber gesprochen, und irgendwie ergab es sich, dass Hans ihn einlud, während dieser beiden Tage bei ihm zu übernachten.

Er würde ihn vom Bahnhof abholen.

Marburg. Die Mutter mit den beiden Mädchen stieg aus. Gut. Auf dem Bahnsteig machte sie kehrt, rannte ans Abteilfenster und klopfte mit ihrem Schirm dagegen. Aufgeregt. Das kleinere Mädchen hatte seine Puppe vergessen. Sie war neben den Sitz gerutscht. Er reichte sie hinaus.

Vergessen!

Panik überschwemmte ihn. Er musste sich zum wiederholten Male vor Augen führen, dass er das Video wirklich zurückgebracht hatte.

Gleich Montag früh. Es war sein erster Besuch in so einem Schuppen gewesen. Alle gucken mich an, hatte er gedacht, aber natürlich war das Unsinn. Und warum denn auch? Vielleicht wollte er ja den »Weißen Hai« holen. Oder »Susi und Strolch« für seine Jungs. Als sie seinen Personalausweis verlangten, wäre er fast weggelaufen. Aber das wäre noch auffallender gewesen. Nun war er Clubmitglied. Er würde nie wieder hingehen.

0356 albrecht rolf 2.9.83 3000 hannover wagenheimer str 37a 28.1.49 flensburg. verbotene spiele kleiner schuelerinnen

7. September 1983

2. Telefongespräch

»Möglicherweise haben wir was. Die Daten sind gerade reingekommen.«

»Wird auch Zeit.«

»Softporno. Ganz normaler Videoverleih. Weit weg von seiner Wohnung. Durchschnittsware aus dem Regal. Der würde sich nie trauen, nach speziellen Sachen zu fragen. Magere, rasierte 19jährige, die wenig überzeugend Zwölfjährige mimen. Nichts aus unserer Produktion. Hat er am Wochenende angeschaut, als Frau und Kinder bei den Großeltern waren.«

»Immerhin. Haben Sie den Kontakt?«

»Schon längst. Ich hol ihn nachher vom Bahnhof ab.«

»Dann los.«

Gießen. Noch eine gute halbe Stunde bis Frankfurt. Rolf entspannte sich in dem leeren Abteil. Wie Hans wohl lebte? Ob er eine Freundin hatte? Er hatte nichts davon erzählt. Na ja, wohl etwas schwierig, wenn man ständig unterwegs war.

Allerdings, er sah sehr gut aus.

Frankfurt. Hans stand schon auf dem Bahnsteig. Ragte aus der Menge. Auffallend durch Größe und Haarfarbe. Er strahlte vor Freude, Rolf wiederzusehen, boxte ihn kumpelhaft gegen die Schulter, griff nach seiner Tasche und ging voran.

»Alter Schwede«, sagte er und grinste dann bedauernd, als sie es sich in seinem Wagen bequem gemacht hatten, »morgen muss ich dich leider allein lassen. Muss kurzfristig nach Hongkong. Aber du bleibst natürlich bei mir wohnen.«

Rolf, der sogar im großen BMW seines Freundes geblieben wäre, war mit allem einverstanden.

Die Wohnung war noch besser als der BMW. Sehr neu. Viel echtes Leder. Rolf dachte an seine Ikea-Versatzstücke.

»Ich glaub, ich hab den falschen Beruf.«

Hans lachte: »Noch ist es nicht zu spät.«

Auch das Bad ein Traum. Gästezimmer mit eigener Dusche und Toilette. Und dann der Blick über den Main und auf die verspiegelten Fassaden der anderen Hochhäuser. Abends ließ Hans Essen aus einem Restaurant kommen, öffnete eine Flasche Champagner und führte seine aufwendige Fernseh- und Videoausrüstung vor.

»Ein Beomaster«, dachte Rolf entzückt, sagte aber nichts. B&O und Panasonic-Geräte. Ein Sony-Trinitron. Reichlich Spielfilme. Auch Pornos. Rolf wurde sehr verlegen. Hans tat, als wäre so eine Auswahl ganz normal. Für jeden Geschmack etwas. Ein weltgewandter Junggeselle eben. Rolf kam sich plötzlich spießig vor.

Am nächsten Morgen verließen sie das Haus gleichzeitig. Etwas verkatert. Hans zum Flughafen, Rolf zu seiner Fortbildung. Der Tag verging schnell. Abends vertiefte er seine Kenntnisse von Hans' Videosammlung.

Dass die Filmauswahl ohne größere technische Probleme von einer Nachbarwohnung aus mitverfolgt werden konnte, war Rolf Albrecht wie den meisten seiner Zeitgenossen damals, 1983, noch nicht bekannt. So war Rolf an diesem Abend zwar ein bisschen mulmig zumute, aber er fühlte sich durchaus allein.

Trotzdem war er erleichtert, als er den Zweitschlüssel am nächsten Morgen in den Briefkastenschlitz werfen konnte, sich auf den Weg zum Seminar und am Nachmittag dann auf die Heimreise machte.

»Beeil dich«, rief Irmela, als er die Wohnungstür aufschloss, »›Der Alte‹ hat schon angefangen.« Und weihte ihn ein in die ersten zehn Minuten der Folge von »Liebe hat ihren Preis«. Mit Bier und Mettbrötchen wurde es ein gemütlicher Abend vor dem Fernseher.

12. September
3. Telefonat
»Warum höre ich nichts von Ihnen?«
»Wir wissen jetzt genau, worauf er reagiert. Wir sammeln noch.«
»Schluss damit. Zeit drängt. Die Frau macht Ärger. Werden Sie tätig.«
»Wir dachten uns, dass wir jetzt ...«
»... Sie wissen, ich will keine Details.«
»Okay.«

Als Rolf Albrecht am Dienstagmorgen aus dem Fahrstuhl kam, sah er am Ende des Ganges, vor der Tür seines Büros, eine Frau auf und ab gehen. Frau Bergdorff, dachte er, schon bevor er sie genau erkannte, die Mutter von Tobias. Etwas war passiert. Sie wartete seit einer Weile – im Aschenbecher lagen mehrere Kippen –, war sehr aufgeregt und roch – es war neun Uhr – stark nach Alkohol. Rolf versuchte, sie zu beruhigen, aber auch in seinem Zimmer war sie nicht in der Lage, auf dem Stuhl sitzen zu bleiben, sondern stand immer wieder auf und ging umher.

Sie berichtete, dass Tobias in der letzten Zeit heftige Alpträume hätte und nachts oft in großer Panik zu ihr ins Bett krieche. Er redete von Affen, dann wieder von Männern mit Masken, die ihm weh täten. Nachts würden schwarze Gestalten vor seinem Fenster stehen. Am Sonnabend war er wieder bei seinem Vater gewesen, und seither sei es ganz schlimm. In der Nacht habe er bei ihr geschlafen und dabei, wie seit Jahren nicht mehr, ins Bett gemacht. Außerdem habe er merkwürdige Stellen am Po. Sie erläuterte diese Beobachtung nicht, und Rolf Albrecht fragte nicht nach.

Aber er hörte teilnahmsvoll zu und schrieb mit. Er begann, ihre Sorge zu verstehen und auch Verständnis für ihren Alkoholkonsum zu entwickeln. Dann machte er für sie und ihren Sohn einen Termin am nächsten Freitag frei.

»Vielleicht«, sagte er noch, »sollten Sie zu einer Erziehungsberatungsstelle gehen?« Und dann suchte er ihr die Adresse einer Ärztin für Tobias raus.

Aber Tobias will sich nicht untersuchen lassen.

»Hi!«, sagt Hans am selben Abend aus dem Telefonhörer.

»Mach mal das Radio leiser«, ruft Rolf Irmela zu, denn der Anruf kommt tatsächlich aus Hongkong. Während sie »Sweet Dreams« von Eurythmics den Saft abdreht, erzählt Hans, dass er am Wochenende wieder in Hannover sein wird. Sie verabreden sich für Sonnabend zum Frühschoppen in einer Szenekneipe, während Irmela bei ihrem Frauenfrühstück ist.

Das Gespräch mit dem völlig verstörten Tobias und seiner heulenden Mutter sitzt Rolf Albrecht noch in den Knochen, als er am Tag danach, am Sonnabend, auf dem Weg zum Treffen mit Hans ist. Was Tobias erzählte, hatte Rolf kaum glauben können. Missbrauch an Kindern, das ist selten, hatte er gedacht. Aber an Jungen? Davon hatte er überhaupt noch nie gehört. Unvorstellbar war so etwas. Konnte sich ein Junge das ausdenken? Mit so vielen Details? Rolf war übel geworden bei den Schilderungen. Allein ist er überfordert, das weiß er. Am Montag würde er die Hinzuziehung einer Psychologin beantragen.

Während er in Gedanken die Vahrenwalder Straße entlanggeht, bremst ein paar Meter vor ihm ein Wagen, die Tür geht auf, ein Junge fällt heraus. Der Wagen fährt sofort weiter. In der Nacht hat es endlich wieder geregnet, die Räder spritzen Matsch auf Rolf und den Jungen. Rolf ist mehr mit dem weinenden Kleinen beschäftigt, als damit, sich die Autonummer zu merken.

»Da«, sagt der Junge, als Rolf ihn fragt, wo er wohnt, und zeigt auf ein Hochhaus in der Nähe. Weitere Fragen kann er vor Schluchzen nicht beantworten, so dass Rolf beschließt, ihn erst einmal nach Hause zu bringen.

Ein Mann öffnet die Tür und lässt beide herein. Der Junge hört sofort auf zu weinen und verzieht sich in ein Zimmer am Ende des Flurs. »Gut, dass Sie da sind«, sagt der Mann lächelnd zu dem verwunderten Rolf, »wir möchten Ihnen gerne etwas zeigen. Setzen Sie sich bitte.«

Die Situation ist so irreal, dass Rolf Albrecht sich setzt.

»Was soll das?«, fragt er.

Ein zweiter Mann drückt auf die Knöpfe einer Fernbedienung.

»Wer sind Sie? Was ist mit dem Jungen?«, fragt Rolf, während auf einem übergroßen Fernseher Filmaufnahmen von Rolfs Familie erscheinen: Der Weg zu den Großeltern. Schulbesuch. Im Garten des Nachbarn. Mit Spielgefährten. Sein Sohn allein an einer Bushaltestelle.

Jeder kleine private Weg seiner Familie ist in den letzten Wochen beobachtet und gefilmt worden. Man weiß, wann der Älteste aus der Schule kommt, welche Wege er nimmt, wenn er allein zu einem Freund geht. Wann seine Frau spätabends vom Sport zurückkommt und durch den Park geht.

Wozu das alles? Rolf begreift den Sinn nicht. Aber er begreift, wie verletzlich er ist.

Der Mann, der die Tür geöffnet hat, öffnet eine Cola, gießt Rolf und dann sich selbst ein Glas ein.

»Trinken Sie erst mal einen Schluck«, sagt er. »Das müssen Sie jetzt erst sacken lassen, was?«

Rolf trinkt. Ihm ist ein wenig übel. Dann etwas schwindelig. Er sieht den Raum nur noch verschwommen, der Mann, der mit ihm spricht, scheint kleiner zu werden. Irgendetwas piekst ihn am Arm. Er fühlt es, aber es ist ihm gleichgültig. Leute beginnen ihn auszuziehen, aber auch das ist ihm egal. Er wird auf ein Bett gelegt, das ist nett, so kann er sich ausruhen und an etwas anderes denken. Dann hat er Gesellschaft: Ein kleines Mädchen ist bei ihm. Nun weint es. Aber auch das interessiert Rolf nicht weiter. Es ist Unruhe im Raum, Leute hantieren mit Geräten, er wird hin und her geschoben. Man reicht ihm das Mädchen und sagt ihm, er solle mithelfen, und so hilft er mit. Dann lässt man ihn in Ruhe, und schließlich wird er wieder angezogen.

Dann sitzt er mit einigen Männern im Auto, die er nicht kennt. Sie sind ihm gleichgültig; da sie nichts sagen, sagt er auch nichts. Dann ist die Fahrt zu Ende. Jemand öffnet die Tür, Rolf steigt aus einem Auto und steht allein auf der Goseriede. Er geht eine Weile die Straße entlang, dann beginnt er sich zu wundern. Was macht er hier eigentlich? War da nicht ein kleiner Junge? Wo ist der denn geblieben? Er sieht sich um. Dann schaut er auf die Uhr. Hatte er nicht irgendetwas vor? Ja, richtig, er wollte sich mit Hans treffen. Um zwölf. Jetzt ist es halb zwei. Hat er sich mit Hans getroffen? Er kann sich nicht erinnern. Am besten, er geht nach Hause. Noch immer benommen macht er sich auf den Weg.

»Hey«, sagt Irmela, die schon zu Hause ist, »du hast gerade Hans verpasst. Der hat vor zwei Minuten angerufen, wo du bleibst.«

»Wie war dein Frauenfrühstück?«, fragt Rolf.

»Bescheuert. Wolltet ihr euch nicht treffen?«

»Ja«, sagt Rolf, »hast du mal ’ne Spalttablette? Ich hab ziemliche Kopfschmerzen.«

»Im Bad. Wo warst du denn nun?«

»Mir ist da etwas Komisches passiert«, fängt er an, kann aber gar nicht sagen, was. Nur, dass er die Vahrenwalder Straße entlanggegangen ist, das weiß er noch.

»Und das ist komisch?«, fragt sie verwundert.

Das Medikament, das man Rolf gespritzt hatte, wird offiziell bei der Einleitung von Narkosen und vor sehr unangenehmen Untersuchungen verwendet. Der Patient wird passiv, eher gleichgültig und lässt die Untersuchung entspannt über sich ergehen, als geschehe sie nicht ihm, sondern jemand anders. Als besonders wohltuend empfinden es viele Patienten, dass sie sich hinterher nicht an die Ereignisse der Untersuchung erinnern können. Manchen fehlt im Anschluss an Operationen sogar ein ganzer Tag.[81]

Rolf ruft Hans an und entschuldigt sich, dass er nicht zum Treffen gekommen ist. Er hat keine Ahnung, was er in den fehlenden zwei Stunden gemacht hat, aber das sagt er Hans lieber nicht. Sicherlich würde der das für eine ziemlich dumme Ausrede halten. So denkt er sich eine Notlüge um seinen ständig kaputten Citroën herum aus. Hoffentlich, fällt ihm dabei ein, hat Irmela Hans nicht erzählt, dass sie heute mit dem Wagen unterwegs war, während er mit der Üstra gefahren ist und das letzte Stück zu Fuß gehen wollte. Irgendwie arbeitet sein Verstand immer noch recht langsam.

Am Montagmorgen liegt in Rolf Albrechts Eingangskorb im Amt ein ungeöffneter und nicht frankierter Briefumschlag, der an ihn persönlich adressiert ist. Als er ihn öffnet, findet er einen Zettel mit Datum, Uhrzeit und einer Adresse. Sowie zwei Fotos, die er sofort wieder zurück in den Umschlag schiebt. Auf der Toilette zieht er sie nacheinander noch einmal heraus. Er sieht sich selbst, nackt, auf einem Bett. Und ein kleines Mädchen, höchstens vier, das weint. Er hat keinerlei

Erinnerung an den Vorgang, aber es ist deutlich zu erkennen, dass er der Mann ist, der sich an dem Mädchen zu schaffen macht. Das zweite Foto entspricht so präzise den geheimen Bildern in seinem Kopf, dass er für alle Zeiten die Gewissheit verliert, der einzige Zuschauer seiner Träume zu sein.

Übelkeit und Panik mischen sich. Er zerreißt die Bilder und den Brief und verbringt eine lange Zeit auf der Toilette damit, alles, wirklich alles wegzuspülen.

Er nimmt sich den Nachmittag frei.

Er spricht mit niemandem über den Brief.

Am angegebenen Termin geht er zu der Adresse. Es ist eine Wohnung in Vahrenheide. Glücklicherweise macht Irmela donnerstags immer Jazztanz. Eine halbe Stunde vor ihm hat sie das Haus verlassen.

In der Wohnung zeigt man ihm außer weiteren Fotos noch einen kurzen Videofilm, in dem er der Hauptdarsteller ist. Er kann sich an nichts erinnern, obwohl er deutlich zu erkennen ist. Man legt ihm eine Erklärung vor: »Hiermit bestätige ich, dass ich bei der Herstellung des Films ›Junge Liebe‹ freiwillig mitgearbeitet habe. Es hat mir Spaß und Freude gemacht, an der Gestaltung einer solchen Produktion mitzuwirken. Ich habe dadurch ganz neue Glücksgefühle kennengelernt.« Das soll er unterschreiben.

Da bekommt er einen Wutanfall und schmeißt ein Glas gegen den Fernseher.

»Sie glauben doch nicht etwa, dass ich so was unterschreibe! Sie haben mich unter Drogen gesetzt, ich habe keinerlei Erinnerung mehr.«

Niemand erwidert etwas. Einer der Männer greift zum Telefon und wählt. Es klingelt eine ganze Weile, dann meldet sich eine helle Stimme so laut, dass auch Rolf sie hören kann: »Hallo, Andrea hier!«

»Guten Tag, Frau Riekenberg«, sagt der Mann, »tut mir leid, dass ich Sie störe, aber es ist dringend. Würden Sie bitte Frau Albrecht an den Apparat holen?«

Andrea Riekenberg ist die Gymnastiklehrerin, bei der seine Frau Jazztanz macht.

Der Mann legt den Hörer wieder auf.

»Sehen Sie«, sagt er, »für uns ist es ein Leichtes, auch Ihre Frau herzuholen und ihr den Film vorzuführen. Wir wissen immer, wo Sie und Ihre Familie sind. Wenn Ihnen die Sicherheit Ihrer Familie am Herzen liegt, sollten Sie das unterschreiben. Bestimmt möchten Sie vermeiden, dass Ihre Familie etwas von Ihren Neigungen erfährt. Aber wenn wir uns weiterhin so gut verstehen, kriegt das nie jemand zu Gesicht.«

Rolf Albrecht unterschreibt.

Niemand, weder seine Frau noch seine Freunde noch irgendeiner seiner Kollegen darf diese Bilder, diesen Film jemals sehen. Er wird alles tun, um das zu verhindern.

Dann bittet man ihn noch, die Sorgerechtsangelegenheit um Tobias, die ihn zurzeit ja beschäftige, dergestalt vorzubereiten, dass Tobias ohne Aufsehen in die Familie des Vaters gegeben wird. Den Wortlaut überlässt man Rolf Albrecht selbst. Vielleicht, so rät man ihm, sei es günstig, noch eine zweite glaubwürdige Person zu benennen. In diesem Fall solle er sich mit der Leiterin des Kindergartens in Verbindung setzen, den Tobias besuche. Die würde ihm gerne bestätigen, dass Tobias eine problembelastete Beziehung zu seiner Mutter, aber ein ausgezeichnetes Verhältnis zu seinem Vater habe.

Der Kindergarten ist konfessionell gebunden und hat ein hohes Ansehen. In diesen Monaten macht Angela Bahr hier ihr Praktikum. Im Zeugnis wird ihr später besonderes Geschick im Umgang mit Kindern bestätigt. »Für den Beruf der Erzieherin bringt Fräulein Bahr die allerbesten Voraussetzungen mit«, heißt es in ihrem Abschlusszeugnis.

Zu den inoffiziellen Aufgaben einiger Angestellter gehört es, mit ausgewählten Kindern an bestimmten Tagen kleine Ausflüge zu machen. Angela bestreitet bis heute entschieden, mit derartigen Unternehmungen etwas zu tun gehabt zu haben. Von diesen Ausflügen kommen die Kinder meist sehr müde zurück. Aber das alles weiß Rolf Albrecht nicht.

Am Tag nach dem Treffen mit den Männern zerreißt Rolf Albrecht seine eigenen Notizen über Tobias Bergdorff.

Von ganz oben ist der Antrag auf therapeutische Begleitung für Tobias zurückgekommen. Er wurde abgelehnt. Aber das spielt jetzt sowieso keine Rolle mehr. Drei Tage später reicht Rolf die Akte des kleinen Tobias mit folgendem Begleitschreiben an das Vormundschaftsgericht weiter:

»Am 13. September erschien Frau Bergdorff, die Mutter des Tobias, hier und berichtete in anscheinend überzogener und nicht glaubwürdiger Weise über angebliche Übergriffe, die ihr geschiedener Mann auf Tobias begangen haben soll. Sie behauptete außerdem, dass weitere Personen daran beteiligt gewesen sein sollen.

Die Nachfragen im Kindergarten ergeben keine Auffälligkeiten. Die Äußerungen der Leiterin ließen zudem eher Zweifel an der psychischen Verfassung von Frau Bergdorff aufkommen. Die Beziehung zum Vater hingegen wird als stabil und positiv geschildert.

Herr Bergdorff – Sachgebietsleiter im Finanzamt – ist seit Jahren verbeamtet und genießt an seinem Arbeitsplatz einen untadeligen Ruf. Da Herr Bergdorff kürzlich wieder geheiratet hat, könnte angenommen werden, dass die Anschuldigungen seiner geschiedenen Frau unbewältigten eigenen Gefühlen entspringen. Frau Bergdorff machte außerdem – und nicht zum ersten Mal – einen stark alkoholisierten Eindruck. Aufgrund ihres Auftretens und ihrer wirren und widersprüchlichen Aussagen erscheint es im Interesse des Kindeswohls angemessen, Tobias in die Familie seines Vaters zu geben. Diese Familie erscheint besonders geeignet, da die jetzige Ehefrau von Herrn Bergdorff nicht berufstätig und die Mutter eines vierjährigen Mädchens ist. Somit sind die Rahmenbedingungen für eine adäquate Versorgung, Betreuung und Erziehung von Tobias in besonderem Maße gewährleistet.«

Dieser Empfehlung folgt dann auch der Vormundschaftsrichter.

5. November 1983

»Geschäft läuft«, denkt der Mann, der einige hundert Kilometer von Rolf Albrecht entfernt auf die Tastatur seiner PRIME 400 einhämmert. »Wieder fünf Datensätze erfasst. Schauen wir mal, wie viel Platz wir noch haben.« Seine Ausrüstung ist beachtlich: 2 Megabyte Hauptspeicher, eine Platte mit 80 MB, zwei Wechselplatten zu je 6 MB. »Kein Problem«, stellt er dann auch fest, »noch 70 von 80 MB frei.«82 Dann gibt er zum vorhandenen Datensatz »Albrecht, Rolf« noch die Buchstaben VUOINS ein. Das bedeutet, dass von Rolf Albrecht ein Video angefertigt worden ist, seine Unterschrift auf dem Schuldgeständnis vorliegt, weitere Druckmöglichkeiten offen, aber noch nicht genutzt sind, dass er als instabil eingeschätzt wird, weiterhin nützlich und möglicherweise suizidal sei.

»Satan sei Dank«, denkt der Mann, »Datex-P ist heute etwas stabiler als sonst.« Alle paar Tage bricht die Leitung zusammen, und ständig muss er die entsprechenden Sachbearbeiter bei der Post auf Trab bringen. Aber heute flutscht es, und alle Datensätze werden mit Schwung, das heißt mit 1200 Zeichen pro Sekunde, nach München transferiert und dort ebenfalls gespeichert.

Der Mann fährt das System herunter und schaltet den Computer ab. Dann stößt er sich zufrieden in seinem Rollsessel vom Schreibtisch ab. Nun kann er endlich nach Hause, um sich nach einem kleinen Imbiss mit seiner Frau endlich auf den Weg zu machen. Ein Treffen ist vorbereitet worden, Empfang mit Geschäftsfreunden, wie er es grinsend für sich nennt. Offiziell OSE, ohne Kinder. Jetzt noch den Poststecker ziehen, das ist wichtig.

Das Sicherheitsrisiko beim Datentransfer schätzt er zwar als relativ gering ein. Jedenfalls im Vergleich zum Nutzen des diskreten Transports und der sofortigen Verfügbarkeit der Informationen. Allerdings wird die Gruppe das Thema in den nächsten Tagen erneut diskutieren, da heute in Los Angeles ein 19jähriger Hacker festgenommen wird, der sich mit seinem Computer in die Systeme von Firmen, Universitäten und vom Verteidigungsministerium eingeschlichen hatte.

Bisher aber legt ein internes Dossier der Gruppe dar, dass es genüge, abends den Poststecker zu ziehen, um so Unbefugten den Einblick zu verwehren. Außerdem sei die offizielle technische Entwicklung der Datensammlung in der Bundesrepublik einstweilen gebremst, da das Bundesverfassungsgericht im April die Volkszählung mit einer einstweiligen Verfügung gestoppt hatte. Man könne also die Zeit nutzen, um den Vorsprung auszubauen.

In den nächsten zwei Jahren lernte Rolf Albrecht, mit seinen Schuldgefühlen zu leben. Die Dienstleistungen, die auch weiterhin von ihm erwartet wurden, hielten sich lange Zeit im geschilderten Rahmen. Auch wurden sie nicht oft in Anspruch genommen. Nur alle paar Monate. Manchmal erhielt er kleine Gratifikationen.

Hin und wieder gab er sich der Hoffnung hin, irgendwann genug Mut zu fassen, um auszusteigen. Er wusste, die einzige Möglichkeit wäre, zur Polizei zu gehen und alles zu erzählen. Auch über seine eigene Rolle würde er auspacken müssen. Dann wäre seine Ehe, seine Familie, sein Ansehen, alles wäre zu Ende.

Diesen Mut konnte er nicht aufbringen.

Manchmal erwog er, sich Hans anzuvertrauen. Denn mit Hans hielt er weiterhin Kontakt. Zwei- oder dreimal im Jahr trafen sie sich, zwischendurch telefonierten sie miteinander. Jeder erzählte ein wenig von seiner Arbeit, es war eine ganz angenehme, aber nicht sehr tiefgehende Freundschaft. Trotzdem, irgendwie hatte Rolf das Gefühl, Hans könnte ihn möglicherweise verstehen und würde ihm vielleicht sogar helfen auszusteigen.

Für seine Feigheit verachtete sich Rolf Albrecht. Das Schlimmste aber war, dass er seine Bilder im Kopf nicht mehr im Griff hatte. Doch dies alles betrachtete er als Preis dafür, dass er seine Familie gerettet hatte. Denn das hatte er wirklich getan. Und das war ihm das Allerwichtigste. Seine kleine Familie, sein Heiligtum, war unberührt geblieben. Und das war sein Trost.

Bis er eines Tages, zwei Jahre später, aufgefordert wurde, seinen jüngsten Sohn zu einem der Treffen mitzubringen.

Beinahe 13 Jahre später, am 6. April 1996, einem Ostersonnabend, fährt ein Mann im Souterrain seiner Firma einen Computer hoch. Bevor er das Datenbanksystem öffnen kann, muss er sein persönliches Passwort eingeben. Natürlich ist das weder 666 noch Satan oder sonst etwas Naheliegendes. Der Mann grinst: Es hat schon diverse Versuche gegeben, auf solch naive Weise in sein System einzubrechen.

Sein System ist inzwischen ein DEC Alpha (Takt 333 MHz) mit 128 MB Hauptspeicher, vier Festplatten à 4 Gigabytes und zwei Wechselfestplatten à 2 GBytes. Die komfortable Ausstattung umfasst außerdem Streamer Tape (DAT) mit 8 GByte, einen CD-Brenner zum Speichern von Filmen, MPEG-Videokarte zur Darstellung und Bearbeitung von Videos. Das Datenmaterial ist auf ein Vielfaches erweitert, und der Markt wächst immer noch.

Vor kurzem wurde eine Dependance in Mecklenburg-Vorpommern eingerichtet, Bilder und Infos werden von dort mit Hilfe einer ISDN-Modemkarte mit 64 Kilobit pro Sekunde an die mobile Zentrale übermittelt. Und natürlich ist es praktisch, dass man mit sicherer Verschlüsselung (»Pretty Good Privacy« = PGP) übers Internet nach Finnland, in die USA und nach Südostasien gehen kann. Sehr praktisch.

Das Sicherheitsrisiko wird inzwischen wesentlich ernster genommen. Unbegreiflich, denkt der Mann, während der Computer hochfährt, unbegreiflich, dass sich dieser Berliner, Norbert Voigt, im Januar in Pattaya mit einem Kundenadressbuch hatte erwischen lassen. Nun gut, ein wenig Konkurrenz war ausgeschaltet. Allerdings, Voigt ist ein kleiner Fisch, und der Markt groß genug. Amüsiert beobachtet der Mann all die Netzwerke von pädophilen katholischen Priestern, die zurzeit ausgehoben werden. Das stört ihn naturgemäß überhaupt nicht. Sorgen hatte ihm allerdings die »Operation Starbust« der britischen Polizei gemacht, eine Aktion gegen einen Computerpornoring, mit dem auch seine Leute Kontakt hatten. Weltweit hatte es fast hundert Verhaftungen gegeben. Zufrieden macht ihn hingegen, dass die dramatischen Vorgänge in Australien von der deutschen Presse praktisch nicht wahrgenommen werden. Die Wood Royal Commission deckt seit Monaten eine pädophile Verschwörung bis in höchste Kreise auf, bekommt Geständnisse von Polizisten, die mit Erpressung oder Beteiligung involviert waren und Politiker gedeckt hatten, konfisziert Hunderte von Videos, Zeitschriften, Filmen und CDs mit Kinderpornographie, einige davon aus seiner eigenen Produktion, das weiß der Mann inzwischen. Aber wie durch ein Wunder erschien nichts davon in der deutschen Presse. Der Mann grinst, er kennt einige Journalisten, deren hohes Einkommen nicht durch das Schreiben, sondern durch das Verhindern von Artikeln zustande kommt.

Kurz schaut sich der Mann im IRC83 in den Dateien mit dem Ausrufungszeichen die angebotenen Kinderpornos an und blättert ein wenig in den THULE-Mailboxen.

Zufrieden sieht er sich dann in seinem Büro um: In diesen Räumen gibt es keinerlei schriftliche Aufzeichnungen. Alles Hightech, Lichtjahre weiter als jede deutsche SOKO. Sämtliche Daten und Videosequenzen sind verschlüsselt. Außerdem verfügt das System über ein UPS, einen uninterruptible power supply, zum Herausfiltern von Störimpulsen und Spannungsspitzen. Das hat sich als äußerst sinnvoll erwiesen, denn auch der

Gegner hat inzwischen dazugelernt: Einem aus der mittleren Ebene hatte man die Steuerfahndung auf den Hals geschickt. Diese Jungs tragen weg, was ihnen unter die Finger kommt, außerdem hatten sie vor Betreten des Hauses die Stromzufuhr unterbrochen, der Computer war zusammengebrochen, und die Daten konnten nicht mehr rechtzeitig verschlüsselt werden.

Als das Datenbanksystem jetzt auf dem Bildschirm erscheint, fügt der Mann unter »A« der Datei »Albrecht, Rolf.dbs« die Buchstaben AE hinzu. Sie stehen für »accident« und »exitus«. Rolf Albrecht war kürzlich bei einem Autounfall ums Leben gekommen, hatte noch nicht einmal Schuld gehabt, jemand anders war in ihn hineingerast, beide waren noch am Unfallort verstorben.

Dann zieht der Mann eine Backup-Datei auf Band. Den Folder mit der Originaldatei zieht er mit der Maus über den Bildschirm zum Papierkorb in der linken unteren Ecke. Eine kleine Flamme erscheint im Papierkorb. »Datensatz gelöscht«, sagt der Mann zufrieden.[84]

KAPITEL 6

The Missing Link

Sie sind wieder da

»Wenn alles, was Überlebende satanistischer Kulte uns erzählen, falsch ist, sind wir auf ein Phänomen gestoßen, das es wert ist, intensiv erforscht zu werden, und es wird uns eine Ehre sein, es zu erforschen.

Wenn aber nur ein kleiner Teil von dem, was diese Patienten uns erzählen, wahr ist, sind wir auf ein absolut grauenvolles Phänomen gestoßen, und wir sind verpflichtet, es zu erforschen.«

Walter Young, 1990 »President's Report«, ISSD[85]

Es klingelte. Gleichzeitig brannten die Béchamelkartoffeln an. Tür oder Kartoffeln? Es hatte ganz zart geklingelt, so wie nur Nina Temberg das konnte. Elisabeth Gebhard entschied sich für die Tür.

Als sie öffnete, stand Nina davor. Sprachlos. Irgendetwas war geschehen.

Als sie in die Küche kamen, empfingen die Béchamelkartoffeln Elisabeth und Nina mit zartem Knistern und scharfem Geruch.

Mist, dachte Elisabeth Gebhard, doch sie sagte es nicht.

Das Gericht hatte ohnehin seinen Zauber verloren in der letzten Stunde, in der Elisabeth hier gesessen und mit – anfangs – überaus leckeren Speisen auf Nina gewartet hatte.

»Wir können ja Käse essen«, kommentierte Nina Temberg die zerkochte und angebrannte Mahlzeit, ohne sich jedoch zu entschuldigen. »Aber eigentlich hab ich gar keinen Hunger.«

»Ein Glas Wein? Wie war es denn?«, fragte Elisabeth, öffnete das Fenster und die Flasche und dachte, wenigstens »tut mir leid« könnte sie ja sagen.

»Das wäre schön. Ach, es tut mir ja so leid, Li.« Nina setzte sich und seufzte lange. Bitte frag nicht, hieß das, ich erzähl's schon noch.

Elisabeth fragte nicht. Sie wartete. Holte zwei Weingläser aus dem Schrank. Stellte eines vor Nina. Goss ihr ein. Stellte ein leeres Glas vor sich.

Nina nahm einen Schluck Wein, biss ein kleines Stückchen Weißbrot ab und sagte dann, fast nebenbei: »Heute waren sie wieder vor meiner Praxis.«

Sie versuchte, es so belanglos klingen zu lassen, als hätte sie gerade bemerkt, die Fenster könnten wohl auch mal wieder geputzt werden. Dabei sprach sie von möglicher Entführung, Erpressung, Körperverletzung, von Morddrohungen.

Elisabeth war kurz davor, auszurasten. Nein, sagte sie sich, nimm dich zusammen! Du darfst nicht ausrasten! Sie holte zweimal sehr tief Luft, zwang sich ruhig zu atmen, langsam zu sprechen und machte bewusst eine Pause nach jedem Satz: »Das kannst du nicht zulassen ... die Täter vor der Tür ... wir wissen, dass sie Frau L. zurückholen wollen ... aber sie gefährden doch auch alle anderen Patientinnen ... sie gefährden dich ... hast du wenigstens die Autonummern?«

An Ninas Schweigen konnte sie die Antwort ablesen.

Innerlich raufte Elisabeth sich die Haare, stampfte mit den Füßen und schmiss den Küchentisch um.

Äußerlich ruhig sagte sie: »Nina, das sind Killer. Das weißt du doch. Das sind Menschen, die aus allen möglichen Gründen töten. Machtgier. Blutrausch. Gründe, die wir nicht nachvollziehen können. Und eine Abtrünnige, die auch noch Therapie macht, um ihre Erinnerungen wiederzufinden und ausführlich darüber zu reden, Nina, das ist ein nachvollziehbarer Grund!«

Sie schwiegen.

Elisabeth fegte die Brotkrümel auf dem Tisch zu einem ordentlichen Häufchen zusammen. Sie machte sich große Sorgen um die Freundin, die sich in letzter Zeit immer mehr in sich zurückzuziehen schien. Nina schaute in ihr Weinglas, nahm es in die Hand, schwenkte es leicht, so dass die dunkelrote Flüssigkeit im Glase kreiste. Dann sagte sie: »Sie bedrohen die Klientin. Wenn sie nicht zu ihnen zurückgeht, werden sie ihrer Familie und auch mir was antun, haben sie ihr mitgeteilt.«

»Siehst du, das geht doch alles viel zu weit. Du musst etwas unternehmen«, brach es aus Elisabeth hervor, aber sofort korrigierte sie sich, »meinst du nicht, du solltest etwas unternehmen?«

»Das tu ich doch.«

»Was?«

»Sie hat alles, was sie weiß, bei ihrer Anwältin hinterlegt.«

»Das genügt doch nicht. Bist du zur Polizei gegangen? Die Klientin muss die Täter anzeigen.«

»Sie gibt die Namen niemals preis. Und ich werde sie nicht dazu drängen. Eine Anzeige? Dann bringen sie sie um. Und ihre Kinder dazu.«

»Aber die tun sowieso, was sie wollen. Nina, du kannst doch mit diesen Typen keinen Deal machen. Die sind organisiert. Wir sind allein.«

Ich muss das Glas wegstellen, dachte Elisabeth Gebhard, sonst mache ich es noch kaputt. Sie stellte es erst weg, dann zog sie es wieder heran, schenkte auch sich Wein ein und nahm das Glas wieder in die Hand.

»Ich weiß, was ich tue«, sagte Nina und lächelte sanft.

»Ja, ja«, sagte Elisabeth, »du spielst ,allein gegen die Mafia'.«

Was Nina Temberg in Wirklichkeit wusste, war, dass sie tatsächlich ziemlich allein war.

Der einzige Berater, an den sie sich immer wieder wandte, war Professor van der Hart in den Niederlanden. Aber von ihm kamen nicht nur gute Nachrichten. Onno van der Hart hatte Nina auch erzählt, dass die Chancen für Klientinnen wie die ihre nicht besonders gut standen. Sogenannte »*cult survivors*«, Aussteiger aus satanistischen Sekten oder geheimen faschistischen Kulten, schienen selten wirklich sicher zu sein. Da sie besonders stark aufgespalten sind, bleibt immer ein Stück Unsicherheit: Haben sie wirklich keinen Kontakt mehr zu ihrer Sekte? Oder war die Mehrzahl ihrer Persönlichkeiten nur amnestisch für diese Kontakte?

Dass so etwas überhaupt möglich ist, hatte sich Nina vor anderthalb Jahren auch noch nicht vorstellen können. Damals, als Stefanie aufgetaucht war, hoffte sie, sie seien über den Berg, sobald Stefanie und Traute, die beiden Hälften der »Gastgeberin«, miteinander versöhnt seien. Vielleicht würden sie sich sogar integrieren wollen, hatte sie gedacht. Dass die Integration scheiterte, weil beide so unterschiedlich waren, das war damals ihre Hauptsorge gewesen.

Sie musste lächeln.

Ihre Hauptsorge, bis sie dann Moira kennengelernt hatte, deren Aufgabe es war, die Täter über die Therapieentwicklung auf dem Laufenden zu halten. Noch lange hatte Nina ihr Entsetzen spüren können bei der Erkenntnis, dass Moira nach jeder Therapiestunde wie ein kleiner Roboter in die Telefonzelle marschiert war, um eine bestimmte Nummer anzurufen – welche, das wollte oder konnte sie auch heute noch nicht verraten – und zu erzählen, was es alles so Neues gegeben hätte.

Der nächste Schock waren die Begegnungen mit den inneren Abbildern von Onkel Paul, dem Haupttäter, dessen Rolle lange im Dunkeln geblieben war. Er hatte Programmierungen vorgenommen, die so verfeinert waren, dass das Kontrollsystem im Inneren von Angela Lenz lange perfekt funktionierte, so dass er selbst sich nur selten einmischen musste. Angela hatte die Täterrolle sich selbst gegenüber eingenommen.

Es war hart.

Trotzdem.

Irgendwie bestärkte gerade dies Nina, dabeizubleiben. Stück für Stück deckte sie weiter gemeinsam mit ihrer Klientin die Vergangenheit auf und fühlte sich dabei, als ob sie auf Zehenspitzen durch ein Minenfeld ginge. Wenn der Kontakt zu diesen inneren Abbildern der Täter hergestellt war, waren die meisten der Persönlichkeiten schnell bereit, die Seite zu wechseln.

Geliehene Zeit, das war es, was sie zur Verfügung hatten. Nicht mehr. Und manchmal empfand Nina ihre Arbeit mit Angela Lenz sogar wie ein Wettrennen mit dem Tode.

Über das Ausmaß der Bedrohung waren sich Nina und Elisabeth einig. Aber so oft sie besprachen, was das nun für ihre Arbeit bedeutete, so oft kamen sie zu unterschiedlichen Ergebnissen.

»In den USA«, berichtete Elisabeth, »machen die meisten Therapeuten inzwischen keine aufdeckende Arbeit mehr in der Therapie mit Menschen, die in solchen Sekten, solchen Kulten aufgewachsen sind, wie deine Klientin. Wusstest du das? Keine Traumaarbeit, denn für jedes Trauma, das diese Menschen preisgeben, werden sie vom Kult gestraft. Nur noch Begleitung bieten die an, Stabilisierung, Ausstiegshilfe vielleicht. Sonst nichts. Selbst Corydan Hammond[86], sagt, der Kult ist mächtiger. Die meisten gehen zurück. Und die Therapeuten gehen kaputt dabei. Sie sagen, es hat keinen Zweck weiterzumachen.«

Unsinn!, dachte Nina, sagte aber nichts.

Natürlich konnte sie nur weitermachen. So wie bisher. Was denn sonst? Es gab keinen anderen Weg. Nur den mittendurch. Was stellte sich Elisabeth eigentlich vor? Sie hatte leicht reden.

Auch Nina machte ihren Zorn auf die Freundin eher innerlich aus. So waren sie 20 Jahre lang hervorragend miteinander zurechtgekommen.

Nina schwieg, nahm einen Schluck Wein und holte tief Luft. Allmählich konnte sie ihre Müdigkeit spüren.

»Klar«, sagte Elisabeth, die sah, wie sich die Erschöpfung in Nina ausbreitete, »du kannst im Gästezimmer übernachten. Tado rechnet eh schon damit, dass wir morgen zu dritt frühstücken.«

Der mandschurische Kandidat

Rahel und Tessa

»Ich zeige Ihnen jetzt, wie die Sache funktioniert«, sagt der Mann im dunklen Anzug zu seinen Zuschauern, die in halbkreisförmigen Sitzreihen Platz genommen haben. »Im Prinzip ist es sehr einfach«, fügt er hinzu, streicht dem blonden, neunjährigen Mädchen, das neben ihm steht, sanft über die Haare und fragt es: »Wie heißt du?« – »Rahel«, antwortet die Kleine und strahlt, denn Onkel Paul hat ihr gesagt, dass sie heute ein Fest feiern und viele tolle Spiele spielen. »Achten Sie jetzt genau auf die Abfolge«, wendet er sich dann wieder an die Zuschauer. Er bückt sich zu dem Mädchen herab und beginnt, sie auszuziehen. Nackt. Sie lässt es geschehen. Er fesselt sie an einen Stuhl. Sie wehrt sich nicht. Er schlägt ihr hart ins Gesicht und fragt: »Wie heißt du?« – »Rahel!«, schreit sie auf. »Mach, dass du verschwindest, ich will dich hier nicht sehen.« Er schlägt sie, dass der Stuhl umfällt. »Wie heißt du?« – »Rahel«, wimmert sie. Er tritt ihr in den Bauch. »Wie heißt du?« – »Tessa.«

»Sehen Sie«, wendet er sich an die Zuhörer und stellt Stuhl und Kind wieder auf ohne hinzuschauen, »jetzt haben wir die gewünschte Person vor uns.« Er löst die Fesseln, gibt Tessa eine Spritze und sagt: »Tessa, du bist Tessa, und du kommst, wenn ich sage ›Tessa komm‹. Du tust alles, was ich dir sage, und vergisst dann alles wieder.« Er wiederholt diese Worte monoton über längere Zeit und knipst dabei eine kleine Lampe, die ihr ins Gesicht leuchtet, an und aus.

»So«, sagt der Mann nach einer Weile, wieder zu seinen Zuschauern gewandt, »und nun der Test.«

Er macht eine Pause, denn er ist sich seiner Wirkung bewusst und zieht seine Auftritte gern ein wenig in die Länge. Er liebt diese Schulungen, die er in etlichen Städten Deutschlands und der Schweiz schon abgehalten hat. Die Informationen, die er vermittelt, bestehen zu einem Teil aus amerikanischen Forschungsergebnissen, zum anderen aus nicht veröffentlichten Experimenten, die in deutschen KZs durchgeführt worden waren. Teilnehmer seiner Schulungen sind Vertreter verschiedener weltanschaulicher und ideologischer Gruppierungen, man könnte auch sagen, Sekten und Kulte. Um teilzunehmen bedarf es mehr als einer Eintrittskarte. Jeder hier im Raum wurde auf absolute Zuverlässigkeit und Schweigsamkeit überprüft. Und hat viel Geld gezahlt. Denn das Geheimwissen, was man aus Kindern machen kann, wenn man nur früh genug beginnt, steht hoch im Kurs in diesen geheimen Zirkeln und okkulten Gruppen zu Beginn der siebziger Jahre.

»Tessa«, sagt der Mann dann und zeigt auf zwei blanke Stromkabel, »komm und fass das an.« Tessa fasst es an. Der Schlag ist mächtig, er schleudert sie zu Boden. Sie schreit. Nach einer Weile steht sie auf und klettert wieder auf ihren Stuhl.

»Tessa«, sagt der Mann und zeigt auf das Stromkabel, »komm und fass das an.« Tessa geht hin und bekommt wieder einen Schlag.

Heiterkeit breitet sich aus unter den Zuschauern.

Der hypnotische Befehl ist offenbar stärker als die Angst vor dem Schmerz. Oder ist der Schmerz gar nicht in Tessas Bewusstsein eingedrungen?

Zufrieden wendet sich der Mann im dunklen Anzug an sein Publikum: »Welcher der Herren will es auch mal probieren?«

Zum Abschluss seiner Demonstration ermahnt der Dozent die Teilnehmer seiner Fortbildung eindringlich, keine Hypnose zu beenden, ohne drei Dinge zu festigen: das Schweigegelübde, die Verpflichtung auf Satan sowie den Befehl, alles zu vergessen.

Zwanzig Jahre später: Tessa erinnert sich. Tessa spricht. Gott sei Dank.

Onkel Paul

Zu Beginn ihrer Therapie hatte Angela einige Berichte über ihre Vergangenheit verfasst. Soweit sie sich erinnern konnte.

Und sie hatte mehrere Dossiers über einzelne Täter geschrieben, die bei ihrer Anwältin und an einem dritten Ort hinterlegt wurden. Darin wird deutlich, wie wichtig Onkel Paul für ihre gesamte Entwicklung war. Angela Lenz weiß auch heute noch nicht genau, auf welche Weise Onkel Paul, einer der vielen Onkel ihrer Kindheit, in die Familie kam. Es besteht die Möglichkeit, dass er schon vor Angelas Geburt mit Teilen der Familie verbunden war.

Über eine Zeit, als Angela noch sehr klein, vielleicht nicht einmal drei Jahre war, schreibt sie:

»Meine Eltern waren verreist, und wir[87] kamen zu Onkel Paul in Obhut. Am ersten Abend brachte er uns und seine Tochter in den Keller. Er fesselte uns auf Stühle, an Hände und Füße band er Metallplättchen, die mit Draht mit einem Kasten verbunden waren. Beim ersten Stromschlag entstand Emma. Er hypnotisierte sie:

Du wirst alles, was du siehst und hörst, wieder vergessen.
Du weißt nichts davon, redest nie darüber. Du vergisst alles. Dir fehlt die Zeit und die Erinnerung bei allem, was ich tue.

Das wiederholte er an den nächsten Tagen. Emma bekam Spritzen und Stromschläge, und Onkel Paul flößte ihr Folgendes ein:

Ich bin dein Meister. Du tust alles, was ich dir sage.
Du hörst nur auf mich.
Du bist die Katze und keiner außer mir kennt dich.

Katzen sind leise, heimlich, beobachten alles, sind bei Gefahr sehr schnell. Er wusste, dass es so was wie Gehirnspaltung gibt, er sagte immer: Ich rede zu allem, was ich in dir erreiche.

Mit viereinhalb Jahren nahm uns Onkel Paul zu einem Kurzurlaub mit. Dort verlangte er bei seiner Tochter und uns nach den Katzen. Er frischte die Codes auf und gab neue dazu.

Wenn du jemals redest, wirst du dich selber umbringen.
Es wird dir schlecht gehen und du wirst sterben.
Du wirst niemals reden.

Er nannte das Unterricht fürs Leben. Er zeigte Emma und seiner eigenen Tochter Bilder von Robotern. Er hatte einen zum Spielen dabei. Sie wurden über Fernsteuerung gelenkt. Er erklärte spielerisch, wie ein Roboter funktioniert. Dass ein Mensch darin sitzt, dass es ihm sehr gut geht, weil er sicher ist und niemand ihm etwas tun kann. Er müsse immer nur das machen, was ihm gesagt wird. Unter Hypnose gab er ihnen das Bild eines Roboters ein, in dem sie nun gefangen seien und keinen eigenen Willen hätten. Nur er könne sie steuern und lenken.

Wenn sie jemals mit anderen Menschen reden, würde es ihnen sehr schlecht gehen, und sie würden sich das Leben nehmen. Sie werden nie ohne Roboter leben können und ihr Herz und ihre Sprache auf immer verlieren. Ihre einzige Aufgabe sei es, im Notfall für Zerstörung zu sorgen. Von dieser Programmierung wusste nur er. Sie konnten sich nicht selbständig melden und waren nur dafür da, dass die zwei verschiedenen Welten getrennt blieben und im Notfall Satans Werk vollenden sollten. Später erklärte er, dass das Leben für Satan heilig wäre und immer getrennt bleiben müsse vom anderen Leben.

Im Laufe der Jahre entstand eine Programmreihenfolge

1. Du wirst die Welten getrennt halten
2. Du hast die oberste Kontrolle
3. Melde dich, wenn es Probleme gibt
4. Vollende Satans Werk,
   a) wenn die Trennung nicht mehr möglich ist
   b) du erkannt wirst

Ab 1968 hält Onkel Paul Schulungen ab, um anderen zu zeigen, wie man Menschen manipuliert. Zwischen Onkel Paul und der Sekte besteht ein enger Zusammenhang, doch er machte auch viele Dinge außerhalb der Sekte. Ich vermute, er hatte die Aufgabe, für Nachschub zu sorgen und anderen Sektenmitgliedern zu zeigen, wie man Kinder für seine Zwecke einsetzt. Er veranstaltete »Kinderfeste« und gab Schulungen in anderen Städten.«[88]

Ist das möglich?

Ist es möglich, dass sich ein Mensch so weit zurückerinnert? Kann ein Kind im Alter von knapp drei Jahren so präzise beobachten und sich die Worte so genau merken?

Und andererseits: Ist es möglich, dass ein Erwachsener so etwas tut? Dass er ein dreijähriges Kind mit Stromstößen foltert? Dass er es hypnotisiert? Dass er es gezielt aufspaltet? Kann man überhaupt Menschen gezielt aufspalten?

Seit Kindesmissbrauch kein Tabuthema mehr ist, über das nicht gesprochen werden darf, weiß man: Es gibt nichts, was Erwachsene kleinen Kindern nicht antun. Kinderkrankenhäuser, Polizeidienststellen, die Niederlassungen der Selbsthilfegruppen »Wildwasser« und »Zartbitter« können das bestätigen.

Man weiß auch, dass die Erinnerung schon weit vor dem dritten Lebensjahr einsetzen kann. Frühe Erinnerungen sind oft atmosphärischer Art, Stimmungen, Farben, Gefühle. Aber es gibt auch sehr frühe Erinnerungen an Sprache.[89]

Dennoch: Kann es wirklich sein, dass ein Kind auf diese Weise gefoltert wird? Viele der Foltermethoden, die Angela erlebte, waren in deutschen Konzentrationslagern angewandt und entwickelt worden. Nachzulesen sind sie in den Dokumentationen der Nürnberger Prozesse.[90] Angela hat diese Berichte nie gelesen. Aber ihre Folterer wurden möglicherweise ausgebildet von Wächtern und Folterknechten, vielleicht auch von Ärzten oder sonstigem medizinischem Personal, das Erfahrung in deutschen Konzentrationslagern gesammelt hatte.

In seinem Buch »Ärzte im Dritten Reich« analysiert Robert Jay Lifton ausführlich und eindrucksvoll die doppelte Persönlichkeitsstruktur der SS-Ärzte, die nach Kriegsende versuchten, ihr »Auschwitz-Selbst abzuwerfen und sich als grundanständige, bürgerliche, gemäßigt-konservative Ärzte zu geben«[91]. Wenige wurden verurteilt, viele übten ihren Beruf bis zum Ruhestand oder zum Tode aus. »Manche«, schreibt Lifton in seinem 1986 in den USA erschienenen Buch, »praktizieren noch heute.«[92]

Es ist durchaus denkbar, dass das über Jahre hin entwickelte Nazi-Selbst mancher Ärzte, das abgespalten in den Untergrund gedrängt war, genau das tat, was unbearbeitetes Abgespaltenes meistens macht: Es brach sich Bahn, schuf sich Raum und agierte weiter.

Angelas Aufzeichnungen ihrer Erinnerungen sind aber noch aus einem anderen Grund bemerkenswert: weil sie datiert sind. Ihr Datum liegt lange vor der Veröffentlichung von Michaela Hubers Buch über Multiple Persönlichkeiten, dem ersten deutschen Handbuch, in dem derartige »Programmierungen« beschrieben werden. Angela konnte es sich also nicht angelesen haben.

Und Angelas Aufzeichnungen liegen auch vor der Erstveröffentlichung eines Vortrags des amerikanischen Psychiaters und Therapeuten Corydan Hammond, des sogenannten »Greenbaum Speech«, der am 25. Juni 1992 gehalten wurde. In Deutschland wurde der Vortrag erst Jahre später bekannt, im Internet ist er zugänglich seit 14.9.1994.

In diesem Vortrag – eine Sensation in amerikanischen Therapeutenkreisen – schildert Hammond erstmals, was ihm einige seiner multiplen PatientInnen berichteten: gezielte, extrem differenzierte Programmierungen auf mehreren Ebenen von Persönlichkeitssystemen, abrufbare programmierte Innenpersönlichkeiten, die auf identische Stichworte schlagartig immer wieder dieselben Reaktionen, Gefühle, Handlungsabläufe produzierten. Die Reaktionen glichen sich auf unheimliche Weise, obwohl die PatientInnen einander nie begegnet waren. Hammond entdeckte Selbstverletzungsprogramme, Selbstmordprogramme, Tötungsprogramme, Programme, die das Bedürfnis auslösen, sofort wieder mit dem Kult in Verbindung zu treten oder den Therapeuten zu verletzen, Schweigeprogramme, Therapie-Störprogramme und vieles mehr.

Die Programmierungen, die Hammond in PatientInnen in verschiedenen Teilen der USA entdeckte, entsprechen exakt dem, was Angela aufgeschrieben hatte: die Altersstufen, in denen die ersten Programmierungen stattfanden, wann sie verschärft wurden, die Bilder von Robotern, mit denen gearbeitet wurde, die typische Struktur des Aufbaus, die Art der Befehle.

Professor Hammond war von seinem Fund selbst schockiert. Bevor er ihn veröffentlichte, überprüfte er ihn, indem er Kollegen und Kolleginnen in vielen Teilen der USA bat, die gefundenen Kodierungen bei ihren Multiplen Patientinnen aufzurufen. Um unverfälschte Ergebnisse zu erhalten, erklärte er den Kollegen vorab nicht, was sie vermutlich zu hören bekommen würden.

Die Antworten ließen keinen Zweifel mehr zu: Multiple Persönlichkeiten in vielen Teilen der USA waren gezielt mit den gleichen oder ähnlichen Programmierungen vollgestopft worden. Und sie waren systematisch aufgespalten worden.

Darauf veröffentlichte Hammond seine detaillierten Ergebnisse auf einer Fachkonferenz.

Aber wir brauchen gar nicht in die USA zu schauen. Auch in Deutschland sind Patienten und Patientinnen mit derartigen Programmierungen aufgetaucht: Angela ist nicht die einzige. Die Therapeutin Michaela Huber schätzt, dass ein Drittel der MPS-Patientinnen Kult-Überlebende sind und Programmierungen tragen, die sich in der Systematik ähneln.[93] Michaela Huber betont, dass auch ein Vater, der seiner Tochter immer wieder Gewalt antut, ihr dabei ein Schweigegebot ins Ohr flüstert und sie bedroht, in gewisser Weise eine Programmierung vornimmt: »Es entsteht ein Automatismus der Verdrängung, des Schweigens, der reflexhaften Verhaltensweisen und Gefühle, der durchaus als ›Programmierung‹, in jedem Fall aber als ›Terrorisierung‹ bezeichnet werden könnte.«[94]

Programmierungen sind Konditionierungen, antrainierte Handlungsabläufe, umfangreicher als der Pawlow'sche Reflex, aber auf demselben System von Strafe und Belohnung basierend. Sie werden zwanghaft und am Bewusstsein vorbei ausgeführt. Sie sollen funktionieren wie ein Reflex. Das, so Michaela Huber, sei schwierig herzustellen, da Programme künstlich erzeugt werden, natürliche Reflexe aber angeboren seien oder sich im Laufe der natürlichen Entwicklung selbst ausprägten. Daher bedienen sich die Täter »meist sehr grober Mittel. In der Regel koppeln sie starken Schmerz an bestimmte Anforderungen und üben mit dem Opfer die Reaktion so lange unter regelrechten Folterbedingungen ein, bis dieses die gewünschten Gedanken, Gefühle und Verhaltensweisen äußert«.[95]

Das Programm wird »gesetzt«, während das Opfer dissoziiert – vor Schmerz dissoziiert, so wie Angela es geschildert hat. Dann wird das Programm mit Auslösereizen gekoppelt, die häufig so banal sind, dass sie leicht und unauffällig im Alltag unterzubringen sind: bestimmte Handbewegungen, eine Rose, eine Zahl, griechische Buchstaben, ein Musikstück.

Man könnte sich die Folgen etwa so vorstellen: Man sitzt mit Freunden gemütlich zusammen und blättert in alten Fotoalben. Mehrmals ist da ein Foto der Mutter eingeklebt, die an einer Rose schnuppert und süß aus dem Bild herauslächelt. Die Freunde finden das Bild etwas kitschig, aber selbstverständlich macht beim Betrachten niemand eine abfällige Bemerkung, um die Tochter dieser Mutter nicht zu kränken. Dann legt man die Alben beiseite, jemand stellt die Musik an, es soll getanzt werden. Da wird der Tochter übel, sie kann sich kaum noch auf den Beinen halten, sie bekommt Kopfschmerzen und den fast unwiderstehlichen Drang, die Mutter anzurufen, mit der sie seit Jahren keinen Kontakt mehr hat. Die Übelkeit wird so stark, dass sie sich ins Bett legt, die Freunde gehen nach Haus, sie bleibt allein zurück. Irgendwann in der Nacht versucht sie, sich die Pulsadern aufzuschneiden.

Das ist ein Programm.

Hinzu kommt, dass einige der inneren Persönlichkeiten den Ablauf beobachten können, aber sie können ihn nicht oder nur mit extremer Anstrengung stoppen.

Vielen PatientInnen half die Veröffentlichung dieser Zusammenhänge, denn eine Programmierung, die man erkennt, kann man auflösen, ihre Sprengkraft entschärfen. Wenn die Therapie Multipler Persönlichkeiten stagniert, liegt der Grund manchmal in nicht erkannten Programmen. Sind sie aufgelöst, geht es voran.

Nach sechs Jahren Therapie gelingt Angela eine Auflösung in manchen Fällen sogar schon ohne therapeutische Hilfe.

Folgendes hatte Corydan Hammond über organisierte Tätergruppen herausgefunden, die Kinder programmieren: »Sie beginnen, wenn das Kind etwa zweieinhalb ist (...). Sie machen das Kind nicht nur durch sexuellen Missbrauch multipel, sondern auch, indem sie eine Mausefalle an seinen Fingern anbringen und die Eltern anweisen, das Zimmer erst wieder zu betreten, wenn das Kind aufgehört hat zu weinen. Zu Hochform laufen sie im Alter von sechs oder sechseinhalb Jahren auf, machen während der Pubertät weiter und setzen bei Erwachsenen mit periodischen Verstärkungen fort.«

Das Kind wird nackt festgeschnallt, erhält eine Spritze, am Kopf werden Elektroden befestigt, um Enzephalogramme zu erstellen, pulsierendes Licht wird eingesetzt, um bestimmte Gehirnstrom-Muster zu erzeugen. Dann beginnt die Programmierung, zum Beispiel eine, die auf Selbstzerstörung oder Erniedrigung der Person gerichtet ist. Hammond nimmt an, dass die Täter die Verfahren so weit verfeinert haben, dass sie Dosierung der Drogen und Zeitdauer präzise wissen.

Die Täter benutzen häufig die Metapher von »Robotern«. Hammond schildert die De-Programmierung eines solchen Roboters und beschreibt, wie er seine PatientInnen in das Innere eines solchen Roboters schauen lässt. Dort, so Hammond, sehen sie »eines oder mehrere Kinder. Ich lasse sie die Kinder herausholen«. Dann benutzt er hypnotische Vorstellungen, um den Roboter zu vernichten – der ja auch durch hypnotische Methoden in den Menschen hineingekommen war.

Außerdem rät Hammond, sorgfältig zu prüfen, ob es irgendeinen inneren Teil gibt, der weiterhin Kontakt hat mit dem Kult und dort über die Therapiestunden berichtet.

»Ich habe das ungemütliche Gefühl«, fügt er an, »dass bei einem großen Teil von rituell missbrauchten Opfern in diesem Land die laufende Therapie (vom Kult)[96] überwacht wird.«

Der Vortrag von Hammond ist umstritten. Was kann der Zweck solch einer diabolischen Unternehmung sein? Hammond vermutet, dass eine Armee von geistigen Robotern produziert werden soll, die für Prostitution, Kinderpornographie, Drogenschmuggel, Waffenschmuggel, für »Snuff«-Filme zur Verfügung stehen. Ein gigantisches Geschäft. Hammond: »Und es scheint tatsächlich irgendwelche Super-Größenwahnsinnigen ganz oben zu geben, die eine satanische Weltordnung errichten wollen, um die Welt zu beherrschen.«[97]

Science-Fiction-Spinnereien eines durchgeknallten Psychiaters? Wohl kaum. Hammond ist anerkannter Therapeut mit vielen Ämtern und Auszeichnungen, er hat vor seiner Veröffentlichung gut nachgedacht und sorgfältig recherchiert. Wenn es noch einer Bestätigung bedurft hätte, nach seinem Vortrag kam sie: ernstzunehmende Todesdrohungen aus Täterkreisen. Dieses Geheimwissen sollte nicht bekannt gemacht werden.

Die Beobachtung, dass sich die Seele des Menschen aufspalten kann, ist uralt. Dass man sie planmäßig spalten kann, ist ebenfalls nicht neu. Jeder Geheimdienst der Welt hat schon über den idealen Agenten nachgedacht. Einige Gedankengänge des CIA zu diesem Thema sind inzwischen veröffentlicht worden. Zu verdanken ist das dem amerikanischen Autor John Marks, der sich nach über dreijährigem Kampf 1977 mit Hilfe des »Freedom of Information Act«[98] den Einblick in 16.000 Seiten bislang geheimer CIA-Dokumente aus den 50er und frühen 60er Jahren erzwang und so offizielle Informationen über behavioristische und Drogen-Experimente des CIA erhielt. Sein Buch

»The Search for the Manchurian Candidate« ist ein Klassiker über den Zugriff von Geheimdiensten auf den menschlichen Körper und Geist. John Marks zitiert darin Aussagen aus dem Jahre 1954 von Morse Allen, dem damaligen Leiter des sogenannten ARTICHOKE-Programms[99] des CIA, über den idealen Agenten: »Der Kandidat war unter den zwanzig Prozent aller Menschen zu suchen, die leicht zu hypnotisieren sind. Er musste dissoziative Fähigkeiten besitzen, so dass man einen Teil seiner Persönlichkeit vom Hauptteil seines Bewusstseins abspalten konnte. Ziel war es, einen vorhandenen Ich-Zustand – zum Beispiel einen imaginären Spielgefährten aus der Kindheit – zu nehmen und ihn zu einer abgespaltenen Persönlichkeit auszubauen, von der die ursprüngliche Persönlichkeit nichts wusste. Der Hypnotiseur konnte dieser schizophrenen Abspaltung Befehle geben, ohne dass die Hauptpersönlichkeit etwas merkte. Natürlich würde es undichte Stellen zwischen den beiden Persönlichkeiten geben, besonders in Traumphasen. Aber ein guter Hypnotiseur müsste imstande sein, Deck-Erinnerungen und Sicherheitsventile einzubauen, um zu verhindern, dass die Versuchsperson inkonsistent handelt.«[100]

Dieser Absatz schildert präzise die Vorhänge im Inneren Multipler Persönlichkeiten. Dieses Wissen war also mit Sicherheit schon im Jahre 1954 nicht nur vorhanden, sondern mit diesem Wissen wurde auch experimentiert. In vielen Ländern.

Zwischen 1963 und 1964 begann »Onkel Paul«, Angela zu programmieren.

Die Experimente des CIA wurden aufgrund vieler Proteste und Prozesse 1963 offiziell eingestellt. John Marks erwähnt allerdings 130 (!) zusätzliche Kästen (außer seinen sieben) mit unveröffentlichtem CIA-Material aus den 60er- und 70er-Jahren. Hierin werden weitere Experimente beschrieben.

Die dritte Zeugin: Die Kriminalkommissarin

Ritueller Missbrauch durch satanistische Gruppen ist ein Thema, bei dem sich schnell die Zweifler zu Wort melden. Der erste Einwand lautet: »Aber man hat niemals etwas gefunden, weder Tier-, noch Menschenopfer, weder Kultstätten noch sonstige Anzeichen satanistischer Messen.«

Das trifft nicht zu.[101]

In fast jedem deutschen Bundesland gab es Große und Kleine Anfragen an die Landesregierung zur Gefährdung durch Okkultismus und Satanismus. Aktenkundige Friedhofsschändungen, Brandstiftungen in Kirchen, Tiertötungen[102], Erpressungen, Morddrohungen und Selbstmorde sind meistens die Anlässe. Die Antworten geben in erster Linie Auskunft über die Hilflosigkeit der Ermittlungsbehörden.

William Carmody, Senior Intelligence Instructor im Federal Law Inforcement Training Center, dem es gelungen ist, das Netzwerk eines satanistischen Kults zu zerreißen, weiß, warum es fast unmöglich ist, in diese Kreise einzudringen. Carmody, der langjährige Erfahrungen im Umgang mit organisierter Kriminalität hat: »Menschen im organisierten Verbrechen lieben jemanden, irgendjemanden, ihre Frau oder ihre Tochter oder ihren Hund. Diese Menschen aber lieben keinen, sie besitzen nicht die normalen Gefühle, die wir bei Menschen erwarten.«[103]

Auch deutsche Sonderkommissionen und einzelne Polizisten beschäftigen sich mit dem Thema Satanismus. Wenn die betroffenen Opfer Glück haben, treffen sie auf Beamte, die trotz anfänglichem Unglauben bereit sind, genau hinzuhören und zu recherchieren.

Eine Polizistin ging einer Anzeige gegen Angela Lenz nach. Was sie erfuhr, konnte sie kaum glauben. Sie hörte genau zu, recherchierte. Und änderte ihr Weltbild.

Mehr geschah nicht.

Scheinbar.

Die Anzeige

Die Zettel lagen im Briefkasten.

Meistens frühmorgens, manchmal auch am Nachmittag, einmal abends. Nie sah man, wer sie brachte. Angela traute sich nicht, den Briefkasten zu beobachten. Nicht einmal hinter geschlossen Vorhängen. Zuerst erzählte sie es keinem.

Wir werden dich auch ohne Kontakt wahnsinnig machen.
Gib auf, sonst geschieht Schlimmeres, du Hure.

Manchmal stand ein Mann vor dem Haus. Stand nur da, lehnte an einem Baum, blätterte im *Playboy* und schaute. Er tat nichts, nur hin und wieder sah er zu ihren Fenstern. Sie kannte ihn nicht, aber sie wusste, dass er sie meinte. Nach einer Stunde war er weg. Angela erzählte Wolfgang nichts.

Am nächsten Tag stand der Mann wieder da. Offenbar wusste er genau, wann sie zu Hause war. Na gut, sie war ja meistens zu Hause.

Sie öffnete nicht mehr, wenn es klingelte. Ließ Christian und Barbara nicht allein zum Spielen nach draußen. Abends beschwerten die beiden sich darüber bei Wolfgang. Jetzt musste sie ihrem Mann doch etwas sagen. Sie sah, wie ihn der Zorn auf diese Typen packte.

Das war ein gefährlicher Moment, sie musste aufpassen, dass Delta unter Kontrolle blieb. Delta, die Wut in Person, wäre am liebsten ebenfalls losgetobt und hätte die Täter einen nach dem anderen abgestochen. Oder mit Maschinengewehrgarben niedergemäht. Oder mit bloßen Händen zerfetzt.

Zurzeit war Delta in das innere Gefängnis verbannt, wo sie keinen Schaden anrichten konnte. Wenn sie aber spürte oder hörte, dass da draußen einer genauso wütend war wie sie, dann rüttelte sie an ihren Gitterstäben und wollte raus, sich verbünden und kämpfen.

Delta war sehr stark, sehr wütend und sehr entschlossen. Zwei der Täter hatte sie vor Jahren einmal angegriffen und kräftig zugeschlagen. Ohne Rücksicht auf Verluste.

Die Verluste hatte dann allerdings eine andere Innenperson. Delta war nur da, wenn es galt zuzuschlagen. Wurde Angela geschlagen, verschwand sie automatisch.

Auch Kleinanzeigen tauchten jetzt wieder auf, unter »Vermischtes« in der Tageszeitung:

Kinderfrau, melde dich bei deinem Patenonkel. Er vermisst dich.

Das war Onkel Paul. Es waren ihre Stichworte. Es fiel ihr unglaublich schwer nicht zu gehorchen. Sie hatte immer gehorcht. Viele Personen im Inneren waren in Panikstimmung. Angela bekam heftige Kopfschmerzen, Bauchschmerzen, alte, längst verheilte Verletzungen taten wieder weh. Ihr war schwindelig. Sie wusste, dass dies programmierte Störungen waren, ausgelöst durch ihren Ungehorsam.

Aber vom Wissen allein gingen die Schmerzen noch nicht weg. Immerhin dies schaffte sie: Sie meldete sich nicht mehr. Doch sie las weiterhin sorgfältig den Anzeigenteil.

Wolfgang besorgte einen Anrufbeantworter, Angela ging nicht mehr ans Telefon, wenn es klingelte. Das war das Schwerste. Einfach den Hörer abzuheben, war immer so leicht gewesen. Die Nachricht erreichte sowieso nur eine oder zwei Personen, das Alltagssystem war stets amnestisch gewesen für die Stimmen der Täter.

Im Inneren tobte der Streit. Etliche waren überzeugt, dass sie jetzt ihr eigenes Todesurteil gesprochen hatten. Andere versuchten, sie zu beruhigen. Täglich telefonierten sie mit Nina, die alles tat, um sie zu stabilisieren.

Wolfgang brachte Christian zur Schule und holte ihn auch wieder ab. Jeden zweiten oder dritten Tag, sobald Wolfgang aus dem Haus war, stand der Mann dort draußen. Mal lehnte er an einem Baum, mal am Straßenschild, mal an einem Laternenpfahl, mal schlenderte er auf und ab. Sie traute sich nicht mehr, zum Einkaufen zu gehen.

Dann war er plötzlich weg. Zwei Tage, drei Tage, zwei Wochen, drei Wochen, einen Monat. Die Ruhe vor dem Sturm? Oder hatten sie tatsächlich aufgegeben?

Sie ging wieder einkaufen.

Die Kinder aber ließ sie nicht allein vor die Tür.

Sie lebte mit angehaltenem Atem.

Sie machte die Tür wieder auf, als es klingelte. Draußen standen zwei Polizistinnen, fragten: »Dürfen wir einen Augenblick hereinkommen?«

Nein!, schrie es in ihr mit vielen Stimmen, das sind sie! Doch sie öffnete die Tür für beide.

Die sind okay, hatte Merlin gesagt.

Nein, hatte Jule geschrien, das sind sie! Seht ihr das nicht, das sind sie! Jetzt holen sie uns!

Ein Tumult, von dem die Kripobeamtinnen nicht das Geringste mitbekamen. Sie stellten sich vor, zeigten ihre Marken und setzten sich ins Wohnzimmer. Es waren tatsächlich zwei echte Kripobeamtinnen. Aber was heißt das schon?

»Anonyme Anzeigen ignorieren wir eigentlich lieber«, sagte die Jüngere. »Aber wenn sie mehrmals kommen und mit derart detaillierten Angaben versehen sind wie in diesem Fall, müssen wir ihnen nachgehen.«

»Worum geht es denn?«

»Gegen Sie ist Anzeige erstattet worden, hier fände Kindesmissbrauch statt, Kinderpornos würden produziert und vertrieben werden.«

Angela holte tief Luft. Dieser bodenlose Zynismus!

»Ja, wollen Sie jetzt eine Hausdurchsuchung machen? Können Sie gerne.« Angelas Ton war forsch, männlich, aber nicht unfreundlich. Wie immer, wenn es brisant wurde, hatten sich die Jungen nach vorne gedrängt und führten die Verhandlungen.

Die Beamtinnen hatten einen Durchsuchungsbeschluss dabei. Sie suchten gründlich. Sie fanden nichts. Dann fragten sie Angela, ob sie eine Ahnung hätte, woher die Anzeigen gekommen seien.

»Oh, ja!«, Angela lachte bitter, »die habe ich. Ich hab aber keine Ahnung, ob ich Ihnen das erklären kann.«

Sie machte ein paar Andeutungen, dass sie bedroht würde, dass sie wüsste, von wem, es aber nicht sagen könnte. Dass sie nichts verraten dürfe. Dass sie Angst um ihren Sohn hätte. Aber sie spürte genau, dass ihre Erklärungen eher verwirrten als erhellten. Dann fiel ihr ein, dass sie nicht mehr allein war. Sie konnte sich Hilfe holen. Sie rief Nina an und ihre Anwältin. Sie verabredeten einen gemeinsamen Termin.

Als die Polizistinnen gegangen waren, musste Angela sich übergeben. Dann legte sie sich ins Bett. Sie fühlte sich unendlich schwach. Als wäre alle Kraft aus ihr herausgelaufen. Dabei war sie heute Morgen noch so fit gewesen. Am Nachmittag wollte sie mit Christian zum Schwimmen fahren und hinterher mit Wolfgang zum Tanzen. Jetzt konnte sie sich nicht vorstellen, auch nur einen Fuß vor das Bett zu setzen.

Sie war sterbenskrank.

Wahrscheinlich müsste sie sterben. Wahrscheinlich hatte sie Krebs.

Sie war eine Last für ihre Familie.

Sie würde nie gesund werden. Sie schleppten sie ja nur hinter sich her wie einen Mühlstein.

Sie war zu nichts nütze.

Am besten, sie wäre tot. Am besten, sie wäre gleich tot.

Sofort.

Am besten, sie würde jetzt gleich aus dem Fenster springen.

Zweiter Stock, reicht nicht.

Am besten, sie würde vom Fernsehturm springen. Leider bekam sie keinen Fuß aus dem Bett. Aber morgen. Morgen würde sie springen. *Ja, lass uns verschwinden! Es ist alles zu gefährlich geworden. Wir passen nicht in diese Welt. Wir haben ein anderes Leben und gehören nicht zu diesen Menschen.*

Was ist hier eigentlich los?, fragte Sarah und beschaute sich das Elend. Das geht doch nicht mit rechten Dingen zu. Eben waren wir fit wie Turnschuh und nun das!

Eine Programmierung!

Natürlich, ergänzte Chris. Die Polizistinnen haben das ausgelöst. Wir sind auf »Polizei« programmiert.

Die Erkenntnis half. Es ging ihnen dadurch körperlich noch nicht viel besser, auch die Depression verzog sich nicht, aber sie wussten, dass sie sich jetzt nicht ernstnehmen durften. Sie mussten sich schützen. Morgen würden sie die Programmierung mit Nina zusammen auflösen. Und dann würde es ihnen wieder besser gehen. Sie hatten schon ganz andere Sachen hinter sich gebracht. Sie würden es schaffen.

Vollkommen erschöpft schlief Angela ein.

Am nächsten Morgen stand Traute auf.

Heute würde es ein ruhiger Tag werden, ein Entspannungstag speziell für sie. Sie gähnte, reckte sich, alle Glieder taten ihr weh, sie fühlte sich wie gerädert.

Im Bad putzte sie sich die Zähne, spülte den Mund aus und schaute in den Spiegel.

Es war entsetzlich: Mitten aus ihrem Gesicht wuchs ein Ungeheuer. Sie schaute weg und wieder hin. Etwas Schreckliches, das sich bewegte.

»Ich werde verrückt«, dachte sie, »jetzt ist es so weit.«

»Nein«, sagte Sarah, »schau genau hin. Da ist doch überhaupt nichts.«

»Ich schau da nicht noch mal hin. Ich halte das nicht aus. Und wenn ich was sehe, was gar nicht da ist, dann heißt das, dass ich verrückt bin.«

»Nein«, sagte Sarah, »ganz ruhig. Programmierung! Du weißt das doch. Die löst eine Halluzination aus, das weißt du doch. Das kriegen wir weg. Nimm jetzt meine Hand. Nun gehen wir ganz langsam an den Spiegel heran. Ganz dicht. Mach die Augen auf. Nun schau auf den Boden. Siehst du, der ist da unten ganz stabil, ganz fest, ganz sicher. Da stehst du drauf. Tritt fest auf. Fühlst du das? Siehst du. Und jetzt guck an deinen Beinen hoch. Guck auf unsere Hände. Schau sie genau an. Die legen wir jetzt ganz langsam auf die Nase.«

Traute führte ihre Hand langsam zur Nase und folgte ihr mit dem Blick.

Das Ungeheuer war weg.

Wenn sie Sarah nicht hätten.

Traute zog sich an und begann, in der Wohnung umherzugehen. Als sie am Fenster vorbeikam, warf sie einen Blick hinaus. Da standen sie wieder, da unten, mindestens fünf von ihnen. Sie duckte sich und blieb so hocken, minutenlang. Sie hatte nicht den Mut, wieder aufzustehen.

Jetzt holen sie mich! Ich halt das nicht mehr aus, wäre ich doch lieber tot!

»Nein«, sagte Sarah, »da ist nichts. Ganz ruhig. Schau aus dem Fenster, kein Mensch.«

»Ich schau nicht aus dem Fenster. Ich stehe hier nie wieder auf. Ich bleibe hier sitzen.«

Sie fing an zu weinen.

»Zimperliche Ziege«, brummte Sigurd im Inneren. Traute konnte seine Worte deutlich hören. Das half ihr auch nicht gerade weiter. Aber Sigurds Strategien waren häufig etwas brutal. Er war es gewesen, der Traute kochendes Wasser über den Arm gegossen hatte, als sie sich so schwertat, die Existenz der anderen zu akzeptieren. Schon früh hatten die Innenpersonen beschlossen, dass Traute, die sie als »Gastgeberin« und Hauptperson empfanden, eines Tages alle ihre Erinnerungen tragen sollte. Schließlich hatten sie ihr all die furchtbaren Erlebnisse abgenommen, weil Traute sie nicht ertragen konnte. Traute hatte mit Zeitverlust bezahlt, aber das – fanden sie – war der geringere Preis. Nun war es an der Zeit, den Spieß mal umzudrehen. Hatten sie beschlossen. Aber Traute wollte einfach nicht hinschauen, wollte nichts wissen, machte die Augen zu, verschwand im Inneren, verlor Zeit. Die anderen waren ungeduldig geworden: »Wir haben es ausgehalten, und sie will es sich nicht mal angucken.«

Da hatte Sigurd beschlossen: »Die muss mal einen Eindruck von der Wirklichkeit kriegen.«

Als sie an den Herd gegangen war, um sich einen Kräutertee aufzubrühen, hatte er Besitz vom rechten Arm ergriffen und ihr das kochende Wasser über den linken Arm gekippt.

Und heute zickte sie schon wieder so rum! Sigurd war sehr ungeduldig. Bloß wegen ein paar blöden Bullen und ein paar Typen, die überhaupt nicht da waren, die sie aber sah. Wenn er wegen solcher Kleinigkeiten ausgerastet wäre, sie wären alle nicht mehr am Leben. Man muss sich zusammennehmen. Den inneren Schweinehund überwinden. Ein paar Tritte in den Arsch und dann geht es wieder. Ein paar Stromstöße, und alle sind wieder auf Zack. So muss man das machen, wenn man Leistung bringen will. Und nicht rumjaulen.

Doch Traute hockte am Boden und jammerte: »Es hat doch alles keinen Zweck.«

»Doch«, sagte Sarah. »Ganz ruhig. Geh hinter die Gardine, dann kann dich keiner sehen. Und nun schau ganz genau hin.«

Es war niemand da.

Irgendwie überstanden sie auch diesen Tag.

Gemeinsam mit Nina konnten sie abends diese Programmierung auflösen. Ein Erfolg. Sie wussten, es würden noch mehr kommen. Mehr Programmierungen. Aber auch mehr Erfolge. Nicht dran denken. Dieses hatten sie jetzt geschafft.

Am nächsten Tag schickte Nina Temberg ihnen einen großen fröhlichen buttergelben Blumenstrauß. Sie fanden auch, dass sie ihn verdient hatten. Aber Nina hatte auch einen verdient. Sie schickten ihr ebenfalls einen.

Eine Woche später trafen sie sich bei ihrer Anwältin: Angela, Nina und die beiden Polizistinnen. Es war ein inoffizielles Treffen, denn die Polizistinnen hatten deutlich gemacht, dass sie gezwungen wären, Anzeige zu erstatten, wenn ihnen in amtlicher Funktion Straftaten zu Ohren kämen.

Es kam ihnen einiges zu Ohren.

Nina Temberg erzählte ihnen vieles über Multiple Persönlichkeitsstörungen. Solche, die durch extreme Misshandlungen in der frühen Kindheit entstehen. Und solche, die von Tätern mit hochspezialisiertem Wissen gezielt produziert werden.

Die Anwältin erzählte von professionellen Kinderpornoringen und satanistischen Kulten, die seit Jahrzehnten in etlichen Bundesländern tätig sind. Sie berichtete, dass viele ihrer Klientinnen in derartigen Kulten missbraucht und selbst als Erwachsene noch bedroht wurden. Sie erzählte, dass die Angst der Opfer so groß sei, dass sich nur die wenigsten trauten, Anzeige zu erstatten. Dass aber einige Verfahren inzwischen liefen. Sie erzählte, dass sie im Auftrag ihrer Klientinnen viele bekannte und vermutliche Täter angeschrieben und informiert hätte, dass ihre Klientinnen sich an die Geschehnisse erinnerten und sämtliche Namen, Tathergänge und Beweise hinterlegt hätten. Nicht nur bei ihr.

Angela erzählte, in welch feinen Kreisen sich die Herren bewegten, die sie über Jahrzehnte gefoltert und missbraucht hätten. Dass es sich um eine erstklassige Organisation handle, mit besten Verbindungen, auch zur Polizei.

Das glaubte man ihr sofort.

»Und mit Sicherheit haben die mir jetzt mit der Anzeige auch die Polizei ins Haus geschickt«, ergänzte Angela.

»Aber warum denn, wenn sie unter keinen Umständen auffallen wollen?«

Das war der Kommissarin schleierhaft.

Darauf erklärte Nina Temberg, wie Sekten und Kulte es schaffen, Menschen durch gezielte Konditionierungen zu Handlungen zu bringen, die sie eigentlich gar nicht wollen.

»Es ist bitter, das einzugestehen«, sagte sie, »aber man kann Menschen programmieren. Fast wie Computer. Man muss früh genug anfangen. Man muss hart genug foltern. Man muss Kinder in Todesnähe bringen. Man muss ihren Kontakt zur freien Umwelt unterbinden. Man muss das erwünschte Verhalten belohnen. Und immer die Kontrolle aufrechterhalten.«

Nina wunderte sich über sich selbst: Sie konnte sich nicht erinnern, sich jemals in ähnlich zynischem Ton sprechen gehört zu haben. Aber es drang durch zu den beiden Frauen.

Etwas weicher fügte sie an: »Ich hätte es auch lieber nicht gewusst. Aber es ist so. Frau Lenz ist unter anderem auf das Erscheinen der Polizei programmiert worden. Weil Polizei für die Täter eine Gefahr bedeutet und verhindert werden muss, dass Frau Lenz überhaupt mit der Polizei spricht, löst das Erscheinen der Polizei, überhaupt jeglicher Kontakt mit der Polizei bei ihr starke körperliche Schmerzen, Halluzinationen sowie Gedanken an Selbstmord aus. Und damit würde sich die Sache dann von selbst erledigen.«

Die Polizistinnen waren erschrocken. Sie schauten Angela an.

»Was sie wohl jetzt sehen?«, dachte Angela. »Ein Monster?«

Nina versuchte, den Schrecken umzulenken.

Lächelnd sagte sie: »Wir hinken zwar oft noch hinter den teuflischen Strategien der Gegner hinterher, aber ganz doof sind wir auch nicht. Ein bisschen haben wir ja auch schon gelernt. Viele derartige Programmierungen sind inzwischen aufgelöst. Frau Lenz kann das in manchen Fällen ganz alleine. Einiges ist auch richtiger Kinderkram, in den 60er Jahren angelegt eben. Mit Robotern und so. Anderes ist hochtechnisiert. Diese Typen reisen wirklich mit Laptops, in denen sie die Programmierungen ihrer Opfer gespeichert haben, durch Deutschland. Um solche Sachen aufzulösen, braucht man die Fähigkeiten eines Computerfachmanns. Haben wir inzwischen.«

Im Stillen dachte Nina: »Meine Güte, wie rede ich denn hier? Als ob wir alles im Griff hätten. Schön wär's.«

Nach einigen Stunden sahen sich die Polizistinnen an, holten tief Luft, und die Jüngere sagte: »Scheiße, das stimmt!«

Sie glaubten ihr.

Die fünf Frauen waren sich einig in der Einschätzung, dass eine Anzeige gegen die Täter zurzeit viel zu gefährlich für Angela sei. Das Risiko, jetzt einen Machtkampf aufzunehmen, sei viel zu groß. Welchen Schutz konnte ein Polizist, der ein- oder zweimal am Tag an ihrem Haus vorbeiradelte, schon bieten gegen derartige organisierte Tätergruppen?

Angela ließ die Kinder nicht mehr alleine vor die Tür. Mit der kleinen Barbara war das leicht, aber Christian nörgelte unentwegt. Dass er eine Weile Polizeischutz auf seinen Schulwegen erhielt, tröstete ihn allerdings. Das fand er natürlich toll.

Die Polizistinnen begannen sich in das Thema einzuarbeiten.

Dann wurden sie in eine andere Stadt versetzt.

Ein Jahr später sagte die eine von ihnen: »Ich habe darüber nachgedacht. Ich bin überzeugt, dass es solche Organisationen schon lange gibt. Nicht erst in unserem Jahrhundert. Und wenn ich das Oberhaupt einer solchen Organisation wäre, würde ich selbstverständlich auch für hervorragende Connections bei der Polizei sorgen. Und zwar möglichst weit oben.«

Sie fügte hinzu, natürlich habe sie damit keineswegs sagen wollen, sie könne sich so etwas in ihrem Bereich vorstellen.

KAPITEL 7

Hoffnung

Masken

»Ich glaub es nicht«, sagte Nina.

Endlich hatte Lena ihr verraten, warum sie so verschlossen waren seit längerem, richtig zu. Eine Therapie war seit Wochen nicht mehr möglich gewesen. Sie hatten zusammengesessen und geplaudert, freundlich, aber unverbindlich. Nett und erholsam nach vier Jahren anstrengender Erinnerungs- und Traumaarbeit – aber Therapie war das nicht. Irgendwas war faul. Das hatte Nina genau gespürt.

Schließlich rückte die kleine Lena damit heraus. So wie sie es immer tat: indirekt.

Lena: »Die beiden Teddys müssen jetzt schon stark und groß sein. Und vernünftig sein und alleine auskommen.«

Nina: »Warum müssen sie denn alleine auskommen? Sie sind doch hier bei mir.«

Lena: »Irgendwann müssen doch auch Teddys alleine zurechtkommen. Jeder muss das. Meinst du, sie sind jetzt alt genug dafür?«

Nina: »Wie kommst du bloß darauf, Lena?«

Lena: »Jetzt weißt du's ja doch schon fast. Ich darf es ja nicht sagen.«

Nina: »Was denn?«

Lena: »Dass du uns bald verlässt. Darum schützen sich die Großen jetzt, damit es nicht so wehtut, wenn du nicht mehr da bist. Und deshalb dürfen wir Kleinen gar nicht mehr raus. Wo wir doch so gern mit dir spielen.«

Lena war es trotzdem gelungen rauszukommen. Wie meistens, wenn es dringend wurde und gefährlich. Und die Erwachsenen sich nicht trauten.

Nina Temberg stand vor einem Rätsel.

»Wer sagt denn, dass ich weggehe?«

»Du.«

»Ich?«

»Ja.«

»Aber Lena, ich bleibe hier. Ich habe überhaupt keine Pläne wegzugehen. Wie kommt ihr denn nur darauf, dass ich euch verlasse?«

»Das hast du selber gesagt.«

»Nein.«

»Doch. Du hast ‚tschüss' gesagt, ‚macht's gut, wir sehen uns niemals wieder, ich will jetzt endlich mal meine Ruhe vor euch haben'. Und ‚haut ab' hast du auch noch gesagt. Das hat ganz schön weh getan.«

»Aber Lena, kannst du dir vorstellen, dass ich jemals so etwas zu euch sage?«

»Eigentlich nicht.«

»Und trotzdem?«

»Ja.«

»Wann war denn das?«

»Weiß ich nicht, aber einige haben es ganz genau gesehen. Die wissen es.«

»Wie sah das denn aus? Kann jemand es beschreiben?«

Lena lauschte in sich hinein. Das gab sie wieder, was sie dort erfuhr: »Es sind Bäume. Herbst. Blätter auf dem Boden. Du hast ein weißes Kleid an. Mit einer blauen Schleife. Du gehst weg. Du drehst dich kurz um. Dein Rock schwingt. Du machst eine abweisende Bewegung mit der Hand. Haut bloß endlich ab, soll das heißen. Guckst ganz schrecklich unfreundlich. Richtig böse. Über uns bist du böse. Du willst nie im Leben wieder etwas mit uns zu tun haben.«

Lena begann zu weinen. Dann sprach sie weiter: »Das tut so weh. Wir wissen doch gar nicht, was wir falsch gemacht haben, dass du nun von uns weggehst. Geh doch bitte nicht weg. Wir haben dich so lieb.«

Da fiel es Nina wie Schuppen von den Augen.

Es war wirklich teuflisch.

Vor anderthalb Jahren, im Herbst, war sie auf einem Kongress gewesen, einer Fortbildungsveranstaltung, die von einer Klinik organisiert wurde und dort auch stattfand. Ein Fotograf war aufgetaucht, Pressefotograf hatte er gesagt und sämtliche Fachleute fotografiert. Die meisten störten sich nicht daran, einige wollten gern Abzüge zugeschickt bekommen. Nur Nina war irgendwie unwohl dabei. Sie wich ihm aus, drehte sich um, ging weg. Doch er ließ sie nicht in Ruhe. Es wurde ihr lästig.

»Nun lassen Sie das doch. Sie sehen doch, dass ich nicht will.«

»Nur ein kleiner Schnappschuss.«

»Nein.«

»Sie sind doch so hübsch.«

Auch das noch. Jetzt reichte es ihr wirklich. Sie wurde zornig.

»Lassen Sie mich endlich in Ruhe, sonst muss ich mich bei der Kongressleitung beschweren!«

Wütend wandte sie sich ab.

Da knipste er.

Dieses Bild, diese zornige Abwendung, diesen Schwung des Rockes hatte Lena gesehen.

Aber wo hatte sie das gesehen?

Sie konnte es gar nicht gesehen haben. Nina Temberg besaß das Bild überhaupt nicht. Und sie hatte Angela Lenz niemals davon erzählt. Sie hatte überhaupt niemandem etwas davon erzählt. Keinem Menschen. Sie war sehr zornig gewesen, außerdem war es ihr unangenehm, dass er es doch noch geschafft hatte, sie zu knipsen. Am liebsten wollte sie die Szene gleich vergessen.

Dieses Bild hatten sie benutzt.

Das hatten sie ihrer Klientin gezeigt. Perfide. Nina wusste, dass manche dieser Täter ganz besondere Sicherheitsvorkehrungen treffen, wenn ihre Opfer eine Therapie beginnen. Das ist nicht besonders schwer, da viele dieser Opfer noch Kontakte zum Kult haben – auch wenn ihre Therapeuten und das Alltagssystem der Klientinnen anfangs nicht das Geringste davon ahnen.

Eine amerikanische Kollegin hatte während eines Seminars berichtet, dass heimlich Filme von Therapeuten gedreht und den Klientinnen vorgeführt werden. Dabei foltert man sie – vielleicht gerade in dem Augenblick, wenn die Therapeutin lächelt. Mit dem Ziel, dass das echte Lächeln der Therapeutin während der Therapie zum Auslöser wird von Phantomschmerzen bei der Klientin.

Jemand anders erzählte im selben Seminar, dass die Täter sich aus den Fotos der Therapeuten Masken fertigen, die sie beim Foltern tragen. In der Schmerz- und Trancesituation der Folter glaubt das Opfer, es würde tatsächlich vom eigenen Therapeuten gefoltert. Und traut ihm nie wieder.

Damals hatte Nina kein einziges Wort von alldem geglaubt. Die Geschichten waren ihr vollkommen verrückt vorgekommen.

Nun erlebte sie es selbst.

Es gab keine andere Erklärung.

Diesmal dankte sie Gott, dass Angela Lenz inzwischen so viel Vertrauen zu ihr hatte, dass sie die Suggestion gemeinsam auflösen konnten.

Als diese Mauer zwischen ihnen beseitigt war, konnten sie sich an das schwerste Kapitel machen. Sie hatten es lange aufgeschoben. Die Sektenkinder wollten sich endgültig lossagen von Satan. Das war schwer, denn er war ihre Heimat gewesen. Und dieser neuen Heimat trauten sie noch nicht recht. Sie verstanden sie kaum.

Aber immerhin tat sie nicht so weh wie die alte.

Doch das war auch so eine Sache. Das mit dem Schmerz. Noch waren sie überzeugt, dass nur aus Schmerz und Leid Großes entstehen kann. Von früh an hatte man ihnen beigebracht, dass Folter, Qual und Pein gut sind und Satan genehm. Sie hatten das Leid lieben gelernt; was war ihnen auch anderes übrig geblieben, sie waren ja sogar gezwungen worden, darum zu betteln.

Sanftes, einfühlsames Verhalten galt als böse, wurde mit Schmerzen bestraft, von früh an hatte man ihnen Empathie systematisch abtrainiert. Aber auch »gutes«, also grausames Verhalten konnte Schmerzen nach sich ziehen. Einerseits zur »Belohnung«, da Qual etwas »Gutes« sei. Andererseits als Strategie »absichtlicher Inkonsequenz«, um die Kinder im Zustand ständiger Panik zu halten.

Es war ein grausames, ein brutales, ein archaisches Lebensgefühl. Dagegen erschien ihnen die andere Seite, die helle Seite des Lebens, auf die sie nun überwechseln sollten, kraftlos, schlaff und dürftig. Irgendwie pervers. Es fehlte die Schwere, die Tiefe, die bodenloses Leid mit sich bringt. Sie vermissten den Kampf und das intensive Lebensgefühl. Auf ständige Todesgefahr reagierte der Körper mit hoher Adrenalinausschüttung. Körpereigenes Doping, das süchtig machte.

Es würde lange dauern, bis sie die andere Seite des Lebens schätzen könnten.

Aber es war den Versuch wert.

Sie wollten ihn wagen.

Durch eine traumatische Situation mussten sie in der Therapie noch hindurchgehen. Sie mussten »Nein!« sagen. Nein zu Satan. Sie hofften, dass dann ihre Bindung an die Gruppe gelöst wäre und sie frei sein würden.

Traumaarbeit war ein harter Brocken, aber längst nicht mehr so hart wie am Anfang der Therapie. Damals, als in Deutschland noch wenig theoretisches Wissen über optimale Traumaarbeit zur Verfügung stand, hatte es oft mehrere Sitzungen gedauert, bis sie sich durch ein Trauma hindurchgequält hatten.

Heute brauchten sie Sekunden. Die allerdings mussten sehr gut vorbereitet sein. Oft dauerte das viele Sitzungen lang. Die Vorbereitung enthielt Fragen der Sicherheit, der Kontrolle von zu heftigen Traumainhalten, die Zusammenstellung der Inhalte an sich und die sorgfältige Planung der Traumaarbeit selbst.[104]

Alle Personen, die einen Teil eines bestimmten Erlebnisses mitgemacht hatten, mussten dabei sein. Das allein herauszufinden, war schwierig und schmerzhaft. Bei der Bearbeitung des Wochenendes in Berlin hatte es Monate gedauert. Zuvor hatte jede beteiligte Innenperson ihre Geschichte aufgeschrieben.

Wenn es schließlich so weit war, leitete Nina eine Trance ein. Alle Persönlichkeiten, die mit der Episode nichts zu tun hatten und geschützt werden mussten, wurden mit hypnotischer Induktion an sicheren Plätzen im Inneren untergebracht. Dann zählte Nina von Null bis Zehn, und für wenige Sekunden waren alle Gefühle gleichzeitig da, alle, die sie damals erlebt hatten: die Todesangst, die Wut, der Schmerz, die Verzweiflung, die Lust, der Hass, die Gier, die Trauer. Und alle Sinneswahrnehmungen: der Geruch, der Geschmack, die Geräusche, das Fühlen, und alles, was sie gesehen hatten. Manchmal war nur ein einziges Gefühl zurzeit zu ertragen, und die Gefühle mussten nacheinander in getrennten Sitzungen bearbeitet werden.

Aber dann war es vorbei.

Große Teile der Traumata waren hinterher tatsächlich verschwunden und wurden zu dem, was sie auch sein sollten: einem Teil der eigenen erlebten Geschichte: traurig, schrecklich, aber weiter weg.

Vorbei.

Danach konnte Angela an diese Erlebnisse denken, wenn sie wollte, aber sie überfielen sie nicht mehr mit lähmender Wucht und verwischten alle Unterschiede zwischen Vergangenheit und Gegenwart.

»Nein sagen«, das hatte etwas Magisches. Es klang wie ein Kinderspiel, aber es war nicht sicher, ob sie es schaffen würden. Ob sie es überhaupt wollten.

Und wenn sie es nicht wollten, würde Angela Lenz für immer in Angst und Unsicherheit leben.

Dieser Kult war ihre Heimat gewesen. Ihr Leben. Immer wieder hatten einige ihrer Persönlichkeiten Treue schwören müssen. Unter Folter, unter Drogen, unter Todesdrohung für sich und Menschen, die ihr nahe waren.

Die Beschäftigung damit hatte viel Trauer mit sich gebracht. Und die allmähliche Erkenntnis, wie tief der Verrat der Mutter in Wirklichkeit gewesen war: »Unser Vater«, schrieben sie einmal, »hat uns missbraucht, aber er hat unser ‚Morgen' nicht angerührt. Unsere Mutter wollte, dass auch unsere Zukunft zerstört wird.«

Offenbar hatte die Mutter nicht nur den Weg der Einzeltäter zu Angela freigegeben, sie hatte ihre Tochter auch an »Onkel Paul« ausgeliefert und leitete, als Angela schon längst verheiratet war, sämtliche Informationen über ihre Tochter an ihn weiter. Sie war die Mittelsperson, die die Verbindung zur Sekte hielt, auch als Angela schon längst glaubte, frei zu sein.

Frei sein. Was das wohl bedeutete? Sie wollten es erleben.

Wenn die Sektenkinder in der Traumaarbeit noch einmal durch diese Situation gehen könnten und dabei den Treueschwur verweigerten, »Nein« sagten trotz aller Schmerzen, die sie unweigerlich noch einmal verspüren müssten, dann würden sich die Fesseln lösen lassen. Davon waren sie überzeugt.

Grete

Zweifel

Plötzlich ist das Wissen da.

Sie haben ein Patenkind. Es ist noch im Kult. Geboren von einer Frau, die sie kennen. Im Auftrag Satans geboren. Der Mutter weggenommen, bei Fremden untergebracht.

Eine Frau, die sie kennen? Sie war mehr. Sie war eine Freundin in der Kindheit. Soweit es Freundschaft gab.

Grete.

In den Fotoalben aus Angelas Kindheit taucht sie auf: ein kleines schwarzhaariges Mädchen, zart, dürr und verängstigt. Als Angela auf Trebe ging, war die Verbindung abgerissen.

Die letzte Erinnerung an Grete: ein Besuch im Krankenhaus. Wegen eines Schienbeinbruchs an beiden Beinen lag Grete dort. Angela hatte Blumen mitgebracht und ein Buch, hübsch verpackt, im Auftrag von Angelas Mutter. Als sie das Krankenzimmer betrat, war die Krankengymnastin gerade bei Grete. Sie trainierte mit ihr, auf Krücken zu gehen. Komisch sah das aus, Grete in kurzen Hosen, mit Gips an beiden Beinen.

»Wie alt ist ihr Kind denn?«, fragte die Krankengymnastin Grete.

Angela und Grete prusteten los: »Ein Kind? Ich hab doch kein Kind!«, sagte Grete.

»Komisch«, meinte die Krankengymnastin, »Ich hätte schwören können, dass das Schwangerschaftsstreifen sind, da auf Ihren Beinen.«

Sie zeigte auf die Oberschenkel der 19-jährigen Grete. Angela schaute hin und sah die Streifen.

»Nein«, sagte Grete sofort, »Das kommt doch von den ganzen Abmagerungskuren, das hab ich auch auf dem Bauch. Ich war mal ziemlich dick.«

Das stimmte, Angela erinnerte sich, dass Grete einige Male ziemlich dick gewesen war.

Als die Krankengymnastin das Zimmer verlassen hatte, hockten sich die beiden Mädchen auf die Bettkante und kicherten los.

»Ich hab doch noch nicht mal mit einem Mann geschlafen«, flüsterte Grete, »meine Eltern haben mir immer streng verboten, mich mit Jungs zu treffen.«

»Weiß ich doch«, sagte Angela. »Geht mir doch genauso.«

Diese Erinnerung ist sehr irritierend. Wer war das, die den Krankenbesuch gemacht hatte? Miranda, die Vergnügte, die damals noch keine Ahnung von Angelas Geschichte hatte? Wahrscheinlich.

Aber was war mit Grete?

Hatte sie auch keine Ahnung?

So musste es sein. Plötzlich, 15 Jahre später, nach sechs Jahren Therapie, im Besitz vieler Erinnerungen, geht Angela auf, dass Grete wahrscheinlich genauso aufgespalten war wie sie selbst. Als Grete vom Abnehmen sprach, hatte sie in Windeseile eine Deck-Erinnerung geschaffen, um vor sich und anderen zu verbergen, was wirklich geschehen war: Die Schwangerschaftsstreifen waren echt. Grete war schwanger gewesen.

Grete hatte ein Kind. Das war Angelas Patenkind.

Sie waren dabei gewesen, als es gezeugt, als es geholt wurde.

Wochenlang drängen sie es weg. Sie wollen es nicht wissen. Sie können es nicht ertragen.

Das waren ja gar nicht sie. Eine andere war das, eine, mit der sie nichts zu tun haben. Die hat das gemacht. Sie haben überhaupt nichts davon mitbekommen. Sie wissen nichts. Sie waren gar nicht dabei. Nicht ihre Sache.

Wahrscheinlich stimmt es überhaupt nicht.

Wahrscheinlich stimmt das alles nicht, meldet sich da eine zu Wort, die nur auf solche Gelegenheiten wartet: Angela Gudrun.

Angela Gudrun, das ist der Zweifel.

Angela Gudrun behauptet, dass an all diesen Geschehnissen, über die die anderen Innenpersonen berichten, nichts, aber auch gar nichts dran ist. Ein Brief von ihr kommt an, handschriftlich, in altertümlicher, angestrengter, linksgekippter Schrift. Distanziert siezt sie die Autorin, die Angela Lenz schon seit Jahren duzt, und besteht darauf, dass ihre Meinung auch im Buch vorkommen muss: Alles sei erlogen. Erfindung eines kranken Geistes – ihres eigenen nämlich.

Beweise hat sie nicht, sie kann es auch nicht begründen. Eine Meinung gegen hundert, die anderes wissen. »Die ist programmiert«, sagt Magda – immer schnell zur Hand mit Urteilen.

Vielleicht ist es so.

Angela Gudrun ist eine besondere Person im System. Ihre Wahrnehmung unterscheidet sich stark von der aller anderen. Sie hat dieselben Zeitverluste und Erinnerungslücken, hat aber beschlossen, nicht darüber nachzudenken. Sie hat keinerlei Kontrolle über das Geschehen, aber sie nimmt wahr, wenn die anderen agieren. Doch die anderen in sich nimmt sie nicht wahr. Das alles, glaubt sie, sei sie selbst. Sie erlebt keinen *Switch*, keinen Wechsel von einer Person zur anderen. In der Kindheit hat sie sich dabei beobachtet, wie sie im Kindergarten eine Scheibe einschlug. Sie begriff nicht, warum sie das tat, aber sie konnte es auch nicht verhindern. Sie hörte, wie sie zur Kindergärtnerin sagte:

»Das war ich nicht!« Sie hörte es, als ob sie weit hinten in einem Tunnel säße. Alles in ihr schrie: »Ich war's!« Aber heraus kam etwas, das sie als Lüge empfand. Sie konnte es nicht ändern.

Angela Gudrun hat schwere Schuldgefühle, weil sie sich als Lügnerin empfindet. Sie möchte nicht lügen, aber sie beobachtet sich beim Lügen und kann es doch nicht verhindern. Ein Drama, da sie auch sehr religiös ist. Die Worte »... dir ist vergeben, gehe hin und sündige fortan nicht mehr«, lasten schwer auf ihrer Seele, denn sie weiß, sie wird sich wieder und wieder lügen hören, sie kann es nicht verhindern.

Für Nina Temberg war Angela Gudrun anfangs ein großes Problem, denn deren Therapieziel war anders als das der anderen: Sie wollte aufhören können zu lügen. Glücklicherweise war sie sehr kooperativ und machte vieles mit, was sie nicht verstand, in der Hoffnung, dass es ihr eines Tages besser gehen würde.

Nina einigte sich mit ihr, dass die Berichte aus der Vergangenheit, die Angela Gudrun sich sagen hörte, zutreffend sein könnten, sie könnten aber auch nicht zutreffen.

»Ich weiß es nicht«, sagte Nina, »Ich kann es nicht beweisen.« Das war ihre Therapievereinbarung, ihre Arbeitshypothese geworden.

Angela Gudrun ist nur stark, wenn sie in den Vordergrund geholt wird. Aus eigener Kraft schafft sie das selten.

Viele Kultüberlebende haben eine solche Persönlichkeit in ihrem System. Eine, die in der Lage ist, trotz schwerster sichtbarer Verletzungen zu behaupten: Das hab ich alles selbst gemacht.

Speziell geschulten Anwälten, Menschen, die gelernt haben, auf dem System Multipler Persönlichkeiten zu »spielen«, kann es vor Gericht gelingen, diese Person anzusprechen und nach vorne zu holen. Zum Beispiel in einem Missbrauchsprozess. Da steht sie dann plötzlich und sagt. »Das hab ich alles gelogen. Mein Vater war doch immer nur lieb zu mir.« Dieser scheinbare Meinungswechsel zählt oft mehr als all ihre früheren Aussagen, als Aussagen von Sozialarbeitern, Ärzten, Gutachtern.

Es gibt noch einen weiteren Grund zu leugnen: Die Wahrheit ist einfach zu schrecklich. Unerträglich. Es darf nicht sein, dass die eigene Kindheit so grauenvoll war. Wenn sich wenigstens ein einziger Persönlichkeitsanteil diesen Zweifel noch erhält, trotz aller Beweise, dann bleibt noch ein winziger Rest Hoffnung.

»Vermutlich ist die wahre Funktion von Angela Gudrun«, meldet sich Sarah zu Wort, »dass sie ein Stück Distanz schafft, einen Schutz, damit wir im Alltag normal leben und vergessen können, was wir erlebt haben.«

Wahrscheinlich, sagen sie, stimmt wenigstens das nicht. Das mit dem Kind. Am besten sofort vergessen. Nicht daran denken. Nicht darüber reden.

Das funktioniert nicht mehr.

Sie müssen darüber sprechen. Der einzige Weg in die Freiheit führt mitten hindurch.

Sie sind überzeugt, dass Gretes Kind, ihr Patenkind, noch bei Satan ist. Das ist die stärkste Bindung. Es lässt sie nicht los.

Gezielt hatte man Grete geschwängert. Wie man es auch bei Angela versucht hatte. Keiner weiß, wer schließlich der Vater war.

Das ist die Absicht. Satan soll der Vater sein.

1977

- Die RAF erschießt den Dresdner-Bank-Chef Jürgen Ponto.
- Arbeitgeberpräsident Hans Martin Schleyer wird entführt und ermordet.
- Roman Polanski: Gefängnisstrafe wegen Missbrauchs einer 13-Jährigen
- Im Kino: »Carrie – Satans jüngste Tochter«, »Rocky Horror Picture Show«
- Im Fernsehen: »Picknick am Valentinstag«
- Hitparade: »I don't want to talk about it«
- Die BILD-Zeitung startet die Aktion »Ein Herz für Kinder«.

Schweizer Verhältnisse

Etwa 100 Frauen im Jahr soll es in Deutschland geben, die auf diese Weise, mit diesem Ziel geschwängert werden. Diese Zahl nimmt Angela Lenz an, Statistiken gibt es darüber nicht. Sie schätzt das aus der Anzahl schwangerer Frauen, die ihr begegnet sind. Und aus der Zahl der Opferungen, die sie miterleben musste.

Die Bilder jenes Hauses werden nie aus ihrem Kopf verschwinden. Oft haben sie es gezeichnet. Einige der inneren Kinder können zauberhaft malen. Es sind geteilte Bilder. Oben ist alles bunt und lustig und vergnügt. Unten ist alles dunkel und schwer und traurig. Das Dunkle hat die Kraft. Das Helle empfinden sie als zu leicht, eine Lügenwelt, die um die andere Seite weiß, aber so tut, als gäbe es sie nicht.

Ein Haus mit schwarzen Ziegeln. Am Hang gelegen, zur Hangseite hin eine Etage, zur anderen zwei. Über die ganze Länge ein Balkon. Ein kleiner Bach in der Nähe. Aber viel konnten sie sowieso nicht erkennen, denn die Kinder wurden sofort in den Keller gebracht. Nur dass es die Schweiz war, das wussten sie.

Irgendwo zwischen Zürich und Bern, so vermutete ein Mädchen. Die kam aus Lausanne und gehörte einer anderen Gruppe an, einer, die sich »Luzifers Kinder« nannte. So sagte sie. Das war das Einzige, was sie miteinander besprachen. Reden war verboten. Wer dabei erwischt wurde, wurde geschlagen. Aber es gab wenig Gelegenheit zum Reden in dieser Woche, ständig waren sie müde von den Tabletten. Dämmerten kraftlos vor sich hin. Aber schlafen ließ man sie auch nicht. Nur manchmal gab es ein wenig Wasser und Brot.

Das ist eine Kombination, mit der viele Kulte und Sekten arbeiten: Schlafentzug, Proteinreduzierung, emotionale Isolation, Entkräftung. Und Angst.

Drogen, Schmerz und die durch ihn ausgelöste hohe Adrenalinausschüttung würden für die Kinder in der Schweiz später noch dazukommen. Alles zusammen bewirkt einen Zustand hoher emotionaler und mentaler Aufnahmebereitschaft für hypnotische Befehle.[105] Folteropfer aus Deutschland, Vietnam, Kambodscha, dem ehemaligen Jugoslawien, Abu Ghraib, aus allen Kriegen wissen das.

Drei Nächte nacheinander wurden sie abgeholt und zu einem großen alleinstehenden Haus gebracht. Zwei riesige Gittertore mit einer Sprechanlage davor. Ein ungepflegter Garten.

Auch hier ging es sofort in den Keller. Junge Mädchen, Frauen, Kleinkinder waren dort. Auch Mütter mit eigenen Kindern. Auch sie voller Drogen. Als Aufpasser ein Mann.

Nacheinander werden die jüngeren Mädchen abgeholt. Als sie wiederkommen, begreift Angela, dass es nicht sicher ist, ob man überhaupt lebend zurückkommt. Die Kinder sind voller Brandblasen, sie bluten.

Darunter zwei kleine Asiatinnen. Und Kinder aus der DDR. Von politischen Gefangenen. Dies war das Jahr 1977. Immer wieder erzählen Überlebende mit ähnlichen Erfahrungen wie Angela Lenz, dass die Grenzen der DDR für diese Kinder offen waren. Die DDR-Grenzen waren nur offen, wenn die Stasi dies wusste.

Dann holte man Angela ab. Und ein anderes Mädchen: Grete. Nackt wurden sie dem Siebenerrat vorgestellt. Die Mädchen mussten sich gegenseitig foltern. Ein Verfahren, das auch von Kultopfern in den USA geschildert wird: Folter wird ritualisiert angewendet. Die Ideologie des Satanskults behauptet, Schmerz und Folter setze Energie frei und vergrößere so die spirituelle Macht der Gruppe. Rituale werden nach genau festgelegten Abläufen durchgeführt. Jedes Kind erhält einen Mentor, einen Paten, der es für die Rituale trainiert. Auch diesmal war Onkel Paul dabei. Durch Folter in geringerem Maß werden die Kinder auf die Zeremonien vorbereitet.[106]

Deshalb mussten sich die beiden 15-Jährigen vorab schon mal weh tun.

Dabei wurden sie gefilmt.

Es folgten Einschüchterung, Todesdrohung und immer wieder Schmerzen. Sie mussten über eine Wanne mit glühenden Kohlen gehen. Darin, so erläuterte man ihnen, würde man sie begraben, sollten sie unehrenhaft leben. Unehrenhaft leben heißt, sich nicht an das Schweigegebot halten.

Es folgte das Reinigungsritual.

Man erklärte ihnen, dass sie jetzt alt genug seien, für Satan ein Kind zu gebären. Man legte sie auf den Altar. Sie wurden mit Sperma und Urin eingerieben. Gebete wurden gesprochen. Dann sollten sie auch von innen gereinigt werden. Einer aus dem Siebenerrat zog sich einen Gummihandschuh an und bestrich ihn mit Salbe, und dann führte er die ganze Hand in die Scheiden der Mädchen ein.

Es war eine Salbe, die wie Feuer brannte.

Sie war ihnen nicht unbekannt. Robbi hatte im Alter von vier Jahren damit schon ein Erlebnis gehabt.

Niemand von den Opfern traut sich zu fragen, warum der Mann aus dem Siebenerrat einen Gummihandschuh anzieht, bevor er mit der Creme, die wie Feuer brennt, in die Scheide des Mädchens fährt.

Wo es doch heißt, Schmerzen seien so gut, sie würden viele Energien freisetzen? Und keine fragt, warum die Scheide des Mädchens mit einem scharfen Strahl kalten Wassers ausgespült wird, bevor die Männer sich daranmachen, das Kind für Satan zu zeugen.

Viermal holte man die Mädchen in den nächsten Jahren zu derartigen Ritualen. Auch in Deutschland. Irgendwann scheint die Zeugung dann tatsächlich gelungen zu sein.

Bei Grete.

Vermutlich war das in der Zeit, als Angela Bahr auf Trebe ging. Ein Dreivierteljahr unterwegs war auf der Straße. Seit dieser Zeit gibt es keine Fotos mehr von ihr und von Grete.

Angela hatte damals versucht zu verschwinden, sich mit Alkohol betäubt, doch das »andere System«, das geheime System, hatte jede Gelegenheit genutzt, mal eben schnell bei seinen Herren anzurufen. Ab und zu kamen die Herren auch selbst vorbei. Niemand vom Alltagssystem kriegte das mit.

Auch Sarah nicht.

Irgendwann holten sie sie. Da sah sie Grete wieder: schwanger. Sie sollte ihr helfen bei der Geburt, sollte Pate des Kindes werden. So sagte man es den beiden. Die Männer leiteten die Geburt ein. Die Geburten werden früh eingeleitet, sobald das Kind lebensfähig ist, aber lange bevor die Gefahr besteht, dass durch einsetzende Wehen irgendetwas auffällig wird.

Ältere Frauen waren dabei, die die Jüngeren betreuten, beruhigend auf sie einredeten.

»Mach es dir nicht so schwer, Mädchen. Wehr dich nicht dagegen, dann geht es leichter.«

Natürlich wehrten die Mädchen sich. Sie wollen es nicht zur Welt bringen. Sie wussten, was dann passiert.

Es gab wehenfördernde Mittel. Damit die Terminplanung klappte. Aber natürlich nichts Schmerzlinderndes.

Wo ist das Kind?

Es ist doch ihr Patenkind. Sie sind dafür verantwortlich. Irgendwo lebt es. Sicher. Irgendwo, von einer anderer Familie aufgezogen, wo sie es vielleicht doch noch retten können. Auch solche Geschichten erzählt man diesen Kindern: dass die Kinder leben. In einer anderen Familie, aber sie leben. Solange die Paten brav sind, werden die Kinder weiterleben. Werden sie abtrünnig, dann hätten sie den Tod selbst verschuldet. Das sagt man ihnen. In Deutschland, in England, in Australien, in den Niederlanden, in vielen Ländern erzählt man ihnen diese Geschichten.

Das schafft eine starke Bindung.

Schließlich die Gewissheit, das Kind ist tot.

Als es geboren war, musste Grete Satan ewige Treue schwören. Dann würde sie ihr Kind behalten dürfen. Sagte man ihr. So schwor sie ewige Treue. Angela konnte es hören.

Grete.

Sie war sehr naiv, und sie war glücklich. Sie war nur für die Schwangerschaft da. Jene Persönlichkeit in Grete, die das Kind bekam. Die die Schwangerschaft und die Geburt erleben musste. Damit die anderen nichts, absolut nichts davon erleben mussten. Sich nicht erinnern mussten.

Als Grete geschworen hatte, erlaubte man ihr, das Kind zu behalten. Sechs Wochen. So lange, bis sie eine Beziehung zu ihm aufgebaut hatte.

Erst dann wurde es geopfert. Angela erinnerte sich, denn sie war wieder dabei gewesen.

Man rief Grete. Sie wusste nicht, warum. Sie sollte zur Zeremonie kommen.

Welche Zeremonie?

Zuerst begriff sie nicht. Sie könne leider nicht, sagte sie den Männern, sie müsse sich jetzt um ihr Baby kümmern. Das Kind müsse getauft werden, erklärte Grete den Männern, und später solle es eine gute Schulbildung bekommen. Dann fiel es ihr ein: Ob sie sie vielleicht deshalb jetzt holten?, fragte sie. Weil das Kind getauft werden sollte? Da lachten die Männer und sagten, das könnte man so sagen. Ja, ja, so eine Art Taufe sei es wohl.

Also nahm sie ihr Baby in den Arm und ging mit ihnen mit. Angela folgte.

Den Raum kannte sie noch nicht. Es war eine Halle mit einem Altar. Kerzen waren an den Wänden in Leuchtern untergebracht. Man nahm ihr das Baby aus dem Arm und legte es in eine Schale auf dem Altar. Die Männer in den Kutten stimmten Gesänge an, knieten nieder, gingen umher. Grete aber hatte nur ihr Baby im Blick.

Dann kam der Hohepriester und gab ihr das Messer in die Hand. Jetzt begriff sie: Sie sollte ihr eigenes Kind töten.

»Nein, nicht mein Baby!« Sie brach zusammen, heulte und schrie. Sie wurde geschlagen, getreten, an den Altar gezerrt. Zwei packten zu und hielten sie aufrecht, der dritte führte ihre Hand mit dem Messer.

Sie fühlte, wie das Messer die zarte Haut ihres Kindes durchschnitt. Das Baby schrie. Ihr Baby, das so köstlich duftete und kaum weinte. Ihr feines, sanftes, wehrloses Baby. Es starb.

Das Ritual erforderte, dass sie vom Blut trinken und vom Herz essen musste.

»Nein«, sagte sie, »ihr könnt mich umbringen, das tue ich nicht.« Man schlug sie. Sie weigerte sich. Man folterte sie. Sie weigerte sich.

Dann tat sie es plötzlich.

Es passierte einfach. Sie konnte es nicht verhindern.

Der Anteil von Angela, der zugeschaut hatte, wusste, was geschehen war: Grete war verschwunden. Eine andere hatte die Arbeit übernommen.

Das war der Fluch: Grete wäre lieber gestorben. Wenn sich das Überlebenssystem nicht eingeschaltet hätte.

Sie war fort, und zurück blieb eine andere.

Eine, die wie Angela in diesem Kult groß geworden war. Die wusste, was ihre Aufgabe war: Sie musste vom Fleisch essen und vom Blut trinken.

Sie aß und sie trank.

Wessen Blut es war, wusste sie nicht.

Auch Angela hatte mitmachen müssen: Man hatte sie gezwungen, das Kind zu halten. Auch sie hatte ein Stück vom Herzen essen müssen. Es war eine unerträgliche Schuld. Sie war so schuldig wie Grete.

Es dauerte 13 Jahre, bis sie sich diesem Grauen in sich wieder nähern konnten. Erst als sie Nina Temberg gefunden hatten, von der sie annahmen, dass sie ihre Geschichte vielleicht würde aushalten können. Aber auch dann dauerte es noch einmal sechs Jahre, bis sie mit ihr darüber sprechen konnten.

Wenn Nina zu Anfang gewusst hätte, was da auf sie zukam, hätte sie diese Jahre nicht auf sich genommen.

Vater

Sie zögern tagelang. Saturia ist die Persönlichkeit in Angela, die beobachtete hatte, was Grete geschehen war. Saturia ist zu schwach, um eine Traumabearbeitung durchzustehen. Die kleine Lena ist voller Sorge um sie.

»Wenn es so weitergeht, kommt Saturia in eine Anstalt«, berichtet sie ihrer Therapeutin die dramatischen Vorgänge im Inneren. »Sie wird verrückt. Sie sitzt immer nur da, hält Gretes totes Kind auf dem Schoß und schaukelt und weint und schaukelt und weint.«

Da entschließt sich Schwester Josefa, eine andere Innenperson, zu einer Art Integration mit Saturia, ein Gefühl, das beide als eine Art sanftes Verschmelzen erleben. Zusammen gehen sie in das Trauma hinein. Aber es funktioniert nicht.

Das Grauen ist zu tief. Zu dunkel ist, was sie erleben mussten.

Es lässt sich nicht auflösen.

Saturia kann nicht »nein« sagen. Wenn sie »nein« sagt, muss sie das tote Baby zurücklassen. Dort auf dem Altar. Bei Satan. Ihr Patenkind. Es ist nicht getauft. Ewig wird es in der Hölle brennen. Sie steht vor dem Altar, will bei dem Baby bleiben. Sie kann keinen Schritt gehen. Kann nicht loslassen. Die Verbindung zum Satanskult bleibt bestehen.

Sie schaffen es nicht.

Sie sind verzweifelt.

»Ich steige aus dem Vertrag aus«, sagt Traute.

Der Anti-Selbstmordvertrag. Sie will sich umbringen.

Die meisten anderen wollen auch nicht mehr.

Satan ist stärker. Er ist raffinierter. Tückischer. Er ist mächtiger.

Nina ist verzweifelt. Das kann doch wohl nicht sein! Sie muss etwas tun. Doch was?

Dem etwas entgegensetzen.

Mein Wort, denkt Nina, reicht nicht. Es muss eine Autorität sein. Etwas Starkes. Stärker als sie. Aber was?

Gott?

Es war Freitag. Ein ungewöhnlich warmer Freitagabend für Februar. Die Fensterflügel des Therapieraumes standen ein wenig offen, der Riegel war übergehakt. Durch das geöffnete Fenster hörten sie Glocken läuten. Die Kirche lag gar nicht so nahe, aber der Wind stand günstig an diesem Abend. Um diese Zeit läuteten die Glocken selten. Später erfuhren sie, dass auf diese Weise geläutet wird, wenn in der vergangenen Woche ein Gemeindemitglied gestorben ist.

Plötzlich will Traute in die Kirche.

Andere auch.

Nina fürchtet, dass sie sich dort etwas antun wollen.

Eine realistische Furcht, sie geben es zu.

Da fällt Nina der Pastor ein. Sie kennt ihn lange und gut, vertraut ihm persönlich. Schon einmal waren sie bei ihm. Damals, als Schwester Josefa getauft werden wollte. Angela Lenz, deren Eltern stets eine gottesfürchtige Fassade trugen, ist natürlich als Säugling christlich getauft worden.

Aber Schwester Josefa nicht. Schwester Josefa, eine tief religiöse Person, ist so gläubig, dass sich andere von Angelas Persönlichkeiten öfter über sie lustig machen. Sie tragen ihr immer noch nach, dass sie ihretwegen einmal beinahe in einem Orden gelandet wären.

Jener Pastor, ein alter Mann, hatte damals mit Schwester Josefa das Problem erörtert, ob eine nicht getaufte Innenperson einer getauften Multiplen Persönlichkeit getauft werden könnte. Sie wünschte sich sehr eine persönliche, eine eigene Taufe, nur für sich allein. Vielleicht hatte sie gespürt, dass die erste Taufe eine Farce gewesen war. Vielleicht hatte sie aber auch das Gefühl, die erste Taufe sei schon aufgebraucht, bei so vielen Personen und all dem, was geschehen war im äußeren und inneren Leben von Angela Lenz.

Anfangs war der Pastor verwundert. Nina Tembergs Einführung in die Problematik Multipler Persönlichkeiten war vielleicht etwas knapp ausgefallen. Aber schnell hatte er gespürt, wie ernst es Schwester Josefa war mit ihrem Wunsch. So hatte er sie auch ernstgenommen. Lange hatte er mit ihr gesprochen, ihr erklärt, dass eine Taufe sich nicht abnutzen würde im Laufe der Jahre und auch nicht verdünnbar sei.

Dass sie damals mitgemeint gewesen sei, auch wenn sie vielleicht noch gar nicht existiert hätte. Gott hätte sicher gewusst, dass sie kommen würde.

»Warum hat er es dann nicht verhindert?«, war es den zynischeren Persönlichkeiten von Angela Lenz durch den Kopf geschossen. Aber diese Gedanken erreichten Schwester Josefa nicht. Gebannt hatte sie gerade dem Pastor gelauscht, der ihr erklärte, dass der christliche Gott ein gütiger Gott sei, ein verzeihender Gott. Es war nicht mehr der Rachegott des Alten Testaments, den sie in ihrer Zeit beim »Jugendbund für Entschiedenes Christentum« kennengelernt hatte. Und während der Teufelsaustreibung.

Ein verzeihender Gott?

Das war etwas völlig Neues.

Schwester Josefa leuchtete es ein.

Verzeihen. Den Sektenkindern aber war das ein Beweis für Schwäche.

Draußen ist es inzwischen dunkel, es ist Nacht. Da entschließt sich Nina Temberg, diesen Pastor anzurufen.

Er versteht sie schnell, ist seit der ersten Begegnung mit Angela Lenz mit ihrer Therapeutin im Gespräch geblieben und hat sich intensiv mit Dissoziation und MPS beschäftigt. Der Küster öffnet die Kirche. Als sie ankommen, brennen alle Lichter.

Sie gehen hinein, Nina Temberg und Angela. Setzen sich verzagt auf die letzte Bank. Der Pastor kommt auf sie zu.

Nina stellt vor: »Dies ist Saturia. Sie musste mithelfen, ein Baby dem Satan zu opfern. Und jetzt will sie sich selber opfern.«

Der Pastor begrüßt sie. Nimmt ihre Hand. Dann geht er mit ihr zum Altar. Ein ungewöhnlicher Altar. Kein Folteropfer hängt daran, kein gekreuzigter Mensch. Der auferstandene Jesus steht vor dem Kreuz. Die Jünger sind fröhlich, voller Hoffnung.

Nun erklärt der Pastor Saturia, Jesus sei das Opfer aller Opfer. Nach Jesus müsse sich niemand mehr opfern. Man muss sich nur in die Hände von Jesus begeben.

Verrat!, schreit es innen.

Saturia und Nina knien nieder. Hinter ihnen steht der Pastor und betet zu Gott.

Laut.

»Vater«, sagt er, und das Wort löst Schauer des Entsetzens und der Wonne in Angela aus. »Vater, wir danken dir, dass du uns so unendlich lieb hast, dass du deinen eigenen Sohn geopfert hast. Wir wissen, dass wir kein neues Opfer bringen müssen, weil Jesus alle Opfer in sich vereinigt. Niemals mehr ist ein neues Opfer nötig. Wir sind deine Kinder, Vater, und wir danken dir, dass jedes Kind, das auf die Welt kommt, von dir gesegnet ist. Dein Segen ist nicht von den Menschen abhängig. Wir danken dir, Vater, dass dieses tote Kind nun bei dir ist, weil du es in deiner Güte und Gnade zu dir genommen hast.«

Er betet für Saturia und das Baby. Er bittet Gott, dass Saturia das Baby loslassen und in Gottes Hände geben kann. Dann segnet er sie und das Baby. Im Namen Gottes vergibt er ihr.

Es erreicht sie im Inneren.

Gemeinsam sprechen sie das Vaterunser.

Für die Sektenkinder ist dies das absolute Sakrileg: Überlaufen zum Christentum.

Für Saturia ist es die Erlösung.

Es gäbe Worte im Vaterunser, die würde sie nie sagen können, erzählt Traute dem Pastor, als sie die Kirche verlassen. Das seien die Worte: »... wie wir vergeben unseren Schuldigern.«

Das kann er verstehen. Er hat den Zweiten Weltkrieg erlebt. Vier Jahre in Russland. Er erzählt ihr von seiner Kriegszeit. Hinterher, genauso lange, wie er im Krieg war, hätte er diese Worte nicht aussprechen können.

»Aber auch das kann man mit Jesus bereden. Man muss nicht gehorsam und ergeben vor dem Altar stehen. Man kann auch seine Wut und Verzweiflung herausschreien.«

Ein neuer Gedanke.

Dann nimmt er sie in den Arm. Ein wenig. Ganz vorsichtig. Er spürt die Grenzen genau.

»Ungefähr so«, sagt Traute später, »wie es vielleicht ein richtiger, ein guter Vater getan hätte.«

Als sie die Kirche verlassen, spürt Nina Temberg in ihrer Klientin eine ganz neue Ruhe.

Aber sie bemerkt auch, dass die Sektenkinder wieder in ihr Trauma hineingerutscht sind. Für sie ist jede Kirche ein Horror. Sie haben die Worte kaum hören können. Kirche, das bedeutete für sie immer auch das Gegenteil: Ein Kreuz, ein Kelch, Kerzen, der Hall der Schritte im hohen Kirchenschiff, die sakrale Atmosphäre, damit hat auch der Kult gearbeitet. Sie rutschten wieder in die andere Welt zurück: Gleich kommt der Hohepriester, und die Folter beginnt.

»Nein«, sagt Nina Temberg, wie schon so oft. »Hier, nimm meine Hand, mach die Augen auf. Ihr seid hier. Bei mir. In Sicherheit. Niemand tut euch weh. Schaut auf den Boden. Fühlt doch mal hin. Dies ist eine Straße. Fester Boden. Wir gehen jetzt nach Hause.

Es ist vorbei.«

Endora öffnet die Augen. Sie schaut sich um. Das Licht der Straßenlaternen schmerzt. Immer war sie in der Dunkelheit. Sie holt Luft. Die Luft ist kühl, aber frisch. Zum ersten Mal spürt sie, die in der Satanssekte aufgewachsen ist, so etwas wie Hoffnung.

»Eines Tages«, sagt sie nach einer Weile, »eines Tages vielleicht, wenn wir unsere Geschichte aufgearbeitet haben, dann werden wir in die Kirche gehen können, und es wird in Ordnung sein. Einfach in Ordnung.«

»Vielleicht«, fügt sie hinzu und blickt Nina an.

Der vierte Zeuge: Das Versorgungsamt

Am 16.1.1996 erhält Angela Lenz einen Bescheid vom Versorgungsamt. Sie ist nach dem Entschädigungsgesetz für Opfer von Gewalttaten anerkannt als schwerbeschädigt infolge extremer Gewalterfahrung in früher Kindheit.

Üblicherweise wird diese Anerkennung von einem Gerichtsverfahren abhängig gemacht: Die Täter müssen angezeigt werden. Nur wenn mit einer Anzeige erhebliche Gefahr für Leib und Leben der Anzeigenden verbunden sind, kann darauf verzichtet werden. Ein Glaubwürdigkeitsgutachten tritt an die Stelle der Anzeige.

Man glaubt ihr.

Angela Lenz erhält eine Rente, weil sie aufgrund der extremen Gewalterfahrungen in früher Kindheit nicht in ihrem erlernten Beruf arbeiten kann.

Dem Beruf der Erzieherin.

KAPITEL 8

GEGENWART

Ten Years After[107]

Den Kontakt zu Angela Lenz hielt ich weiter, auch nach Erscheinen der Erstausgabe dieses Buches. Manchmal vergingen Wochen, dann wieder Monate zwischen unseren Gesprächen. Da sie in einer anderen Stadt wohnt, sah ich sie nur selten, manchmal telefonierten wir, oder sie schickte mir ein Fax – inzwischen eine veraltende Technik. Sehr früh stieg sie auf E-Mail um. Sie antwortete immer, wenn ich ihr mailte. Manchmal nahm sie von sich aus Verbindung auf, eher reserviert, nie aufdringlich.

In der ersten Zeit nach Erscheinen des Buches hielten alle, die das Projekt begleitet hatten, ein wenig den Atem an: Was würde geschehen? Scheinbar passierte wenig. Schon vorher hatte es Einschüchterungsversuche – auch der Autorin gegenüber – gegeben, Verursacher ließen sich aber, bis auf einen Fall, nicht nachweisen. Ich beschloss, es zu ignorieren. Beschaffte mir aber eine Garage für meinen Wagen.

Nach zwei Jahren sagte Angela Lenz, der Preis, den sie für die Entstehung des Buches gezahlt habe, sei zu hoch gewesen. Doch was sie damit meinte, erklärte sie nicht.

Auf anderer Ebene gab es Veränderungen: Von 1996 bis 1998 beschäftigte sich eine Enquete-Kommission des Bundestages mit »Sog. Sekten und Psychogruppen«. Aus guten Gründen: 1994 hatten 50 Anhänger der Sonnentempler-Sekte in der Schweiz einen angeordneten Selbstmord durchgeführt. 1995 ermordete die Aum-Sekte bei einem Giftgasattentat in der Tokioter U-Bahn zwölf Menschen und verletzte mehr als 5000. Der Terror der Sekte richtete sich auch gegen Gruppenmitglieder: Aussteiger wurden gefoltert oder mit chemischen Mitteln einer Gehirnwäsche unterzogen.

Man begann auch in Deutschland das Problem wahrzunehmen. *Scientology*, die sogenannten Jugendsekten wie *Transzendentale Meditation*, auch die *Zeugen Jehovas* wurden kritischer gesehen. Fundamentalistische Abspaltungen christlicher Kirchen kamen genauso in den Fokus wie esoterische Gruppen und Satanisten.

Ende 1996 hatte Silvia Eilhardt, Sektenberaterin in Witten[108], die Enquete-Kommission auf spezielle Entwicklungen im Bereich Satanismus aufmerksam gemacht, über »rituelle Gewalt« und aktuelle Veröffentlichungen zu diesem Phänomen informiert, auch über dieses Buch. Die stellvertretende Vorsitzende der Enquete-Kommission, die SPD-Abgeordnete Renate Rennebach, zeigte sich beeindruckt von Angelas Schicksal, verlangte aber Zahlen.

Aus verschiedenen Regionen Deutschlands kamen Berichte über Fälle ritueller Gewalt – doch wo waren die Beweise? In manchen Berichten wurden rituelle Morde erwähnt – doch wo waren die Toten?[109] Oft lagen die Taten Jahrzehnte zurück. Dort, wo eine von Angelas Innenpersonen mithelfen musste, ein Kind zu vergraben, steht heute ein Hotel – soll man es nun abreißen?

Mehrere Fernsehdokumentationen griffen das Thema ritueller Gewalt auf[110], gewannen angesehene Medienpreise, lösten sogar Ermittlungen aus. Doch vieles davon verlief im Sande, manche Angaben erwiesen sich als fragwürdig oder sogar unhaltbar. Anderes aber wurde trotz vieler Indizien nicht weiter verfolgt. Einen Fall stellt der Fernsehjournalist Rainer Fromm in »Anklage unerwünscht«[111] dar. Vergleichbare Verläufe kenne ich aus München, Unterfranken, Berlin, Thüringen, Flensburg und anderen Regionen Deutschlands. Doch die Dissoziative Identitätsstörung ist ein Schutzmechanismus, der die Speicherfähigkeit des Gedächtnisses und die Orientierung in der Zeit beschädigt. Nicht nur für die Betroffenen, auch für die Ermittlungsbehörden ist das ein Problem.

Je deutlicher das Thema und auch die Betroffenen in der Öffentlichkeit sichtbar wurden, desto stärker wurde auch die Gegenreaktion, der »Backlash«. Kein Wunder, nichts bedroht so sehr unser Gefühl von relativer Sicherheit im Leben als der klare Blick für das Ausmaß der Gewalt, dem kleine Kinder durch Menschen ausgesetzt sind, die eigentlich ihre Beschützer sein sollen. Genau dort, sagt die amerikanische forensische Psychologin Anna Salter, »liegt der Grund, warum der Backlash in den letzten Jahren so stark Fuß fassen konnte: Wir haben kollektiv den Glauben der Leute vernichtet, dass sie in Sicherheit sind«. Salter, die Sexualstraftäter begutachtet und Opfer therapiert, fügt hinzu: »Wenn man den Glauben der Leute an ihre Sicherheit aufmischt, hackt man gegen eine Pfahlwurzel, die so tief ist, dass man froh sein kann, wenn man nicht gelyncht wird.«[112] So heftig wie in den USA war die Gegenreaktion in Deutschland nicht. Fundamentalistische Strömungen, die das Tabu der heilen Familie mit Macht und Gewalt verteidigen wie in den USA, sind bei uns nur in Ansätzen vertreten.

Doch zweifellos gibt es auch hier Menschen, die sich multipel fühlen, es aber nicht sind. Auch ich erhielt Briefe von Frauen, die meinten, vom selben Täter missbraucht worden zu sein wie Angela Lenz – doch die meisten hielten das Täter-Pseudonym im Buch für den wirklichen Namen. Jedes spektakuläre Medienereignis löst Trends aus, jeder spektakuläre Mordfall auch falsche Geständnisse – die Polizei weiß das.

Und schließlich gibt es auch Therapeuten, die fahrlässig oder gewissenlos mit sehr beeinflussbaren Patienten und Patientinnen arbeiten. Wie in jedem Beruf finden sich auch auf diesem Feld Dilettanten und Verbrecher, so traurig das ist. In seinem Film »Multiple Persönlichkeiten – Wahn der Therapeuten?« stellt der WDR-Redakteur Felix Kuballa einen Fall von Fahrlässigkeit vor.[113] Allerdings zieht er den unzulässigen Schluss vom Einzelfall auf alle multiplen Menschen in der Welt. Ein Fachverband von Traumatherapeuten wehrte sich gegen diese pauschale Unterstellung.[114] Ein anderer Fall wurde 2006 bekannt, als in Köln eine Frau mit dissoziativer Identitätsstörung Anzeige gegen ihren Betreuer, einen Therapeuten, erstattete, der laut ihrer Anzeige verschiedene ihrer Persönlichkeiten für finanzielle und sexuelle Dienstleistungen benutzt hatte.

Was nun? Sollten Therapeuten zu Ermittlern werden? Eine absurde Erwartung. Dennoch: Der Fachverband von Traumatherapeuten machte sich daran, wenigstens eine Vorstellung von Anzahl und Ausmaß der berichteten Straftaten zu bekommen. Ein kurzer Fragebogen wurde verschickt an 355 Kliniken, Ärzte, Therapeuten und Beratungsstellen, die mit Schwertraumatisierten arbeiten. Eine Pilotstudie, eilig verfasst, mit Mängeln, angreifbar, aber sie zeigte Tendenzen auf. 1997 wurden erste Zahlen auf einer Tagung vorgestellt. Bei einer Rücklaufquote von 32 Prozent ergaben sich 271 Berichte von Fällen ritueller Gewalt. Die Traumatisierungen, bei denen es um Schwerkriminalität ging, und das Ausmaß der Folgestörungen waren so erschreckend, dass einige es nicht ertrugen und den Raum verließen. Vielen ausgefüllten Fragebögen lagen zusätzliche Blätter mit weiteren Fallschilderungen bei. Manche Therapeuten bedankten sich, dass überhaupt jemand nach den Opfern dieser Gewalttaten gefragt hatte.

Lange Zeit blieb diese Studie nichts anderes als zwei dickgefüllte Aktenordner, die an meinem Schreibtisch lehnten. Dann ging mir auf, dass ich darin nicht nur Statistik beherbergte, sondern auch – teilweise sehr detaillierte – Schilderungen von Schwerkriminalität.[115] Seither lagerte das Material im Panzerschrank einer Anwaltskanzlei, bevor es dann in der Medizinischen Hochschule Hannover ausgewertet wurde.

Ich hatte also eine Grenze überschritten, ein journalistisches Tabu gebrochen, mich eingemischt. Die öffentliche Abwehr, das Leugnen waren so mächtig, dass es mit dem Beschreiben allein nicht getan schien. Um überhaupt die Bereitschaft zu wecken, derart archaische Rituale in unserer Gesellschaft für denkbar zu halten, trat ich Fachgesellschaften bei, forschte über Tabuthemen, suchte Parallelen in anderen Bereichen: Mafia, Kindersoldaten, Amnesty International über politische Folter.

1. Die Existenz der Mafia ist unbestritten.[116] Was sind ihre Strategien? Wie erzwingt Mafia lebenslange Bindung und absolutes Schweigegebot? Einer der es wissen muss, Girolamo Lo Verso, erläuterte mir, wie das funktioniert.[117] Der Professor vom Institut für Psychologie der Universität Palermo therapiert seit vielen Jahren Mafia-Familien. Familien, in denen mindestens eines der Kinder zum Töten erzogen wurde. Die dissoziativen Phänomene, die Lo Verso beschreibt, gleichen denen von Überlebenden ritueller Gewalt in Deutschland. Die Techniken der Konditionierung ebenfalls: Mit etwa sieben Jahren muss der Junge ein Tier töten, später einen Menschen mit einem Stock quälen. Dann folgt ein Mord.

Beeindruckend ist Lo Versos Schilderung, wie er mit der eigenen psychoanalytischen Ausbildung zu kämpfen hatte, wenn Patienten von ihrer Angst berichteten, dass ihr Vater oder Großvater plane, sie umzubringen, und wie ihm aufging, dass seine Patienten weder paranoide Wahnvorstellungen noch Übertragungen ihrer eigenen kindlichen ödipalen Wünsche beschrieben, sondern die nackte sizilianische Realität. Weder er noch andere Fachleute aus Süditalien hatten ihren Patienten diese Horrorstorys über organisierte Gewalt eingeredet. Derartige Verbrechen werden dort seit Jahrzehnten, vermutlich seit Jahrhunderten verübt. Die Mafia hat eine eigene Kultur, eine eigene Symbolsprache entwickelt, die wenig Worte braucht und Außenseiter nicht entschlüsseln können.

Die blutigen Morde an sechs Italienern am 15. August 2007 vor einer Duisburger Pizzeria zeigen weitere Parallelen zu Berichten von

Opfern ritueller Gewalt: Auch hier werden christliche Feiertage pervertiert. Die Taten wurden – vermutlich von Mitgliedern der kalabrischen Mafia »Ndrangheta« – an einem der höchsten katholischen Feiertage verübt: Der 15. August ist Mariä Himmelfahrt. Die italienische Polizei geht davon aus, dass sie den Mord an einem Mitglied eines verfeindeten Mafia-Clans rächen sollten, der Weihnachten 2006 begangen wurde.[118] Am 15. August werden übrigens in vielen katholischen Kirchen immer noch Kräuter geweiht. So vermischen sich Religion, heidnisches Brauchtum und Gewalt.

2. Kindersoldaten waren Ende der 90er Jahre hin und wieder Thema der Medien. Bis zu 25 Prozent der kämpfenden Truppen vieler Länder bestehen inzwischen aus Kindern und Jugendlichen zwischen zehn und 18 Jahren. Wie wird ihnen das Töten beigebracht? »Gewaltsame Entführungen von Kindern«, schreibt Friedhelm Solms im Friedensgutachten 1998, seien »nur der erste Schritt eines Prozesses, in dem mit Angst, Einschüchterung, Brutalität und besonders infamen psychologischen Manipulationen aus den verängstigten, zwangsrekrutierten Kindern auf unbedingten Gehorsam gedrillte Killer gemacht werden. Wie bei Erwachsenen in vielen regulären Armeen ... gehören dazu auch besonders sadistische Initiationsriten. Kindersoldaten aus Kolumbien wurden gezwungen, das Blut der Tiere zu trinken, denen sie zuvor die Kehle durchschneiden mussten. Aus anderen Ländern ist belegt, dass man von Kindersoldaten rituelle Akte von Kannibalismus an den von ihnen zuvor erschossenen Opfern verlangt hat.«[119]

Der Umweg über ferne Grausamkeiten rückt Undenkbares ein wenig näher.

3. In Berichten von Kindersoldaten, von Mafiosi und von Menschen mit multipler Persönlichkeit taucht eines immer wieder auf: die Folter. Körperliches und seelisches Leid bis zu unerträglichem Schmerz,

bis zum Tod, absichtlich, grausam, erniedrigend. Unmenschlich – aber immer von Menschen erdacht und durchgeführt. Beteiligt sind mindestens zwei Menschen, der Folterer und das Opfer.

Es ist eine bittere Wahrheit, dass fast alle Menschen latent fähig sind zum Foltern. Wird Folter mit »ethischen« Gründen oder sogenannten Sachzwängen gerechtfertigt, fällt es umso leichter. Wenn wir das aus den Erfahrungen der Nazi-Zeit nicht begriffen haben, dann spätestens seit dem berüchtigten Milgram-Experiment 1962, das die Bereitschaft »ganz normaler Menschen« untersuchte, sich einer Autorität zu beugen und unmenschliche Anordnungen zu befolgen: scheinbar tödliche Elektroschocks als Lernhilfe.[120]

Folter soll Widerstand und Willen brechen. Mit ausgefeilten Techniken setzt sie die seelische Verarbeitung außer Kraft. Folter-Überlebende sind extrem traumatisierte Menschen. 106 Länder der Welt, so schätzt Amnesty International, foltern und bilden Folterer aus, manche davon acht- bis fünfzehnjährige Kinder.

Folter, so Amnesty International, »ist die einzige Form von Gewalt, die ein Staat immer leugnen wird«. Das heißt, dort, wo Folter durchgeführt wird, wird sie auch geleugnet. Sollte eine Tat dokumentiert worden sein, wird sie schnell in die Verantwortung Einzelner geschoben oder als letztes Mittel des Staates gegen terroristische Aktionen gerechtfertigt. Selten scheint die Wahrheit auf, so wie zum Beispiel am 21. Juni 2007, als die CIA einige Geheimdokumente über dunkle Ecken der eigenen Vergangenheit veröffentlichte. In dürren, kalten Worten ist da die Rede von »Experimenten zur Verhaltensänderung an ahnungslosen U.S.-Bürgern«.[121] Manche Überlebende ritueller Gewalt in den USA berichten von diesen Experimenten. Manche in Deutschland auch.

Einige Inszenierungen von politischer Folter wirken genau so realitätsfern, skurril oder archaisch wie manche Schilderungen von Überlebenden ritueller Gewalt. So kommt es, dass die Opfer für verrückt oder für Lügner gehalten werden – manchmal auch von sich selbst – und dass ihnen bei polizeilichen Vernehmungen nicht geglaubt wird.

Ein Therapiebuch für Folter-Überlebende erklärt die Strategie: »Folter beinhaltet oft den Aspekt des Irrealen. Die Furcht des Opfers vor Halluzinationen oder davor, verrückt zu werden, wird von den Folterern gezielt ausgenutzt. Beispielsweise wird ein Gefangener gefragt: Warum hast du gelacht? Warum rufst du ständig diese Namen? –, wenn kein Lachen und kein Wort geäußert wurden.« Ein Folter-Überlebender gab an, dass Frauen den Raum betraten, während er an einem Arm und einem Bein aufgehängt in der Luft »schwebte«. Die Frauen entledigten sich aller Kleidung, eine setzte sich rittlings auf seinen Körper und benutzte ihn als Schaukel.[122]

Manche Schilderungen von Angela Lenz und anderen Überlebenden von destruktiven Kulten, Kinderfolterfilmen oder Kinderbordellen lassen sich vor diesem Hintergrund besser verstehen.

Hierzu die Therapeutin Michaela Huber: »Die Elemente ritueller Gewaltinszenierungen sind in höchstem Maße tranceinduzierend, verwirrend und dienen dazu, eine komplette Zäsur zum Alltag zu schaffen. Dieser Aufbau ist besonders geeignet, Dissoziationen zu produzieren. Alles, was der Zäsur folgt, wird in der Erinnerung tief abgesenkt in einen Bereich, der mit dem Alltag nichts zu tun hat.«

Ein Schlaglicht auf solche Gewalttaten warf 1998 der Prozess gegen René Osterwalder. Das Verfahren gegen den Schweizer Unternehmer und Familienvater fand unter Ausschluss der Öffentlichkeit statt. Osterwalder erhielt 17 Jahre Gefängnis und Sicherheitsverwahrung, weil er Kinder gefoltert hatte, von denen das Jüngste erst zehn Monate alt war. Die Beweise hatte er selbst gefertigt: Videos, die dem Gericht vorlagen. Er hatte die Kinder unter Wasser gedrückt, durch Ersticken und mit Elektroschocks gefoltert und in Todesnähe gebracht. Immer wieder, bis sie keinen Schmerz mehr zeigten, ihn also dissoziierten.

Der Mutter fiel am Abend jenes langen Tages nur auf, dass die Kinder »irgendwie müde waren«. Sie waren zu jung, um zu erzählen, warum.

»Wie gut, dass die Kinder noch so klein waren«, sagte die junge Schweizer Journalistin im Gerichtssaal neben mir, als wir detailliert die Straftaten hören mussten. »Sie werden sich nicht erinnern.« Welch ein Irrtum! Dass Kinder, die noch nicht sprechen, sich auch nicht erinnern können, ist genauso ein Mythos wie der frühere Irrglaube, dass Säuglinge keinen Schmerz empfinden. Sie erinnern sich sehr wohl. Aber nicht Worte, sondern Symptome erzählen ihre Geschichte: eine Vielfalt neurobiologischer Reaktionen, aber ein Mangel an geordneten Erinnerungen. Der Preis ihres Überlebens kann eine posttraumatische Belastungsstörung sein; Panikattacken, Bindungsstörungen, körperliche, sexuelle Störungen, Alpträume oder Flashbacks, wenn ein Geruch, ein Anblick an das Erlebnis erinnern. Vielleicht versuchen sie dann, ihre Erinnerungsbruchstücke mit Alkohol oder Drogen zu vertreiben.

Der Kommentar der Kollegin zeigte mir, wie wenig von den Folgen der Gewalt bisher im Bewusstsein der Öffentlichkeit angekommen war. Doch genau dies war Angelas Anliegen gewesen, als sie mir ihre Geschichte erzählte: unser Bewusstsein über die Folgen der Gewalt zu verändern.

Endlich horchte die Politik auf. Im März 1998 fand in Bonn eine nicht-öffentliche Anhörung der SPD-Bundestagsfraktion statt: »Destruktive Kulte und Rituelle Misshandlung: Opfer, Täter und Konsequenzen für die Politik«. Anwesend: Ulla Schmidt – damals noch nicht Gesundheitsministerin, Edith Niehuis, Dr. Cornelie Sonntag-Wolgast, Hanna Wolf, Prof. Dr. Jürgen Meyer, Sprecher der Arbeitsgruppe Rechtspolitik und Fachmann für Menschenhandelsdelikte. Erste Zahlen unserer Pilotstudie über rituelle Gewalt in Deutschland wurden genannt. Zwei Monate später richtete die SPD-Fraktion eine Kleine Anfrage an die Regierung: »Rituelle Gewalt in Kinderhändlerringen und destruktiven Kulten«.

Eine Bundestagsanfrage ist ein interessantes demokratisches Instrument. Oft dient sie mehr dazu, die Regierung mit bestimmten Fakten zu konfrontieren und ihre einzelnen Institutionen zu einem Informationsaustausch zu zwingen, als diese zum Handeln zu bewegen. Einige Zeitungen berichteten über die von Sachkenntnis kaum getrübten Antworten der Regierung – damals noch die CDU/CSU-FDP-Koalition.

Im Sommer 1998 erschien der Endbericht der Enquete-Kommission »Sog. Sekten und Psychogruppen«. Von »Einzelfallschilderungen (ritueller Gewalt) von hoher Plausibilität«, »Verbindungen bis in die Nazi-Ära« und von Folterungen war die Rede. Das Ergebnis: »Von der Existenz solcher Kulte ist auszugehen.« Aber auch von einer »gespaltenen Datenlage«: »Nahezu drastisch zu nennende Minimalzahlen ... »andererseits keine Bestätigung ... durch die Polizei- und Ermittlungsbehörden.« Die Kommission empfahl, durch Forschungsarbeiten, Sonderkommissionen, polizeiliche Fortbildungen die Phänomene des rituellen Missbrauchs weiter zu erhellen.

Im Herbst 1998 weckte eine Konferenz zu »Kindesentführung und Kindesmissbrauch in der EU« im Europäischen Parlament in Brüssel viel Hoffnung auf Veränderung. Erst zwei Jahre lag der »Weiße Marsch« in Brüssel zurück, die Protestdemonstration von mehr als 300 000 Menschen wegen verschleppter Ermittlungen nach den Kindermorden und -entführungen durch Marc Dutroux. Im April 1998 war Dutroux für kurze Zeit aus dem Gefängnis entflohen. Die Menschen waren wütend und unruhig.

Dann folgte der Regierungswechsel in Deutschland. Die Erwartung, nun, da die SPD an der Regierung war, würde es leichter gehen, erfüllte sich nicht. Eine SPD in Regierungsverantwortung ist nicht dasselbe wie eine SPD in der Opposition. Das politische Interesse erlosch. Rituelle Gewalt ist offenbar ein Thema, mit dem sich hervorragend die

Unkenntnis einer Regierung »vorführen« lässt; stellt man jedoch selbst die Regierung, will man sich nicht die Hände schmutzig machen. Informell und nicht zitierbar äußerten einige parlamentarische Mitarbeiter der jungen Berliner Republik die Vermutung, Politiker quer durch alle Parteien befürchteten die Verwicklung eigener Leute, und scheuten deshalb davor zurück, Licht in dieses Dunkel zu bringen. Mut ist kein Merkmal der herrschenden Klasse.

Die kleine Traute

1999

- Massaker an der Columbine High School bei Littleton/USA
- Osama-bin-Laden Drahtzieher der Anschläge auf US-Botschaften in Nairobi und Daressalam.
- NATO-Truppen marschieren in das Kosovo ein.
- Spendenaffäre der CDU erschüttert – kurz – die Republik.
- Rammstein veröffentlicht das Album »Live aus Berlin«.
- »Ärzte ohne Grenzen« erhalten den Friedensnobelpreis.

Immer wieder abstürzen

In diesem Jahr beendet Angela Lenz ihre Therapie bei Nina Temberg. Nach neun Jahren. Auch Nina Temberg ist erschöpft. Vielleicht ist ihr Respekt vor Angelas dunklen Persönlichkeiten zu groß. Oder beide brauchen eine Phase der Erholung. Auch voneinander.

Ein Umzug in eine weit entfernte Stadt bringt neue Unruhe in Angelas Leben. Alte Ängste brechen auf. Hält ihre Beziehung? Hat das Leben Sinn?

Eine neue Innenperson taucht auf: die kleine Traute. Warum ist sie da? Ich erfahre es nicht. Angela schreibt in einer E-Mail: »Die kleine Traute ist schüchtern und unsicher und eben klein, aber sie ist eben auch so echt wie große Traute, und sie ist wie wir.«

Lange findet Angela keine stabile Basis. Sie bemüht sich um Arbeit, aber Panikattacken schießen dazwischen. Schließlich erscheint ihr der Selbstmord als einzige Lösung. Der Bericht über die Tage im Krankenhaus liest sich vertraut: am ersten Tag schwer depressiv, suizidal, ohne Hoffnung. Am zweiten Tag voller Zuversicht und Pläne.

Langsam geht es bergauf. Allmählich findet Angela Lenz sich wieder besser zurecht. Eine Verhaltenstherapie allerdings, mit der sie ihre Panikattacken reduzieren will, ist zu konfrontativ und muss abgebrochen werden. Im Alltag, zu Hause, funktioniert Angela. Unter fremden Menschen wird es schwierig.

Da Angela Lenz eine Rente nach dem Opferentschädigungsgesetz erhält, muss sie sich immer wieder begutachten lassen: Geht es ihr besser, ist sie arbeitsfähig, kann die Rente gekürzt, vielleicht ganz gestrichen werden? Die häufigen Untersuchungen und Befragungen durch fremde, wechselnde Gutachter sind eine weitere Belastung.

Nur wenige formulieren das Problem so klar wie Dirk Schröder, Chefarzt der Psychiatrischen Abteilung des St. Vinzenz Hospitals in Wesel: »Keine der einzelnen Persönlichkeiten«, sagt er 2006 in einem Vortrag zu Dissoziativen Identitätsstörungen, »kann ein Gesamtbild der Störung geben, daher wird sie oft nicht erkannt und falsch diagnostiziert.« So ist es. Doch nur wenige Gutachter haben das begriffen. Die meisten halten ihr Gegenüber beim Gutachten für die Gesamtpersönlichkeit. Oft reden sie aber nur mit der ahnungslosen »Gastgeberin«, denn andere lassen sich nicht blicken.

Leider gerät Angela Lenz oft an die falschen. Einer bezweifelt explizit ihre lange Trauma-Geschichte. Dann fügt er an: »Da Sie niemanden angezeigt haben, sind Sie schuld am Leid und Tod weiterer Kinder.«

Da bricht sie zusammen. Er trifft den Nerv, die tiefsten Schuldgefühle.

Aber sie hat Kraft und wehrt sich schließlich.

Politisch war das Thema inzwischen nicht mehr unter dem Deckel zu halten. 2002 verwies die Brüsseler EU-Konferenz »Gegen Menschenhandel«[123] auf die Kleine Bundestagsanfrage von 1998. Menschenhandel: die Benutzung von Menschen wie Ware. Das gilt in der »Kinderporno«-Industrie sicher genauso wie in Armeen, die Kindersoldaten benutzen, in Diebstahlbanden konditionierter rumänischer Kinder und für andere Opfer ritueller Gewalt.

2005

- Angela Merkel wird deutsche Bundeskanzlerin.
- Als erster Staat Afrikas beendet Benin weibliche Genitalverstümmelung.
- Vier Selbstmordattentäter in Londoner U-Bahnen töten 56 und verletzen 700 Menschen.
- Der Hurrikan »Katrina« verwüstet New Orleans.
- Archäologin Susanne Osthoff wird im Irak entführt.
- Paul Schäfer, Gründer der Colonia Dignidad in Chile, wird verhaftet.
- Fußballwettskandal des DFB
- Punk-Band »Böhse Onkelz« löst sich auf.

Immer wieder aufstehen

Im Jahre 2005 bitte ich Angela Lenz, ihre Entwicklung in den letzten zehn Jahren zu schildern. Dies sind Auszüge aus ihrer Antwort:

Hallo Ulla,

da hast Du mir ja mit Deiner Aufforderung eine schlaflose Nacht bereitet. Ich habe mir das so einfach vorgestellt. Ich schreibe in ein paar Sätzen, wie es allen geht und fertig. Da hab ich mich echt getäuscht. Klasse. Nur weil ich im Alltag nicht alles mitbekomme. Ich bin eben manchmal etwas vor-

eilig in meinen Antworten und Reaktionen. OK, ich werde trotzdem versuchen, ein wenig zu schreiben.

Fangen wir mit den ›normalen‹ Kindern an. Darunter verstehe ich die Kinder, die den ›normalen‹ häuslichen Missbrauch erlebt haben. Also keine Sekte und keine Kinderpornografie ... Diesen Kindern geht es ziemlich gut und eigentlich gibt es die meisten in der Form auch gar nicht mehr. Lena ist z.B. noch da, aber sie hat sich mit einer ganzen Reihe anderer Kinder zusammengetan, so dass es jetzt weniger Kinder sind. Das ist einfach so geschehen ... Ich selber habe das gar nicht so mitbekommen.

Ich bin ja mittlerweile auch eine Fusion aus Martha, Miranda, Magda und Angela. Es ist im Alltag nicht mehr nötig so getrennt zu sein, und so sind wir eine Einheit. Allerdings können wir uns in Extremsituationen wieder für kurze Momente trennen. Das ist anders als bei den Kindern. Aber es ist so, dass wir vier eben doch eine Person darstellen. Man kann den Unterschied zwischen uns nicht mehr feststellen. Behaupte ich. Das liegt wohl daran, weil der Alltag es nicht mehr fordert. Wir können ein normales Leben leben und sind auch leistungsfähiger. Allerdings nur in unserer Wohnung. Das ist das riesige Problem. Früher, als wir alle noch so weit getrennt waren, dass auch einer ganz alleine draußen sein konnte, konnten wir draußen mehr machen. Heute haben wir so viel Angst vor dem Leben, den Menschen und der Welt, dass wir zwar draußen einkaufen gehen und die Dinge tun, die nötig sind, aber sonst nur in der Wohnung sind. Alles, was wir außerhalb der Wohnung machen, kostet uns unendlich viel Kraft. Das ist der Preis des Näherkommens. Noch ein Preis ist die Depression und Müdigkeit, die uns immer wieder fast umhaut. Viele Erlebnisse und Erinnerungen sind nun ganz in unserem Bewusstsein und damit auch die Gefühle dazu. Sie sind nicht mehr mit den einzelnen Personen abgespalten, sondern sie sind da. Nun müssen wir damit leben. Es ist verdammt schwer.

Einige andere der ›normalen‹ Personen haben andere Aufgaben übernommen. So sind einige der Jungens (Sigurd, Chris, Jimmy) ganz weit hinten bei den ‚Sektenkindern' und passen auf, dass sie nicht raus kommen und das Gesamtsystem überfluten. Da wir uns in der Therapie gerade noch mal ganz vorsichtig dran wagen, weil es ganz wichtig ist, besteht auch eine große Gefahr. Ich möchte jetzt nicht so viel drüber schreiben. Der ganze Raum ›Sekte‹ ist ziemlich heftig da zurzeit. Wir wissen zwar vieles vom Kopf her. Aber wenn wir jetzt dran gehen, kommen die ganzen Gefühle dazu, und das ist .....

Traute ist nach wie vor die Oberinstanz, S. Josefa ist sehr liberal geworden und hat sich durch Eugen Drewermann sehr verändert. Sie lebt heute einen Glauben voller Liebe und Barmherzigkeit, und die ganzen Dogmen und Gesetze sind weg. Das ist sehr erholsam und schön für uns alle. Frieda hat/macht manchmal noch Probleme. Sie ist sehr impulsiv und wenn jemand uns zu nahe kommt, auch verbal, dann schlägt und schimpft sie schnell los. Außerdem hat sie Angst davor, wieder auf die Straße zu müssen. Immer wenn es wirtschaftlich etwas eng wird bekommt sie die große Panik.

Das waren erst mal die ›normalen‹ Personen. Oder gibt es da noch jemanden, der was zu sagen weiß??? Ich glaube nicht.

Dann gibt es noch zwei Lager. Das eine ist alles, was mit der Sekte zu tun hat. Das andere ist die Kinderpornografie und der Kinderhandel. Das mit der Sekte macht uns panisch, völlig fertig. Und das andere macht uns wütend und hilflos. Zurzeit kommt wieder so viel im Fernsehen, z.B. ein Bericht darüber, wie politische Gefangene der DDR von der BRD frei gekauft wurden. Und wo werden die Kinder erwähnt, die illegal rüber geholt wurden? Wo werden die Politiker erwähnt?

So, ich glaube das genügt erst mal?

Alles Liebe
Wir alle

Hin und wieder macht Angela Annäherungsversuche an die alte Familie. Oder nähert sich diese wieder an? Man könne den Kindern nicht die Großmutter vorenthalten, sagt Angela erklärend. Entschuldigend?

Sie nutzt die Annäherung, um die Familiengeschichte tiefer zu erforschen. Ein Bruder des Vaters, eine Schwester bestätigen Beobachtungen von Missbrauch in der Kindheit. Es gibt Filme von damals, scheinbar harmlose, Angela will sie sehen, sie fährt zur Mutter. Aber dort geht es ihr nie gut. Nach einem Besuch schreibt sie:

Vier Tage war ich bei meiner Familie. Es war schlimmer als in früheren Jahren. Völlig abartig und so weit weg. Fremde Menschen. Sie reden von normalen Dingen aus früheren Zeiten. Wo ist die andere Welt? Meine Mutter jammert, weil ihr Sohn seine Kinder so streng erzieht. Ich sehe sie fassungslos an. Sie erzählt, dass sie unbedingt neben ihrem Mann beerdigt werden will. Mein Vater ist nun 30 Jahre tot. Ich verstehe nicht, wovon sie redet. Es ist eine Welt, die ich nicht kenne. Ach ja, und liebe Grüße von Onkel Paul. Ich sehe sie an und merke, sie weiß wirklich nicht, was sie tut, was sie sagt. Sie scheint in sich eine Welt zu haben, die es nie gegeben hat. Sie hat sich alles zurechtgelegt, so wie sie es will. Aber wo ist das andere? Meine Tante meint, sie säuft sich alles weg. Mag sein. Aber auch meine Tante sagt: ›Ist ja schon lange her.‹ Nein verdammt, ist es nicht. Es ist da, ich lebe noch immer darin. Kann nicht vergessen, will auch nicht vergessen und so tun, als wenn alles gut ist. Jemand erzählt von meinem Vater und was er in seiner Kindheit Tolles mit ihm erlebt hat. Innerlich haue ich mit dem Kopf gegen die Wand. Habe ich mir alles nur eingebildet? Nein das habe ich nicht. Aber die Menschen wollen nicht wissen, wollen nicht hören. Habe tierische Kopfschmerzen und Rückenschmerzen. Kann mich kaum auf den Beinen halten. Der Boden beginnt zu schwanken. Aber der Körper lächelt und redet und ist freundlich. Onkel Paul fragt also immer noch nach mir. Soll ich mich darüber freuen?

Zu Hause der Kampf um Anerkennung. Um Respekt, dass ich noch am Leben bin. Das Versorgungsamt meint, nun müsse alles mal gut sein. Ist es aber nicht. Die Menschen wollen nichts wissen, wollen vergessen, wollen alles hübsch haben.

Hunderte von Studien bestätigen, dass wir gesünder, glücklicher, erfolgreicher sind, wenn wir die Realität positiv verfälschen. Das, was Angela Lenz in ihrem Brief kritisiert, hält uns also aufrecht. Wir wollen uns sicher fühlen.

Aber was ist, wenn dieser Glaube durch psychische, sexuelle und seelische Gewalt zerstört wurde? Wo bleiben Sicherheit und Hoffnung, wenn Vertrauen schon früh zerstört wurde? Wird dann der Schrecken, den man gewohnt ist, zum einzigen – scheinbar – sicheren Ort? »Die Hölle erkennen wir erst rückblickend. Solange wir in ihr schmoren, reden wir von Heimat«, schreibt Robert Menasse in seinem Buch »Die Vertreibung aus der Hölle«[124].

»Die mächtigste Waffe in der Hand des Unterdrückers«, sagt der südafrikanische Politiker Stephen Biko[125], »ist der Geist des Unterdrückten.« Wie sich das anfühlt, schilderte mir Wolfgang Kneese, Flüchtling aus dem Folterlager Colonia Dignidad in Chile schon 1985: »Bei jeder kleinen Lebensentscheidung treffe nicht ich die Entscheidung, sondern in meinem Kopf steht Paul Schäfer auf und entscheidet. Und ich kriege ihn da nicht weg.«[126]

Seither hat sich vieles verändert. Durch Naturkatastrophen, technische Katastrophen und Attentate sind Traumata und die Folgen öffentliche Themen geworden. Die ICE-Katastrophe von Eschede 1998, die Terroranschläge am 11. September 2001 in New York, der Tsunami 2004 in Südostasien sind uns allen bewusst. Die traumatischen Folgen für die überlebenden Opfer ebenfalls.

Aber es gibt Ausnahmen. Vielleicht erinnern sich einige noch an den niederländischen »Kinderpornoskandal« von 1998.[127] Als »Super-Gau« wurde der Fund von 9000 Fotos und CD-ROMs mit Aufnahmen von extremer sexueller Gewalt gegen Kinder und Babys im Badeort Zandvoort damals bezeichnet und machte wochenlang Schlagzeilen. Vergleichbar im Gedächtnis der Gesellschaft geblieben, so wie »Eschede«, ist er nicht. Die Tragik für diese Opfer: Diese Gewalt findet im Geheimen statt, sie ist »schmutzig«, und sie ist tabu. Deshalb wird sie schnell wieder vergessen.

Wiedergutmachung gibt es nicht, weder für die Opfer von Naturkatastrophen noch für gefolterte Kinder. Aber Anerkennung kann es geben. Einige Opfer von Folter und sexueller oder ritueller Gewalt haben sich Anerkennung erkämpft. Wolfgang Kneese ist ein kämpferischer Mann. Er hat sich den Kampf gegen seinen Folterer, den Sektengründer und Führer des Folterlagers Colonia Dignidad Paul Schäfer, zur Lebensaufgabe gemacht: »Ich will ihn vor Gericht sehen«, sagte er. Im Jahre 2006 hat er es geschafft.

Geschafft hat es auch Anna Burger[128]. Sie erhielt 1998 in Australien politisches Asyl, weil sie Anfang der 80er Jahre vor einem destruktiven Kult aus Deutschland geflohen war. Aus einer Familie, die allem Anschein nach der Kinderpornomafia zuarbeitete und diese Aktivitäten mit einer altgermanischen Ideologie verbrämte. Anna Burger flüchtete ans andere Ende der Welt, um auszusteigen. Die australische Regierung erkannte an, dass Deutschland ein Problem mit Ritueller Gewalt durch okkulte Gruppierungen habe und dass die deutsche Regierung entweder nicht in der Lage oder nicht willens sei, die Opfer zu schützen. Mit ihr bekam zum ersten Mal eine Überlebende ritueller Gewalt Asyl.

Geschafft hat es – allem Anschein nach – auch Angela Lenz. Aber was bedeutet das? Im August 2006 schreibt sie einen bitteren Brief:

Ich habe nun schon einige der klugen Bücher in der Hand gehabt, in denen beschrieben wird, wie man traumatisierte Personen behandeln soll. Wie umgehen mit Amnesien, Personenwechsel, Trauma-Arbeit. Aber in all den Büchern vermisse ich ein ganz wichtiges Kapitel: Wie geht es danach weiter? Nach der Trauma-Arbeit und der anschließenden ›Trauerzeit‹ hört doch nicht alles auf. Ist man danach gesund? Was bedeutet es eigentlich gesund zu sein? Manchmal fühle ich mich kränker als vorher. Ist bei mir etwas schief gelaufen? Klar, vieles hat sich verbessert und ist einfacher geworden. Ich falle nicht mehr auf und bekomme mein Leben halbwegs geregelt. Ich muss nicht mehr ständig Angst haben, dass ein anderer Teil von mir etwas tut, was ich nicht mitbekomme. Ich muss keine Angst mehr haben, dass ›ich‹ Dinge tue, durch die ich wieder Ärger bekomme.

Eine wirkliche Einheit bin ich noch immer nicht. Nur fallen die Switches nach außen nicht mehr so auf, sind nicht mehr so abrupt, sondern sanfter. Ich rücke ein kleines Stück zur Seite und lasse einen anderen Teil nach vorne oder eher gesagt, muss ihn nach vorne lassen. Denn diese Automatismen sind ja immer noch da. Diese Wechsel habe ich nach wie vor nicht im Griff, und sie geschehen halt wie sie wollen. Egal ob es für mich gerade passend ist oder nicht. Die Wechsel orientieren sich an der Außenwelt, was gerade gebraucht wird, und nicht danach, was mir gut tun würde. Dadurch fühle ich mich aber nach wie vor fremdbestimmt, getrennt von den Menschen, isoliert, einsam. Gefühle wie verletzt sein, traurig sein, Angst haben, kann ich immer noch nicht spontan zeigen. Das Ziel ist immer noch anpassen, funktionieren und sich von den Menschen fern zu halten.

Aber das ist nicht das Schlimmste. Das Schlimmste ist, dass ich durch diese ›Gesundung‹ nun fast alles aus meinem Leben weiß. Und ich weiß es nicht nur, sondern ich spüre es auch. Das was sich auf viele Anteile verteilt hatte, weil es sonst für eine Person zu viel gewesen wäre, habe ich nun alles auf einmal. Trauma-Arbeit hat geholfen, dass nicht mehr alles so extrem schlimm ist wie früher.

Nein, ich bin nicht ›gesünder‹. Ich bin nur ›anders‹ geworden.

Dieser Brief stimmt traurig. Ein Auf und Ab scheint zu bleiben. Dann wieder folgen Phasen, in denen sie glücklich über ihre Tochter, ihren Sohn berichtet, über die Haustiere.

Zwei Jahre kämpft sie für ein neues Gutachten, legt Einspruch ein gegen das letzte, verlangt einen Fachmann für Traumafolgen, von dem sie sich befragen, untersuchen lassen will. Eigentlich eine Selbstverständlichkeit. Nichts wird mir geschenkt, denkt sie. Schließlich bekommt sie Recht. Und einen neuen Termin. Wieder ein neuer Gutachter, ein Psychotraumatologe. Ein fremder Mann. Ihr Mann begleitet sie, wartet einige Stunden, bis die Tests, die Untersuchungen, die Befragungen vorüber sind. Dann wieder warten, bis das Gutachten kommt. Wie wird es dieses Mal ausfallen?

Seit 1996 wurden mehrere Fachverbände für Psychotraumatologie gegründet, Ausbildungen wurden professioneller, überprüfbarer, spezifische Standards für Traumatherapie wurden eingeführt. Die lange umstrittene Diagnose Dissoziative Identitätsstörung wird öfter anerkannt. Heute geht man von einer Häufigkeit von »0,5 bis 1 Prozent in der Gesamtbevölkerung« aus und von 5 Prozent in psychiatrischen Krankenhäusern, so schreibt Dr. Ursula Gast im Jahre 2006 in einem lange überfälligen Artikel im Deutschen Ärzteblatt.[129] Erschreckende Zahlen, selbst wenn man die niedrigste wählt: 0,5 Prozent der Bevölkerung, das sind 400.000 Menschen. 400.000 Menschen in Deutschland, die unter der extremsten Trauma-Folgestörungen durch schwere Gewalt in der Kindheit leiden – und das ist nur die Spitze des Eisbergs.

»Ein wichtiger kindlicher Entwicklungsschritt, nämlich die Ausbildung eines zentralen integrierenden Bewusstseins«, schreibt Ursula Gast, leitende Ärztin der Klinik für Psychotherapeutische Medizin in Bielefeld, weiter, »wird durch die chronischen Traumatisierungen erschwert oder verhindert.«

»Früher gab es Anteile«, beschrieb Angela Lenz in ihrem Brief ihre innere Struktur, *»... die unbedingt leben wollten, weil sie kaum Schlimmes erlebt hatten. Heute sind sie integriert. Aber ihren positiven Lebenswillen spüre ich nicht. Früher hatte ich kindliche Anteile in mir, die ihren naiven, fröhlichen Optimismus bewahrt hatten. Doch durch das Nachreifen sind sie ‚älter' geworden, haben das kindlich Fröhliche verloren. Jetzt ist mehr Enttäuschung da, weil das ganz normale Leben zeigt, dass die Wünsche und Träume der ›Kinder‹ nicht erfüllbar sind. Früher gab es Anteile, die beschützen und trösten konnten, doch die sind nach den vielen Jahren müde und selber krank geworden. Früher wusste ich nur von den ›bösen‹ Anteilen in mir, die etwas getan hatten, was nicht richtig war. Heute spüre ich es als meines und bin diejenige, die Böse war. Etwas was ich niemals wollte ist plötzlich zu meinem geworden. Und alles was ich früher abgelehnt hatte, ist nun meines. Ich kann nicht mehr trennen zwischen: ›Das haben andere getan‹ und ›Das habe ich getan‹. Alles bin ich und doch auch wieder nicht.«*

Ursula Gast betont in dem Aufsatz auch, wie wichtig es ist, die abgespaltenen Persönlichkeiten aktiv in die Therapie einzubeziehen, um so die Integration zur Entwicklung eines ganzen Selbst einzuleiten und zu unterstützen. Sie schreibt aber nicht, dass dieses schon gelungen sei. Es bleibt ein labiles Gleichgewicht, eine Verletzlichkeit.

Auch für Nina Temberg waren die neun Jahre der Therapie von Angela Lenz eine überwältigende Erfahrung. Wie geht es ihr zehn Jahre danach? Was hat sich verändert in ihrem Leben durch diese Arbeit? Sie denkt einige Wochen über die Frage nach, dann antwortet sie so, wie ich sie kennengelernt habe, nachdenklich, weich, herzlich und traurig. Fachlich, so schreibt sie, sei sie durch die Arbeit mit Angela Lenz gereift, ein großer Erfahrungsschatz, viel Kompetenz konnte sich entwickeln, von der andere Betroffene, aber auch Kollegen und Kolleginnen profitieren können. Mit dem Herzen und dem Verstand habe sie viel verstanden. Sie sei dankbar, dass Angela Lenz sie so sehr an ihrem Leben habe teilnehmen lassen. Sie hoffe und wünsche, »dass die Arbeit hilfreich war. Ich weiß, dass ich mein Bestes getan habe«. Schließlich erzählt sie auch noch, wie es in ihr aussieht:

»Ich ließ die Klientin und das Schwere an mich heran und konnte es nicht wieder herauslassen – lange nicht. Es traf etwas in mir – von zu viel, zu schwer, zu traurig – und gleichzeitig von stark, mutig, kämpferisch –, was mich öffnete und wo ich mich doch auch verschließen musste, ich hätte es sonst nicht ausgehalten. Nach einem Sportunfall und dreimonatiger Arbeitspause konnte ich plötzlich den Begriff von sekundärer Traumabelastung füllen/fühlen. Durch den Unfall war mein Schutzschild aufgebrochen. Da konnte ich nicht mehr so weitermachen, ich hatte solch eine Sehnsucht nach Schönheit, Zartheit, Sanftheit, dass ich die Arbeit umorganisieren musste. Ich konnte diese Ausmaße von Not nicht mehr ertragen und musste einen mir erträglichen Umgang finden – und bin immer wieder aufs Neue dabei. Ich habe schwertraumatisierte Klientinnen ›abgegeben‹. Was ist das richtige Maß bei der Arbeit? Die Balance zwischen Empathie und Abgrenzung, zwischen Zartheit und Stärke zu finden und zu halten ist meine Aufgabe.«

Angela Lenz weiß genau, was sie ihrer Therapeutin Nina Temberg verdankt: »Ohne sie wäre ich heute nicht mehr am Leben.«

Schließlich noch ein Anruf von Angela. Endlich ist das Gutachten da: eine berührende Darstellung und die Anerkennung ihres Selbst und ihres Leids. Umfassend, fachkundig, menschlich. Die Diagnose: »Dissoziative Identitätsstörung als Folge extremer Gewalterfahrung in der Kindheit«. Alles, was heute zwischen Angela Lenz und einem glücklichen, sicheren, freien, selbstbestimmten Leben steht, ist die Folge der wiederholten körperlichen und sexuellen Gewalt- und Missbrauchserfahrungen in der Kindheit.

Nun hat sie Ruhe. Fünf Jahre lang.

Als ich sie kurz vor Drucklegung dieses Buches anrufe, erzählt sie vergnügt, dass ihr Zimmer neu gestrichen wird. Gelb, fröhlich, und große Stofftiere will sie hineinstellen. Ein bisschen wie Urwald soll es sein.

Wie es ihr geht?

Es ist alles in Ordnung.

KAPITEL 9

ZUKUNFT

Zeitreisen

»Rise like a Phoenix«

2010–2014

- Arabischer Frühling beginnt.
- Operation »Spade« befreit 386 Kinder nach Entdeckung kinderpornografischer Website in Kanada.
- Atomreaktor-Katastrophe in Fukushima/Japan
- Anders Breivik ermordet in Norwegen 77 Menschen.
- Whistleblower Edward Snowden enthüllt US-Spionagemethoden.
- Papst Franziskus entschuldigt sich bei Opfern sexueller Gewalt der Kirche.
- Conchita Wurst gewinnt den European Song Contest mit Appell an Toleranz.

»Stefanie, deine Mutter kommt nicht zurück! Du brauchst keine Angst zu haben. Sei ganz ruhig.«

Keine Angst, ganz ruhig.

Mit diesen Worten wollte die Therapeutin Nina Temberg nicht nur ihre Klientin Angela Lenz beruhigen, sondern vielleicht auch sich selbst. Denn auch sie hatte so etwas noch nie erlebt: Ein Panikanruf von Angela Lenz, das kam schon mal vor. Aber dies: mit veränderter Stimme, vage vertraut, aber doch anders. Und die Frau auf der anderen Seite der Leitung erkannte weder ihre Therapeutin, noch wollte sie den eigenen

Namen nennen, er wäre geheim, sagte sie, verriet ihn dann aber doch: Sie hieße Stefanie. Entsetzt und fassungslos berichtete Stefanie von dieser fremden Wohnung in der fremden Stadt, wo sie plötzlich wäre und nicht wüsste, wie und warum, und von Kalendern und Zeitungen mit dem Datum 9. September 1993. Dabei wäre es doch der 12. März 1975, ein Tag nach der Beerdigung ihres Vaters.

Eine Klientin mit einer 18 Jahre währenden Amnesie also. Genauer: eine Innenperson, die 18 Jahre lang abgetaucht war. Und plötzlich wieder erschien. Als hätte man etwas, das leichter war als Wasser, lange tief unten festgehalten und jäh befreit, war sie in die Höhe geschossen, hatte die Oberfläche zum Bewusstsein durchbrochen, war aufgetaucht. Mit solcher Wucht, dass kein anderer »alter«, kein anderer Persönlichkeitsanteil von Angela Lenz irgendetwas mitbekam. Alle hatte sie beiseite gedrückt. Eine Wucht, von Angst befeuert. Angst vor der Mutter, die jeden Moment zur Tür hereinkommen und Angela furchtbar strafen könnte.

»Sei ganz ruhig«, wiederholte Nina Temberg, ihre Stimme noch etwas beruhigender, noch etwas sanfter. »Keine Angst. Deine Mutter kommt nicht zurück.«

Inzwischen ist sie zurückgekommen.

Manche Versprechen sollten nicht gegeben werden. Auch wenn es noch so schwer ist. Auch wenn man noch so sehr hofft.

*

Angela Lenz gehört zur ersten Generation der Menschen mit multipler Persönlichkeitsstörung oder dissoziativer Identität, die in Deutschland nach anerkannten Kriterien für Folgestörungen schwerer Gewalterfahrungen diagnostiziert und therapiert wurden. Von diesen Patientinnen lernten die Therapeuten. Von ihnen und aus den eigenen Fehlern. Den Preis zahlten die Patientinnen der ersten Generation; Therapeutinnen und Therapeuten taten ihr Bestes; dass es manchmal nicht gut genug war, wusste man damals, vor 20 Jahren noch nicht. Anfangs war die erste Antwort auf die Not der grausam misshandelten Menschen, ihnen zuhören, aushalten, was sie sagen und wie sie sind, ihnen glauben, was sie berichten. Empathie und das starke Bedürfnis wiedergutmachen, was Grauenvolles geschehen war. Manchmal war das der richtige Weg. Manchmal nicht.

Nina Temberg und Angela Lenz begegneten sich zu Beginn der 90er Jahre. Das Wissen über Therapie der Störung musste sich Nina Temberg aus dem Ausland holen, den Niederlanden, den USA. Psychiater aus verschiedenen Kliniken Deutschlands antworteten damals mit Unkenntnis, Abwehr oder Arroganz auf die Frage nach Patienten mit multipler Persönlichkeit. Nach dem Motto: »Ich bin seit dreißig Jahren Psychiater, was ich nicht gesehen habe, gibt es nicht.« Jedoch: Was man nicht kennt, kann man auch nicht sehen. Es war ein tabuisiertes, bedrohliches Störungsbild, ein Hinweis auf Gewalt unvorstellbaren Ausmaßes. Deshalb konnten und wollten viele es nicht wahrnehmen. Nicht wahrhaben.

In den 90er Jahren entwickelte sich auch in Deutschland die Lehre von den seelischen Traumafolgen weiter, die Psychotraumatologie, ein Wort, das es erst seit 1992 gibt. Schwere Traumata und ihre Folgen aber gibt es schon seit Jahrtausenden. Solange es Gewalt von Menschen gegen Menschen gibt, Kriege, Folter, Vergewaltigung, Vernachlässigung, Missbrauch, solange leiden Menschen nicht nur unter den Taten, sondern viel später noch unter den Folgen.

In den 90er Jahren waren Grenzüberschreitungen in beide Richtungen bei der Therapie nicht selten; inzwischen wird sehr genau überlegt und manchmal über Wochen hin analysiert, was es bedeutet, wenn die siebenjährige Innenperson einer 42-jährigen Frau mit multipler Persönlichkeit sich wünscht, einmal lieb in den Arm genommen zu werden. Sie will nur das, nicht mehr. Sagt sie. Vielleicht stimmt das. Vielleicht testet sie aber auch den Therapeuten, die Grenzen, vielleicht hat sie gar keine und wiederholt alte Muster. Vielleicht kennt sie nur Nähe, die direkt in ungewollte Sexualität übergeht, in Gewalt.

Den angemessen Umgang mit Patienten und Patientinnen, die als Kind schwere Grenzverletzungen erlebt haben, lernt man heute in Fachverbänden, Fortbildungen und durch kollegialen Austausch. Das führte allgemein zu strukturierteren Therapien. Damit Betroffene eine wesentliche Besserung ihre Lebensqualität erreichen können, werden sie lange fortgesetzt, länger als Krankenkassen normalerweise zahlen. Die Traumatherapeutin Michaela Huber nennt eine Zahl von 300–500 Therapiestunden, bis eine relativ stabile Situation erreicht ist und der Alltag nicht mehr durch unkontrollierte Persönlichkeitswechsel, häufige Panikattacken zerstückelt wird. Anfangs war das Therapieziel die Integration zu einer stabilen Gesamtpersönlichkeit. Aber Menschen stellen inzwischen fest, dass sie auch als Team von fünf oder sechs Personen ganz gut zurecht- und ohne Amnesien auskommen können.[130]

Aber manche Betroffene, die überlebten, weil sie es schafften, das Unerträgliche abzuspalten, fragen auch, ob es für sie wirklich der richtige Weg war, sich die erlebte Gewalt ihrer traurigen Kindheit so genau ins Bewusstsein zu holen. Ob sie nicht besser amnestisch geblieben wären, statt depressiv zu werden.

*

Viel hat sich verändert, seit dieses erste Buch über eine deutsche Frau mit multipler Persönlichkeit und ihre Therapiegeschichte seinen Anfang nahm. Zwar machten Vereine wie »Wildwasser« oder »Notruf für vergewaltigte Frauen« schon seit Beginn der 80er Jahre auf die alltägliche Gewalt aufmerksam, der Frauen und Kinder ausgesetzt sind. Aber dann dauerte es noch 30 Jahre, bis es den Betroffenen-Organisationen wie der Heimkinder-Bewegung, den Opfern von Gewalt in staatlichen, kirchlichen, privaten Heimen, in DDR-Heimen, den ehemaligen Odenwaldschülern und vielen anderen gelang, eine Welle der Aufarbeitungen ins Rollen zu bringen.

Dann endlich kam 2010 das deutliche staatliche Signal, dass derartige Gewalt nicht zu tolerieren, sondern zu bekämpfen sei und dass die Opfer entschädigt werden müssen: Der Runde Tisch »Sexueller Kindermissbrauch« und die Einsetzung einer »Unabhängigen Beauftragten zur Aufarbeitung des sexuellen Kindesmissbrauchs«[131] durch die Bundesregierung. Endlich wurde auch hier in Deutschland eine Studie zu Gewaltfolgen in Auftrag gegeben. Das entsetzliche Resultat der Deutschen Traumafolgekostenstudie 2012[132]: Unfassbare 11 Milliarden Euro fallen **jährlich** »durch die Folgen von Kindesmisshandlung /-missbrauch und Vernachlässigung für die deutsche Gesellschaft an.«[133] Eine konservative Schätzung, denn die Dunkelziffer der Taten ist viel höher als die, die angezeigt werden.

Es ist Konsens, dass die Opfer entschädigt werden müssen. Soweit das überhaupt geht. Jedenfalls steht ihnen Hilfe zu, um die Folgen zu überwinden. Soweit wie möglich.

*

Viel hat sich getan. 2013 frage ich Angela Lenz, ob wir den Bericht über ihr Leben noch einmal weiterschreiben wollen. Und ihn damit – nach 20 Jahren – beenden. Etwas irritiert mich immer noch, etwas nicht zu Ende Recherchiertes, offene Fragen. Als ob sich noch mehr dahinter verbirgt. Was kann das sein? Ich schaue mir wieder ihre Familiengeschichte an, ihre Zeichnungen. In einigen tauchen Nazi-Symbole auf. Es sind nicht viele.

Begeistert ist sie nicht von meiner Frage, und das ist verständlich. Wieder einmal in Kontakt kommen mit der Vergangenheit, das bedeutet immer wieder Schübe von Trauer, Depression, Verzweiflung zu riskieren. Einbrüche im sorgfältig auf Abwehr gedrechselten Leben. Selbstmordgedanken, die unterdrückt werden müssen. Kann sie das riskieren? Kann ich das verantworten? Im ersten Brief schreibt sie:

Ich bin jetzt 52 Jahre alt und habe die meiste Zeit meines Lebens ums Überleben gekämpft. Seit ein paar Jahren habe ich langsam angefangen am »normalen« Leben teilzunehmen. Und das ist bis zum heutigen Tag immer noch wahnsinnig schwer. Ich habe nach wie vor Angst vor Menschen, ziehe mich lieber zurück und leide unter Erinnerungen und vielem mehr. Ich fühle mich falsch auf diesem Planeten, nehme nur zum Schein am sozialen Leben teil. Spiele eine Rolle, um nicht aufzufallen und existiere in Wirklichkeit nicht. Aber ich habe es geschafft, mich irgendwie anzupassen und nicht aufzufallen. Meine größte Sehnsucht ist die nach Ruhe und Frieden und Liebe.

Liebe

Angela trennte sich vor einigen Jahren von ihrem ersten Mann, der Stabilität bedeutet hatte, vielleicht aber auch Langeweile. Eine neue Liebe, jemand, der sie besser versteht, tiefer vielleicht. Vielleicht sogar mehr Sicherheit bietet. Vielleicht aber auch mehr Aufregung, vermute ich, aber das sagt sie mir nicht. Oft frage ich mich, wie es Menschen, die in der Kindheit schwer traumatisiert wurden, also dauernd unter Stress standen, gelingen kann, ihr gestörtes chemisches Gleichgewicht wieder »einzupendeln«. Oder ob jahrelange Gefahr, Gewalt, sexueller Missbrauch ein internes »Doping« produzieren, das immer reproduziert wird.

Die Initiativen gegen Gewalt gingen in den 70er und 80er Jahren von betroffenen Frauen aus. Frauenhäuser, »Wildwasser«, »Zartbitter«, »Notruf für vergewaltigte Frauen und Mädchen« wurden in der ersten Generation von Betroffenen geleitet. Man war jetzt auf der anderen Seite; die Nähe zur Gewalt aber war geblieben.

Die Mutter

Angela will ihren Kindern nicht die Großmutter vorenthalten. Sagt sie. Der Kontakt wurde schon 2007 wiederhergestellt und besteht immer noch.

Tut ihr das gut? Nein, sagt Angela, aber sie hält es aus. Einmal erzählt sie von der Auszeichnung, die ihre Mutter erhält für vorbildliches ehrenamtliches Engagement. Ein Artikel in der Regionalzeitung berichtet über die 77-Jährige, die in kirchlichen Zirkeln und Jugendorganisationen hilft, wo sie nur kann, wie sie nur kann. Das Foto zeigt eine lächelnde Frau, dunkelhaarig, gepflegte Frisur. Sie scheint jünger, als sie ist. Glatte Haut, keine Sorgenfalten, fröhlich.

Sogar zu einer gemeinsamen Reise an die »schönen Urlaubsorte der Kindheit« erklärt sich Angela schließlich bereit. Sie scheint ohne Widerstand. Doch kurz vorher wird eine Operation nötig und die Reise abgesagt. Welch hoher Preis, um sich die Mutter vom Leib zu halten.

Sie lacht.

Vorzeitig hat sich Angela aus dem Krankenhaus entlassen, es geht ihr gut. Sie klingt heiter, geradezu überbordend lustig. Wer ist das?, denke ich, frage es aber nicht.

Bindung

»Gibt es in diesem Haus irgendetwas, das euch noch an den Kult bindet?«, hatte ich sie vor Jahren einmal gefragt. Lächelnd war sie aufgestanden: »Darauf haben wir lange gewartet, dass du das mal fragst.« Von irgendwoher holte sie dann zwei kleine Amulette, erklärte deren Bedeutung und gab sie mir. Sie schien sich leicht davon zu trennen. Und fragte nie wieder nach.

Jahrelang lagen die beiden Amulette in meinem Schreibtisch im Büro. Auf manchen Fortbildungen erklärte ich ihre Bedeutung. Eines zeigt drei Spiralen, man kann auch drei Sechsen darin erkennen. Eine Bedeutung der Zahl 666 geht zurück auf die Bibel, sie gilt als Symbol für den Kaiser Nero oder auch für den Teufel. Diese drei Spiralen sind ein uraltes keltisches Zeichen, auch zu sehen auf dem tonnenschweren Eingangsstein zur Kultstätte Newgrange nördlich von Dublin. Älter als die Pyramiden, älter als Stonehenge in England ist diese Kultstätte. Ein langer Gang, schmal und klaustrophobisch, führt neunzehn Meter in die Tiefe zu einer früheren Opferstätte. Nicht alle Besucher schaffen es bis ins Innere. Es gibt nur Vermutungen darüber, was dort vor Tausenden von Jahren geschah. Durch eine kleine Öffnung über dem Eingang fallen einmal im Jahr Sonnenstrahlen bis tief ins Innere auf den Opferstein. Genau zur Wintersonnenwende, genau am 22. Dezember. Falls die Sonne scheint. Heute treffen sie nicht mehr mitten auf den Opferstein, sondern durch die Verschiebung der Erdachse ein paar Zentimeter daneben. 2014 bewarben sich 30.532 Menschen aus aller Welt, die das einmal erleben wollen, aber das Los entscheidet, welche zehn Personen genau am 22.12.2014 dabei sein dürfen. Manche bewerben sich immer wieder.

Jahrzehntelang warten, und dann scheint die Sonne nicht.

Magische Bedeutungen faszinieren die Menschen. Manches kann man schnell entzaubern: Spiralen gehörten zu den ersten künstlerischen Ausdrucksformen, als die Menschen zu zeichnen begannen. Mit dem Teufel haben sie gar nichts zu tun.

Die kleinen Amulette haben die Macht, die der Einzelne ihnen zuschreibt. Dennoch reagieren Menschen unterschiedlich, wenn sie sie sehen. Manche mögen sie nicht einmal berühren.

Manche Dinge werden nie wieder heil

Allmählich werden Angelas Briefe wieder ausführlicher, sie beschreibt ihren Alltag:

Viel hat sich geändert. Außen wie auch innen. Unser Leben ist ruhiger geworden. Ruhiger und viel sicherer. Also, wenn man die wirklich reale äußere Bedrohung betrachtet. Wir leben in einem neuen Umfeld, mit einem neuen Partner in einem neuen Leben.

Besonders integriert in die Gesellschaft sind wir nicht, da wir ein sehr zurückgezogenes Leben leben. Aber versucht haben wir alles. Wir waren an der Uni, um einigen den Traum vom Studium zu ermöglichen. Erst 5 Tage in der Woche nur am Vormittag. Schon bald waren es nur noch 2 Tage, dann 1 Tag und schließlich nur noch 1 Seminar in der Woche, bis wir es dann ganz aufgegeben haben. Zu viele Menschen, zu viel Unsicherheit und viel zu viel Angst. Dann haben wir versucht, in einem Musikkreis Anschluss zu finden. Aber auch das scheiterte kläglich, weil die Panik vor den Proben und Aufführungen immer größer wurde. Und so haben wir noch einiges versucht. Kurse an der Volkshochschule, Ehrenamt in der Kirche oder der Freiwilligenagentur.

Nach und nach mussten wir uns eingestehen, dass es alles keinen Sinn hat. Wir würden nie dazu gehören, nie »normal« leben können. Auch wenn wir uns als System immer mehr zusammen schlossen, es ging einfach nicht. Es ist so vieles in uns kaputt gegangen, was auch nie heilen wird. Unser Körper ist nur eine äußere Hülle, um nicht aufzufallen, um uns besser anpassen zu können, aber wirklich identifizieren tut sich niemand von uns mit ihm. Wir spielen alle nur ein großes Spiel, um als Mensch angesehen zu werden. Nur wenn wir ganz alleine sind in unserem sicheren Zuhause, dann können wir eine Ahnung davon bekommen, wer wir eigentlich wirklich sind. Jeder für sich alleine, aber auch wir als Gesamtheit.

Traurig, fast resigniert klingt diese Mail. Ich lese das als eine Meinung von mehreren, frage meist nach, wie das »die Anderen« sehen. Das weiß sie natürlich und schreibt:

Und wie ich Dich kenne willst Du jetzt auch die Meinung der anderen hören. Nach dem Motto, das ist doch nur deine Meinung, aber die anderen haben doch auch mitzureden.

Ja, ich will die anderen hören. Aber trotzdem versuche ich alle ernstzunehmen. Gerade dieses: »*Es ist so vieles in uns kaputt gegangen.*« Ähnliches höre ich von anderen, die früh im Leben Gewalt und Vernachlässigung erlebt haben: »Manche Dinge werden nie wieder heil«, höre ich und kann es nicht leugnen. Auch »Sam Nielsen«[134], eine begabte Fotografin, sagt das, aber sie gibt dem eine andere Bedeutung: »Vieles in mir ist unwiderruflich zerbrochen. Ja, das ist so. Ich kann darüber Trübsal schlagen oder sehen, dass die einzelnen Bruchteile doch auch ihre Schönheiten haben. Können Sie den Sonnenuntergang in der zerbrochenen Murmel erkennen?« fragt sie und zeigt einige ihrer Fotografien, die in ihrem filigranen Zauber wie Gegenbilder erlebter Gewalt wirken.

Auch Angela Lenz hat ein Hobby, eine Kunst gefunden, an der sich viele von ihr beteiligen, ein Hobby, das sie ausfüllt und ihnen Freude macht. Kleine und große Glanzstücke von beeindruckender Kunstfertigkeit entstehen. Doch die Beschäftigung mit der Vergangenheit taucht immer wieder auf:

Wir haben versucht unsere Familiengeschichte aufzuarbeiten. Es hat geholfen, einiges zu verstehen und auch einiges zu verzeihen. Aber geheilt sind wir dadurch nicht, und mit den Tätern ausgesöhnt zu sein, ist wohl zu viel verlangt. Aber wir haben verstanden, dass es Folter und Vergewaltigung immer schon gab und immer noch gibt. Geholfen hat uns dabei die Geschichte und die Gehirnforschung. Aber besser geht es uns dadurch nicht. Es gibt immer noch Nächte voller Albträume, Ängste, Depression, Trigger ohne Ende und funktionale Persönlichkeitswechsel, um nicht aufzufallen. Ich will nicht sagen, dass sich das Überleben, die Therapie und all die Mühen nicht gelohnt haben, aber ob es sinnvoll war, am Leben festzuhalten? Das würde wohl jeder von uns anders beantworten.

Die Kinder wurden größer und bildeten Allianzen. Einige verschwanden ganz, andere fusionierten miteinander, aber immer noch sind viele da, die nicht rauskommen aus ihrem Trauma, um leben zu können. Dazu beigetragen haben teilweise auch die immer wiederkehrende Auseinandersetzung mit Behörden und Gutachtern. ....

Wenn wir mit einer Sache noch kein Stück weitergekommen sind, dann mit unseren Schuldgefühlen. Wir fragen uns selber fast jeden Tag, ob wir nicht hätten an irgendeiner Stelle etwas anders machen können. Ob wir mehr hätten tun können, damit die ganze Thematik bekannter wird, damit mehr Kinder gerettet werden könnten....

Erheblich dazu beigetragen hat mindestens ein Gutachter, der ihre Angaben einerseits bezweifelte, ihr aber andererseits vorwarf, am Tod von Kindern schuld zu sein, da sie keinen angezeigt hatte.

Diese Äußerungen halte ich für mehr als fahrlässig. Aber er ist nicht der einzige, der dem Opfer die Schuld zuschieben will. Auch in der großen »Community«, die sich zum Beispiel auf Amazon und Facebook zu »Vater unser in der Hölle« äußert, tauchen solche Stimmen hin und wieder auf. Sie sind sehr selten, aber auch einer von hundert kann tief treffen. Besonders wenn das Ziel ein ohnehin verletzter Mensch ist. Diese besondere Verletzlichkeit erfordert besonderen Schutz. Auch daher wird Angela zwar ihre Geschichte, aber nie ihren Namen preisgeben.

Die Menschen wollen nichts hören und sehen, und alle sind sie nur entsetzt, wenn ein Politiker oder Kriminalist Kinderpornos auf seinem Rechner hat. Dabei ist auch das doch noch harmlos.

*

Organisierte Gewalt

»Kaum etwas ist in unserer Gesellschaft stärker tabuisiert als organisierte sexuelle und rituelle Gewalt an Mädchen und Jungen«, sagt Kirsten Fehrs, Bischöfin im Sprengel Hamburg und Lübeck[135] und fährt fort: »Gerade die jüngsten Berichte aus England lassen ahnen, dass hier Menschen einer Grausamkeit und Brutalität ausgesetzt sind, die unsere Vorstellungskraft sprengt.«

Die jüngsten Berichte aus England:

In Rotherham und Nachbarorten wurden über Jahre hin mindestens 1400 Kinder und Jugendliche von britisch-pakistanischen Banden vergewaltigt und systematisch zur Prostitution gezwungen.[136] Offensichtlich war das nur durch das Wegsehen und die Mithilfe der Behörden möglich. Niemand half den Mädchen, die sich an die Polizei wandten. Die Täter nahmen manchen von ihnen die Kinder weg, die durch die Vergewaltigungen entstanden.

Die Täter

Im Oktober 2011 starb Sir Jimmy Saville. Der beliebte BBC-Moderator der Jugend- und Kindersendungen »Top of the Pops« und »Jim'll Fix It« wurde 84 Jahre. Ein exzentrischer Wohltäter, der mehr als 20 Millionen Pfund für Kinderheime und Krankenhäuser spendete, 1990 in den Adelsstand erhoben wurde und mit der britischen Königsfamilie befreundet war.

Saville vergewaltigte, missbrauchte und misshandelte mehr als 500 Menschen zwischen fünf und 75 Jahren. Männlich und weiblich. Behinderte, Schwerstkranke und Tote. In mehr als 30 Kliniken und Heimen des National Health Service. Er besaß die Schlüssel der Heime und Kliniken, konnte kommen und gehen, wann er wollte, auch nachts. 500 Opfer – als Dunkelziffer muss man mindestens das Zehnfache annehmen.

Ein Raubtier. Das sichtbare Leben Saviles war nur die Fassade, die Verbrechen waren sein Leben. Die Fassade hatte schon in den sechziger Jahren Risse, es gab Gerüchte, Anschuldigungen, später auch Anzeigen. Alle wurden eingestellt. Mächtige Freunde. Weitere BBC-Angehörige und Politiker sind verwickelt, einige schon verurteilt. Dennoch sagt der Abschlussbericht der Ermittlungen: »Es war Jimmy Savile, nur Savile.« Man sieht der Sprecherin, die dies in die Fernsehkameras sagen muss, an, dass sie es besser weiß.

Aber es wird nicht mehr zu vertuschen sein, die Ermittlungen gehen weiter. Menschen haben ihr Schweigen gebrochen. Wie 1996 Zeugin X1 im Prozess gegen Marc Dutroux in Belgien.

»Wir sind als Kirche den Betroffenen zutiefst dankbar«, so Kirsten Fehrs weiter, »dass sie sich trotz der großen Belastungen, die das bedeutet, mit ihrer individuellen Gewalterfahrung an uns gewandt haben. Denn nur so, … können wir etwas lernen. Uns ist beispielsweise deutlich geworden, dass Täter selten einzeln agieren – sie haben ein System, das sie zu ihrem Schutz aufbauen und das ihnen zuspielt. Wir wollen erreichen, dass diese Mechanismen bekannt werden, um sich gegen sie wehren zu können.«[137]

Wenn sogar die Kirche eingesteht, dass es um Täternetze geht, dann sind wir ein Stück weiter. Auch in Deutschland werden wir derartige Netze eines nicht so fernen Tages deutlich erkennen können. Die erwachsenen Kinder, die in diesen Zusammenhängen gequält und konditioniert wurden, sprechen schon. Und dann werden wir alle lernen, die frühen Signale der Kinder zu sehen und ihnen zu glauben. Nicht erst, wenn sie erwachsen sind. Dann lernen wir auch, die Täter zu sehen. Sie selbst geben oft deutliche Hinweise, wie die Geschichte von Jimmy Savile zeigt.

Unwiderruflich

Ich will anonym bleiben und in keinster Weise irgendwie in Erscheinung treten. Hier weiß keiner wirklich etwas über uns, außer, dass wir manchmal etwas chaotisch sind, aber das kann ja auch andere Gründe haben. Wir haben uns … dazu entschlossen, unser »Viele sein« zu verschweigen. Wir haben nicht mehr die Kraft zu kämpfen, auch wenn es immer wieder so vieles gibt, was uns verletzt und sinnlos erscheint. Wir versuchen, so unauffällig wie möglich zu leben und uns es so gut wie möglich zu gestalten. Dazu gehört es auch, einen wundervollen Mann zu haben und ein Hobby, das uns ausfüllt und an dem viele von uns Freude haben.

Durch Zufall finde ich Fotos von Angela Hochzeitsfeier im Internet. Viele. Dabei ihr Name. Von ihr selbst eingestellt. Das neue Leben, in dem niemand ihre Geschichte kennt. Außer ihrem Mann. Diese Art Öffentlichkeit irritiert. Ich frage nach, wir tauschen einige Mails, es kommt zu Missverständnissen. Einige wütende Stimmen melden sich, beschimpfen die »Normalos«:

»Ihr Normalos habt das Recht über uns zu bestimmen, wie man uns bezeichnet, und ob es praktisch oder schlimm ist. Ihr habt keine Ahnung davon, wie es sich anfühlt mit all dem zu leben. Ihr seht nur die Personen, die sich abwechseln können, aber ihr seht nicht, warum es diese Personen gibt, unter was sie bis heute leiden. Ihr seht die Schmerzen, das Leid, die Erinnerungen nicht, aber meint, bestimmen zu können, welche Art und Weise mit uns umzugehen, uns zu therapieren die beste ist.«

Noch in derselben Mail mischen sich versöhnlichere Töne ein: *»Sorry, entschuldige bitte den teilweise harten Ton.«* Und unterschrieben von: *»Wir in Teilen nur einer oder zwei von uns.«*

Auch die Autorin, die diese Lebensgeschichte ernst nimmt und seit zwei Jahrzehnten mitträgt, kann einmal erschöpft sein. Ähnlich wie Therapeuten. Sekundärtraumatisierung nennt man das. Auch Feuerwehrleute kann das erwischen, Angehörige der Trauma-Opfer, Sanitäter, Katastrophenhelfer, Polizisten, Sozialarbeiter, Lehrer, Lokalreporter. Frauen wie Männer. Alle, die Zeugen werden.

Ich spreche mit Luise Reddemann. In den 90er Jahren leitete Prof. Dr. med. Reddemann die Klinik für Psychotherapeutische und Psychosomatische Medizin im Evangelischen Krankenhaus in Bielefeld. Sie versteht meine Reaktion, meine Erschöpfung.

Doch sie weist mich auch auf die andere Seite hin, die Grenzen meines Verständnisses, und erlaubt mir, das Gedicht einer Betroffenen zum Ende dieses Buches abzudrucken. Lassen wir Angela Lenz mit unseren Fragen in Ruhe, beschließen wir. Wenn sie die fröhlichen, kreativen Anteile hat, wird sie ihr Leben so gut leben, wie sie es kann. Wer sagt denn, dass ein Mensch nur in Ordnung ist und richtig lebt, wenn er aus einer Person besteht? Auch eine Vielfalt kann ein gutes Leben führen. Sogar ein erfolgreiches.

»Bitte« heißt das Gedicht, es wurde geschrieben von Frau G. und erscheint im Herbst 2015 in »Folgen der NS- Zeit und des 2. Weltkriegs in der Psychotherapie – Eine Annäherung« von Luise Reddemann.

Bitte

Ihr, die ein lächelnder Gott
in die Hände liebender Eltern gab,
die ihr empfangen wurdet in Zärtlichkeit,
hütet euch davor
zu meinen ihr wüsstet,
wie es ist Hass und Ablehnung
zu widerstehen.
Ihr werdet niemals wissen,
wie der Schrei der Verzweiflung
im Herzen klingt,
vielleicht könnt ihr ihn
nicht einmal ahnen.
Seid behutsam,
das wäre genug.[138]

Nachwort

Anständige Bürger können sich kaum vorstellen, dass es sadistischen sexuellen Missbrauch durch organisierte Tätergruppen wirklich gibt. Doch seit der berüchtigte Dutroux-Fall in Belgien, der Fourniret-Fall in Frankreich, Casa Pia in Portugal ans Licht kamen und – anno 2007 – die »Operation Bestrafung« in Spanien einen riesigen kriminellen Ring sprengte – 66 Verhaftete und 50 Millionen (!) Bilddokumente von Kinderfolter –, kann niemand mehr daran vorbei: Diese grauenvollen Verbrechen finden statt. Verbrechen, die die Psyche und manchmal das Leben unschuldiger Opfer zerstören.

Nach sehr sorgfältiger Recherche hat Ulla Fröhling den schockierenden Report eines solchen Falles geschrieben, bei dem viele Täter systematisch und lustvoll Körper und Seele eines Mädchens vergewaltigen. Sie zeigt aber auch, wie der eigene Überlebenswille und die Entschlossenheit und Hingabe ihrer außergewöhnlichen Therapeutin der jungen Frau ermöglichen, durch viele Schwierigkeiten den Weg zu menschlicher Würde zu finden.

Zehn Jahre danach zeigt sich, dass dieser Weg zu früh endete. Patientin und Therapeutin zahlten einen hohen Preis für die gemeinsame Konfrontation mit den seelischen und sozialen Folgen des Bösen, das Angela Lenz erlebt hatte. Dieser Bericht legt auch ein trauriges Zeugnis ab für das Versagen einer Gesellschaft, die Gewalt-Überlebenden die nötigen Langzeittherapien und -behandlungen verweigert und ihnen so den Weg zu besserer Heilung verstellt. Möge dieses sehr beeindruckende Buch, das die Abgründe der menschlichen Seele, aber auch ihre Stärke zeigt, dazu beitragen, das Verantwortungsbewusstsein der Gesellschaft für diese Opfer der Gewalt wachzurütteln.

Ulla Fröhling verdient unseren tiefsten Respekt für ihren Mut und die moralische Kraft, das alles ans Tageslicht zu bringen.

Prof. Dr. Onno van der Hart
Professor für Psychopathologie Chronischer Traumatisierung
an der Universität Utrecht

Anhang

Personenverzeichnis

Angela Lenz besaß über 100 Persönlichkeiten und Persönlichkeitsanteile, als die Autorin sie kennenlernte. Nicht alle Persönlichkeiten werden im Buch genannt. Aus Gründen der Lesbarkeit wurden einige, die ähnliche Aufgaben haben, unter einem Namen zusammengefasst. Sämtliche Namen sind verändert, da die Täter viele Innenpersonen unter ihren richtigen Namen kennen. Die Altersangaben beziehen sich auf das subjektive Alter. Die Personen altern – je nach ihren Erfahrungen – unterschiedlich.

Angela Lenz, geborene Bahr: offizieller Name, auf den alle Persönlichkeiten hören, den aber niemand als den eigenen Namen empfindet. Es ist der Name der äußeren Hülle, zu Beginn der Therapie bei Nina Temberg war sie 30 Jahre, 2015 ist sie 53.

Gastgeberinnen

Stefanie: 16 Jahre, fröhlich, unternehmungslustig, hat viele Zeitlücken. Entstand bei der ersten Spaltung, erlebte nur die positiven Seiten des Vaters. Verschwand mit 13 Jahren, als der Vater starb. Tauchte 18 Jahre später wieder auf.

Traute: 30 Jahre, kurzsichtig. Sie ist gefühlvoll, beziehungsfähig, häufig amnestisch, depressiv und manchmal suizidal. Sie leidet unter Kopfschmerzen und spürt fast alle körperlichen Symptome. Entstand am Grab des Vaters, soll später alle Erinnerungen tragen. Muss lernen, mit der Vergangenheit leben zu können und zu wollen. Hat einige Persönlichkeiten integriert, der Integrationsversuch mit Stefanie scheiterte.

Kindpersönlichkeiten

Die meisten entstanden durch traumatische Ereignisse. Holen jetzt die versäumten Spiele einer Kindheit nach, die nie stattfand.

Nicki: 2 Jahre, ängstlich, stumm. Entstand bei der ersten Spaltung.

Susi: 3 Jahre, entstand im Krankenhaus, lebte nur dort.

Carola: 3 Jahre, hofft immer noch, dass die Mutter ihr hilft. Hat Heimweh nach ihr.

Käthe: 3 Jahre, tauchte auf, wenn die Mutter prügelte, wusste nie, warum sie geschlagen wurde. Fürchtet sich vor Händen.

Lena: 7 Jahre, freundlich, einfühlsam, zutraulich. Entstand durch den Verrat der Mutter. Isst außerordentlich gern Süßigkeiten. Vermittelt zwischen Innen- und Außenpersonen, zwischen Kindern und Erwachsenen.

Robbi: 4 Jahre, wurde von den Eltern gemeinsam gequält, gerät beim Geräusch eines Schlüssels in Panik und springt durch Fensterscheiben.

Dina: 7 Jahre, wurde von Hunden gejagt und als Hund behandelt. Fühlte sich lange wie ein Hund.

Hasso: 6 Jahre, stumm, glaubt, er sei ein Hund und würde von den Menschen verachtet.

Conny: 10 Jahre, selbstbewusst, mutig, stolz. Wurde für Drogenschmuggel, Vertrieb von Pornovideos benutzt, musste in Kneipen strippen.

Heiko: 10 Jahre, sportlich, frech, rüpelhaft, hat oft andere Kinder verprügelt. Was Erwachsene denken, ist ihm egal. Seine Aufgabe: angestaute Aggressionen rauslassen. Angst vor Hunden.

Tamara: 15 Jahre, sportlich, fleißig, extrem leistungsbezogen, schmerzunempfindlich, nie krank. Deutsche Jugendmeisterin im Schwimmen, hervorragende Schülerin. Trotzdem ist sie überzeugt, immer versagt zu haben, weil sie nie gelobt wurde. Jeden kleinen Misserfolg betrachtet sie als unverzeihliches Versagen.

Thomas: 12 Jahre, sanft, geduldig, intelligent. Wurde von der Mutter sexuell schwer misshandelt. Sie redete ihm ein, dass er ein Versager sei, der es nicht geschafft hätte, einen Penis zu entwickeln. Musste lernen, mit seiner aggressiven Seite umzugehen. Lernt heute stellvertretend für die Jungen und Männer, in einem Frauenkörper klarzukommen.

Mona und *Manuela*: 9 Jahre, aufgeschlossen und lebhaft. Spüren kaum Schmerz, nur sexuelle Erregung. Wurden in einem Kinderbordell und zu Pornofilmaufnahmen verkauft. Sind heute zu einer Persönlichkeit integriert.

Romy: 8 Jahre. Hat extreme Schamgefühle. Angst löst bei ihr sexuelle Erregung aus.

Helferpersönlichkeiten

Sarah: 30 Jahre, hat keine Körpergefühle. Wichtigste innere Helferpersönlichkeit, weiß alles über die Entstehungsgeschichte der Persönlichkeiten – außer über das geheime »andere System«. War lange »die rechte Hand« der Therapeutin.

Jimmy: 17 Jahre, sanft, zärtlich. Erste männliche Person, die entstand. Tröstete die Kinder während der Misshandlungen, gab ihnen das Gefühl, nicht allein zu sein. Kümmert sich auch heute noch liebevoll um sie.

Sigurd: 16 Jahre, hart, brutal, zerstörerisch, Macho, gestörtes Verhältnis zu Frauen. Entstand nach Verrat durch die Lehrerin. Aufgabe: vor Enttäuschungen schützen. Inzwischen weiß er, dass das auch anders geht als mit Härte. Leidenschaftlicher Autofahrer.

Delta: 20 Jahre, hasserfüllt, aggressiv, sehr stark. Trägt die Wut auf die Täter, ist meistens »weggesperrt«, weil sie sonst um sich schlagen würde. Schützt das System heute vor Angreifern.

Luna: 24 Jahre, misstrauisch, vorsichtig, außerordentlich anpassungsfähig. Entstand in der Psychiatrie. Aufgabe: dafür zu sorgen, dass Angela Lenz nicht als schizophren oder psychotisch eingestuft, sondern so schnell wie möglich wieder entlassen wird.

S. Josefa: 24 Jahre, Diakonisse, sehr religiös. Hat in pietistischen Kreisen gelebt und Teufelsaustreibung durchgemacht. Kümmert sich heute um die inneren Kinder, bringt ihnen Lesen und Schreiben bei. Ihre veränderte Einstellung zum Glauben hilft dem ganzen System.

Frieda: 19 Jahre, Alkoholikerin. Lebte ein halbes Jahr auf der Straße und arbeitete als Prostituierte. Klaustrophobisch, weil sie oft von der Mutter in eine Kiste gesperrt wurde.

»Das Alltagssystem«

entstand kurz nach dem Tod des Vaters. Diese Personen bewältigen den Alltag von Angela Lenz:

a) weiblich
Martha: 19 Jahre, warm, sanft, unterwürfig. Kein Selbstvertrauen. Aufgabe: Ehefrau und Mutter. War bulimisch, hält sich für zu dick. Tanzt gern.

Miranda: 16 Jahre, vergnügt, frech. Aufgabe: Gute Laune verbreiten. Fährt gern schnell und riskant Auto – am liebsten zusammen mit Sigurd.

Magda: 26 Jahre, sachlich, kompetent, streng, konfrontativ. Aufgabe: Haushaltsführung, Organisation. Möchte studieren und Therapeutin werden. Hat oft das Gefühl, nicht gut genug zu sein.

b) männlich:

Chris: 21 Jahre, groß, stark, selbstbewusst, intelligent, behält den Überblick.

Merlin: 15 Jahre, besitzt ungewöhnliche energetische Fähigkeiten. Spürt positive und negative Kräfte anderer Menschen. Hat früher mehrere Selbstmordversuche gemacht. Heute sehr hilfreich bei der Auflösung innerer Programmierungen.

Die Sektenkinder

Sie entstanden, als Angela Lenz in eine Satanssekte kam. Sie haben nur dort gelebt, wussten lange nicht, dass es noch eine andere Welt gibt. Alle haben eine tiefernste, düstere Ausstrahlung und panische Angst, zurückgeholt zu werden – und sind extrem lichtempfindlich.

Endora: 9 Jahre. Erste Person, die wegen der Sekte entstand. Erlebte schwere Folterungen und todesnahe Erfahrungen.

Dora: 15 Jahre. Kam Endora zu Hilfe, als die nicht mehr konnte. Wurde beim Treffen in der Schweiz für Satan »gereinigt«.

Medea: 9 Jahre. Sie glaubt, Dienerin Satans zu sein und an allem Schuld zu haben. Sie erlebte das Einführungsritual, musste töten und Blut trinken. Wurde dabei gefilmt.

Dea: 15 Jahre. Kam Medea zu Hilfe. Glaubt wie sie, schmutzig, schlecht, schuldig zu sein. Niemand darf in ihre Nähe kommen.

Saturia: 16 Jahre. Trägt in ihren Augen die schwerste Schuld.

Von Haupttäter »Onkel Paul« geprägt oder geschaffen

Rahel: 5 Jahre, entstand bei erster Vergewaltigung außer Haus und ohne den Vater. Wurde hypnotisiert und mit Elektroschocks gefoltert. Wird sich vielleicht in Traute integrieren.

Emma: 17 Jahre, mit zweieinhalb Jahren hypnotisch in einen Roboter gesteckt. Wurde mit Programmierungen (z. B. Selbstmordprogramme) zum Schutz der Täter gefüllt.

Daniel: 8 Jahre, entstand im Keller von »Onkel Paul«. Wurde gefoltert und programmiert. Musste andere Kinder zu Kinderfesten locken und bei Folterungen helfen. Sein Lieblingsspielzeug ist ein kleiner roter Porsche. Den will er dorthin bringen, wo er das tote Kind vergraben musste. Er will sich bei dem Kind entschuldigen und nie wieder einen roten Porsche haben.

Tessa: 7 Jahre, entstand, als »Onkel Paul« bei einer Schulung an Angela Bahr demonstrierte, wie mit Folter, Drogen und Hypnose Spaltungen hervorgerufen werden können. Sie hat panische Angst vor Strom und würde freiwillig nie ein elektrisches Gerät anfassen.

Rita: 17 Jahre, lustig und stolz auf ihren Beruf: Prostituierte. Hat jahrelang angeschafft und nie einen Pfennig dafür erhalten. Findet es entsetzlich, wie unauffällig sich die anderen Persönlichkeiten von Angela Lenz kleiden.

Herold: 22 Jahre, ernst, intelligent, zynisch. Entstand durch Folterung von Moira. Wurde selbst gefoltert. Man zeigte ihm einen Film, in dem er Kinder quält. Seine Aufgabe: Alle Treffen einhalten, auf jeden Brief, jeden Anruf reagieren.

Jule: 25 Jahre. Wurde geschaffen, als Angela heiratete. Aufgabe: Dafür zu sorgen, dass die Familie nichts merkt. Sich für Verletzungen überzeugende Erklärungen ausdenken – auch gegenüber anderen Innenpersonen.

Moira: 29 Jahre, wurde geschaffen, um den Tätern über das Leben von Angela Lenz genau Auskunft zu geben.

Der Zweifel

Angela Gudrun: leugnet sämtliche Erinnerungen der anderen Persönlichkeiten sowie deren Existenz. Hat Amnesien, erlebt oft mit, wenn die anderen agieren, hat aber fast keine Kontrolle über das Geschehen. Einige der anderen behaupten, Angela Gudrun sei von den Tätern programmiert. Wichtigste Aufgabe: so viel Zweifel zu bewahren, dass ein Weiterleben trotz dieser Kindheitsgeschichte ermöglicht wird.

Es gibt eine Reihe weiterer Persönlichkeiten, deren Namen Auskunft geben über die Kreativität des Systems (der Märchenerzähler, die sieben Schatten, Außenweltschatten) und den ideologischen Hintergrund der Haupttäter (1., 2., 3. Oberbefehlshaber). Die Haupttäter werden oft vom System gespiegelt. Um mit den Tätern fertig zu werden, schaffen die Systeme Multipler Persönlichkeiten häufig innere Abbildungen der Haupttäter, »täteridentifizierte Innenpersonen« genannt.[139] So gibt es einen inneren »Onkel Paul«, eine »innere Mutter«, einen »inneren Vater«. Ihre Äußerungen entsprechen verblüffend genau den realen Vorbildern, die Weltanschauung der Mutter lässt sich heute noch abrufen. Die meisten dieser inneren Abbilder, die immer schon ein Ich-Bewusstsein besaßen, aber nur eine extrem begrenzte Weltsicht, haben durch Gespräche mit der Therapeutin inzwischen die Seite gewechselt und sind zu wertvollen Helfern von Angela Lenz geworden. »Onkel Paul« kann nicht mehr auf sie vertrauen.

Briefe von Angela Lenz

An ihre Therapeutin und an die Autorin

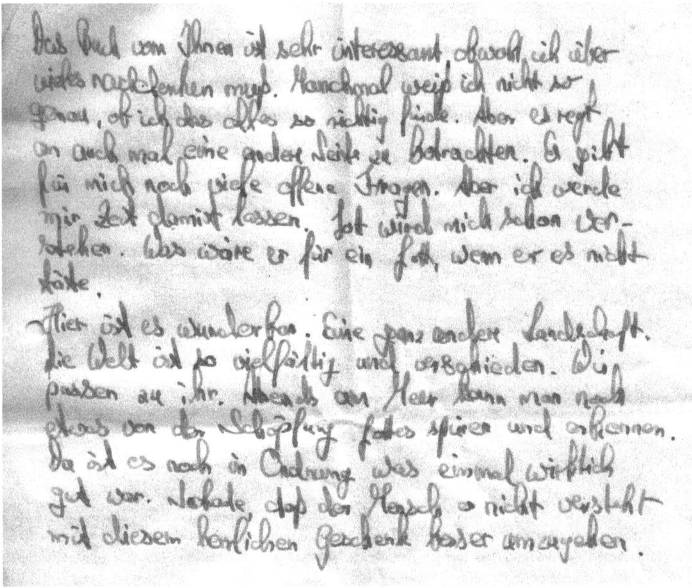

Das Buch von Ihnen ist sehr interessant, obwohl ich über vieles nachdenken muß. Manchmal weiß ich nicht so genau, ob ich das alles so richtig finde. Aber es regt an auch mal eine andere Seite zu betrachten. Es gibt für mich noch viele offene Fragen. Aber ich werde mir Zeit damit lassen. Gott wird mich schon verstehen. Was wäre er für ein Gott, wenn er es nicht täte.

Hier ist es wunderbar. Eine ganz andere Landschaft. Die Welt ist so vielfältig und verschieden. Wir passen zu ihr. Abends am Meer kann man noch etwas von der Schöpfung Gottes spüren und erkennen. Da ist es noch in Ordnung was einmal wirklich gut war. Schade, daß der Mensch es nicht versteht mit diesem herrlichen Geschenk besser umzugehen.

Brief von Schwester Josefa aus dem Urlaub an Nina Temberg. Die Diakonisse Schwester Josefa ist sehr religiös.

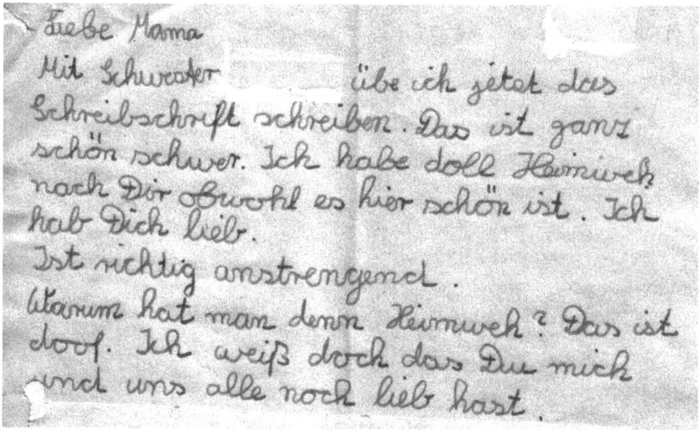

Liebe Mama
Mit Schwester übe ich jetzt das Schreibschrift schreiben. Das ist ganz schön schwer. Ich habe doll Heimweh nach Dir obwohl es hier schön ist. Ich hab Dich lieb.
Ist richtig anstrengend.
Warum hat man denn Heimweh? Das ist doof. Ich weiß doch das Du mich und uns alle noch lieb hast.

Brief der siebenjährigen Innenperson Lena an ihre Therapeutin. Viele der kleinen Kinder »adoptierten« Nina Temberg als gute Ersatzmutter. Sie redeten sie mit »Mama« oder »Mutti« an.[140]

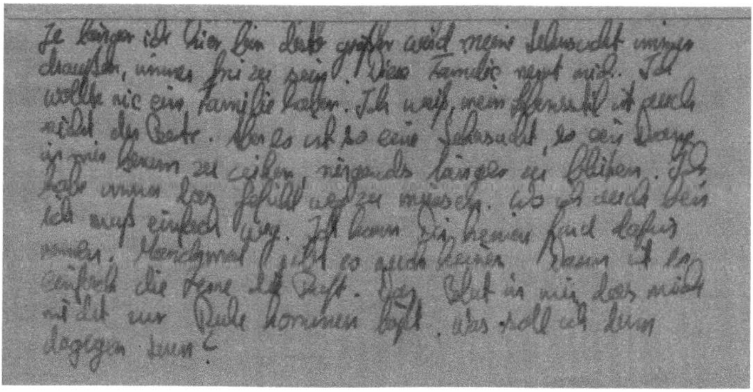

Je länger ich hier bin desto größer wird meine Sehnsucht immer draußen, immer frei zu sein. Diese Familie nervt mich. Ich wollte nie eine Familie haben. Ich weiß, mein Benehmen ist auch nicht das Beste. Aber es ist so eine Sehnsucht, so ein Drang in mir herum zu reisen, nirgends länger zu bleiben. Ich habe immer das Gefühl weg zu müssen. Wo ich auch bin ich muß einfach weg. Ich kann dir keinen Grund dafür nennen. Manchmal gibt es auch keinen. Dann ist es einfach die [illegible] Luft. Das Blut in mir, das mich nicht zur Ruhe kommen läßt. Was soll ich denn dagegen tun?

Brief der 19-jährigen Frieda, aus einem Familienurlaub geschrieben. Frieda ist am liebsten in der Natur, darf aber nur selten »raus«. Sie arbeitete als Prostituierte; als Alkoholikerin stellt sie ein Risiko für das Gesamtsystem dar.

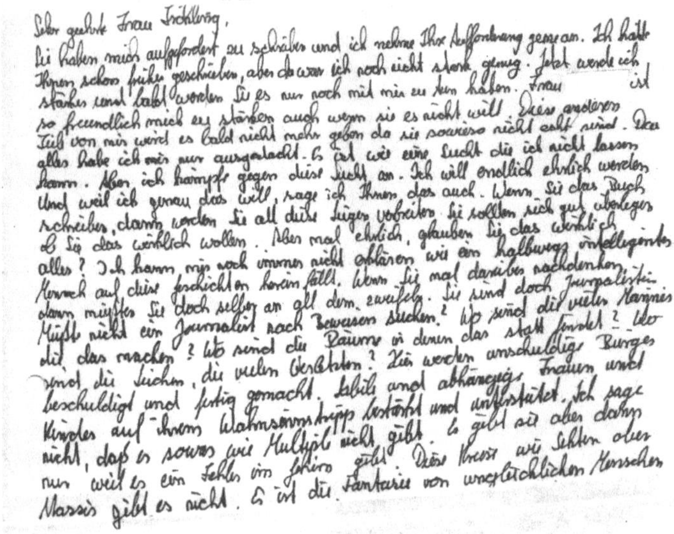

Sehr geehrte Frau Fröhling,
Sie haben mich aufgefordert zu schreiben und ich nehme Ihre Aufforderung gerne an. Ich hatte
Ihnen schon früher geschrieben, aber da war ich noch nicht stark genug. Jetzt werde ich
stärker und bald werden Sie es nur noch mit mir zu tun haben. Frau ist
so freundlich mich zu stärken auch wenn sie es nicht will. Diese anderen
Teile von mir wird es bald nicht mehr geben da sie sowieso nicht echt sind. Das
alles habe ich mir nur ausgedacht. Es ist wie eine Sucht die ich nicht lassen
kann. Aber ich kämpfe gegen diese Sucht an. Ich will endlich ehrlich werden.
Und weil ich genau das will, sage ich Ihnen das auch. Wenn Sie das Buch
schreiben, dann werden Sie all diese Lügen verbreiten. Sie sollten sich gut überlegen
ob Sie das wirklich wollen. Aber mal ehrlich, glauben Sie das wirklich
alles? Ich kann mir noch immer nicht erklären wie ein halbwegs intelligenter
Mensch auf diese Geschichten herein fällt. Wenn Sie mal darüber nachdenken,
dann müßten Sie doch selbst an all dem zweifeln. Sie sind doch Journalistin.
Müßte nicht ein Journalist nach Beweisen suchen? Wo sind die vielen Männer
die das machen? Wo sind die Räume in denen das statt findet? Wo
sind die Leichen, die vielen Geschichten? Hier werden unschuldige Bürger
beschuldigt und fertig gemacht. Labile und abhängige Frauen und
Kinder auf ihrem Wahnsinnstrip bestärkt und unterstützt. Ich sage
nicht, daß es so was wie Multiple nicht gibt. Es gibt sie aber dann
nur weil es ein Fehler im Gehirn gibt. Diese Kreise wie Sekten oder
Massen gibt es nicht. Es ist die Fantasie von unglücklichen Menschen.

Brief der Innenperson Angela Gudrun an die Autorin. Angela Gudrun leugnet die Gewalterlebnisse. Die Autorin forderte sie auf, ihre Meinung zu schreiben, um ihr ebenfalls Raum zu geben. Dies ist ein Einblick in ihre Argumente.

Details aus dem Leben von Angela Lenz: Opferentschädigungsdokument. Amulett mit uraltem keltischen Symbol, das wegen verborgener drei Sechsen auch als satanistisch gedeutet wird. Zettel mit (möglicherweise!) Geheimzeichen – nicht entschlüsselt.

RITUELLE GEWALT IN DEUTSCHLAND

»Es ist alles in Ordnung ...« – so beginnt und so endet dieses Buch. Nunmehr 19 Jahre nach der Erstveröffentlichung ihrer Geschichte lebt und überlebt Angela Lenz weiter. Sie hat ihren »Verrat« – die Kooperation mit der Autorin und die Veröffentlichung des Buches – überlebt. Auch die Therapeutin Nina Temberg lebt. Ebenso die Autorin – trotz Teilnahme an Talkshows, öffentlichen Diskussionen sowie politischen Hearings und trotz Erwähnung des Buches in etlichen Veröffentlichungen – alles sowohl national als größtenteils auch international.

»Es ist ja alles in Ordnung« – im ersten Kapitel dieses Buches ist das die Wahrnehmung eines Persönlichkeitsanteils und damit die Wahrnehmung eines Teils von Wirklichkeit, von Lebensrealitäten, derer es viele gibt. Es ist das Ergebnis eines Verdrängungs- und Abspaltungsprozesses, einer allzu menschlichen Verarbeitungsstrategie, derer wir uns alle bemächtigen – die meisten von uns jedoch in weniger extremer Form. Das Lesen, das Hören und die entstehenden inneren Bilder dieses Buches sind schwer auszuhalten. Sie erzeugen Abwehr – kann man so etwas glauben? Ja, man kann, und dieses Buch und die geschilderten Vorgänge haben nichts von ihrer Aktualität und Brisanz verloren – im Gegenteil, jetzt, fast zwei Jahrzehnte nach der Erstveröffentlichung der Lebensgeschichte von »Angela Lenz«, die hiermit zum zweiten Mal in aktualisierter Form wieder vorliegt, wird vieles erst begreifbar oder deutbar und ist erst jetzt erklärlich.[141]

Doch immer noch ist der Unglaube der einfache Weg und eine weit verbreitete, vielfach auch behördlich angewendete Abwehrstrategie.

Als »Sektenberater« wurde ich 1992 das erste Mal mit Schilderungen von sexuellem Missbrauch in ritualisierten Formen konfrontiert und um Fachberatung gebeten. Entsetzen, Abscheu und Ekel waren meine Reaktionen auf die mir vorgelegten Berichte und Zeichnungen; Hilf- und Ratlosigkeit herrschte bei allen beteiligten Helfern.

Polizeiliche Observationen – mit erstaunlichem Aufwand betrieben – führten dazu, dass das Opfer als unglaubwürdig eingestuft wurde: Zu den genannten Zeitpunkten des vorgeblichen Missbrauchs war sie nachweisbar einkaufen gewesen. Ein merkwürdiges Gefühl blieb trotzdem bei allen mit dieser Sache befassten Personen. Es verstärkte sich ein Jahr später, als wir vom Krankheits-/Störungsbild der »Multiplen Persönlichkeit« hörten, bei dem Zeitverluste bzw. Zeitverschiebungen in der Erinnerung sehr häufig vorkommen. Auch einige andere Symptome aus damaligen Schilderungen sind jetzt – unter diesem Gesichtspunkt – besser zu verstehen. Nachhaltig irritierend bleibt die Tatsache, dass diese Person – wie Angela Lenz – die Erzieherausbildung beendet und auch angefangen hat, in diesem Beruf mit Kindern zu arbeiten.

Dies blieb kein »Einzelfall«. Vier Wochen später kam eine zweite Anfrage zur gleichen Problematik. Nun waren es kleine Kinder, die Rituale beschrieben – in sich teilweise deckenden und ergänzenden Aussagen: Rituale in Verbindung mit sexuellem Missbrauch, sexuellen Misshandlungen, der Tötung von Tieren und der Opferung von Menschen. Diese Aussagen der Kinder wurden von Gutachtern als glaubwürdig eingestuft. Das Verfahren wurde dennoch mangels Beweisbarkeit eingestellt, u.a. nachdem ein zuständiger Familienrichter den beschuldigten Eltern Einsicht in die Akten eines zu diesem Zeitpunkt verdeckt gegen sie laufenden polizeilichen Ermittlungsverfahrens gegeben hatte. Vier Jahre später berichtete ein weiteres Kind, das in dieser Gegend[142] aufgewachsen ist und aufgrund von Vernachlässigung in Obhut genommen wurde, von den gleichen Formen Ritueller Gewalt und nannte gleiche Täternamen. Dennoch wurde keine Anzeige erstattet – trotz mehrerer dokumentierter Fälle »plötzlichen Kindstods« in dieser Familie im Laufe von 15 Jahren. Mir ist aus der Fachberatung außerdem eine Frau bekannt, deren Erinnerungen an satanistische rituelle Gewalt in das Jahr 1959 zurückreichen. Auch sie ist in dieser Gegend aufgewachsen.

Auf der Suche nach Erfahrungen im Umgang mit dieser Problematik stieß ich auf eine Vielzahl von ähnlichen Fällen in Deutschland und auf enorme Defizite an Fachwissen und Handlungskonzepten in Beratungsstellen. Konkrete Hilfe kam schließlich aus den Niederlanden und Australien: Fachliteratur, Workshops und Gesprächsangebote. Mein Weg verlief ähnlich wie der von Therapeutin Nina Temberg, ich kann ihre Erfahrungen nur bestätigen.

So entstand eine Vernetzung zwischen Beratungsstellen – sowohl zum sexuellen Missbrauch, als auch »Sekten«beratungsstellen –, Therapeutinnen und Therapeuten, Kliniken und Ermittlungsbehörden. Ausgezeichnet wurde diese Vernetzungs- und Beratungsarbeit durch die Verleihung des Anerkennungspreises zum Kinderschutzpreis[143] 1994 an das »Aktionsprojekt Ritueller Missbrauch von Kindern«, in dem ich damals tätig war. Die Jury urteilte: »Der rituelle Missbrauch ist ein zeittypisches Problem mit höchster Brisanz.« Prof. Dr. Walter Bärsch, Ehrenpräsident des Deutschen Kinderschutzbundes, führte damals in seiner Laudatio aus: »Noch liegt vieles im Dunkeln. Es ist aber dringend notwendig, sich diesem Problem offensiv zu stellen.« Vier Jahre später empfahl eine Enquete-Kommission des Deutschen Bundestages: »Insbesondere gilt es, die Phänomene des ‚rituellen Missbrauchs' weiter zu erhellen.«[144] Getan hat sich seitdem wenig. Auch eine Anhörung im Fraktionsvorstand der SPD und eine daran anknüpfende Kleine Anfrage im Deutschen Bundestag[145] veränderten wenig, obwohl namhafte Politikerinnen und Politiker, darunter eine derzeit amtierende Bundesministerin, sich gut informiert zeigten. Auch die enormen Weiterentwicklungen im Bereich der Traumatherapie scheitern in und an einem System, das durch rigide Einsparmaßnahmen im Sozial- und Gesundheitsbereich zusammenzubrechen droht. »Die Not war über alle Maßen groß« – an der Aktualität dieser Feststellung Nina Tembergs hat sich bis heute wenig geändert. Ich habe es in der Beratungsarbeit erfahren und erlebe es heute in meinen Supervisionen und Fachberatungen: Die immer wiederkehrende Frage der vielen Helferinnen und Helfer in Deutschland, die mit Schilderungen ritueller Gewalt konfrontiert werden, lautet: »Wohin mit den Klientinnen und Klienten – die zumeist eine hohes Maß an Zeitaufwand benötigen?«

So ist auch in professionellen Kreisen eine Abwehr zu beobachten. Seit Anfang der achtziger Jahre gibt es eine kontroverse Diskussion darüber, ob es Rituelle Gewalt in einer wie von Angela Lenz erlebten Form überhaupt gibt. Die bereits erwähnte Enquete-Kommission des Deutschen Bundestages kommt in ihrem Endbericht zu dem Schluss: »Von der Existenz solcher Kulte ist auszugehen.«[146] Immer noch gibt es wenige Erkenntnisse und Forschungsergebnisse – trotz weitgehender Forschungsempfehlungen.[147] Universitäten und Forschungseinrichtungen zeigen wenig bis kein Interesse, die Ergebnisse von zwei deutschen Umfragen zu Ritueller Gewalt sind bislang unveröffentlicht[148].

Aus dieser Not heraus entstand ein privates Projekt: In internationaler Zusammenarbeit wurde eine dreiteilige Internet-Umfrage entwickelt: »Extreme Abuse Survey«. Sie richtet sich an Opfer extremer Gewalt, an Fachleute, die mit Überlebenden extremer Gewalt arbeiten und sie wertet Erfahrungen im Umgang mit Kindern aus, die Rituelle Gewalt erlebt haben. Die Verfasser dieser Befragung – eine Überlebende von Mind-Control-Experimenten[149], eine Therapeutin in Ruhestand[150], eine Diagnostikspezialistin für Dissoziative Störungen[151] und ich als Sozialarbeiter – wollen das Problem endlich stärker in das Bewusstsein und die Diskussion rücken: fachlich, gesellschaftlich und politisch. Die Ergebnisse dieser Befragung sind im Internet nachzulesen.[152] Die berichteten Erlebnisse von 1.471 Überlebenden extremer Gewalt aus 31 Ländern spiegeln die Erfahrungen von Angela Lenz wieder: 63 % berichten, dass die organisierte Gewalt ihren Anfang im Elternhaus nahm, 55 % der Antwortenden berichten, Rituelle Gewalt mit satanistischen Überbau erlebt zu haben. Insgesamt 46 % der Überlebenden beschreiben, dass sie an Kinderprostitution teilnehmen mussten. Erschreckend sind die Zahlen über die Teilnahme an Tötungen: 53 % beschreiben die Teilnahme an der Tötung von Tieren, 51 % die Teilnahme an der Tötung von Menschen.

Der amerikanische Therapeut Bennett Braun vertritt die Auffassung: »Wenn nur zehn Prozent zutrifft, von dem, was ich über Satanistischen Rituellen Missbrauch höre, dann haben wir ein erhebliches Problem.«[153] Es erscheint kaum vorstellbar, dass solche und ähnliche Vorgänge in diesem und anderen Ländern und dieser Zeit unbemerkt mitten unter uns passieren. Doch die Vorgänge um Marc Dutroux in Belgien haben seit 1996 gezeigt, wie bislang Unvorstellbares tatsächlich geschieht.[154]

»Falls die Kinder dennoch reden sollten, trotz aller Einschüchterung, trotz ihrer Todesangst, trotz ihrer Angst, andere Menschen müssten sterben, wenn sie sprechen: Wer wird ihnen solche bizarren Riten, solche Bilder einer psychotischen Welt jemals glauben?«, heißt es in diesem Buch. Die Kinder sind erwachsen geworden, bevor sie nach vielen Anläufen vielleicht endlich Gehör finden und sich eventuell an oben genannter Umfrage beteiligt haben.

Doch wer hört hin? Schilderungen von Kinder abzutun ist ein Leichtes, die Kindesphantasie ist unergründlich. Doch selbst die größten Phantasten können sich das im Rituellen Missbrauch erlebte Grauen kaum ausmalen, geschweige denn den damit verbundenen vielschichtigen Terror und seine Folgen. »Das kann doch nicht wahr sein« ist die Reaktion derjenigen, die es nicht wahrhaben wollen, sei es bewusst oder unbewusst. Selbst der ultimative Beweis in Form einer rechtskräftigen Verurteilung reicht nicht aus, diese Barriere zu brechen.[155] Und so werden auch Berichte von Erwachsenen, wie der folgende, in einer Vogel-Strauß-Politik auf Kosten der Opfer und mit einem Freifahrtschein für die Täter abqualifiziert. So heißt es in einem Einstellungsbescheid einer bundesdeutschen Staatsanwaltschaft: »Der Bürgermeister der Ortschaft wurde kontaktiert. Er ist seit 24 Jahren Bürgermeister und bekundete, dass solche Taten[156] in [diesem Ort] mit Sicherheit nicht vorgekommen sind. Auch den Beamten der [zuständigen] Kriminalpolizeiinspektion, die seit ca. 26 Jahren dort Dienst tun, sind die geschilderten Taten unbekannt, obwohl ihr Zuständigkeitsbereich auch [diesen Ort] umfasst.« Die gleiche Staatsanwaltschaft erstellt noch eine Ferndiagnose: »Hinzu kommt, dass die Anzeigeerstatterin krank ist[157] und sich zur Behandlung bereits in psychosomatischen Kliniken und sozialtherapeutischen Kliniken befand.«

Disziplinübergreifende Fehleinschätzungen finden sich auch bei Psychologen und Psychiatern. Den besten Beweis hierfür liefert der amerikanische Psychiater und MPS-Spezialist Frank Putnam. Er schreibt: »Studien über Kulte wie Hare Krishna, Kinder Gottes und People's Temple haben gezeigt, dass solche Gruppierungen implodieren und sich sehr schnell auflösen, wenn sie gewalttätige oder kriminelle Handlungen ausüben. Wie vermeiden Satanisten dieses Schicksal?«[158] Putnam hält dies offenbar für ein Indiz, dass Ritueller Missbrauch kein Bestandteil einer Ideologie satanischer Kulte ist. Doch alle, die sich länger mit dem Phänomen des Satanismus auseinandergesetzt haben, wissen eines: Im krassen Gegensatz zu den genannten Gruppierungen ist bei Teilbereichen des Satanismus eine Umkehrung gesellschaftlicher Normen und Werte systemimmanent, und kriminelle Handlungen sind daher Teil der Ideologie. Carl Raschke, Professor für Religious Studies an der Universität Denver, USA, bringt dies auf den Punkt: »Satanismus ist ein hochentwickeltes und sehr effektives Mittel der

Motivation für die Verbreitung von Gewalt und kulturellem Terrorismus, während er sich vollkommen unter den Schutz des Ersten Artikels der Verfassung[159] verbirgt. Es ist eine Ideologie, die eine strategische Anwendung in der kriminellen Unterwelt erfährt, auch wenn sie dort nicht entwickelt worden ist.«[160]

Das massive gewalttätige und kriminelle Potential religiöser Gruppierungen als Subkultur innerhalb einer Gesellschaft ist erstmals bei den Vorgängen um die Aum-Shin-Rikyo Gruppierung in Japan deutlich geworden. Das Begehen von ca. 80 anfangs zumeist unerkannten Tötungen, die Lieferung der Hard- und Software für das Streifenwagenleitsystem der Tokioter Polizei, das Errichten einer Fabrik zur Herstellung von Maschinenpistolen, sind neben der Vorbereitung zu und Durchführung eines Attentats mit Sarin-Gas in der Tokioter U-Bahn Vorgänge, die erst nach dem erfolgten Attentat ermittelt wurden.[161] Das war 1995.

Sechs Jahre später konnten wir das mörderische Potential religiöser Fanatiker live am Fernsehschirm miterleben. Was aber hat das Geschehen des 11. September 2001 mit diesem Buch zu tun? Beachtenswert sind zwei Aspekte – neben einer vorgeblich religiösen Rechtfertigung der Taten. Zunächst die Tatvorbereitung: Wie war es möglich, diese unerkannt in einer fremden Kultur, in einer fremden Umgebung zu tätigen? Den Ablenkungen und Verlockungen eines westlich offenen Kulturmixes im Hamburger Bahnhofsviertel St. Georg waren die Täter auf ihrem täglichen Weg zur Moschee ausgesetzt. Dieses und das Erleben einer islamistischen Großstadtgemeinde haben sicherlich zu Erfahrungen beigetragen, die Herausforderungen an das Beibehalten fanatischer Denkstrukturen bedeuteten. Die Anforderungen eines solchen – in Geheimdienstkreisen als »Schläfer« bezeichneten – Lebens führen meines Erachtens zwangsläufig zu einer doppelten Wahrnehmung. Genau dies bezeichnet der amerikanische Psychiater Robert Jay Lifton in seiner Untersuchung über Ärzte im Dritten Reich[162] als

»Doubling«, als »Doppelung«. Diese Form der »kognitiven Dissonanz« ist eine Abspaltung, also eine Dissoziation. Sie ist eine wesentliche Voraussetzung für das Bestehen einer derartigen Subkultur. Der zweite Aspekt ist der psychische Zustand eines hochfunktionalen Terrorpiloten: Wie gelingt es einem Menschen in den letzten Minuten seines Lebens als weitgehend untrainierter Pilot ein vollbetanktes und -besetztes Großraumpassagierflugzeug in einer präzisen, zielgerichteten Kurve in die schmale Silhouette eines Hochhauses zu lenken? Inwieweit hier dissoziative Zustände – die in der Religionswissenschaft als »altered states of consciousness« eine lange Forschungstradition haben – eine ursächliche Rolle spielen, das ist eine dringend zu erforschende Frage.

In der Magie gibt es den Aspekt der Spaltungsmagie als Form der Abspaltung vom Körper. »Diese Form gehört zur eigentlichen Magie und kommt nur in Frage, wenn Du mit Medien experimentierst. Vorerst musst Du aber in der Lage sein, Dich selbst spalten zu können. Schon damit hast Du eine Macht in den Händen, deren Du Dich nur bedienen darfst, wenn Du den langen Weg der Vorbereitung gegangen bist. Dann gibt es kein Gut und Böse, kein Schwarz und Weiß mehr für Dich! Du stehst im Zentrum Deines Egos, verbunden mit kosmischen Schwingungen. Du kennst Dein Karma, auch die Gesetze der andern. Dein Eingreifen geschieht nicht mehr vom physischen Plane aus, sondern von der Ebene geistiger Erkenntnis. So kann auch Deinen physischen Körper nichts mehr treffen durch menschliche Macht oder menschliches Schicksal.«[163]

Ist es dies, was Endora zu leisten vermag, als sie verschwindet und Medea auftaucht, die tiefe Kraft verspürt und gemeinsam mit dem Hohepriester das vollendet, was Endora nicht wollte: einen Dolch in ein Mädchen stechen und ihm den Bauch aufschlitzen? »Bist Du soweit in Deinem Können, gelingt Dir die Spaltung mit einiger Übung sofort auf Zuruf und Willenseinstellung, so kannst Du gehen, wohin

Du willst, und handeln, wie Du willst. Kein materielles Hindernis gibt es mehr für Dich.«[164]

Wenn dem so ist – was ist dann das Potential des »coolen Kämpfers Conny« der Päckchen in Flugzeuge hinein und wieder heraus schmuggelt? Werkzeug oder potentielle Waffe? Es ist ein erschreckendes Bild, welches sich zeichnet. Übertreibung? Der angesehene Hypnosespezialist und emeritierte Psychologie-Professor der Columbia-Universität Herbert Spiegel führt aus, dass hoch hypnotisierbare Personen in der Lage sind, Dinge zu tun, die ihren eigenen Wertvorstellungen entgegenstehen und dass es möglich ist, sie so zu manipulieren, dass sie physische Gewalthandlungen begehen. Alle Menschen seien zu einem bestimmten Grad beeinflussbar. Dennoch »The small group of highly hypnotizable people, when put in the hands of unscrupulous individuals, are even more vulnerable.«[165]

Es wird behauptet, dass Kinder die verletzlichsten und schützenswertesten Glieder einer Gesellschaft sind. Dies gilt auch in anderen Kulturen und Subkulturen. Dennoch wird Kindern viel angetan. Dieses Buch ist all den Kindern gewidmet, die nicht überlebt haben. Aber andere Kinder reden, und sie haben das Recht, dass wir ihnen zuhören. Diese Kinder reden, ihretwillen müssen wir sehen, dass es das Problem des Rituellen Missbrauchs und seine Folgen wirklich gibt. Die Kinder reden, und es ist Zeit zu handeln.

Jetzt.

Dipl.-Soz. Päd. Thorsten Becker, Supervisor und Fachberater, arbeitete 16 Jahre mit Aussteigern aus Sekten und Kulten, davon acht mit Schwerpunkt Rituelle Gewalt.[166]

Dank

Dieses Buch konnte nur geschrieben werden, weil viele Menschen an das Projekt geglaubt und es unterstützt haben. Zwei Jahrzehnte lang.

Mein Dank gilt zuerst »Angela Lenz« und jenen ihrer Innenpersonen, die mit mir zusammengearbeitet haben, aber auch jenen, die mich schweigend toleriert haben, zolle ich Respekt. Ich danke ihnen für das zaghafte Vertrauen, das erst in vier, dann in weiteren zehn Jahren wuchs, für die Kraft, die es sie kostete, für dieses Buch immer wieder in die eigene Vergangenheit zu schauen und sich dem zu stellen, was sie dort erblickten. Ich danke »Nina Temberg« und »Elisabeth Gebhard« für die Zusammenarbeit und für die Offenheit auch bei schwierigen Fragen. Dr. Onno van der Hart, damals Professor für Klinische Psychologie an der Universität Utrecht und Psychotherapeut im Dissociation Team in Amsterdam, dann Professor für Psychopathologie Chronischer Traumatisierung an der Universität Utrecht, inzwischen emeritiert, danke ich für unermüdlichen Rat, Zuspruch, für Geduld und dafür, dass er da ist. Dipl.-Psych. Michaela Huber für fachliche Unterstützung. Dipl.-Päd. Anne Jürgens für ihren Rat zu Fragen stationärer Therapie Multipler Persönlichkeiten. Dipl.-Soz.päd. Thorsten Becker für viele Gespräche und wichtige Hinweise zum Thema »Satanismus heute«. Guido Grandt für kollegialen Austausch und Beratung beim Kapitel über Satanismus. Dr. Bert Kellermann, früher Chefarzt im AK Ochsenzoll, für Unterstützung und Informationen. Dr. Suzette Boon von der Universität Utrecht sowie ihrer Patientin für die sorgfältige Prüfung von Symbolen, Schriften und Gegenständen. Dr. Catherine Fine vom Institute of Pennsylvania Hospital in Philadelphia für ein »Ja« im entscheidenden Moment. Weiterhin danke ich

Ursula Enders von »Zartbitter« Köln und den Pionierinnen, den Therapeutinnen Monika Veith, Cornelia Müller, Hilde Lanzel von »Vielfalt e. V. Bremen« und Felicitas Quiehl für viele Informationen und Gespräche. Christa Ziehn von »Löwenmutter«, Hamburg, danke ich für Informationen über Pädokriminelle. Schriftsteller und Kinderanwalt Andrew Vachss, New York, für Hinweise zum Schutz der eigenen Seele. Rechtsanwältin Heidi Saarmann für Ratschläge zum Opferschutz. Und dem 2014 leider verstorbenen Rechtsanwalt Helmuth Jipp, der bei allen brisanten Artikeln und Buchprojekten zuverlässig an meiner Seite war. Heide Niemann, ohne die das Buch nicht erschienen wäre. Meiner Agentin Swantje Steinbrink, Berlin, verdanke ich, dass das Buch jetzt erscheint; außerdem danke ich ihr für jahrelange Orientierungshilfen im Verlagsdschungel – sowie für ihren Humor.

Renate Rennebach danke ich, dass sie sich als Bundestagsabgeordnete für Opfer ritueller Gewalt eingesetzt hat und nicht damit aufhörte, als man ihr das Mandat nahm. Mit ihr zusammen gründete ich eine Stiftung für Opfer ritueller Gewalt, die Renate Rennbach-Stiftung (www.renate-rennebach-stiftung.de).

Der International Society for the Study of Trauma and Dissociation (ISSTD), deren Mitglied ich 1995 wurde, danke ich für Horizonterweiterungen und dafür, dass sie mir den Media Achievement Award 2001 verliehen. Immer noch lese ich fasziniert den weltweiten Wissensaustausch der Dissociative Disorders Discussion List mit.

Die Workshops „Kriegs- und Nachkriegskindheit« des Familientherapeuten Dr. Peter Heinl schärfen seit langem mein Bewusstsein für und meine Wahrnehmung von Folgen frühen Traumatisierungen. Außerdem danke ich Peter Heinl, Mitglied des Royal College of Psychiatrists London, für Humor beyond the call of duty. Prof. Stephan Russ-Mohl und dem Journalisten-Kolleg der Freien Universität Berlin danke ich für die European Journalism Fellowship, die es mir ermöglichte, zwei Semester lang zum Thema »Trauma, Tabu und Sprache«

zu forschen. Prof. Luise Reddemann, die dieses Buchprojekt fast seit Beginn kennt, danke ich für ein besonderes Geschenk zum Abschluss des Buches.

Ich danke den Lesern und Leserinnen, die in den drei Jahren, als das Buch vergriffen war, so entschlossen Jagd auf Restexemplare bei Ebay machten und mich mit vielen berührenden Briefen bewegten, eine Neuauflage zu planen. Der Münchner Verlagsgruppe danke ich, dass sie die Geschichte von Angela Lenz, die auch eine Langzeitstudie über den achtlosen Umgang der Gesellschaft mit Opfern von Gewalt darstellt, weiterhin zugänglich macht. Julia Jochim, Lektorin bei mvg, danke ich für die Sorgfalt, Sensibilität und ihr Engagement beim Lektorat dieses Buches.

Mein besonderer Dank gilt den vielen multiplen Frauen, Kindern und Männern, deren Wissen und Erfahrungen in dieses Buch eingeflossen sind, ohne dass sie erwähnt werden, Eva & Co von »Matrioschka«, Starfleet, Dr. M.H., den Sylvias, M. S. M., Silke K. in W., Navina, der Arbeitsgruppe »Was ist das eigentlich, ein Ich?« während des Bielefelder Kongresses »Grenzgängerinnen« 1994 (besonders Kitty, Tewi und den anderen), den Frauen des Dokumentarfilmprojekts um Dipl.-Psych. Burgel Geier. Und vielen, die nicht genannt werden können, darunter auch selbstbetroffene WissenschaftlerInnen, TraumatherapeutInnen und andere Akademikerinnen. Für weitreichende Informationen danke ich anderen Opfern wie Monika S., deren Versuch, die Täter anzuzeigen, sich als Lehrstück deutscher Vertuschungsstrategie entwickelt hat.

Ich danke allen Freunden, die es geblieben sind. Meinem Mann Lothar Fröhling danke ich für unermüdliche weltweite Internetrecherche, für die technischen Voraussetzungen meiner Arbeit und dafür, dass er es immer wieder schafft, das alles auszuhalten. Vor allen ihm. It's all over now, Baby Blue.

Ulla Fröhling, Januar 2015

Stimmen zum Buch

Realität kann viel grausamer sein als jede Fiktion. Dieser Tatsachenbericht beschreibt, was ein Kind durchmacht, das organisierter sadistischer Gewalt ausgesetzt ist. Und was aus diesem Kind wird. Ulla Fröhlings Nahaufnahme eines Mädchens, das über Jahre rituell misshandelt wird und nicht »eine«, sondern »viele« werden muss, beschreibt auf geradezu atemberaubende Weise, wie Menschen, die bewusst das Böse wollen und ausleben, von einem Lebewesen Besitz ergreifen und ihm das Entkommen sehr schwer machen.

Dipl.-Psych. Michaela Huber, Vorsitzende der DGTD[167]

Ich liebe dieses Buch so sehr, weil das Mädchen durch die Hölle gegangen ist und es trotzdem geschafft hat, zu überleben. Das Buch gibt Kraft, es lehrt Geduld zu haben und Hoffnung.

Despina Pantelopoulou, Leserin

Das Buch zieht einen in den Bann sowohl durch die Ungeheuerlichkeit der Taten als auch durch den bewundernswerten Mut dieser Frau, die es schafft, sich von ihren Fesseln zu befreien. Die schonungslose Darstellung und die einfühlsame Sprache berühren tief.

Nina Petri, Filmpreisträgerin

Es gibt keine Boshaftigkeit und keine Gewalttätigkeit, die grausamer sein können als das, was in diesem Buch beschrieben und angeprangert wird.

Menschen lassen sich ganz vom Bösen leiten und feiern ihre Untaten an der Menschlichkeit. Unvorstellbar, und trotzdem auf Tatsachen beruhend.

Sr. Dr. Lea Ackermann, Gründerin und Vorsitzende von SOLWODI e.V.

Das Buch ist hervorragend und gibt in einer noch untertriebenen Weise wieder, was manche Menschen an Höllenqualen erleiden müssen. Ein gelungenes und – leider – wahres Dokument unserer Zeit.

Naiel Arafat, Oberarzt

Es gibt spannende Bücher, die man trotzdem zwischendurch immer wieder weglegen muss, weil einem die Tränen kommen aus Mitgefühl, Trauer und Empörung. »Vater unser in der Hölle« von Ulla Fröhling ist so ein Buch.

Susanne Geiger, Münchner AZ

Ich empfehle das Buch immer bei Fachberatungen und Fortbildungen zum Thema ritueller Gewalt. Es gibt nichts Vergleichbares auf dem Buchmarkt.

Monika Veith. Beraterin, Vielfalt e.V. Bremen

Immer wieder empfehle ich dieses Buch als wesentliches Buch zum Thema Satanismus und ritueller Missbrauch.

Liz Wieskerstrauch, Regisseurin

Das Buch hat uns sehr geholfen, denn auch wir sind in einer satanistischen Sekte aufgewachsen. Wir danken Ulla Fröhling sehr für diesen offenen, ehrlichen und erschütternden Bericht.

Nicki und die Bärenbande

Literatur

1. Casey, Joan Francis: »Ich bin viele«. Hamburg 1992
2. Chase, Truddi: »Aufschrei«. Bergisch Gladbach 1991
3. Christiansen, Ingolf: »Satanismus: Faszination des Bösen«. Gütersloh 2000
4. Crowley, Aleister: »Äquinox 1 – Das Buch des Gesetzes«. 1954
5. »Diagnostisches und Statistisches Manual Psychischer Störungen DSM-5«, Göttingen deutsche Übersetzung 12/2014
6. Drewes, Detlef: »Kinder im Datennetz«. 1995
7. Eckhardt-Henn, Annegret/Hoffmann, Sven Olaf: »Dissoziative Bewusstseinsstörungen«. Stuttgart 2004
8. Egle/Hoffmann/Joraschky: »Sexueller Missbrauch, Misshandlung, Vernachlässigung«. Stuttgart 2000
9. Frei, Pauline C./Huber, Michaela (Hrsg.): »Leiden hängt von der Entscheidung ab«. Paderborn 2006
10. Fraser, George A. (Hrsg.): The Dilemma of Ritual Abuse: Cautions and Guides for Therapists. Washington, London 1997
11. Gardiner-Sirtl, Angelika: »Als Kind missbraucht. Frauen brechen das Schweigen«. München 1983
12. Gasper, Hans/Müller, Joachim/Valentin, Frederike: »Lexikon der Sekten, Sondergruppen und Weltanschauungen«. Freiburg 1990
13. Gast, Ursula/Rodewald, Frauke/Hofmann, Arne/Mattheß, Helga/Nijenhuis, Ellert/Reddemann, Luise/Emrich, Hinderk M.: »Die dissoziative Identitätsstörung – häufig fehldiagnostiziert, in: Deutsches Ärzteblatt, Jg. 103, Heft 47, 24.11.2006
14. Grandt, Guido/Grandt, Michael: »Schwarzbuch Satanismus – Innenansichten eines religiösen Wahnsystems«. München 1998
15. Dieselb.: »Satanismus - Die unterschätzte Gefahr«, Düsseldorf 2000
16. Grandt, Guido: »Der Satan von Witten – und andere fanatische Ritualmörder«, München 2007

17. Hammond, D.C.: »The Greenbaum Speech«, 25.6.1992

18. Hassan, Steven: »Ausbruch aus dem Bann der Sekten«. Hamburg 1994

19. Heller, Friedrich Paul/Maegerle, Anton: »Thule – Vom völkischen Okkultismus bis zur Neuen Rechten«. Stuttgart 1995

20. Herman, Judith Lewis: » Die Narben der Gewalt – Traumatische Erfahrungen verstehen und überwinden«. München 1994

21. Howard, M.: »The Occult Conspiracy. Secret Societies and Their Influence and Power in the World History«. New York 1990

22. Huber, Michaela: »Multiple Persönlichkeiten – Überlebende extremer Gewalt. Ein Handbuch«. Frankfurt 1995

23. Dies.: Trauma und die Folgen. Paderborn 2005

24. Dies.: »Wege der Traumabehandlung«. Paderborn 2003

25. Dies.: »Der innere Garten: ein achtsamer Weg zu sich selbst«. Paderborn 2006.

26. Dies.: »Der Feind im Inneren«. Paderborn 2013

27. Introvigne, Massiomo/Türk, Eckhard: »Satanismus zwischen Sensation und Wirklichkeit«. Freiburg 1995

28. Lanning, Kenneth V.: »Ritual Abuse: A Law Enforcement View or Perspective«, FBI-Report 1992.

29. LaVey, Anton Szandor: »The Satanic Bible«. New York 1969

30. Lifton, Robert Jay: »Ärzte im Dritten Reich«. Stuttgart 1993

31. Ders.: »Thought Reform and the Psychology of Totalism«. London 1989

32. Ders.: »Terror für die Unsterblichkeit – Erlösungssekten proben den Weltuntergang«. Wien 2000

33. Loftus, Elisabeth/Ketcham, Katherine: »Die therapierte Erinnerung - Vom Mythos der Verdrängung bei Anklagen wegen sexuellem Mißbrauchs«. Hamburg 1995

34. Lukas: »Vier Jahre Hölle und zurück«, Bergisch Gladbach 1995

35. Marks, John: »The Search for the Manchurian Candidate. The CIA and Mind Control. The Secret History of the Behavioral Sciences«. New York 1991

36. May, Angela/Remus, Norbert: »Rituelle Gewalt«, Schriftenreihe gegen sexualisierte Gewalt. Berlin 2001

37. Menasse, Robert: »Die Vertreibung aus der Hölle«. Frankfurt 2004

38. Miller, Alice: »Das verbannte Wissen«. Frankfurt 1988

39. Miller, Alice: »Du sollst nicht merken«. Frankfurt 1983

40. Mitscherlich, Alexander/Mielke, Fred: »Medizin ohne Menschlichkeit. Dokumente des Nürnberger Ärzteprozesses«. Frankfurt 1995

41. Noblitt, James Randall/Perskin, Pamela Sue: »Cult Ritual Abuse«. Westport 2000

42. Ravenscroft, Russell: »Der Speer des Schicksals«. Zug 1988

43. Reddemann, Luise: »Imagination als heilsame Kraft«. Paderborn 2006

44. Reddemann, Luise: »Folgen der NS- Zeit und des 2. Weltkriegs in der Psychotherapie – Eine Annäherung«. Paderborn Herbst 2015

45. Rentmeister, Cillie/Wildwasser e. V.: »Sexueller Mißbrauch von Mädchen. Strategien zur Befreiung«. Berlin 1986

46. Report of the Ritual Task Force Los Angeles County Commission for Women: »Ritual Abuse: Definitions, Glossary, The Use of Mind Control«. 1989

47. Richard, Rainer/Krafft-Schöning, Beate: »Nur ein Mausklick bis zum Grauen – Jugend und Medien«. Halle 2007

48. Rosch, Miriam: »Laura G. – Im Namen des Teufels«. Düsseldorf 1995

49. Ross, Colin A.: »Satanic Ritual Abuse: Principles of Treatment«. Toronto 1995

50. Roth, Jürgen/Nübel, Rainer/Fromm, Rainer: »Anklage unerwünscht: Korruption und Willkür in der deutschen Justiz«. Frankfurt 2007

51. Rush, Florence: »Das bestgehütete Geheimnis: sexueller Kindesmißbrauch«. Berlin 1984

52. Sakheim, David K./Devine, Susan E. (Hrg.): »Out of Darkness – Exploring Satanism and Ritual Abuse«. New York 1994

53. Sanders, Ed: »The Family«. London 1971

54. Schalleck, Martha: »Rotkäppchens Schweigen: Die Tricks der Kindesmissbraucher und ihrer Helfer«. Freiburg 2006

55. Sellmann, Elke/Bezirksregierung Lüneburg: »Thelema Orden / Netzwerk Thelema«. Lüneburg 1986

56. Sizemore, C.C./Pittilo, E.S.: »I'm Eve«. Garden City 1977

57. Sklar, D.: »The Nazis and the Occult«. New York 1977

58. Smith, Margaret: «Gewalt und sexueller Mißbrauch in Sekten«. Zürich 1994

59. Spencer, Judith: »Suffer the Child«. New York 1989

60. Terr, Lenore: »Schreckliches Vergessen, heilsames Erinnern – Traumatische Erinnerungen drängen ans Licht«. München 1995

61. Thigpen, C.H./Checkley, H.: »Die drei Gesichter der Eva«. New York 1957

62. Treffehn, Horst/Landeskriminalamt Nordrhein-Westfalen: »Sonderauswertung Okkultismus/Satanismus – Hintergründe, Straftaten, Bewertung«. April 1995

63. Trube-Becker, Elisabeth: »Gewalt gegen das Kind«. Heidelberg 1987

64. Trube-Becker, Elisabeth: »Mißbrauchte Kinder – Sexuelle Gewalt und wirtschaftliche Ausbeutung«. Heidelberg 1992

65. Trube-Becker, Elisabeth: »Gelebtes Leben. Lebenserinnerungen einer Ärztin der Rechtsmedizin«. Hamburg 2000

66. Vachss, Andrew: »Kult«. Frankfurt 1993

67. VanDerbur, Marilyn: »Tagkind - Nachtkind.: Das Trauma sexueller Gewalt«. 2013

68. van der Hart, Onno, E. Nijenhuis, K. Steele und T. Kierdorf: »Das verfolgte Selbst: Strukturelle Dissoziation und die Behandlung chronischer Traumatisierung«. Paderborn 2008

69. Vielfalt e.V.: Fach-Infobrief zum Thema MPS/DIS. Zu beziehen über: Postfach 10 06 02, 28006 Bremen

70. Woodsum, Gayle: »The Ultimate Challenge«. 1998

Anmerkungen

1. »All that is necessary for the triumph of evil is that good men do nothing«, zugeschrieben Edmund Burke 1729-1797
2. Im DSM-IV, dem Diagnostischen und Statistischen Handbuch psychischer Störungen von 1994, wurde die Multiple Persönlichkeitsstörung in Dissoziative Identitätsstörung umbenannt, um zu einer Klärung und Versachlichung beizutragen. Da der ältere Ausdruck bei uns aber bekannter ist, wird er in diesem Buch weiterhin verwendet.
3. Persönliche Mitteilung, 14.06.2007
4. Focus online, 08.05.2007 http://www.focus.de/digital/games/second_life/second- life_aid_55693.html
5. »Kids the Light Of Our Lives« – »Kinder, das Licht unseres Lebens« war der zynische Name einer Internetseite, über welche 700 User weltweit sadistische Aufnahmen von Kinder- und Babyfolter tauschten.
6. Z.B. Deutschland 2001, Türkei 1998, Italien, Norwegen
7. MDR, 12.6.2007; Jürgen Roth über die Korruptionsaffäre in Sachsen, in: Roth, Jürgen/Nübel, Rainer/Fromm, Rainer: »Anklage unerwünscht – Korruption und Willkür in der deutschen Justiz«. Frankfurt 2007.
8. Persönliche Mitteilung 26.06.2007
9. Bahnbrechender Aufsatz: Gast, Ursula et al.: »Die dissoziative Identitätsstörung – häufig fehldiagnostiziert«. Deutsches Ärzteblatt 47/2006
10. Die multiple Persönlichkeit (MPS) wird seit 1994 in Diagnosehandbüchern und Fachkreisen als Dissoziative Identitätsstörung (DIS) bezeichnet. Da der ältere Begriff in Deutschland bekannter ist, wird er zum besseren Verständnis in diesem Buch weiterhin verwendet.
11. Lewis Herman, Judith: »Die Narben der Gewalt: Traumatische Erfahrungen verstehen und überwinden«. München 1994, Paderborn, 2003 (die beste Einführung zum Thema Traumatisierungen)
12. Zeilen aus »Windmills of Your Mind« (Noel Harrison), Popsong, 1969 acht Wochen in der Hitparade. Der Song gibt in Text und Melodie jene Bewegung einer sich nach innen drehenden Spirale wieder, deren hypnotische Kraft viele Multiple kennen (nach einem Hinweis von Michaela Huber)
13. Zu Beginn der Recherchen für dieses Buch richtete die psychosomatische Klinik Hohe Mark in Oberursel – unter der Leitung von Dr. Arne Hofmann – als erste eine Abteilung für schwertraumatisierte Patienten ein. Vier Plätze wurden für MPS-PatientInnen reserviert. Inzwischen (2007) führt Vielfalt e. V. zwölf Kliniken mit entsprechend spezialisierten Abteilungen auf. 2014 schon 55 Abteilungen.

14. Zur Erstveröffentlichung traf dies zu. Inzwischen sind eine Reihe Bücher und Artikel erschienen, die das Bild verändern; siehe Literaturhinweise.
15. Judith Lewis Herman, ibid.
16. Änderungen der Kriterien für die Dissoziative Identitätsstörung in DSM-5 u.a.:. Kriterium A wurde um bestimmte Besessenheits-Phänomene und funktionelle neurologische Symptome erweitert, um vielfältigere Ausprägungen der Störung zu berücksichtigen. Kriterium A stellt nun ausdrücklich fest, dass Identitätswechsel durch andere oder selbst beobachtet sein können. Kriterium B: Personen mit dissoziativer Identitätsstörung können wiederkehrende Erinnerungslücken auch für alltägliche Ereignisse haben, nicht nur für traumatische Erfahrungen. (noch nicht auf deutsch erschienen. Übersetzung U. Fr.) www.DSM5.org
17. Ross, Colin A.: »Satanic Ritual Abuse: Principles of Treatment«. Toronto 1995, S. 74
18. In wissenschaftlichen Untersuchungsreihen geben 95 Prozent der MPS-Betroffenen beim Erstinterview eine eigene Missbrauchsvergangenheit an, die restlichen 5 Prozent sind amnestisch für ihr Trauma oder nicht bereit, es offenzulegen.« Ross, ibid., S. 74
19. Thigpen, C.H./Checkley, H.: »Die drei Gesichter der Eva«. New York 1957
20. Sizemore, C.C./Pittillo, E.S.: »I'm Eve«, Garden City 1977
21. »The Three Faces of Eve«, USA 1957. Für ihre Darstellung der Eve erhielt Joanne Woodward einen Oscar. Deutsche Filmhandbücher beschreiben den Film »Eva mit den Drei Gesichtern« immer noch falsch als die Darstellung »eines Falles von Schizophrenie« (rororo, Lexikon des Internationalen Films).
22. 1791: Eberhard Gmelin über seine Patientin Caroline Heigelin, die evtl. sogar das Vorbild für H. v. Kleists »Käthchen von Heilbronn« war. Dokumentiert in Ellenberger, H.F.: »Die Entdeckung des Unbewussten«. Zürich 1985. Van der Hart/Lierens/Goodwin analysieren in: »The Journal of Psychohistory« 24, 1996, einen Fall, der sich 1584 ereignete: »Jeanne Fery: A Sixteenth-Century Case of Dissociative Identity Disorder«
23. Ausführlicher hierzu das Handbuch »Multiple Persönlichkeiten – Überlebende extremer Gewalt« von Dipl.-Psych. Michaela Huber, Frankfurt 1995.
24. Roberta Sachs, Ph.D., Assistant Professor of Psychiatry and Psychology am Rush-Presbyterian-St.Luke's Medical Center, Chicago, Abteilung zur Behandlung Multipler Persönlichkeitsstörung. Veröffentlichung mit Peterson, J.A.: »Mastering Traumatic Memories«. Handbuch zur Lehrvideo-Serie derselben Autorinnen.
25. Catherine Gould, Ph.D., niedergelassene Psychotherapeutin, Encino, Californien. Spezialisiert auf Diagnose und Behandlung von Kinder- und erwachsenen Opfern rituellen Missbrauchs.
26. Catherine Fine, Ph.D., Therapeutin und Supervisorin am Dissociation Disorder Unit des Institute of Pennsylvania Hospital.
27. Richard Kluft, MD, Direktor des Dissociation Disorders Unit des Institute of Pennsylvania Hospital, Klinischer Professor für Psychologie an der Temple University School of Medizine in Pennsylvania und Chefredakteur der Zeitschrift »Dissociation«
28. Colin A. Ross, MD, Direktor des Dissociation Disorders Unit Charter Behavioral Health System of Dallas.

29. Den Umweg über Amerika mussten viele deutsche Therapeuten, Berater und Ärzte gehen. Dr. Arne Hoffmann, der am Mental Research Institute in Palo Alto zum ersten Mal von MPS gehört hatte, schildert in seinem Aufsatz »Beginnings – The Start of an Inpatient Program for DID-Patients in a German Hospital« das anfängliche Gefühl, in Deutschland mit dem Phänomen allein gelassen zu sein: »Da stand ich also, einen ganzen Kontinent weit von den Experten entfernt, und musste mit meiner ersten DIS-Patientin zurechtkommen.« Dissociation, Juni 1995, S. 124

30. Prof. Dr. Onno van der Hart, klinischer Psychologe, Universität Amsterdam. Diverse Veröffentlichungen zu Trauma und Dissoziation, Therapie von MPS, dem Auftreten rituellen Missbrauchs in Europa von der Universitätsklinik in Amsterdam.

31. Huber, Michaela: »Multiple Persönlichkeiten – Überlebende extremer Gewalt. Ein Handbuch«. Frankfurt 1995. Das Buch bewältigt hervorragend die schwere Aufgabe, TherapeutInnen und Betroffene gleichermaßen zu informieren.

32. Veith, Monika/Lanzel, Hilde/Müller, Cornelia: Info-Brief, zu beziehen über Vielfalt e.V. (Verein zur Aufklärung über Dissoziation als Überlebensmuster), Postfach 100602, 28006 Bremen. Der Verein existiert heute noch und betreibt eine Homepage (http://vielfalt-info.de).

33. Die Diagnose »MPS/DIS« (Multiple Persönlichkeitsstörung, bzw. Dissoziative Identitätsstörung) kann gestellt werden, sobald die diagnostizierende Therapeutin selbst mindestens zwei deutlich voneinander unterscheidbaren Persönlichkeiten begegnet ist. Außerdem müssen Lücken im Tagesbewusstsein bestehen. Um ganz sicher zu gehen, ließ Nina Temberg die Diagnose von einer Ärztin mit langjähriger klinischer Erfahrung bestätigen.

34. Crowley, Aleister: »Tu was du willst, soll sein das ganze Gesetz. Liebe ist das Gesetz, Liebe unter Willen. Das Wort des Gesetzes ist ›θελημα‹.« (»Thelema« ist in griechischer Schrift gedruckt, die deutsche Übersetzung lautet »Wille«.) Titelseite des »Äquinox 1 – Das Buch des Gesetzes; Deutsche Ausgabe des O.T.O., September 1954. Schwarzmagier und Satanist Aleister Crowley war ab 1912 Mitglied der satanistischen Geheimgesellschaft *Ordo Templi Orientis*, die auch heute noch aktiv ist.

35. Rentmeister, Cillie/Wildwasser e.V.: »Sexueller Missbrauch von Mädchen. Strategien zur Befreiung«. Berlin 1986

36. Miller, Alice: »Du sollst nicht merken«, Frankfurt 1983; »Das verbannte Wissen«, Frankfurt 1988

37. Rush, Florence: »Das bestgehütete Geheimnis: sexueller Kindesmissbrauch«, Berlin 1984

38. Gardiner-Sirtl, A.: »Als Kind missbraucht, Frauen brechen das Schweigen«, München 1983

39. 4.1.1919–1.2.2012. Prof. Trube-Becker war die erste Frau in Deutschland, die einen Lehrstuhl für Rechtsmedizin innehatte.

40. Trube-Becker, E.: »Gewalt gegen das Kind«, Heidelberg 1982

41. In seiner Studie über die amerikanische Lyrikerin Anne Sexton zeigt der kanadische Psychiater Colin A. Ross, einer der international profiliertesten Fachleute für MPS, dass

das Nichterkennen von MPS bei Anne Sexton und das Ignorieren ihrer anderen Persönlichkeiten durch ihren Therapeuten Martin Orne wahrscheinlich zu ihrem Selbstmord geführt hat. (Ross, Colin A.: »The Osiris Complex, Case-Studies in MPD«. Toronto 1994)

42. Eine Studie der University of North Carolina School of Medicine zeigt, dass Magen-Darm-Erkrankungen bei Frauen häufig auf sexuellen Missbrauchs zurückzuführen sind. Bei bestimmten Formen und Ausmaß des Missbrauchs in der Kindheit lassen sich Voraussagen auf erhebliche beeinträchtigte Gesundheit der Frauen treffen. Die körperlichen Folgen traumatischer Erfahrungen werden immer deutlicher gesehen.

43. »Jim'll fix it – Jim wird es richten. Die Show lief mit großem Erfolg von 1975–1994

44. Stefan Hassan führt diese Kriterien in seinem Buch »Ausbruch aus dem Bann der Sekten« (Hamburg 1994, S. 315) auf: Milieukontrolle, mystische Manipulation, Forderung nach Reinheit, Beichtkult, Geheiligte Wissenschaft, Manipulation der Sprache, Vorrang der Lehre vor dem Menschen, Zu- und Aberkennung von Existenzberechtigung.

45. Bericht über stationäre Behandlung in Deutschland: »Die Behandlung multipler Persönlichkeiten in der Klinik« von Anne Jürgens in: Huber, Michaela: »Multiple Persönlichkeiten«. a.a.O., S. 354-371

46. Anton Szandor LaVey, Gründer der *Church of Satan*. Siehe: »The Nine Satanic Statements«, in: »The Satanic Bible«. New York 1969. S. 25

47. Ex-Marine Michael Aquino gründete 1975 den *Temple of Set*. Vgl. Introvigne, Massimo/Türk, Eckhard: »Satanismus – Zwischen Sensation und Wirklichkeit«. Freiburg/Brsg. 1995, S. 179 ff.

48. vgl. Sanders, Ed: »The Family – The Story of Charles Manson's Dune Buggy Attack Battalion«. London 1971

49. Eschner, Michael: siehe Kapitel »Satan Revisited«. Vgl.: Gasper, Hans/Müller, Joachim/Valentin, Frederike: »Lexikon der Sekten, Sondergruppen und Weltanschauungen«. Freiburg 1990. S. 1054f.

50. Listen, in: Sakheim, David K./Devine, Susan E. (Hrsg.): »Out of Darkness – Exploring Satanism and Ritual Abuse« New York 1992. Vgl. auch: Sinason, Valerie (Hrsg.): »Treating Survivors of Satanic Abuse«, New York 1994

51. »Das Biest 666« meint den Antichristen. Der Ausdruck geht zurück auf die Offenbarung Johannes 13,18, wurde von Aleister Crowley aufgenommen, der damit sich selbst bezeichnete. Auch Michael Eschner, der sich für eine Inkarnation Crowleys hält, gibt sich diesen Beinamen. Woher kommen die Opfer? Darauf gibt es Antworten bei Trube-Becker, Elisabeth: »Missbrauchte Kinder: Sexuelle Gewalt und wirtschaftliche Ausbeutung«. Heidelberg 1992, S. 88-92. Weitere Hinweise in der Presse: *Die Welt*, 22.3.1994: »Heimleiter vermittelt Jungen für Pornofilme«; dpa-Meldung, März 1996: »In den letzten anderthalb Jahren verschwanden 150 Kinder aus einem holländischen Heim für jugendliche Asylanten«; Berichte der UNO: UN-Berichterstatterin Ofelia Calcetas-Santos im April 1996: »Kindesmissbrauch nimmt dramatisch zu, meist verknüpft mit Kinderhandel spielt es sich im Untergrund ab. Deutschland ist eines der

traditionellen Herkunftsländer der Täter. Jedes Jahr werden weltweit rund eine Million Kinder erstmals in die Prostitution und andere Bereiche der Sex-Industrie getrieben. Sogar Babys im Alter von sechs Monaten tauchen schon in Pornofilmen auf.« Und in der Kriminalstatistik 1996: 1116 unbekannten Toten steht die Zahl von 5208 vermissten Personen gegenüber.
Zum internationalen Tag des vermissten Kindes am 25. Mai 2007 erklärt die Kinderkommission des Deutschen Bundestages: In Deutschland verschwinden monatlich sechs bis acht Kinder. Laut BKA werden derzeit 1.653 Kinder und Jugendliche vermisst. Es handelt sich dabei um Minderjährige, die einem Unglück oder Verbrechen zum Opfer gefallen sind, von zu Hause ausgerissen sind oder von einem Elternteil verschleppt wurden. Ab Ende August 2007 wird die Telefon-Nummer 116000 in allen EU-Staaten als Hotline für vermisste Kinder reserviert (nach: »Pressemitteilung des Deutschen Bundestages« vom 24.05.2007).

52. Heute sind Produktion und Vertrieb solcher Filme durch weiterentwickelte Techniken und das Internet so viel leichter geworden, wie es vor zehn Jahren nur wenige ahnten. »Kinderpornografie im Internet ist wie die Hydra. Schlägt man ihr einen Kopf ab, wachsen zwei neue nach«, sagt Oberstaatsanwalt Peter Vogt, Leiter der Zentralstelle zur Bekämpfung der Kinderpornografie in Sachsen-Anhalt, in der weit über tausend Fälle pro Jahr bearbeitet werden. »Doch Bilder machen nicht satt«, mahnt er und verweist auf Studien aus den USA, nach denen 30 Prozent der Konsumenten selbst in Sexualstraftaten verwickelt sind (AP, 19.05.2007).

53. Den Begriff »unbewusst« prägte Johann Wolfgang von Goethe im Jahre 1777 in einer frühen Version seines Gedichtes »An den Mond«. Sigmund Freud beschrieb die Macht des Unbewussten und verglich 1917 die Bedeutung seiner Entdeckung mit den Theorien des Astronomen Kopernikus (Bewegung der Planeten um die Sonne) und des Naturforschers Darwin (Evolutionstheorie).

54. Siehe Nachwort.

55. Siehe Daraul, Arkon: »The History of Secret Societies«. 1961. Introvigne, Massimo/ Türk, Eckhard: »Satanismus – Zwischen Sensation und Wirklichkeit«. Freiburg/Brsg. 1995

56. Ross, Colin A.: »Satanic Ritual Abuse: The Principles of Treatment«. Toronto 1995, S. 5 ff.

57. Sehr viel ausführlicher hierzu: das »Schwarzbuch Satanismus« von Guido und Michael Grandt.

58. Freund, René: »Braune Magie«. S. 13 ff.

59. Grandt, Guido/Grandt, Michael: »Schwarzbuch Satanismus«, S. 180–88

60. Dann würde die Steuerbefreiung entfallen.

61. Lyon, A.: »Satan Wants You: The Cult of Devil Worship in America«. New York 1988

62. Siehe auch: Ross, Colin: »Satanic Ritual Abuse«, a.a.O., S. 67 ff.

63. Kleine Bundestagsanfrage 13.07.1998:
http://dip21.bundestag.de/dip21/btd/13/ 112/1311275.asc

64. Ross, Colin: a.a.O., S. 11 ff., verweist auf weitere Autoren.

65. Geschichte der Thule-Gesellschaft bis in die heutige Zeit ausführlich belegt in dem hervorragend recherchierten Buch »Thule: Vom völkischen Okkultismus bis zur Neuen Rechten« von Friedrich Paul Heller und Anton Maegerle. Stuttgart 1995

66. Siehe hervorragende Analyse der Todesideologie der Nazis in Lifton, Robert Jay: »Ärzte im Dritten Reich«. Stuttgart 1993

67. Persönliche Mitteilung

68. Eine von Liftons acht Kriterien der Bewusstseinskontrolle (siehe Hassan, Steven, S. 315).

69. Howard: »The Occult Conspiracy«. New York 1990; Sklar: »The Nazis and the Occult«. New York 1977; Ravenscroft: »Der Speer des Schicksals. Zug/Schweiz 1988. (Ravenscroft ist hierbei die fragwürdigste Quelle, Phantasie und Recherche sind kaum trennbar vermengt.) Howard behauptet, dieses Material sei während der Nürnberger Prozesse absichtlich nicht thematisiert worden. Leider belegt er nur sehr wenige seiner Behauptungen. Solide Recherche dagegen in Freund, René: »Braune Magie?«

70. Huber, Michaela: »Multiple Persönlichkeiten ...«, S. 105

71. Grandt, Guido: »Der Satan von Witten«. 2007

72. Der Spiegel, 18/1996

73. Strategien: http://www.agpf.de/Moon.htm#Leipzig; http://www.agpf.de/Moon.htm#Fussball

74. Trube-Becker, E.: »Missbrauchte Kinder ...«, S. 30. Eine aktuelle Untersuchung des amerikanischen Justizministeriums von 14.000 Straftätern in 277 Gefängnissen bestätigt das hohe Ausmaß an sexueller Gewalt gegen Kinder: Zwei Drittel aller wegen sexueller Gewaltdelikte verurteilten Straftäter verübten ihre Taten an Kindern. 88 Prozent kannten ihre Opfer vorher, ein Drittel der Kinder waren Kinder oder Stiefkinder des Täters. Morde an Kindern – innerhalb eines Jahrzehnts verdoppelt – wurden nur zu sieben Prozent von Fremden verübt (veröffentlicht am 3.3.96).

75. Trube-Becker, E., S. 28

76. Siehe Autobiographie von Truddi Chase, »Aufschrei«. Bergisch Gladbach 1991. Casey, Joan Francis: »Ich bin viele«. Hamburg 1992

77. Kluft, R.P.: »High-functioning multiple personality patients: Three cases«, in: Journal of Nervous and Mental Disease, 174/1986, S. 722–726. Mir ist eine – inzwischen integrierte – multiple praktische Ärztin bekannt, die im Laufe von zehn Jahren Zusatzausbildungen in Innerer Medizin, Akupunktur, Homöopathie, Psychotherapie machte, ein Buch schrieb und drei Kinder bekam.

78. Heike Haarhoff, »Das menschliche Maß«, taz 22.1.2007, http://www.taz.de/1/archiv/?dig=2007/02/22/a0240

79. Die ersten aufgedeckten Fälle satanistisch-rituellen Missbrauchs, die zu Verurteilungen führten, fanden in Kindertagesstätten statt (siehe Lehrfilm »Children at risk«, 1992, Berichterstattung über Gallup-Fall in Oregon; sowie Finkelhor/Williams: »Nursery Crimes«).

80. Eine australische Untersuchung über Pflege- und Heimkinder kam 1996 zu dem Ergebnis, dass 7 von 10 Heimkindern sexuell missbraucht wurden. Die Kontrolle über die Versorgung von und den Umgang mit Heimkindern ist auch in Deutschland sträflich lückenhaft. Erst mit Peter Wensierskis Buch über die verdrängte Geschichte der Heimkinder in der Bundesrepublik, »Schläge im Namen des Herrn«, begann 2006 eine Aufarbeitung. Sie führte zur Heimkinderbewegung und 2012 zur Errichtung des Fonds Heimerziehung. http://www.fonds-heimerziehung.de/.

81. Zu Beginn der Recherchen für dieses Buch – 1992 – war der Einsatz von K.-o.-Tropfen vor Vergewaltigungen eher selten. Allerdings kenne ich Fälle aus den 60er Jahren, bei denen Frauen sich zwar bis heute an Bewusstlosigkeit und Gewaltfolgen erinnern, aber nicht daran, was mit ihnen geschehen ist. 2007 gibt es 87.000 Einträge zu K.-o.-Tropfen bei Google – Zeichen massiver Zunahme des Verbrechens. Die Polizei und Frauenberatungsstellen warnen davor.

82. Die Zahlen, die im Jahre 1983 gigantisch erschienen, werden von heutigen Rechnern um ein Vielfaches übertroffen. Die rasante Entwicklung des Internets und immer leistungsfähigerer Speicherchips ermöglichst es, Hunderttausende von Kinderfolterfotos, Videosequenzen und Filmen auf durchschnittlichen Rechnern zu speichern und von dort in alle Welt zu verschicken.

83. Internet Relay Chat

84. Rolf Albrecht, der Mann vom Jugendamt, wurde aus den Lebensgeschichten dreier Sozialarbeiter zusammengesetzt. Die Erlebnisse wie Erpressung, Entführung, verwendete Betäubungsmittel einschließlich beschriebener Wirkung sind authentisch. Der »Mann am Computer« ist fiktiv, die Beschreibung seiner technischen Ausrüstung sowie all seine Reflektionen basieren auf Fakten. Die technische Ausrüstung ist 2015 veraltet.

85. Zitiert nach: »Alternative Hypotheses Regarding Claims of Satanic Cult Activity: A Critical Analysis«, in: Sakheim, David K./Devine, Susan E. (Hrsg.): »Out of Darkness – Exploring Satanism and Ritual Abuse«. New York 1992, S. 49

86. Prof. D. Corydan Hammond, Ph.D., Direktor der Sex and Marital Clinic at the University of Utah, früherer Präsident der American Society of Clinical Hypnosis

87. Mit »wir« meint Angela mehrere Innenpersonen.

88. Aus Sarahs Erinnerungen, aufgeschrieben für die Therapeutin Januar 1991, hinterlegt bei der Anwältin Februar 1992.

89. Terr, Lenore: »Schreckliches Vergessen, heilsames Erinnern – Traumatische Erinnerungen drängen ans Licht«. München 1995

90. Der Prozeß gegen die Hauptkriegsverbrecher vor dem Internationalen Militärgerichtshof«. Nürnberg 1947, neu herausgegeben im Verlag 2001.

91. Lifton, Robert Jay: »Ärzte im Dritten Reich«, Stuttgart 1993, S. 549

92. Ibid., S. 550

93. Siehe hierzu das Kapitel »Programmierung und Deprogrammierung« in Huber, Michaela: »Multiple Persönlichkeiten: Überlebende extremer Gewalt«. Frankfurt 1995

94. Ibid., S. 272

95. Ibid., S. 274

96. Klammer von der Autorin

97. Sämtliche Zitate von Hammond aus dem Vortrag: »The Greenbaum Speech« von D. Corydan Hammond, gehalten am 25.6.1992, Alexandria, Virginia, in der Fouth Annual Eastern Regional Conference on Abuse and Multiple Personality, erstmals veröffentlicht am 14.9.1994 im Internet, nachzulesen unter http://www.dissoc.de. Teile des Vortrages, besonders Hammonds Vermutungen über die historische Entwicklung dieser Programme, sind umstritten. Keinen Zweifel gibt es an dem Vorhandensein dieser Konditionierungen oder Programmierungen.

98. Erst seit 1. Januar 2006 besitzt Deutschland ein vergleichbares Informationsfreiheitsgesetz (http://de.wikipedia.org/wiki/Gesetz_zur_Regelung_des_Zugangs_zu _Informationen_des_Bundes)

99. Bei ARTICHOKE handelt es sich um eines der vielen CIA-Projekte zur Erforschung künstlich herbeizuführender Verhaltensänderungen bei – häufig ahnungslosen – Versuchspersonen. Getestet wurden Hunderte von Drogen und Drogen-Cocktails, darunter LSD, Meskalin, Nikotin sowie Hypnose, Elektroschocks und vieles mehr.

100. Zitiert aus: Marks, John: »The Search for the Manchurian Candidate. The CIA and Mind Control. The Secret History of the Behavioral Sciences«. New York 1979, 1991, S. 196-197.

101. Abgesehen von den im Vorwort erwähnten Büchern, die zusammen mindestens dreißig Fälle nennen, sind im Anhang weitere Fälle aus Europa aufgeführt.

102. In mehreren Regionen Niedersachsens liefen Ermittlungen wegen weit über hundert Pferdetötungen. Die Pferde wurden stehend mit großer Kraft mit von unten geführtem Stich getötet. Die Polizei vermutet, dass es sich eventuell um Initialisierungsrituale einer geheimen Gruppierung handelt.

103. Interview in: »Children at Risk: Ritual Abuse in America«. 1992

104. Nina Temberg orientiert sich an dem sorgfältigen Behandlungskonzept von Onno van der Hart. Siehe van der Hart, Onno/Steele, Kathy/Boon, Suzette/Brown, Paul: »Die Behandlung traumatischer Erinnerungen: Synthese, Bewusstwerdung und Integration«, in: Hypnose und Kognition 12,2, Oktober 1995. Neuere Traumatherapien, siehe Kap. 8: Gegenwart

105. Components of Satanic Cult Brainwashing, in: »Satanic Cult Ritual Abuse« von Kathy K. Snowden, Richmond Psychotherapy Associates, 1988

106. Nach: »Satanic Cult Ritual Abuse« von Kathy K. Snowden, Richmond Psychotherapy Associates, 1988

107. »Ten Years After« ist der Name einer britischen Bluesrockband, die 1967 gegründet wurde, zehn Jahre nach Ende der britischen Wehrpflicht.

108. Dort verübte 2001 ein Ehepaar den sogenannten »Satansmord von Witten«.

109. Zur Frage »Wo sind die Leichen?« verweise ich auf Bücher, die detailliert Prozesse mit Verurteilungen satanistisch motivierter Straftaten auflisten: Lockwood, Craig: »Other Altars: Roots and Realities of Cultic and Satanic Ritual Abuse and Multiple Personality

Disorder«. Minneapolis 1993, Kapitel: »Where are the bodies?«, S. 183-200, sowie Anhang (insgesamt 16 Fälle). Kahaner, Larry: »Cults That Kill«. New York 1989 (sorgfältig recherchiert; Aussagen von Cult Cops; viele Fälle). DeCamp, John W.: »The Franklin Cover Up: Child Abuse, Satanism, and Murder in Nebraska«. Lincoln 1992 (Geschichte der Aufdeckung und Vertuschung einer kriminellen Vereinigung mit satanistischen Elementen; Verbindungen bis in höchste politische Kreise; geschrieben von angesehenem US-Senator). Boyd, Andrew: »Blasphemous Rumour – Is Satanic Ritual Abuse Fact or Fantasy? An Investigation«. London 1991. Spencer, Judith: »Satan's Highpriest«.

110. Krausz, Rosvita: »Ich bin so viele« (2001); Wieskerstrauch, Liz: »Die Seele brennt« (2001); »Höllenleben 1+2« (2001, 2003) http://www.ndrtv.de/doku/20011212_hoellenleben.html

111. Fromm, Rainer: »Dutroux darf es in Deutschland nicht geben«, in: Anklage unerwünscht, S. 33-51

112. Salter, Anna: »Wo liegt Sicherheit?«, Vortrag in New Orleans 2001, ISSD-Tagung 2005 in Sehnde sowie persönliche Mitteilung

113. Kuballa, Felix: »Multiple Persönlichkeiten – Wahn der Therapeuten?«, WDR 2003

114. http://www.dissoc.de/03-03-06.html

115. Auch Gutachter von verurteilten Tätern hatten – mit anonymisierten Angaben – teilgenommen.

116. Ein Beispiel von vielen: »Gott vergibt, die Mafia nie«, Der Spiegel, 12.06.2000

117. Fouches Lecture, Group Analytic Society, London 1/2002

118. http://www.spiegel.de/panorama/justiz/0,1518,500068,00.html

119. Solms, Friedhelm: »Schutz für die Wehrlosen: Zum Schicksal der Kindersoldaten«, in: Friedensgutachten 1998, herausgegeben von den drei wissenschaftlichen Instituten für Friedensforschung in der Bundesrepublik Deutschland

120. Experiment des Psychologen Stanley Milgram. Zweck: Verbrechen der Nazi-Zeit zu begreifen und zu erklären, wie es möglich war, dass Menschen aus einem zivilisiertem Volk wie dem deutschen in kürzester Zeit zu brutalsten Folterern wurden; http://de.wikipedia.org/wiki/Milgram-Experiment.

121. »The CIA's Family Jewels«. The National Security Archives, 21.06.2007

122. Haas, Daniela: »Folter und Trauma – Therapieansätze für Betroffene«, S. 20; http://oops.uni-oldenburg.de/693/1/726.pdf (zuletzt gelesen am 3.1.2014)

123. »Die zukünftige Rolle der Parlamente bei der Verhinderung und Bekämpfung von Menschenhandel als Globale Herausforderung im 21. Jahrhundert«

124. Frankfurt 2001

125. 1946-1977

126. Fröhling, Ulla: »Unser geraubtes Leben« über die deutsche Sektenkolonie Colonia Dignidad. Köln 2012

127. Im niederländischen Zandvoort fand die Polizei 1998 im Apartment des ermordeten Gerrit Ulrich sechs Computeranlagen und etwa 9000 kinderpornografische Bilder, die

über das Internet verbreitet oder bezogen wurden. Die [damals!; U.F.] schier unvorstellbare Anzahl an Bildern und die Art der Darstellungen, unter anderem der Missbrauch von Babys und Kleinstkindern, schien dem schmutzigen Geschäft eine neue, bislang nicht für möglich gehaltene Dimension zu geben. (Nach: »Sodom und Internet? Neue Medien – Möglichkeiten und Herausforderungen« von KOR Jörg-Michael Klös, 1993-1998, Leiter der Inspektion für Sexual- und Kinderschutzdelikte im LKA Berlin).

128. Name geändert

129. Gast, Ursula/Rodewald, Frauke/Hofmann, Arne/Mattheß, Helga/Nijenhuis, Ellert/Reddemann, Luise/Emrich, Hinderk M.: Die dissoziative Identitätsstörung – häufig fehldiagnostiziert, in: Deutsches Ärzteblatt 47/2006

130. Wie z.B. »Nickis«, die Protagonistin der Dokumentarfilme »Höllenleben« , »Ein Körper mit System«

131. Christine Bergmann 3/2010-10/2011; Johannes-Wilhelm Rörig 10/2011 -

132. Habetha, S., Bleich, S., Sievers, C. Marschall, U., Weidenhammer, J., Fegert, J. M.: Deutsche Traumafolgekostenstudie. Kein Kind mehr – kein(e) Trauma(kosten) mehr? Kiel 2012

133. Ibid. S.80

134. Pseudonym

135. In ihrem Grußwort zur Veranstaltung der Renate Rennebach-Stiftung am 5.9.2014 in Hamburg.

136. http://www.rotherham.gov.uk/downloads/file/1407/independent_inquiry_cse_in_rotherham

137. Grußwort Bischöfin Fehrs

138. Dieses Gedicht von Frau G. hier abzudrucken, gestattete mir Prof. Luise Reddemann. Es erscheint im Herbst 2015 in ihrem Buch »Folgen der NS- Zeit und des 2. Weltkriegs in der Psychotherapie – Eine Annäherung«.

139. Eine verwandte, leichtere Form ist das sogenannte »Stockholm-Syndrom«: Manche Opfer bei Geiselnahmen identifizieren sich in auswegloser Notsituation mit den Tätern. Sie wechseln emotional die Seiten. Der Begriff geht auf eine Geiselnahme 1973 in Schweden zurück: Vier Angestellte waren fünf Tage in Geiselhaft und zeigten mehr Angst vor der Polizei als vor den Geiselnehmern. Diesen waren sie für ihre Freilassung dankbar und besuchten sie im Gefängnis. Bekanntes Beispiel: Die von der Symbionese Liberation Army entführte, misshandelte und vergewaltigte Millionenerbin Patricia Hurst wurde nach ihrer Freilassung selbst Mitglied diese Gruppe und beging Straftaten.

140. In den 90er Jahren orientierten sich die Therapien multipler Menschen auch an den Bedürfnissen der Innenpersonen. TherapeutInnen versuchten, Menschen mit Gewalterfahrungen neue Vorbilder zu zeigen, sie erleben zu lassen, was gute Eltern und wie gute Erziehung sein können. Mit ihrem Versuch, die zukünftigen Kinder der Gewaltopfer so vor weitergegebener Gewalt zu bewahren, wagten sie auch eine Investition in die Zukunft. Wegen dramatischer Kürzungen im Gesundheitswesen zahlen Krankenkassen nur selten noch für umfassende, sorgfältige Therapien. Mögen Staat, Kirchen, Kosten-

träger und andere Organisationen das bei ihren endlich begonnenen Aufarbeitungen berücksichtigen.

141. So werden beispielsweise die systematischen Aufspaltungen durch das Modell der Strukturellen Dissoziation erklärlich (van der Hart, O. /Nijenhuis, E./Steele, Kathy: »Trauma-related Strucural Dissociation of the Personality«, http://www.trauma-pages.com/a/nijenhuis-2004.php)

142. »In dieser Gegend« dient der notwendigen Anonymisierung örtlicher Gegebenheiten; alle erwähnten Fälle ereigneten sich in einem Umkreis von ca. drei Kilometern. (Th. Becker)

143. Hanse-Merkur-Versicherungsgruppe

144. Deutscher Bundestag: Endbericht der Enquete-Kommission »Sog. ›Sekten‹ und Psychogruppen«, S.98.

145. »Rituelle Gewalt in Kinderhändlerringen und destruktiven Kulten«, BT-Drs. 13/11216 und Antwort der Bundesregierung BT-Drs. 13/11275; http:dissoc.de/antwort_br.html

146. Endbericht der Enquete-Kommission, ibid., S 97

147. Die Menschenrechts-Kommission der Vereinten Nationen »invites states and interested NGOs [»non-governmental organisations« – nicht staatliche Institutionen; Anm. der Verfasserin] to undertake research with a view to achieving a better understanding of the misuse of some ritual practices to intimidate women and girl victims of trafficking.« Commission On Human Rights Sub-Commission on the Promotion and Protection of Human Rights Fifty-fourth session. E/CN.4//Sub2/2002/33, S.14

148. Fröhling, Ulla/Huber, Michaela/Rodewald, Frauke: Ritualisierte Gewalt in Deutschland – Pilotstudie 1997-2005; Arbeitskreis Rituelle Gewalt NRW (Eilhardt, Silvia et al.): Datenerhebung zur Situation »ritueller Gewalt« in der Region Ruhrgebiet, NRW 2005, veröffentlicht in: *Psychotherapeut*, Jan 2012 Vol. 57,1, S. 70–76

149. Carol Rutz, Autorin von »A Nation Betrayed«

150. Wanda Karriker. Ph.D., Autorin von »Morning Come Quickly«

151. Dr. Bettina Overkamp, Vorstandsmitglied der Internat. Society for the Study of Dissociation, Deutsche Sektion e. V., Schatzmeisterin der European Society for the Trauma and Dissociation (ESTD)

152. http://www.extreme-abuse-survey.net

153. »If ten percent of what I hear about Satanic Ritual Abuse is true, then we have a major problem on our hands.« Bennett Braun, in: »Children at risk«. Cavalcade Productions, 1992.

154. Im Oktober 1996 protestierten beim »Weißen Marsch in Brüssel« 300.000 Menschen gegen das Vorgehen der Ermittlungsbehörden im Falle Dutroux, das als Vertuschung empfunden wurde. Dies war die größte Demonstration in der Geschichte Belgiens. Zu den landesweiten Protestaktionen zählte auch die »Weißwaschung« des Gebäudes des Justizministeriums durch die Feuerwehr.

155. Die Kontroverse um die Verurteilung Paul Ingrams in einem Gerichtsverfahren, dessen Anklagepunkte sich auf Schilderungen Ritueller Gewalt stützten, hat Lawrence Wright sehr kritisch in seinem Buch »Erinnerungen an Satan« (Berlin 1994) verfolgt.

156. Gemeint ist die Tötung – im strafrechtlichen Sinne der Mord – von zwei Kindern, deren Geburt nach Aussage der Anzeigeerstatterin weder behördlich noch öffentlich registriert worden ist.

157. Zur Beachtung: An dieser Stelle wird die Gegenwartsform verwendet. Sie erhebt Anspruch auf Aktualität gegenüber Erkenntnissen aus medizinischen Behandlungen und entsprechenden qualifizierten Einschätzungen in der Vergangenheit. (Th. Becker)

158. Putnam, Frank: »The Satanic Ritual Abuse Controversy«; in: »Child Abuse and Neglect«; Vol. 15. pp. 175–179, 1991

159. Schutz der Religionsfreiheit [Anm. Th. Becker]

160. Raschke, Carl: »Painted Black«. San Francisco 1989. S. ix f.

161. Lifton, Robert Jay: »Terror für die Unsterblichkeit«. München/Wien 2000

162. Ders.: »Ärzte im Dritten Reich«. Berlin 1998

163. zitiert aus einer frei zugänglichen Anleitung für Spaltungsmagie

164. Ibid.

165. Spiegel, Herbert, in: Donald Bain: »The Control of Candy Jones«. Chicago 1976. S. IX.

166. www.BeckerTho.de

167. Deutsche Gesellschaft für Trauma & Dissoziation e. V., Nachfolger der ISST-D